Prisões preventivas da Lava Jato

Uma análise empírica e crítica dos seus fundamentos

AMANUENSE
DIREITO

ÁLVARO GUILHERME DE OLIVEIRA CHAVES

Prisões preventivas da Lava Jato

Uma análise empírica e crítica dos seus fundamentos

1ª EDIÇÃO

SÃO PAULO • 2022

AMANUENSE DIREITO

Edição e preparação: Rodrigo Haidar
Revisão: Rafael Baliardo
Projeto gráfico e diagramação: Luciana Huber e Bruno Huber
Imagem de capa: 123 RF

Dados Internacionais de Catalogação na Publicação (CIP)
(Câmara Brasileira do Livro, SP, Brasil)

Chaves, Álvaro Guilherme de Oliveira
Prisões preventivas da Lava Jato : uma análise empírica e crítica de seus fundamentos / Álvaro Guilherme de Oliveira Chaves. -- 1. ed. -- São Paulo, SP : Amanuense, 2022.

Bibliografia.
ISBN 978-65-80788-08-8
1. Corrupção na política - Brasil 2. Direito penal - Brasil 3. Lavagem de dinheiro - Brasil 4. Prisão (Direito penal) - Brasil I. Título.

22-124640 CDU-343.126

Índices para catálogo sistemático:
1. Prisões cautelares : Direito processual penal
343.126

Eliete Marques da Silva - Bibliotecária - CRB-8/9380

AMANUENSE

Amanuense Livros Ltda.
Rua Nilo 241, Sala 02 – CEP 01533-010 São Paulo SP
contato@amanuense.com.br
www.amanuense.com.br

Se a história das penas é uma história dos horrores, a história dos julgamentos é uma história de erros; e não só de erros, mas também de sofrimentos e abusos, todas as vezes em que no processo se fez uso de medidas instrutórias diretamente aflitivas, da tortura até o moderno abuso da prisão preventiva.

LUIGI FERRAJOLI (2014, P.556)

Agradecimentos

Este livro decorre da minha pesquisa de Mestrado no programa de Pós-Graduação em Direito da Universidade de Brasília.

Por ter sido desenvolvida em quase três anos, muitas pessoas deram contribuições essenciais ao longo do tempo.

Embora exista o risco de esquecer nomes importantes, devo fazer alguns registros.

Primeiramente, agradeço a Deus por todas as oportunidades que me proporcionou.

À Débora, pelo amor, pelo companheirismo, pelo incentivo, bem como pela compreensão nos momentos de ausência durante a pesquisa.

Aos meus pais, Maurício e Eliane, e à minha irmã, Brenda, pelo apoio incondicional.

À professora Beatriz Vargas, pela orientação no programa de Pós-Graduação, pelas constantes conversas e por ter aceitado o convite para escrever o prefácio deste livro.

A todos do escritório Almeida Castro, Castro e Turbay Advogados Associados, pelo convívio diário. Em especial, ao Kakay, pelos diálogos sobre o assunto e por ter aceitado o convite para escrever a apresentação. Ao Turbay, pela troca de ideias durante o desenvolvimento da dissertação, assim como à Lili, à Lorena e à Sara, pelo auxílio em diversas questões práticas na reta final da pesquisa.

À Ana Letícia, pela indispensável e valiosa contribuição.

Ao Renato, pelas ótimas sugestões apresentadas nas muitas vezes que falamos sobre este texto.

Ao Pedro Ivo Velloso, pelas conversas iniciais sobre a pesquisa e pela significativa contribuição, em várias oportunidades, na minha trajetória acadêmica.

Aos professores da banca examinadora da dissertação, pelas fundamentais críticas e preciosas recomendações.

LISTA DE GRÁFICOS

LISTA DE TABELAS

SUMÁRIO

APRESENTAÇÃO

"Você
tem que aprender
a respeitar a vida humana, disse o juiz.
Parecia justo.
Mas o juiz
não sabia que, para muitos,
a vida não é humana.
O prisioneiro retorquiu:
há muito me demiti de ser pessoa.
E proferiu, por fim:
um dia,
a nossa vida será, enfim,
viva e nossa."

Mia Couto
Versos do prisioneiro – A Sentença

Atuei, desde o primeiro dia, na Operação Lava Jato. Quando da deflagração, fui consultado por duas pessoas envolvidas que foram presas. Nada diferente do dia a dia da advocacia criminal. Em seguida, Alberto Youssef, pivô do início da Operação, me procurou. Aceitei advogar para ele com a ressalva de que só o defenderia nos Tribunais Superiores, com a condição de que ele não aceitasse os benefícios de uma colaboração premiada. Disse que, óbvio, era um direito que ele tinha, mas eu teria constrangimento em advogar para um delator; até porque, eu já sabia, ele delataria dezenas de clientes meus.

Deixei a advocacia dele ao impetrar um *habeas corpus* no Superior Tribunal de Justiça discutindo tese jurídica que, à época, poderia ter anulado a Operação, que, desde seu nascedouro, já trazia inúmeras ilegalidades. O Ministério Púbico Federal, coordenado pela estranha figura do Chefe da Operação em Curitiba, que, por sua vez, era coordenado pelo então poderoso Juiz, deu um ultimato ao Youssef: ou ele desistia do HC ou não teria o direito de tentar a liberdade por uma delação. Ele aceitou e eu respeitei.

A prisão destrói as pessoas, o caráter, a têmpora e a vida. Os covardes representantes do Ministério Público e do Judiciário usaram essa fragilidade, natural daquele que está encarcerado, para forçar uma delação.

Posteriormente, um Procurador Regional da República admitiu que a prisão era usada como forma de obter o aceite à colaboração*. Óbvio que desisti do HC e, numa petição raivosa e indignada, escrita do Café de Flore, registrei meu desprezo por essa forma criminosa de assacar o investigado e empurrá-lo para uma delação. Deixei o caso.

Ao longo da Lava Jato, tive mais de 30 clientes. Desde 2015, apontei – seja em artigos, petições ou em centenas de debates –, que o Juiz, Chefe da Operação e que coordenava o grupo de procuradores, tinha objetivos políticos e um projeto de Poder. O Brasil sangrou sob a irresponsabilidade da República de Curitiba. Até que o Supremo Tribunal, antes tarde do que nunca, decidiu anular os processos eivados de condutas criminosas por parte do grupo que estruturava o projeto político.

Durante quase todo esse tempo, o autor do livro que agora tenho a honra de apresentar não trabalhava no meu escritório. E, logo que começou, deu início a uma dissertação que seguiu um caminho absolutamente técnico e rigorosamente acadêmico. Não há no trabalho agora publicado uma única manifestação que, de alguma maneira, demonstre qualquer passionalidade – natural do criminalista – no enfrentamento de um tema tão crucial para o Direito Processual Penal e para os envolvidos na Operação Lava Jato. São admiráveis o aprofundamento jurídico e o cotejamento das decisões proferidas pelo então Chefe da Operação.

O que revela a gravidade, sob a minha ótica, do que aconteceu é a análise técnica e exaustiva dos resultados. Não foi preciso um posicionamento não acadêmico, o que torna o trabalho o mais importante acervo para compreender e diagnosticar de forma quantitativa e qualitativa o que realmente ocorreu. Claro que há uma crítica sob o prisma garantista, mas é estritamente pautada pela análise pormenorizada dos decretos de prisões preventivas com o estudo detalhado de todos os pronunciamentos judiciais, sejam os monocráticos ou os dos Tribunais. O exame minucioso das decisões, visto sob as luzes do garantismo penal do mestre Luigi Ferrajoli, desnuda o abuso do uso das prisões preventivas; seja para obter as delações, seja como uma imprópria medida de cumprimento antecipado da pena.

De maneira elegante e precisa, o autor revela a falácia utilizada pelos coordenadores da Operação Lava Jato, de que o que se visava com os evidentes abusos nas prisões preventivas era a efetividade do sistema de justiça penal. Sob o sempre perigoso argumento de proteção dos interesses da sociedade, o uso desmedido do processo penal e a deturpação de suas ferramentas foram a tônica daquela investigação.

O trabalho do autor reafirma, sob o prisma garantista, a relevância do princípio da presunção de inocência como centro de todo o sistema penal

* https://www.conjur.com.br/2014-nov-27/parecer-mpf-defende-prisoes-preventivas-forcar-confissoes

que ele denomina "Processo Penal Moderno". E isso permite a crítica, correta e fundamentada, da ilegitimidade da prisão durante o processo. Tal conclusão não deveria ser uma quimera, mas sim o objetivo principal de todos os atores do Processo Penal. A análise proficiente do arcabouço de conteúdo decisório da Operação Lava Jato feita pelo autor só reforça a necessidade de voltarmos a ter essa quimera como objetivo.

O trabalho é detalhado e expõe a fragilidade da adoção das prisões preventivas como método de viabilizar a efetividade do Processo Penal. A visão autoritária do Processo Penal como instrumento de política pública é o que endossa toda a base teórica dos encarceramentos preventivos como principal elemento de um projeto de poder que alimentou a Lava Jato.

Um conjunto de fatores contribuiu para esse momento trágico do Judiciário brasileiro. A ânsia de poder usou a grande mídia como um dos fundamentos dos abusos. A discricionariedade do Juiz era a regra e o conceito da garantia da ordem pública servia a interesses inconfessos. Na minha visão, não necessariamente na do autor, o não uso das medidas cautelares diversas da prisão foram relegadas a um plano secundário, pois só a prisão preventiva quebrava a espinha dorsal do investigado e permitia o fenômeno da delação em série.

O conteúdo do livro é instigante e com um fôlego admirável. O pesquisador conseguiu colocar sua visão garantista alinhada ao rigor acadêmico da pesquisa empírica. No todo, a obra é uma ode a um Processo Penal garantista, que permite valorizar a liberdade como bem supremo. Uma crítica ácida, ainda que elegante, a certo determinismo quase fundamentalista que foi a base da Lava Jato. Exposto de maneira acadêmica e com a análise detalhada – quantitativa e qualitativa – das decisões de prisões preventivas proferidas entre 2014 e 2017, um período de terror imposto por um grupo que visava atingir o poder político pelo medo e pela força opressora do Processo Penal.

A instrumentalização do Processo Penal, com o estratégico apoio da grande mídia, redundou no modelo fascista de governo que hoje leva o País ao caos. A saída, como bem apontado, é a discussão permanente do garantismo penal. E, como ressalta o autor, citando Luigi Ferrajoli: *"Se a história das penas é uma história de horrores, a história dos julgamentos é uma história de erros; e não só de erros, mas também de sofrimentos e abusos, todas as vezes que no processo penal se fez uso de medidas instrutórias diretamente aflitivas, da tortura até o moderno abuso da prisão preventiva."*

Antônio Carlos de Almeida Castro, Kakay

PREFÁCIO

No dia 17 de março de 2014, uma prosaica manhã de segunda-feira, a Polícia Federal cumpria medidas originárias da 13ª Vara Federal de Curitiba, consistentes em vinte e oito ordens de prisões cautelares, entre preventivas e temporárias, oitenta e um mandados de busca e apreensão e dezenove conduções coercitivas. As ações policiais foram realizadas em seis estados e no Distrito Federal, ainda sem muito alarde midiático, e se vinculavam a investigações sobre quatro organizações criminosas sob a liderança de operadores do mercado paralelo de câmbio, Carlos Habib Chater, Alberto Youssef, Nelma Kodama e Raul Srour, presos preventivamente na ocasião. A utilização de uma rede de postos de combustíveis para movimentação de elevado volume de recursos ilícitos inspirou o nome com que foi batizada a primeira fase de uma operação que se estenderia até o ano de 2021, Lava Jato. Assim mesmo, "Lava Jato", sem a preposição "a" – como na grafia correta para o caso de limpeza de veículos a jatos d'água (lava a jato) – e sem o hífen – recomendado para o caso de lavagem de um avião a jato (lava-jato). Consta que o nome escolhido tem mais a ver com avião, pelo tamanho da movimentação financeira identificada, em associação jocosa com o crime de lavagem de dinheiro e o conhecido serviço de lavagem de carros encontrado em estabelecimentos de venda de combustíveis. Certo é que o nome Lava Jato passou a identificar o conjunto de uma investigação gigantesca sobre crimes contra o sistema financeiro nacional e lavagem de dinheiro, participação em organização criminosa, corrupção ativa e passiva, entre outros. Ao todo, foram oitenta fases da mesma operação distribuída ao longo de sete anos.

A segunda etapa, deflagrada três dias depois daquela manhã de março, gerou, esta sim, grande ressonância nos meios de comunicação, por conta da prisão temporária de Paulo Roberto Costa, ex-Diretor de Refino e Abastecimento da Petrobras, acusado de ligação com o doleiro Alberto Youssef. Assim, tornava-se público aquilo que viria a constituir o principal objetivo das apurações, a existência de uma organização criminosa no interior da maior empresa estatal brasileira que, segundo o Ministério Público Federal, atuava desde o ano de 2006.

Na terceira etapa ostensiva, em 11 de abril de 2014, ganharam repercussão as buscas realizadas na sede da própria empresa, na cidade do Rio de Janeiro. Desde então, a força-tarefa de Curitiba passa a ocupar um lugar de destaque no noticiário, com ampla cobertura e divulgação de suas ações, o que rendia coletivas de imprensa, manifestações, entrevistas, palestras e mais entrevistas. A própria Lava Jato cuidava de facilitar o trabalho dos jornalistas, garantindo-lhes informações variadas, de gravações bombásticas a diferentes tipos de documentos – estes, por meio da liberação de consulta pública ao sistema eletrônico de acompanhamento processual ou via fornecimento de códigos de acesso aos processos. Incógnitos servidores do sistema de justiça convertem-se em figuras públicas de importância nacional. Ganham fama e se instalam no centro da cena política do País. Empunhando a bandeira anticorrupção, engajam a opinião pública em favor de sua causa, ameaçam políticos e partidos, contribuem com a destruição de empresas e se tornam heróis nacionais, com direito a filme e série da Netflix. Ao final de 2018, o juiz da 13ª Vara Federal de Curitiba deixa o cargo para integrar a equipe de governo do presidente eleito naquele ano. Em junho do ano seguinte, começam a ser divulgadas mensagens trocadas desde 2015 por integrantes da força-tarefa no aplicativo Telegram – o que, em síntese, acabou por deixar exposta a proximidade entre juiz e acusação, golpe mortal contra o princípio da imparcialidade. Até sua dissolução em 2021, quando é incorporada aos Grupos de Atuação Especial de Combate ao Crime Organizado (GAECO), a força-tarefa do Paraná teve seus momentos de glória, mas terminou sob suspeita.

No início dos trabalhos de persecução penal, havia uma expectativa positiva em relação aos esforços da equipe de Curitiba. O tempo, contudo, se encarregou de revelar que os atores do sistema de justiça não aceitavam muito bem os constrangimentos impostos por normas legais que, aliás, passaram a acusar de ultrapassadas, inadequadas à obtenção do fim pretendido, apresentado como a "eliminação da corrupção". A arquitetura jurídica e toda a edificação institucional que tornaram possível a Lava Jato já não serviam mais à causa e, assim, depois de angariar a adesão da sociedade em torno dos fins, se entregaram ao objetivo de convencer quanto à insuficiência dos meios. Foi nessa linha que o Ministério Público Federal encabeçou a campanha das "Dez Medidas de Combate à Corrupção", um conjunto de propostas de alterações legislativas orientadas por uma concepção iliberal do direito, com a relativização de garantias como o *habeas corpus* e a ampla defesa; pelo credo punitivista de maior rigor penal, na contramão do princípio da proporcionalidade das penas; e pela ampliação desmedida dos meios repressivos, com a admissão de provas obtidas de forma ilícita, em afronta direta ao texto constitucional. Numa palavra, o estatuto garantista do acusado não era mais que um obstáculo a ser removido. Em seu lugar despontava o discurso em favor de um certo "garantismo integral", denominação inofensiva para incremento do poder punitivo – como se o controle eficaz da corrupção estivesse na dependência direta do número e da velocidade das condenações.

A experiência da Lava Jato permite várias abordagens e perspectivas de estudo, tanto políticas quanto jurídicas. Muitas obras já foram publicadas tomando-a como objeto de pesquisa e, certamente, outras virão; novas perguntas serão formuladas e diferentes rotas analíticas serão propostas. Para o autor deste livro, resultado de sua pesquisa de Mestrado no Programa de Pós-Graduação em Direito da Universidade de Brasília, o desafio foi perscrutar os decretos de prisão preventiva da 13ª Vara Federal de Curitiba situados entre os anos de 2014 e 2017. Fez um trabalho cirúrgico.

Por dentro do campo do direito, Álvaro Chaves se dedicou a quantificar e a sistematizar as decisões encontradas, tendo em referência os fundamentos invocados pelo julgador, de acordo com o disposto no art. 312 do Código de Processo Penal. Calculou ainda, junto aos tribunais, TRF-4 (Tribunal Regional Federal da 4ª Região), STJ (Superior Tribunal de Justiça) e STF (Supremo Tribunal Federal), o número de pronunciamentos favoráveis às teses defensivas e a quantidade de prisões revogadas ou substituídas pelo próprio juiz prolator dos decretos prisionais – não quero antecipar os achados da pesquisa, adianto apenas que as revogações podem surpreender.

A análise qualitativa realizada pelo pesquisador leva em conta o que chama de modelos ou padrões de fundamentação, a começar pela "garantia da ordem pública", mas sem se descuidar das demais situações previstas na lei processual. Na sequência, examina os fundamentos dos acórdãos de revogação ou de substituição das prisões preventivas e, por fim, enfrenta os argumentos decisórios utilizados pelo juízo da 13ª Vara Federal da Seção Judiciária do Paraná para revogar ou negar o recolhimento domiciliar para determinados investigados, identificando, neste último caso, "clara finalidade de antecipação de cumprimento de pena".

Para não estragar a surpresa da leitura, me abstenho de indicar qualquer outra conclusão do trabalho – o que, aliás, nem mesmo constitui requisito de um prefácio. Não posso, contudo, concluir o texto sem fazer duas últimas observações, cuja pertinência – ou não – sempre estará a critério do leitor.

Primeira observação. Engana-se quem afirma a falta de isenção de um advogado para realizar pesquisa dessa natureza, mesmo que esse advogado tenha representado interesses de acusados na Operação Lava Jato. O pesquisador se coloca diante do seu objeto de análise de forma distinta daquela que orienta a atividade de um defensor. Nem um nem outro inventa os fatos com os quais tem de lidar, mas o advogado tem o papel ativo de verdadeiro partícipe do ato decisório, no seu empenho em contribuir para a construção de um resultado de antemão desconhecido, uma conclusão que deve estar em aberto e na dependência do cumprimento de uma série de condições pelo caminho.

O pesquisador, por sua vez, não pode interferir nos rumos da história que já foi contada, registrada, documentada. Pode, sim, interpretá-la com a mediação de seu referencial teórico e de sua metodologia – o que me leva diretamente à segunda observação, engana-se quem reclama neutralidade do pesquisador. O bom pesquisador é aquele que, de antemão, dá a conhecer com clareza as premissas que norteiam sua mirada e sua crítica. No caso desta pesquisa, a referência forte está no garantismo penal de Luigi Ferrajoli, desde o início confessada e apresentada sem paixão, como "sistema incompleto" e passível de críticas. O garantismo, diz o autor deste livro, "é teoria legitimadora do direito penal, mas fixa sua base na proposta de contenção e racionalização do poder punitivo estatal, por meio de garantias penais e processuais penais, cujo caráter é eminentemente negativo, de modo que estão relacionadas à expectativa de não lesão, para maior satisfação dos direitos individuais".

Álvaro Chaves é um garantista indisfarçado que caminha cautelosamente sobre um terreno minado e não se permite nenhum exagero analítico. Suas conclusões não são retumbantes ou sensacionais e, diriam alguns, sequer encerram propriamente uma novidade, no sentido comum daquilo de que não se tinha notícia. O mérito de seu minucioso trabalho é a pesquisa empírica documental. Não se trata, portanto, de mais uma opinião lançada em meio às discussões acaloradas entre lavajatistas e seus contrários, trata-se da confecção de um arquivo. Suas conclusões, de inegável importância para o debate jurídico, consideram outras vozes do mesmo campo e dialogam com investigações levadas a efeito no campo da ciência política. É, posso dizer, mais um instrumento que nos ajuda a compreender a experiência da Lava Jato e a contar a história do sistema de justiça no Brasil.

Beatriz Vargas Ramos
Distrito Federal, 27/08/2022

1

INTRODUÇÃO

O aumento do número de prisões cautelares em investigações de crimes de colarinho branco[1] não é um fenômeno tão recente e, há algum tempo, tem despertado o interesse acadêmico, principalmente pela perspectiva da criminologia crítica. Pedro Ivo Velloso constatou que, em 2003, as operações da Polícia Federal começaram com grande foco nesses delitos, mas se estabilizaram ao longo dos anos, com uma sensível queda na quantidade de prisões após 2007 e 2008, período de grandes reações públicas contrárias, inclusive por parte do Supremo Tribunal Federal (STF), cujo caso paradigmático foi a Operação Satiagraha[2].

Esse tema ganhou novo fôlego com a Operação Lava Jato. Os fundamentos das prisões cautelares, sua duração e as colaborações premiadas passaram a fazer parte do debate público e das matérias enfrentadas pelos tribunais, em virtude das decisões proferidas pelo juízo da 13ª Vara Federal da Seção Judiciária do Paraná.

1 Sutherland deu contribuição importantíssima para a criminologia ao estudar empiricamente a criminalidade de colarinho branco. Para ele, os crimes de colarinho branco são aqueles praticados por uma pessoa de "respeitabilidade e alto *status* social no curso de sua atividade" (SUTHERLAND, Edwin H. **Crime de colarinho branco:** versão sem cortes. Ttradução Clécio Lemo. 1. ed. Rio de Janeiro: Revan, 2015, p. 34). Ressalte-se que há crítica em virtude de tal definição focar no aspecto ocupacional. Analisando esse conceito e o de crime econômico, Pedro Ivo Velloso destaca que "há uma equivalência geral do conceito de crimes de colarinho branco com a noção de crime econômico, do direito penal econômico" (CORDEIRO, Pedro Ivo Rodrigues Velloso. **A prisão provisória em crimes de colarinho branco:** redução da desigualdade do sistema penal? 2013. 136 f. Dissertação (Mestrado em Direito) - Universidade de Brasília, Brasília, 2013, p. 20), de sorte que, neste trabalho, não há dificuldade em tratar as expressões como equivalentes nos demais capítulos. O pesquisador não desconhece que essa correspondência não é total, como também destaca Pedro Ivo Velloso (CORDEIRO, Pedro Ivo Rodrigues Velloso. **A prisão provisória em crimes de colarinho branco:** redução da desigualdade do sistema penal? 2013. 136 f. Dissertação (Mestrado em Direito) - Universidade de Brasília, Brasília, 2013, p. 21).

2 CORDEIRO, Pedro Ivo Rodrigues Velloso. **A prisão provisória em crimes de colarinho branco:** redução da desigualdade do sistema penal? 2013. 136 f. Dissertação (Mestrado em Direito) - Universidade de Brasília, Brasília, 2013, p. 103.

Como explica Ela Wiecko ao tratar desse cenário, "[o] instrumento da prisão cautelar, temporária ou preventiva, que se mostrara ineficiente, passou a ser utilizado com sucesso, associado aos instrumentos da condução coercitiva, da colaboração premiada e do acordo de leniência"[3].

Sergio Moro, o juiz responsável por processar e julgar os casos da Operação Lava Jato entre 2014 e 2018, em algumas oportunidades, fez defesa pública de suas decisões e, ao rebater as críticas formuladas pela elevada quantidade de prisões provisórias, sustentou que mais algumas deveriam ter sido decretadas por ele no contexto da investigação[4].

Nesse mesmo ambiente, as discussões envolvendo o garantismo penal voltaram à tona, pois determinadas práticas judiciais foram questionadas por considerável parcela da comunidade jurídica e tidas como violadoras de direitos fundamentais, o que abarcava a própria justificativa das prisões preventivas decretadas por aquele juiz. O então procurador da República Deltan Dallagnol, ex-coordenador da antiga força-tarefa da Lava Jato, concedeu entrevistas e, para defender interpretações e medidas adotadas no curso das investigações, explorou a necessidade de preponderar no cenário brasileiro um garantismo integral, em contraposição a um garantismo que beneficiaria somente o direito dos réus e seria predominante no Brasil, de modo a dar efetividade ao sistema de justiça penal, ao também proteger interesses da sociedade no processo penal[5].

A presente pesquisa se insere nessa conjuntura e objetiva compreender, em aspectos quantitativos e qualitativos, as prisões preventivas decretadas no bojo da Operação Lava Jato entre os anos

3 CASTILHO, Ela Wiecko Volkmer de. A ilusória democratização do (pelo) controle penal. *In*: **Construindo as Criminologias Críticas:** a contribuição de Vera Andrade. Camila Cardoso de Mello Prando, Mariana Dutra de Oliveira Garcia, Marcelo Mayora Alves (org.). Rio de Janeiro: Lumen Juris, 2018.

4 OLIVEIRA, Mariana. Deveria ter decretado mais prisões preventivas na "lava jato", diz Moro. **Consultor Jurídico,** São Paulo, ago. de 2018. Disponível em: https://www.conjur.com.br/2018-ago-24/deveria-decretado-preventivas-lava-jato-moro. Acesso em: 06 de nov. de 2021; O Antagonista. MORO: "Talvez eu deveria ter decretado mais prisões do que decretei". **O Antagonista,** São Paulo, fev. de 2020. Disponível em: https://www.oantagonista.com/brasil/moro-talvez-eu-deveria-ter-decretado-mais-prisoes-do-que-decretei/. Acesso em: 06 de nov. de 2021.

5 CARVALHO, Luiz Maklouf. 'É preciso um garantismo integral', diz procurador Deltan Dallagnol. **Estadão,** São Paulo, fev. de 2017. Disponível em: https://politica.estadao.com.br/noticias/geral,e-preciso-um-garantismo-integral-diz-procurador-deltan-dallagnol,70001653476. Acesso em: 06 de nov. de 2021.

de 2014 e 2017, bem como a atuação dos tribunais de revisão e até mesmo do juízo de primeiro grau ao revogá-las ou substituí-las. Excluiu-se o exame das prisões temporárias por serem reguladas por lei específica e possuírem prazo máximo de duração determinado, ao final do qual a custódia somente poderá ser mantida a título de preventiva, por meio de fundamentação diversa daquela anteriormente utilizada para decretação.

E isso a partir do garantismo penal de Luigi Ferrajoli, marco teórico desta pesquisa. Não se pretende fazer uma defesa irrestrita da teoria, sem reconhecer pontos frágeis ou questionáveis, como as várias críticas formuladas acerca da separação entre moral e direito, ponto central das formulações do professor italiano. Conforme destaca Geraldo Prado, "[o] garantismo não é uma religião e seus defensores não são profetas ou pregadores utópicos. Trata-se de um sistema incompleto e nem sempre harmônico, mas sua principal virtude consiste em reivindicar uma renovada racionalidade, baseada em procedimentos que têm em vista o objetivo de conter os abusos do poder"[6].

No próximo capítulo deste trabalho, far-se-á uma revisão bibliográfica dos textos de Ferrajoli, a fim de traçar um delineamento teórico básico do garantismo penal, com indicação de que as garantias penais e processuais penais possuem caráter negativo, estão relacionadas a uma expectativa de não lesão e buscam limitar o poder punitivo. Os resultados são cotejados com produções de autores brasileiros estudiosos do tema. Optou-se por um recorte bem delimitado da teoria do garantismo penal, objetivando-se sempre dialogar com a possível legitimação dos fundamentos da prisão preventiva e com os resultados da parte empírica.

Não se desconhece que alguns outros pontos da teoria do professor italiano poderiam ser abordados, inclusive incursões aprofundadas sobre a noção de democracia para Ferrajoli, bem como que seria possível fazer um confronto teórico mais direto e

6 PRADO, Geraldo. **Sistema acusatório:** a conformidade constitucional das leis processuais penais. Rio de Janeiro: Lumen Juris, 2001, p. XXI.

detalhado com as premissas do garantismo penal integral, porém o prazo disponível para o término desta pesquisa e as informações obtidas pela leitura dos pronunciamentos judiciais me fizeram focar nas considerações sobre a pesquisa empírica.

Em seguida, serão indicadas a vinculação da presunção de inocência com o axioma *nulla culpa sine judicio,* a centralidade desse princípio no sistema garantista e a sua consequente relação com os fundamentos da prisão preventiva. Ferrajoli apresenta-se como um defensor do fim da prisão preventiva, ao menos até o primeiro grau de jurisdição, mas, por outro lado, reconhece ser uma utopia a efetivação dessa proposta num futuro próximo.

Na terceira parte, também por meio de revisão bibliográfica, serão expostos aspectos centrais da prisão preventiva no ordenamento jurídico nacional. Diante desse panorama, apresentar-se-á uma crítica garantista aos fundamentos legalmente previstos, para fixar critérios minimamente condizentes com a teoria do professor italiano na prática brasileira.

Na quarta seção, buscar-se-á expor uma contextualização fática da Operação Lava Jato, a partir primordialmente dos dados presentes nos *sites* da Polícia Federal, do Ministério Público Federal (MPF) e de diversos meios de comunicação.

O quinto capítulo explicará a metodologia utilizada para localização das prisões preventivas decretadas entre 2014 e 2017 pela 13ª Vara Federal da Seção Judiciária do Paraná, com a relação de quais foram encontradas. Embora a sistemática de processos eletrônicos em todas as instâncias tenha sido indispensável para viabilizar a obtenção de cópias das decisões e dos acórdãos, viu-se grande dificuldade para localização de algumas delas, principalmente em razão do sigilo imposto aos procedimentos cautelares de prisão preventiva. Não obstante esse entrave, diversas decisões proferidas em procedimentos sigilosos foram localizadas em *sites* especializados em cobertura jornalística jurídica, nos posteriores *habeas corpus* autuados nas instâncias revisoras como públicos e eventualmente nas ações penais.

Na sexta parte, serão explorados os resultados quantitativos obtidos sobre as fundamentações do artigo 312 do Código de Processo Penal (CPP) utilizadas para decretação das prisões preventivas. Foram constatadas a prevalência da garantia da ordem pública como hipótese mais recorrente dentro do espaço amostral, a ausência de utilização da garantia da ordem econômica e a inexistência de exame sobre a viabilidade de substituição da prisão preventiva por cautelares diversas em várias decisões.

No sétimo capítulo, exibir-se-á a metodologia para localização dos pronunciamentos favoráveis às defesas nos tribunais de revisão, bem como, numa perspectiva quantitativa, por quantas cassações cada um deles foi responsável. A relevância da atuação do STF ao julgar os *habeas corpus* oriundos da Operação Lava Jato fica bastante clara nesse mapeamento.

Na oitava seção, serão expostos os dados quantitativos de revogações e substituições decorrentes de pronunciamentos da própria 13ª Vara Federal da Seção Judiciária do Paraná. Houve uma necessária limitação do espaço amostral, em virtude da dificuldade para localizar decisões concessivas de liberdade que foram proferidas nos autos de colaboração premiada. Embora fosse noticiada na mídia a alteração da situação prisional do investigado colaborador, o grau de sigilo imposto ao processo inviabilizava o acesso à decisão. Mesmo nesse cenário, os dados obtidos causaram uma inicial surpresa ao pesquisador, pois demonstraram importante e substancial atuação do juiz da causa no sentido de rever as prisões preventivas anteriormente decretadas.

O nono capítulo inaugurará a parte qualitativa, por meio do exame dos fundamentos utilizados nas decisões de prisão preventiva. Serão estabelecidos sete modelos de fundamentação do juiz a partir do argumento de garantia da ordem pública e indicadas aquelas decisões que estão inseridas nesses padrões ou fogem deles, apresentando os principais trechos utilizados por ele para subsidiar a custódia cautelar. A justificativa jurídica empreendida para as demais hipóteses do artigo 312 do CPP também serão examinadas. Nesse cenário, apresentar-se-ão considerações críticas sobre os fundamentos expostos nas decisões judiciais, tendo como ponto de partida o prisma garantista. Além disso, diante da quantidade de informações, optou-se por formular considerações parciais sobre assunto e indicar o diálogo existente entre alguns dados e artigo doutrinário de autoria de Sergio Moro publicado em 2004.

Na décima parte, indicar-se-ão os argumentos utilizados pelo juiz da 13ª Vara Federal da Seção Judiciária do Paraná para revogar ou substituir as prisões por ele mesmo decretadas. Essas informações serão contrastadas novamente com o referido artigo de autoria do então juiz e com os posicionamentos do STF, ademais das considerações teóricas. Isso ajudará a compreender o alto número indicado no oitavo capítulo e demonstrará a atuação judicial direcionada a fomentar as colaborações e as confissões.

A décima primeira seção abordará os fundamentos utilizados pelos tribunais de revisão para revogar ou substituir as prisões preventivas decretadas por Sergio Moro na Operação Lava Jato. O foco será o estudo dos votos responsáveis por inaugurar a corrente vencedora em cada julgamento e as decisões monocráticas de mérito. Busquei mapear aspectos jurídicos relevantes que levaram à constatação da ilegalidade do decreto prisional, reproduzindo-se os principais excertos utilizados nos atos decisórios responsáveis pela revogação ou substituição.

O décimo segundo capítulo indicará a fundamentação utilizada pelo juízo da 13ª Vara Federal da Seção Judiciária do Paraná para revogar o recolhimento domiciliar anteriormente fixado em favor de determinados investigados, bem como o argumento exposto para negá-lo a José Dirceu de Oliveira e Silva, elementos aptos a corroborar a percepção de utilização indevida das medidas cautelares pessoais, com clara finalidade de antecipação de cumprimento de pena.

As conclusões estão sintetizadas no último capítulo deste trabalho, com indicativo dos principais aspectos das análises quantitativa e qualitativa. São expostos também alguns dados que podem demandar incursões e apurações aprofundadas em novos estudos.

2

O GARANTISMO PENAL: DELINEAMENTO TEÓRICO BÁSICO

A palavra garantismo encontra raízes na França, no século XIX, e, ao longo do tempo, foi associada a diversos significados distintos, ligados à necessidade de segurança social, de tutela das liberdades fundamentais no âmbito constitucional ou à limitação do poder punitivo estatal[7]. Segundo Dario Ippolito, o termo ganha a conotação de teoria liberal do direito penal a partir da discussão, na segunda metade da década de 1970, sobre a legislação emergencial criada na Itália para enfrentar o terrorismo[8]. E, nesse sentido, a expressão passou a ter maior notoriedade com os estudos e a produção acadêmica de Luigi Ferrajoli, principalmente após a publicação do livro "Direito e razão: teoria do garantismo penal", em 1989, cuja tradução para o português foi lançada em 2002.

A construção teórica do garantismo jurídico de Ferrajoli não se restringe aos campos penal e processual penal, *locus* privilegiado para expô-la[9]. Possui abrangência, enquanto teoria geral do direito, "a todos os campos dos direitos subjetivos, tanto

---

7 Dario Ippolito faz extensa explicação sobre a origem da palavra e os significados que foram a ela atribuídos. IPPOLITO, Dario. O garantismo de Luigi Ferrajoli. **Revista de Estudos Constitucionais, Hermenêutica e Teoria do Direito (RECHTD)**, São Leopoldo, v.3, n. 1, p. 34-41, jan./jun. 2011.

8 IPPOLITO, Dario. O garantismo de Luigi Ferrajoli. **Revista de Estudos Constitucionais, Hermenêutica e Teoria do Direito (RECHTD)**, São Leopoldo, v.3, n. 1, p. 34-41, jan./jun. 2011.

9 "El terreno en el que se ha producido principalmente esta extensión del significado de «garantías» es sin embargo el del derecho penal" FERRAJOLI, Luigi. **Principia iuris:** teoría del derecho y de la democracia. 1. Teoría del derecho. ProQuest Ebook Central: Editorial Trotta, S.A., 2011, p.187. Disponível em: http://ebookcentral.proquest.com/lib/univbrasilia-ebooks/detail.action?docID=3209339. Created from univbrasilia-ebooks on 2021-10-10 16:32:35. *E-book.*

patrimoniais quanto fundamentais, e a todo conjunto de poderes, estatais e internacionais"[10].

O ponto comum em todas as garantias[11] é a percepção de que, se não as houvesse, o direito que é seu objeto poderia ser violado, caracterizando-se, como destaca Ferrajoli, um tipo de desconfiança ao espontâneo cumprimento e respeito aos direitos no exercício legítimo de poder, principalmente no que diz respeito aos direitos fundamentais[12]. Assim, ele aponta que o garantismo se opõe a concepções embasadas na "ideia onírica de poder bom ou, em qualquer caso, de uma observância espontânea da lei e dos direitos"[13]. As garantias servem, portanto, como técnica para assegurar a tutela efetiva ou a satisfação dos direitos protegidos. Para ele:

> Em geral, falar-se-á de garantismo para designar o conjunto de limites e vínculos impostos a todos os poderes - públicos e privados, políticos (ou da maioria) e econômicos (ou de mercados), em nível estatal ou em nível internacional – com o fim de proteger, mediante a sujeição à lei e, em especial, aos direitos fundamentais que nela se consagram, tanto a esfera privada contra os poderes públicos como a esfera pública contra os poderes privados.[14]

A partir dessas ideias, Ferrajoli apresenta o garantismo patrimonial, destinado a tutelar o direito à propriedade e os demais de índole patrimonial; o garantismo penal, cujo cerne é a proteção do direito à liberdade, por meio da limitação do poder de punir, ante

---

10 FERRAJOLI, Luigi. **El paradigma garantista:** filosofía crítica del derecho penal. Madrid: Editorial Trotta, 2018, p. 23. Tradução nossa. No original: "a la totalidad del campo de los derec hos subjetivos, tanto patrimoniales como fundamentales, y al entero conjunto de poderes, tanto públicos como privados, tanto estatales quanto Internacionales".

11 "Propongo llamar garantía a toda obligación correspondiente a un derecho subjetivo, entendiendo por «derecho subjetivo» toda expectativa jurídica positiva (de prestaciones) o negativa (de no lesiones)" FERRAJOLI, Luigi. **Democracia y garantismo.** ProQuest Ebook Central: Editorial Trotta, S.A., 2008, p. 63. Disponível em: http://ebookcentral.proquest.com/lib/univbrasilia-ebooks/detail.action?docID=3209463. Created from univbrasilia-ebooks on 2021-10-10 14:35:15. *E-book.*

12 FERRAJOLI, Luigi. **El paradigma garantista:** filosofía crítica del derecho penal. Madrid: Editorial Trotta, 2018, p. 23.

13 FERRAJOLI, Luigi. **Principia iuris:** teoría del derecho y de la democracia. 1. Teoría del derecho. ProQuest Ebook Central: Editorial Trotta, S.A., 2011, p. 187, Disponível em: http://ebookcentral.proquest.com/lib/univbrasilia-ebooks/detail.action?docID=3209339. Created from univbrasilia-ebooks on 2021-10-13 19:07:46. Tradução nossa. *E-book.* No original: la idea onírica de un «poder bueno» o en cualquier caso de una observancitraa espontánea del derecho y de los derechos.

14 "En general, se hablará de garantismo para designar el conjunto de límites y vínculos impuestos a todos los poderes – públicos y privados, políticos (o de las mayorias) y económicos (o del mercado), a nivel estatal y a nivel internacional – con el fin de tutelar, mediante la sujecion a la ley y, en especial, a los derechos fundamentales que em ella se establecenm tanto las esferas privadas contra los poderes públicos como la esfera pública contra los poderes privados". FERRAJOLI, Luigi. **El paradigma garantista:** filosofía crítica del derecho penal. Madrid: Editorial Trotta, 2018, p. 23, tradução nossa.

as intervenções arbitrárias; o garantismo social, caracterizado pelo conjunto de garantias voltadas à satisfação de direitos sociais, ainda ausentes ou imperfeitos, como "a saúde, educação, trabalho e outros semelhantes"[15]; e o garantismo internacional, com foco no resguardo dos direitos humanos estabelecidos em declarações e convenções internacionais[16] [17]. Este estudo trabalhará com o garantismo penal de Luigi Ferrajoli, por estar intrinsecamente ligado ao seu objeto, qual seja, a esfera processual penal.

Diante da amplitude e da profundidade de suas proposições, este livro limitará seu escopo de estudo apenas àquelas características do garantismo penal que são, em minha visão, indispensáveis à compreensão dos tópicos subsequentes e subsidiam as críticas aqui formuladas, objetivando sempre o diálogo com os resultados obtidos pela pesquisa empírica empreendida. Não se trata de limitar a teoria do professor italiano ou não a reconhecer em sua inteira abrangência, mas, sim, fazer um recorte necessário de pontos sensíveis ao tema examinado, sem perder de vista a integralidade das proposições.

E, antes de expor esses aspectos, relevante traçar um panorama geral do constitucionalismo garantista de Ferrajoli, cuja base do pensamento ajudará na compreensão sistêmica de suas ideias.

O constitucionalismo normativo ou garantista faz um contraponto ao constitucionalismo principialista, caracterizado, conforme aponta o autor italiano, pela crítica ao positivismo jurídico e à tese de separação entre moral e direito; pela centralidade na argumentação a partir da noção de que direitos constitucionalmente previstos não são regras, mas sim princípios, de sorte que eventuais conflitos serão resolvidos por ponderação e não mais por

15 FERRAJOLI, Luigi. **Democracia y garantismo.** ProQuest Ebook Central: Editorial Trotta, S.A., 2008, p. 62. Disponível em: http://ebookcentral.proquest.com/lib/univbrasilia-ebooks/detail.action?docID=3209463. Created from univbrasilia-ebooks on 2021-10-10 14:35:15. *E-book.*

16 FERRAJOLI, Luigi. **El paradigma garantista:** filosofía crítica del derecho penal. Madrid: Editorial Trotta, 2018, p. 23.

17 Como destaca Ana Cláudia Bastos de Pinho, mais recentemente, Luigi Ferrajoli, em virtude da pandemia de COVID-19, tem tratado da necessidade de um constitucionalismo planetário. PINHO, Ana Claudia Bastos de. Garantismo penal: Ferrajoli por Ferrajoli, colocando os pingos nos is. **Revista Consultor Jurídico**, São Paulo, 29 de jul. de 2020. Disponível em: https://www.conjur.com.br/2020-jul-29/ana-claudia-pinho-garantismo-penal-ferrajoli-ferrajoli. Acesso em: 16 de out. de 2021.

subsunção; e pela concepção de direito como prática jurídica confiada principalmente aos juízes[18].

O constitucionalismo garantista, por sua vez, pode ser entendido em três significados diferentes.

Como modelo de direito, caracteriza-se, em relação ao paleojuspositivismo[19], pela positivação dos princípios que subordinam toda a produção normativa, ou seja, os limites e os vínculos passam a constar nas constituições rígidas e são impostos a todos os poderes[20].

Como teoria do direito, aborda o contraste entre o dever ser (constitucional) e o ser (legislativo) do direito. No que tange ao paleojuspositivismo, distancia-se ao admitir a diferenciação entre validade e vigência, reconhecendo a possibilidade de normas vigentes, produzidas de acordo com os ditames procedimentais, mas inválidas, por serem incompatíveis com as normas substanciais[21].

Como filosofia ou teoria política, consiste em uma teoria da democracia substancial, para além da formal, ancorada no paradigma de direito apresentado por Ferrajoli[22]. Enquanto a democracia formal está relacionada à consolidação de regras de procedimento para expressão da vontade da maioria, a democracia substancial fixa limites ao que pode ou não e deve ou não ser deliberado por essa maior parcela, de modo a configurar normas substanciais limitativas ou imperativas do Estado constitucional de direito[23]. E os direitos fundamentais são esses limites impostos à maioria, impossibilitando determinadas deliberações ou dispondo como indispensáveis outras, ainda que contramajoritariamente.

---

18 FERRAJOLI, Luigi. Constitucionalismo principialista e constitucionalismo garantista. *In:* FERRAJOLI, Luigi; STRECK, Lenio Luiz; TRINDADE, André Karam (org.). **Garantismo, hermenêutica e (neo)constitu-cionalismo:** um debate com Luigi Ferrajoli. Porto Alegre: Livraria do Advogado, 2012, p. 21.

19 Nomenclatura utilizada por Ferrajoli para se referir ao positivismo exegético, conforme destaca Ana Cláudia Pinho. PINHO, Ana Cláudia de. **Para além do garantismo:** uma proposta hermenêutica de controle da decisão penal. Porto Alegre: Livraria do Advogado Editora, 2013, p. 95.

20 FERRAJOLI, Luigi. Constitucionalismo principialista e constitucionalismo garantista. *In:* FERRAJOLI, Luigi; STRECK, Lenio Luiz; TRINDADE, André Karam (org.). **Garantismo, hermenêutica e (neo)constitu-cionalismo:** um debate com Luigi Ferrajoli. Porto Alegre: Livraria do Advogado, 2012, p. 24.

21 FERRAJOLI, Luigi. Constitucionalismo principialista e constitucionalismo garantista. *In:* FERRAJOLI, Luigi; STRECK, Lenio Luiz; TRINDADE, André Karam (org.). **Garantismo, hermenêutica e (neo)constitu-cionalismo:** um debate com Luigi Ferrajoli. Porto Alegre: Livraria do Advogado, 2012, p. 24.

22 FERRAJOLI, Luigi. Constitucionalismo principialista e constitucionalismo garantista. *In:* FERRAJOLI, Luigi; STRECK, Lenio Luiz; TRINDADE, André Karam (org.). **Garantismo, hermenêutica e (neo)constitu-cionalismo:** um debate com Luigi Ferrajoli. Porto Alegre: Livraria do Advogado, 2012, p. 24-25.

23 CARVALHO, Salo de. Pena e garantias. 3. ed. Rio de Janeiro: Editora Lumen Juris, 2008, p. 105.

Em todos esses significados, o constitucionalismo garantista consiste em um "projeto normativo que exige ser realizado através da construção, mediante políticas e lei de atuação, de idôneas garantias e de instituições de garantia"[24]. Em nenhuma dessas três acepções há admissão de conexão entre direito e moral, traço marcante do pensamento de Ferrajoli[25] e que não é imune a críticas, inclusive por autores brasileiros[26].

Em síntese, o constitucionalismo garantista rechaça todos aqueles elementos qualificadores do constitucionalismo principialista, tendo como particularidade a normatividade forte. A crítica sobre a distinção entre princípios e regras ganha especial relevância. Segundo Ferrajoli, "não existe uma diferença real de estatuto entre a maior parte dos princípios e as regras: a violação de um princípio sempre faz deste uma regra que enuncia as proibições ou obrigações correspondentes"[27] e essa distinção proposta pelo constitucionalismo principialista acaba por implicar enfraquecimento do valor vinculante de todos os princípios constitucionais[28].

A teoria de Ferrajoli, que, como se vê, tem nítida base positivista, ganhou bastante notoriedade no direito penal e processual penal. A obra "Direito e razão: teoria do garantismo penal" é o desenvolvimento de sua tese aplicada a essas áreas, com a fixação de diversas vigas que dão sustentação ao seu posicionamento.

A constante tensão percebida na seara penal entre liberdade individual e poder punitivo do Estado torna-a um local fértil para as proposições garantistas, como técnica de tutela dos direitos fundamentais e limitação da violência, até mesmo na

24 FERRAJOLI, Luigi. Constitucionalismo principialista e constitucionalismo garantista. *In:* FERRAJOLI, Luigi; STRECK, Lenio Luiz; TRINDADE, André Karam (org.). **Garantismo, hermenêutica e (neo)constitu-cionalismo:** um debate com Luigi Ferrajoli. Porto Alegre: Livraria do Advogado, 2012, p. 25

25 "O principal pressuposto metodológico de uma teoria geral do garantismo reside na separação entre direito e moral, e mais em geral entre ser e dever ser, nos múltiplos sentidos elucidados". FERRAJOLI, Luigi. **Direito e razão:** a teoria do garantismo penal. 4. ed. rev. São Paulo: Editora dos Tribunais, 2014, p. 788.

26 PINHO, Ana Cláudia de. **Para além do garantismo:** uma proposta hermenêutica de controle da decisão penal. Porto Alegre: Livraria do Advogado Editora, 2013.

27 FERRAJOLI, Luigi. Constitucionalismo principialista e constitucionalismo garantista. *In:* FERRAJOLI, Luigi; STRECK, Lenio Luiz; TRINDADE, André Karam (org.). **Garantismo, hermenêutica e (neo)constitu-cionalismo:** um debate com Luigi Ferrajoli. Porto Alegre: Livraria do Advogado, 2012, p. 41.

28 FERRAJOLI, Luigi. Constitucionalismo principialista e constitucionalismo garantista. *In:* FERRAJOLI, Luigi; STRECK, Lenio Luiz; TRINDADE, André Karam (org.). **Garantismo, hermenêutica e (neo)constitu-cionalismo:** um debate com Luigi Ferrajoli. Porto Alegre: Livraria do Advogado, 2012, p. 41.

aplicação da pena, ante a iminente possibilidade de violação de direitos dos acusados.

Ferrajoli apresenta três significados para garantismo no contexto penal, assim como foi feito anteriormente para o constitucionalismo garantista. Para a finalidade deste trabalho, interessa tratar daquele que designa um modelo normativo de direito, denominado por ele de estrita legalidade ou de sistema garantista, típico do Estado de direito, cujas características são as seguintes:

> [...] sob o plano epistemológico se caracteriza como um sistema cognitivo ou de poder mínimo, sob o plano político se caracteriza como uma técnica de tutela idônea a minimizar a violência e maximizar a liberdade e, sob o plano jurídico, como um sistema de vínculos impostos à função punitiva do Estado em garantia dos direitos dos cidadãos. É, consequentemente, 'garantista' todo o sistema penal que se conforma normativamente com tal modelo e que o satisfaz efetivamente.[29]

Como se vê, a linha condutora do garantismo penal, na perspectiva jurídica, é a minimização da violência, potencializando a liberdade, mediante a imposição de limites e de vínculos ao poder punitivo estatal, em benefício dos direitos e garantias do cidadão. Conforme destacam Salo de Carvalho e Amilton Bueno de Carvalho, o garantismo penal é teoria destinada a instituir critérios de racionalidade e civilidade à intervenção penal, bem como deslegitimar sistemas de controle social que privilegiam a defesa social em prejuízo de direitos e garantias individuais[30].

Os axiomas, denominados de garantias penais e processuais penais caracterizadores desse sistema, também são expostos pelo professor italiano, que ressalta se tratar de um modelo-limite, "apenas tendencialmente e jamais perfeitamente satisfatível"[31]. As dez proposições[32] não são assertivas e sim descritivas. Cada uma delas não

29 FERRAJOLI, Luigi. **Direito e razão:** a teoria do garantismo penal. 4. ed. rev. São Paulo: Editora dos Tribunais, 2014, p. 786.

30 CARVALHO, Amilton Bueno de; CARVALHO, Salo de. **Aplicação da pena e garantismo.** 2. ed. ampl. Rio de Janeiro: Lumen Iuris, 2002, p. 19.

31 FERRAJOLI, Luigi. **Direito e razão:** a teoria do garantismo penal. 4. ed. rev. São Paulo: Editora dos Tribunais, 2014, p. 91.

32 Os princípios são denominados de: i) princípio da retributividade ou da consequencialidade da pena em relação ao delito; ii) princípio da legalidade, no sentido lato ou no sentido estrito17; iii) princípio da necessidade ou da economia no direito penal; iv) princípio da lesividade ou da ofensividade do evento; v) princípio da

constitui condição suficiente para a responsabilização penal, mas condição necessária, sem a qual estaria impossibilitada a punição[33]. Essas garantias se prestam muito mais a deslegitimar o exercício do poder punitivo quando não são observadas do que a legitimar[34].

Esses princípios, então, equivaleriam às "regras do jogo" fundamentais do direito penal e, em razão da sua gradual incorporação nos textos constitucionais, corresponderiam a vínculos materiais e formais de validade das normas e decisões[35].

Diante do nível de observância concreta delas, um sistema poderá ser avaliado como tendente ao direito penal mínimo, é dizer, "condicionado e limitado ao máximo, corresponde não apenas ao grau máximo de tutela das liberdades dos cidadãos frente ao arbítrio punitivo, mas também a um ideal de racionalidade e de certeza"[36], ou ao direito penal máximo, "incondicionado e ilimitado, é o que se caracteriza, além de sua excessiva severidade, pela incerteza e imprevisibilidade das condenações e da pena e que, consequentemente, configura-se como um sistema de poder não controlável racionalmente"[37] , quanto menor for a incidência dos axiomas.

Aliás, destaca Ferrajoli que "garantismo e direito penal mínimo são, com efeito, termos sinônimos que designam um modelo teórico e normativo de direito penal capaz de minimizar a violência da intervenção punitiva [...] a limites estritos para tutelar os direitos das pessoas"[38].

---

materialidade ou da exterioridade da ação; vi) princípio da culpabilidade ou da responsabilidade pessoal; vii) princípio da jurisdicionariedade, também no sentido lato ou no sentido estrito; viii) princípio acusatório ou da separação entre juiz e acusação; ix) princípio do ônus da prova ou da verificação e x) princípio do contraditório ou da defesa, ou da falseabilidade. FERRAJOLI, Luigi. **Direito e razão:** a teoria do garantismo penal. 4. ed. rev. São Paulo: Editora dos Tribunais, 2014, p. 91.

33 FERRAJOLI, Luigi. **Direito e razão:** a teoria do garantismo penal. 4. ed. rev. São Paulo: Editora dos Tribunais, 2014, p. 91.

34 FERRAJOLI, Luigi. **Direito e razão:** a teoria do garantismo penal. 4. ed. rev. São Paulo: Editora dos Tribunais, 2014, p. 91.

35 CARVALHO, Salo de. **Pena e garantias.** 3. ed. revista e atualizada. Rio de Janeiro: Editora Lumen Juris, 2008, p. 83.

36 FERRAJOLI, Luigi. **Direito e razão:** a teoria do garantismo penal. 4. ed. rev. São Paulo: Editora dos Tribunais, 2014, p. 102.

37 FERRAJOLI, Luigi. **Direito e razão:** a teoria do garantismo penal. 4. ed. rev. São Paulo: Editora dos Tribunais, 2014, p. 102.

38 FERRAJOLI, Luigi. **Democracia y garantismo.** ProQuest Ebook Central: Editorial Trotta, S.A., 2008, p. 193. Disponível em:http://ebookcentral.proquest.com/lib/univbrasilia-ebooks/detail.action?docID=3209463. Created from univbrasilia-ebooks on 2021-10-12 19:14:07, tradução nossa. *E-book.* No original: «Garantismo» y «derecho penal mínimo» son, en efecto, términos sinónimos que designan un modelo teórico y normativo de derecho penal capaz de minimizar la violencia de la intervención punitiva —tanto en la previsión legal de los delitos como en su comprobación judicial – sometiéndola a estrictos límites impuestos para tutelar los derechos de la persona.

Em todo esse contexto, as garantias penais e processuais penais possuem nítido caráter negativo, relacionadas a uma expectativa de não lesão[39]. Estão ligadas ao que Ferrajoli denomina de "direitos de", característico de uma noção de Estado de direito liberal, cujo eixo são as prestações negativas para garantia dos direitos de liberdade[40].

De forma direta, destaca o professor italiano que "as garantias penais e processuais, como foi indicado, são garantias essencialmente negativas, destinadas a limitar o poder punitivo em defesa das liberdades individuais"[41]. Essa proposição é repetida pelo próprio Luigi Ferrajoli em outras publicações: "Com efeito, as garantias penais e processuais são as técnicas destinadas a minimizar a violência e o poder punitivo: isto é, reduzir ao máximo os crimes, a arbitrariedade dos juízos e a aflição das penas"[42].

Isso não significa dizer que Ferrajoli não admita direitos que demandem expectativas de comportamentos correspondentes a prestações positivas. Ele faz tal previsão – fora das esferas penal e processual penal –, relacionando-a aos chamados "direitos a", tipicamente de um Estado de direito social e cujo desiderato é a aquisição de condições sociais de vida, como "a subsistência, o trabalho, a saúde, o lar, a instrução etc"[43]. São os direitos sociais, ensejadores de uma prestação positiva por parte do Estado em favor do cidadão.

---

39 "As garantias penais e processuais, como dissemos outras vezes, não podem ser mais que um sistema de vedações legais inderrogáveis: vedações legais de punir, de prender, de perseguir, de censurar, ou, de outro modo, sancionar, sem que concorram as condições estabelecidas pela lei para tutela dos cidadãos contra os arbítrios". FERRAJOLI, Luigi. **Direito e razão:** a teoria do garantismo penal. 4. ed. rev. São Paulo: Editora dos Tribunais, 2014, p. 794.

40 "Se puede hablar de carência o inefectividad de las garantías, ante todo, en relacion com el garantismo penal, que, em efecto, há supuesto, desde la Ilustración, el terreno sobre el que se há edificado el modelo del Estado liberal de derecho". FERRAJOLI, Luigi. **Democracia y garantismo**. ProQuest Ebook Central: Editorial Trotta, S.A., 2008, p. 67. Disponível em: http://ebookcentral.proquest.com/lib/univbrasilia-ebooks/detail.action?docID=3209463. Created from univbrasilia-ebooks on 2021-10-12 14:34:55. *E-book.*

41 FERRAJOLI, Luigi. **Democracia y garantismo**. ProQuest Ebook Central: Editorial Trotta, S.A., 2008, p. 67, Disponível em: http://ebookcentral.proquest.com/lib/univbrasilia-ebooks/detail.action?docID=3209463. Created from univbrasilia-ebooks on 2021-10-12 14:34:55, tradução nossa. *E-book.* No original: "las garantias penales e procesales, como se há señalado, son essencialmente garatías negativas, dirigidas a limitar el poder punitivo em defensa de las libertades individuales".

42 FERRAJOLI, Luigi. **El paradigma garantista:** filosofía crítica del derecho penal. Madrid: Editorial Trotta, 2018, p. 191, tradução nossa. No original: Las garantias penales y processales, en efecto, no son sino las técnicas dirigidas a minimizar la violência y la potestade punitiva: o sea, a reducir em lo posible los delitos, la arbitrariedade de los jueces y la aflictividad de las penas".

43 FERRAJOLI, Luigi. **Direito e razão:** a teoria do garantismo penal. 4. ed. rev. São Paulo: Editora dos Tribunais, 2014, p. 794-795.

Embora haja certa incompreensão sobre essa divisão e a relação das garantias positivas e negativas na obra de Ferrajoli por parte de alguns autores brasileiros, a exemplo dos adeptos do denominado "garantismo penal integral"[44], discussão que acaba por fugir do escopo deste trabalho[45], percebe-se, noutro sentido, que considerável parcela da doutrina nacional já apontava a relevância das garantias penais e processuais penais quanto ao núcleo liberal dos direitos fundamentais.

Apenas a título de exemplo, Ana Cláudia Bastos de Pinho, Fernando da Silva Albuquerque e José Edvaldo Pereira Sales explicam a diferenciação entre garantias positivas e garantias negativas na teoria de Ferrajoli e destacam que, "no entanto, quando estamos no terreno do exercício do poder de punir, estamos no terreno das garantias negativas, isto é, das expectativas de não lesão"[46]. No mesmo sentido, Alexandre Morais da Rosa atesta que "o garantismo jurídico baseia-se, desta feita, nos direitos individuais – vinculados à tradição iluminista – com o escopo de articular mecanismos capazes de limitar o poder do Estado soberano"[47].

Em conclusão, leciona Salo de Carvalho que

> não há oposição entre direitos liberais e direitos sociais, pois ambos configuram-se como fundamentais [...] Daqui nasce a prolatada fórmula do projeto democrático garantista: Estado e direito mínimo na esfera penal (direitos e garantias sobre os quais não se pode decidir), Estado e direito máximo na esfera social (direitos e garantias que o Estado não pode deixar de satisfazer).[48]

---

44 FISCHER, Douglas. O que é garantismo (penal) integral? In: CALABRICH, Bruno; FISCHER, Douglas; PELELLA, Eduardo. (orgs.) **Garantismo penal integral: questões penais e processuais, criminalidade moderna e aplicação do modelo garantista no Brasil**. 4ª Edição. Porto Alegre: Verbo Jurídico, 2017, p. 61-95.

45 Acerca das críticas ao denominado garantismo penal integral, indico: RAMOS, Beatriz Vargas; CHAVES, Álvaro Guilherme de Oliveira. O garantismo penal integral e suas contradições com o garantismo penal de Luigi Ferrajoli. **Direito. UnB - Revista de Direito da Universidade de Brasília,** [S. l.], v. 4, n. 1, p. 102–126, jan./abr. 2020. Disponível em: https://www.periodicos.unb.br/index.php/revistadedireitounb/article/view/30097. Acesso em: 10 nov. 2021; e PINHO, Ana Cláudia Bastos de; ALBUQUERQUE, Fernando da Silva; SALES, José Edvaldo Pereira. O garantismo (penal) de Luigi Ferrajoli: apontamentos (des)necessários a certas "críticas" Made in Brazil. *In:* **Revista do Instituto de Hermenêutica Jurídica,** Belo Horizonte, ano 17, n. 26, p. 155-186. Jul./dez.2019.

46 PINHO, Ana Cláudia Bastos de; ALBUQUERQUE, Fernando da Silva; SALES, José Edvaldo Pereira. O garantismo (penal) de Luigi Ferrajoli: apontamentos (des)necessários a certas "críticas" Made in Brazil. *In:* **Revista do Instituto de Hermenêutica Jurídica,** Belo Horizonte, ano 17, n. 26, p. 155-186. Jul./dez. 2019.

47 ROSA, Alexandre Morais da. **Decisão no processo penal como bricolage de significantes.** 2004. Tese (Doutorado em Direito) – Faculdade de Direito, Universidade Federal do Paraná, Curitiba, 2004. 430f, p. 94. Disponível em: https://acervodigital.ufpr.br/bitstream/handle/1884/1203/0%20-%202004%20Alexandre%20Rosa%204.pdf?sequence=1&isAllowed=y. Acesso em: 16 out. 2021.

48 CARVALHO, Salo de. **Pena e garantias.** 3. ed. Rio de Janeiro: Editora Lumen Juris, 2008, p. 107.

Ganha relevo para este estudo a compreensão de Luigi Ferrajoli sobre os objetivos do direito penal e do processo penal, principalmente diante de algumas constatações verificadas nas decisões e nos acórdãos analisados nos tópicos seguintes, principalmente aquelas que utilizavam justamente essa discussão como ponto de partida para explicar a necessidade de flexibilização de determinadas categorias jurídicas.

Influenciado pelo utilitarismo clássico[49], Ferrajoli estabeleceu sua visão utilitarista reformada, com a definição de dois objetivos básicos do direito penal: a prevenção geral dos delitos, intentando o máximo bem-estar possível da maioria não desviante, e a prevenção geral das penas arbitrárias, ou seja, refletindo o interesse do réu ou dos investigados (minoria)[50]. O segundo objetivo, conforme destacado por ele, é geralmente o mais negligenciado e o que merece ser evidenciado, uma vez que, entre outras justificativas, "enquanto a prevenção dos delitos e as exigências de segurança e defesa social sempre estiveram no ápice do pensamento do legislador e das demais autoridades públicas, o mesmo não se pode dizer no que tange à prevenção das penas arbitrárias e das garantias dos acusados"[51] [52].

Destacam Ana Cláudia Bastos de Pinho e Fernando da Silva Albuquerque que, para o garantismo, "o Direito Penal precisa ser visto como instrumento de proteção dos direitos fundamentais e, por conseguinte, de proteção do mais fraco, em relação ao mais forte: o fraco ofendido ou ameaçado pelo delito (função de prevenção dos delitos) e o fraco ofendido e ameaçado pela vingança"[53].

49 Para uma explicação mais detalhada dessa relação: PINHO, Ana Cláudia de. ALBUQUERQUE, Fernando da Silva. **Precisamos falar sobre garantismo:** limites e resistência ao poder de punir. 2. ed. São Paulo: Tirant Lo Blanch, 2019, p. 53.

50 FERRAJOLI, Luigi. **Direito e razão:** a teoria do garantismo penal. 4. ed. rev. São Paulo: Editora dos Tribunais, 2014, p. 310.

51 FERRAJOLI, Luigi. **Direito e razão:** a teoria do garantismo penal. 4. ed. rev. São Paulo: Editora dos Tribunais, 2014, p. 311.

52 A posição de Ferrajoli sobre a finalidade do Direito Penal como prevenção de reações informais violentas é criticada, por exemplo, por Paulo Queiroz. QUEIROZ, Paulo. A justificação do direito de punir na obra de Luigi Ferrajoli: algumas considerações críticas. *In:* SANTOS, Rogério Dultra dos. **Introdução crítica ao estudo do sistema penal.** Florianópolis: Diploma Legal, 2001, p. 117-127.

53 PINHO, Ana Cláudia de. ALBUQUERQUE, Fernando da Silva. **Precisamos falar sobre garantismo:** limites e resistência ao poder de punir. 2. ed. São Paulo: Tirant Lo Blanch, 2019, p. 60.

O processo penal justifica-se como técnica de diminuição da reação social ao delito, notadamente ao reduzir a violência e o arbítrio, que de outro modo aconteceria de forma mais selvagem e desenfreada[54]. E ele "não serve, como já afirmei, para proteger a maioria, mas sim para proteger, ainda que contra a maioria, aqueles cidadãos individualizados que, não obstante suspeitos, não podem ser ditos culpados sem provas"[55], é dizer, na concepção garantista, o processo penal serve justamente para tutelar os direitos fundamentais daqueles submetidos à jurisdição penal, independentemente do clamor da maioria não desviante.

André Giamberardino explica que o garantismo vincula a noção de processo à "cognição fundada na comprovação do fato punível, buscando um nível mínimo de racionalidade, a partir do controle fundado em diversos princípios, sempre no intuito de se limitar o poder punitivo e garantir os direitos individuais"[56].

Ferrajoli define, então, o garantismo como a lei do mais fraco, destinado a tutelar os direitos fundamentais do sujeito em posição de inferioridade na relação, que, na seara penal, é a parte ofendida no momento da prática do delito; o investigado, no curso das investigações; o acusado, no bojo do processo; e, na execução penal, o condenado[57].

2.1 O garantismo penal e a prisão preventiva

Dos axiomas apontados por Ferrajoli como conformadores do sistema garantista, um deles adquire especial importância para este trabalho: *Nulla culpa sine judicio*, denominado pelo professor italiano como princípio da jurisdicionariedade em sentido lato ou estrito[58]. A jurisdição é atividade necessária para obtenção de prova de que

---

54 FERRAJOLI, Luigi. **Direito e razão:** a teoria do garantismo penal. 4. ed. rev. São Paulo: Editora dos Tribunais, 2014, p. 556.

55 FERRAJOLI, Luigi. **Direito e razão:** a teoria do garantismo penal. 4. ed. rev. São Paulo: Editora dos Tribunais, 2014, p. 516.

56 GIAMBERNARDINO, André Ribeiro. **Crítica aos obstáculos epistemológicos da prisão cautelar.** 2008. f. 201. Dissertação (Mestrado em Direito). Faculdade de Direito, Universidade Federal do Paraná, Curitiba, 2008, p. 29. Disponível em:https://acervodigital.ufpr.br/bitstream/handle/1884/16982/ANDRE%20GIAMBE;jsessionid=17ED39DA-DCC6990F4EAC14DD470C4EB1?sequence=1. Acesso em: 16 out. 2021.

57 Essa construção é repetida por Ferrajoli em diversas publicações. FERRAJOLI, Luigi. **El paradigma garantista:** filosofía crítica del derecho penal. Madrid: Editorial Trotta, 2018, p. 191.

58 "o princípio de submissão à jurisdição – exigindo, em sentido lato, que não haja culpa sem juízo (axioma A7), e, em sentido estrito, que não haja juízo sem que a acusação se sujeite à prova e à refutação (Tese T63)". FERRAJOLI, Luigi. **Direito e razão:** a teoria do garantismo penal. 4. ed. rev. São Paulo: Editora dos Tribunais, 2014, p. 505.

determinada pessoa praticou um crime, ou seja, para constatação de sua culpa, de sorte que o princípio da submissão à jurisdição "postula a presunção de inocência do imputado até prova contrária decretada pela sentença definitiva de condenação"[59].

A presunção de inocência encontra-se na base do processo penal moderno e representa uma escolha de índole garantista em benefício da proteção dos inocentes, mesmo que custe a impunidade de algum culpável[60]. Para o professor italiano, esse princípio representa não só uma garantia de liberdade e de verdade, como também de segurança, fornecida pelo Estado de direito, ou até mesmo de defesa social contra o arbítrio punitivo[61].

A centralidade da presunção de inocência em sua teoria é apontada ao destacar que "garantismo não significa formalismo, literalismo ou tecnicismo, mas sim proteção dos direitos fundamentais, antes de mais nada a presunção de inocência até prova em contrário"[62], que, sob esse prisma, possui dois significados distintos: a) como regra de tratamento do acusado, relacionada à exclusão ou à minimização da restrição de liberdade pessoal durante o processo; e b) como regra de juízo, cuja essência é a imposição do ônus probatório à acusação, assim como a absolvição em caso de dúvida[63].

A história da presunção de inocência está conectada com a da prisão cautelar, pois a admissão dessa modalidade de custódia ensejava o desenvolvimento teórico e normativo do princípio. Embora a detenção tenha sido uma espécie de pressuposto ordinário da atividade instrutória durante a Idade Média, principalmente como forma de obtenção da confissão, tal medida voltou a ser hostilizada com o Iluminismo, sem existir, contudo, um pleito coerente de sua extinção por parte de autores desse período[64]. A custódia preventiva

59 FERRAJOLI, Luigi. **Direito e razão:** a teoria do garantismo penal. 4. ed. rev. São Paulo: Editora dos Tribunais, 2014, p. 505.
60 FERRAJOLI, Luigi. **Direito e razão:** a teoria do garantismo penal. 4. ed. rev. São Paulo: Editora dos Tribunais, 2014, p. 506.
61 FERRAJOLI, Luigi. **Direito e razão:** a teoria do garantismo penal. 4. ed. rev. São Paulo: Editora dos Tribunais, 2014, p. 505.
62 FERRAJOLI, Luigi. **El paradigma garantista:** filosofía crítica del derecho penal. Madrid: Editorial Trotta, 2018, p. 37, tradução nossa. No original: Pero garantismo no quiere decir formalismo, literalismo o tecnicismo, sino tutela de los derechos fundamentales, el primero entre todos la presuncion de inocência hasta prueba em contrario.
63 FERRAJOLI, Luigi. **Direito e razão:** a teoria do garantismo penal. 4. ed. rev. São Paulo: Editora dos Tribunais, 2014, p. 507.
64 FERRAJOLI, Luigi. **Direito e razão:** a teoria do garantismo penal. 4. ed. rev. São Paulo: Editora dos Tribunais, 2014, p. 509.

foi justificada por todo pensamento liberal clássico e os argumentos para tanto foram diversos, abarcando, por exemplo, a indispensabilidade nos casos em que houver perigo de fuga ou de deterioração das provas, posição defendida por Beccaria, a alegação de se tratar de uma injustiça necessária, como disse Carrara, ou a necessidade de se proteger o direito e a sociedade[65].

Nessa conjuntura, a deformidade mais sensível foi a conversão de um instrumento inicialmente destinado, de forma exclusiva, a questões processuais excepcionais em instituto voltado à "prevenção e defesa social, motivado pelas necessidades de impedir que o imputado cometa outros crimes"[66], recaindo sobre ele uma presunção de periculosidade em razão tão somente da suposta conduta praticada e ainda não apurada judicialmente. Sobre a hipótese de evitar reiteração delitiva por meio do cárcere cautelar, o professor italiano ressalta ser o motivo "irremediavelmente policialesco e revela o caráter da medida de prevenção e de defesa social verdadeiramente assumido"[67].

A prisão preventiva passou a deter a mesma finalidade da prisão-pena, alterando a ordem do processo e passando a assumir uma fisionomia de cumprimento antecipado de pena, e perdeu seu caráter estritamente processual ou cautelar, também fortemente criticado por Ferrajoli ao chamá-lo de sofisma utilizado para mascarar a incompatibilidade com a presunção de inocência e de posição precária incapaz de evitar o desenvolvimento patológico da prisão antes do julgamento[68]. Em sua visão, "uma vez admitido que um cidadão presumido inocente pode ser encarcerado por 'necessidade processual', nenhum jogo de palavras pode impedir que tal fato também se dê por 'necessidade penal'"[69].

65 FERRAJOLI, Luigi. **Direito e razão:** a teoria do garantismo penal. 4. ed. rev. São Paulo: Editora dos Tribunais, 2014, p. 508-509.
66 FERRAJOLI, Luigi. **Direito e razão:** a teoria do garantismo penal. 4. ed. rev. São Paulo: Editora dos Tribunais, 2014, p. 509.
67 FERRAJOLI, Luigi. **Direito e razão:** a teoria do garantismo penal. 4. ed. rev. São Paulo: Editora dos Tribunais, 2014, p. 716.
68 FERRAJOLI, Luigi. **Direito e razão:** a teoria do garantismo penal. 4. ed. rev. São Paulo: Editora dos Tribunais, 2014, p. 511.
69 FERRAJOLI, Luigi. **Direito e razão:** a teoria do garantismo penal. 4. ed. rev. São Paulo: Editora dos Tribunais, 2014, p. 511.

Especificamente sobre as finalidades processuais, a saber, evitar o perigo de destruição de provas e o risco de fuga do acusado, Ferrajoli questiona se a mera atribuição de uma justificativa cautelar seria suficiente para legitimar a prisão durante o processo e se não existiria outro meio menos gravoso capaz de suprir esse desígnio. Partindo de um rito procedimental diverso do atual existente no Brasil, ele aponta que, para crimes graves e complexos, pode ser vislumbrada a necessidade de que, antes do interrogatório, visto como meio de defesa em uma concepção garantista[70], o acusado não tenha a possibilidade de interferir no arcabouço probatório e fazer defesas enganosas[71]. Ocorre que tal situação poderia ser satisfeita mediante uma restrição de liberdade menor do que a prisão cautelar, de modo a sugerir a possibilidade de uma condução coercitiva e detenção do acusado durante o tempo estritamente necessário, "por horas ou no máximo dias, mas não por anos"[72], para interrogá-lo em uma audiência preliminar ou incidente próprio. Após esse ato processual e da apreciação das teses defensivas, a custódia não seria mais legítima, sob pena de também frustrar a atividade probatória da defesa, impossibilitando-a de permanecer em pé de igualdade com a acusação, e de ferir o livre exercício do contraditório[73].

Interessante notar que, para além do diminuto nível de restrição da liberdade pessoal, Ferrajoli aponta que essa saída teria menor repercussão pública e reduziria os efeitos difamatórios decorrentes de uma prisão preventiva, chamado por ele de "um dos aspectos (extralegais e extrajudiciais) mais humilhantes e aflitivos de todo o sistema punitivo"[74].

---

70 "O interrogatório do imputado, em uma visão não inquisitória, não é uma necessidade da acusação, mas um direito da defesa, que deve servir não para formar prova da culpabilidade mas só para contestar a imputação e para permitir a defesa do acusado". FERRAJOLI, Luigi. **Direito e razão:** a teoria do garantismo penal. 4. ed. rev. São Paulo: Editora dos Tribunais, 2014, p. 513.

71 FERRAJOLI, Luigi. **Direito e razão:** a teoria do garantismo penal. 4. ed. rev. São Paulo: Editora dos Tribunais, 2014, p. 513.

72 FERRAJOLI, Luigi. **Direito e razão:** a teoria do garantismo penal. 4. ed. rev. São Paulo: Editora dos Tribunais, 2014, p. 513.

73 FERRAJOLI, Luigi. **Direito e razão:** a teoria do garantismo penal. 4. ed. rev. São Paulo: Editora dos Tribunais, 2014, p. 514.

74 FERRAJOLI, Luigi. **Direito e razão:** a teoria do garantismo penal. 4. ed. rev. São Paulo: Editora dos Tribunais, 2014, p. 513.

Quanto ao perigo de fuga, aduz o autor italiano que ele é provocado pelo receio da decretação da prisão preventiva e não da condenação e imposição de pena ao final do processo, uma vez que, caso assim não fosse, seria de todo interesse do investigado permanecer se defendendo no processo ao menos até a véspera da prolação de sentença. Além disso, destaca que o perigo de fuga de um acusado já interrogado não é efetivamente um risco a justificar a violação de garantias penais e processuais penais, apresentando três argumentos para embasar tal posição: a) é bastante difícil, em uma sociedade globalizada e informatizada, uma fuga definitiva, de modo que um monitoramento mais forte nos dias anteriores à sentença seria suficiente para desestimular o desaparecimento; b) a opção de fugir e viver na insegurança constante e na clandestinidade já seria, por si só, uma sanção bem grave; e c) na hipótese de o acusado não deixar rastros, ele já estaria neutralizado e seria alcançada a finalidade de prevenção do direito penal[75]. Em último lugar, aponta que o risco de fuga do acusado é diretamente proporcional à severidade das penas, de sorte que a adoção de sua proposta para redução das penas mitigaria também esse perigo de o imputado se evadir, favorecendo a supressão da prisão preventiva no ordenamento jurídico[76].

Em suma, concorda que a única justificativa apta a ensejar a privação de liberdade antes do julgamento em nível reduzido é o risco de destruição de provas concretamente demonstrado nos casos envolvendo crimes graves e complexos, ressaltando que o prazo dessa medida deveria ser mínimo e estritamente relacionado à realização do primeiro interrogatório[77].

Aponta, então, que, ao menos para a primeira instância, a prisão preventiva deveria ser suprimida, para que seja assegurada a dignidade do cidadão presumidamente inocente e por necessidade processual, mantendo o acusado em plenas condições de realizar sua

---

75 FERRAJOLI, Luigi. **Direito e razão:** a teoria do garantismo penal. 4. ed. rev. São Paulo: Editora dos Tribunais, 2014, p. 514-515.
76 FERRAJOLI, Luigi. **Direito e razão:** a teoria do garantismo penal. 4. ed. rev. São Paulo: Editora dos Tribunais, 2014, p. 515.
77 FERRAJOLI, Luigi. **Direito e razão:** a teoria do garantismo penal. 4. ed. rev. São Paulo: Editora dos Tribunais, 2014, p. 515.

defesa e em igualdade de condições com a acusação[78]. Adrian Barbosa e Silva, ao realçar esse posicionamento, indica manifestação taxativa do professor italiano, em encontro ocorrido em Bologna, no sentido da ilegitimidade da prisão preventiva[79].

Contudo, Ferrajoli reconhece que, num curto espaço de tempo, a proposta de exterminar a prisão preventiva parece ser utópica[80] e, abordando a legislação italiana, indica ser necessária, mais prontamente, uma gradual restrição, mediante, entre outras alterações, a especificação "de suas fundamentações, que deveriam ser unicamente processuais e não de prevenção de perigo de futuros delitos"[81]. Não obstante essa diretriz, expõe ele que a submissão da violência penal ao princípio da estrita legalidade tem se enfraquecido, enquanto a discricionariedade punitiva tem aumentado, principalmente com a crescente utilização da prisão preventiva como instrumento para antecipar a pena ou colocar pressão sobre o acusado para obter confissão[82].

Assim, muito embora este pesquisador tenha ciência da defesa feita por Luigi Ferrajoli acerca da ilegitimidade da prisão preventiva, adota-se, neste trabalho, posicionamento mais viável num futuro próximo, seguindo os parâmetros do mestre italiano ao comentar a legislação de seu próprio país, no sentido de restringir e limitar as hipóteses de cabimento a partir de uma lente minimamente garantista.

---

78 FERRAJOLI, Luigi. **Direito e razão:** a teoria do garantismo penal. 4. ed. rev. São Paulo: Editora dos Tribunais, 2014, p. 515.

79 SILVA, Adrian Barbosa e. **Garantismo e sistema penal:** crítica criminológica às prisões preventivas na era do grande encarceramento. Rio de Janeiro: Lumen Juris, 2019, p. 194.

80 FERRAJOLI, Luigi. **Direito e razão:** a teoria do garantismo penal. 4. ed. rev. São Paulo: Editora dos Tribunais, 2014, p. 516.

81 FERRAJOLI, Luigi. **Direito e razão:** a teoria do garantismo penal. 4. ed. rev. São Paulo: Editora dos Tribunais, 2014, p. 717.

82 FERRAJOLI, Luigi. **Democracia y garantismo.** ProQuest Ebook Central: Editorial Trotta, S.A., 2008, p. 177-178. Disponível em: http://ebookcentral.proquest.com/lib/univbrasilia-ebooks/detail.action?docID=3209463. Created from univbrasilia-ebooks on 2021-10-16 18:34:40. *E-book.*

3

UMA CRÍTICA GARANTISTA AOS FUNDAMENTOS DA PRISÃO PREVENTIVA NO ORDENAMENTO JURÍDICO BRASILEIRO

Como já dito, a prisão cautelar relaciona-se intimamente com a presunção de inocência. Em nosso ordenamento jurídico, esse princípio está expressamente previsto no artigo 5º, inciso LVII, da Constituição da República[83], assumindo este trabalho o posicionamento de que não há diferença de conteúdo entre presunção de inocência e presunção de não culpabilidade[84], sendo, contudo, a primeira expressão "que melhor densifica um Estado Democrático de Direito fundado no princípio da dignidade da pessoa humana"[85]. A presunção de inocência deve servir como eixo central de um processo penal realizado nos moldes estipulados pela Constituição[86]. A doutrina aponta, geralmente, a existência de três significados possíveis para a presunção de inocência: a) regra de tratamento do acusado; b) regra de juízo; e c) regra probatória[87]. Para esta pesquisa, interessa-me, de

83 "LVII - ninguém será considerado culpado até o trânsito em julgado de sentença penal condenatória BRASIL. BRASIL. [Constituição (1988)]. **Constituição da República Federativa do Brasil de 1988.** Brasília, DF: Presidência da República, [2016]. Disponível em: http://www.planalto.gov.br/ccivil_03/constituicao/constituicao.htm. Acesso em: 15 de outubro de 2021.

84 BADARÓ, Gustavo Henrique. **Processo penal.** 8. ed. rev. atual. e ampl. São Paulo: Thomson Reuters, 2020, p. 67; LOPES JR. Aury. **Prisões cautelares.** 5. ed. rev., atual. e ampl. São Paulo: Saraiva, 2017, p. 22-23; CRUZ, Rogério Schietti. **Prisão cautelar:** dramas, princípios e alternativas. 5. ed. rev. atual. e ampl. Salvador: Editora JusPodivm, 2020, p. 77.

85 CAPEZ, Rodrigo. **Prisão e medidas cautelares diversas:** a individualização da medida cautelar no processo penal. São Paulo: Quartier Latin, 2017, p. 169-170.

86 MORAES, Maurício Zanoide de. **Presunção de inocência no processo penal brasileiro:** análise de sua estrutura normativa para a elaboração legislativa e para a decisão judicial. Rio de Janeiro: Lumen Juris, 2010, p. 356.

87 Sobre o assunto: CRUZ, Rogério Schietti. **Prisão cautelar:** dramas, princípios e alternativas. 5. ed. rev. atual. e ampl. Salvador: Editora JusPodivm, 2020, p. 77. CAPEZ, Rodrigo. **Prisão e medidas cautelares diversas:** a individualização dá medida cautelar no processo penal. São Paulo: Quartier Latin, 2017, p. 171-176.

forma mais específica, o sentido de regra de tratamento do acusado, entendido como o dever dos órgãos estatais tratarem o acusado como inocente até o trânsito em julgado da sentença penal condenatória, com vedação de prisões processuais automáticas ou obrigatórias e com desiderato de antecipar pena[88].

Diferentemente das lições mais incisivas de Luigi Ferrajoli, parcela majoritária da doutrina brasileira entende que a presunção de inocência não obsta toda e qualquer prisão de natureza cautelar, em razão da previsão igualmente constitucional de prisões no curso do processo, como se observa no artigo 5º, incisos LXI[89] e LXVI[90]. Destaca Gustavo Badaró que essa modalidade de custódia está autorizada, isso é, em consonância com a presunção de inocência, "desde que se trate de uma prisão com natureza cautelar, fundada em juízo concreto de sua necessidade, e não em meras presunções abstratas de fuga, periculosidade e outras do mesmo gênero"[91]. Logo após o advento da Constituição de 1988, Antônio Magalhães Gomes Filho já lecionava que as prisões anteriormente à condenação "encontram justificação apenas na excepcionalidade de situações em que a liberdade do acusado possa comprometer o regular desenvolvimento e eficácia da atividade processual"[92]. No mesmo sentido é o entendimento de Odone Sanguiné, para quem a prisão cautelar apenas se legitima se for empregada com o intuito de reduzir riscos para o processo penal, ou seja, com caráter cautelar, afastando-se a finalidade de retribuição ou de prevenção geral e especial próprios da pena[93].

O sistema cautelar brasileiro, com relação às medidas pessoais, cingia-se, durante longo período de tempo, ao binômio prisão cau-

---

88 BADARÓ, Gustavo Henrique. **Processo penal**. 8. ed. rev. atual. e ampl. São Paulo: Thomson Reuters, 2020, p. 71.

89 LXI – ninguém será preso senão em flagrante delito ou por ordem escrita e fundamentada de autoridade judiciária competente, salvo nos casos de transgressão militar ou crime propriamente militar, definidos em lei; BRASIL. BRASIL. [Constituição (1988)]. **Constituição da República Federativa do Brasil de 1988.** Brasília, DF: Presidência da República, [2016]. Disponível em: http://www.planalto.gov.br/ccivil_03/constituicao/constituicao.htm. Acesso em: 15 de outubro de 2021.

90 LXVI – ninguém será levado à prisão ou nela mantido, quando a lei admitir a liberdade provisória, com ou sem fiança; BRASIL. BRASIL. [Constituição (1988)]. **Constituição da República Federativa do Brasil de 1988.** Brasília, DF: Presidência da República, [2016]. Disponível em: http://www.planalto.gov.br/ccivil_03/constituicao/constituicao.htm. Acesso em: 15 de outubro de 2021.

91 BADARÓ, Gustavo Henrique. **Processo penal.** 8. ed. rev. atual. e ampl. São Paulo: Thomson Reuters, 2020, p. 71.

92 GOMES FILHO, Antônio Magalhães. **Presunção de inocência e prisão cautelar.** São Paulo: Saraiva, 1991, p. 65.

93 SANGUINÉ, Odone. **Prisão cautelar, medidas alternativas e direitos fundamentais.** Rio de Janeiro: Forense, 2014, p. 188.

telar ou liberdade provisória[94]. A Lei nº 12.403/2011 inaugurou nova organização ao estabelecer a possibilidade de aplicação de medidas cautelares diversas como alternativa à custódia preventiva, as quais constam atualmente nos artigos 319 e 320 do CPP, quando forem suficientes para atingir o fim colimado com essa[95]. Assim, no CPP, temos atualmente como medidas cautelares pessoais a prisão preventiva e as medidas cautelares alternativas[96]. Para além de discussões acerca do caráter alternativo (ou substitutivo) das cautelares diversas, dos próprios requisitos ou da natureza cautelar de cada uma das medidas em si[97], o que não está inserido no objeto deste trabalho, interessante notar que, embora a alteração legislativa tenha colocado as medidas cautelares diversas da prisão como ponto de partida para o raciocínio judicial sobre a privação de liberdade[98], ela não retirou, na prática, a centralidade da prisão preventiva no nosso sistema, situação apta a demonstrar

---

94 A regulamentação da prisão preventiva no Código de Processo Penal de 1941 tem um nítido viés autoritário e contava inclusive com hipótese de prisão preventiva obrigatória para crimes com pena de reclusão máxima igual ou superior a 10 anos, cuja inspiração era claramente fascista, como explica Ricardo Jacobsen Gloeckner (GLOECKNER, Ricardo Jacobsen. **Autoritarismo e Processo Penal:** uma genealogia das ideias autoritárias no processo penal brasileiro. 1. ed. Florianópolis: Tirant Lo Blanch, 2018. v. 1, p. 402). Com o transcorrer dos anos, algumas reformas vieram a promover flexibilizações no regime dessa modalidade de prisão, conforme expõe de forma detalhada Rogério Schietti (CRUZ, Rogério Schietti. **Prisão cautelar:** dramas, princípios e alternativas. 5. ed. rev., atual. e ampl. Salvador: Editora JusPodivm, 2020, p. 47-50). Não obstante, o sistema era caracterizado, como aduz Schietti, por uma bipolaridade cautelar: "ou o acusado respondia ao processo com total privação de sua liberdade, ou, então, era-lhe concedido o direito à liberdade dita 'provisória', quer mediante o simples compromisso de comparecimento aos atos processuais [...] quer, se exigida fiança, mediante obrigação de não mudar de residência sem autorização judicial e de não ausentar-se por mais de oito dias sem comunicar ao juiz. (CRUZ, Rogério Schietti. **Prisão cautelar:** dramas, princípios e alternativas. 5. ed. rev. atual. e ampl. Salvador: Editora JusPodivm, 2020, p. 172).

95 CRUZ, Rogério Schietti. **Prisão cautelar:** dramas, princípios e alternativas. 5. ed. rev. atual. e ampl. Salvador: Editora JusPodivm, 2020, p. 173-174.

96 Adota-se neste trabalho a posição no sentido de que, após a reforma de 2011, a prisão em flagrante passou a ter natureza precautelar, como defendido por Gustavo Badaró (BADARÓ, Gustavo Henrique. **Processo penal.** 8. ed. rev., atual. e ampl. São Paulo: Thomson Reuters, 2020, p. 1130), Aury Lopes Jr. (LOPES JR. Aury. **Prisões cautelares.** 5. ed. rev. atual. e ampl. São Paulo: Saraiva, 2017, p. 50) e outros.
BADARÓ, Gustavo Henrique. **Processo penal.** 8. ed. rev. atual. e ampl. São Paulo: Thomson Reuters, 2020, p. 1130.
LOPES JR. Aury. **Prisões cautelares.** 5. ed. rev. atual. e ampl. São Paulo: Saraiva, 2017, p. 50.

97 Sobre o assunto, alguns textos tratam especificamente do tema: STRECK, Lenio Luiz; LOPES JR., Aury. Medidas "diversas" do artigo 319-CPP exigem requisitos de prisão. **Revista Consultor Jurídico,** São Paulo, 29 de jul. de 2020. Disponível em: https://www.conjur.com.br/2020-set-15/streck=-aury-medida-diversa-exige-requisitos-prisao#:~:text-Medidas%20%22diversas%22%20do%20artigo%20319%2DCPP%20exigem%20requisitos%20de%20pris%C-3%A3o&text=Por%20Lenio%20Luiz%20Streck%20e%20Aury%20Lopes%20Jr.&text=Para%20n%C3%B3s%2C%20o%20dispositivo%20trata,caso%20de%20cabimento%20de%20pris%C3%A3o. Acesso em: 15 de out. de 2021. CRUZ, Rogério Schietti. **Prisão cautelar:** dramas, princípios e alternativas. 5. ed. rev. atual. e ampl. Salvador: Editora JusPodivm, 2020, p. 182-190. BADARÓ, Gustavo Henrique. **Processo penal.** 8. ed. rev. atual. e ampl. São Paulo: Thomson Reuters, 2020, p. 215-216.

98 Segundo Rodrigo Capez, "o sistema não mais gravita em torno da prisão preventiva, razão por que, sendo necessária a adoção de uma medida cautelar, o ponto de partida não é a possibilidade ou não de prisão. O raciocínio judicial deve necessariamente partir da medida de menor intensidade para, somente na hipótese de sua inadequação ou insuficiência, se alcançarem as de maior intensidade". CAPEZ, Rodrigo. **Prisão e medidas cautelares diversas:** a individualização da medida cautelar no processo penal. São Paulo: Quartier Latin, 2017, p. 357.

que a mera modificação da lei não foi suficiente para transformar uma cultura com viés encarcerador[99].

É nesse contexto que Aury Lopes Jr. trata da crise de (in)eficácia do regime de liberdade no processo penal e da banalização da prisão preventiva como forma de encurtar o tempo entre a prática do fato e a punição estatal, sem a intermediação do processo, cuja tramitação, em regra, demanda o transcurso de um considerável lapso temporal, compreendido como insuportável por uma sociedade acostumada com relações aceleradas e alta velocidade no fluxo de informações[100]. "Trata-se de uma questão cultural e, por isso, para romper com essa 'cultura' é preciso mudar 'cabeças' e não apenas 'lei'. Significa dizer que se deve produzir um choque cultural a partir de uma mudança legislativa radical e forte, o que não foi obtido com a Lei n. 12.403/2011"[101].

Algumas características gerais das medidas cautelares pessoais são indispensáveis para a compreensão da sua utilização na prática judiciária e das diversas críticas formuladas na parte empírica desta pesquisa. Assim, serão apresentadas resumidamente as principais delas, sem qualquer pretensão de esgotamento do tema.

A primeira é instrumentalidade hipotética. As medidas cautelares servem como um instrumento para resguardar a utilidade e a eficácia de uma hipotética condenação ao final do processo, tutelando-o[102]. E essa compreensão está ligada à segunda característica, chamada de acessoriedade, segundo a qual a medida cautelar não é um fim em si mesmo, configurando-se como acessória ao processo penal principal, no qual se busca a tutela condenatória[103]. A terceira é a excepcionalidade, ponto marcante do sistema de medidas cautelares pessoais, de modo que a privação de liberdade não pode constituir a normalidade do processo penal, tendo a prisão preventiva, por seu turno, um caráter excepcionalíssimo e subsidiário (*ultima ratio*)[104].

---

99 LOPES JR. Aury. **Prisões cautelares.** 5. ed. rev. atual. e ampl. São Paulo: Saraiva, 2017, p. 15.

100 LOPES JR. Aury. **Fundamentos do processo penal:** introdução crítica. 6. ed. São Paulo: Saraiva, 2020, p. 121.

101 LOPES JR. Aury. **Fundamentos do processo penal:** introdução crítica. 6. ed. São Paulo: Saraiva, 2020, p. 121.

102 BADARÓ, Gustavo Henrique. **Processo penal.** 8. ed. rev. atual. e ampl. São Paulo: Thomson Reuters, 2020, p. 1130.

103 BADARÓ, Gustavo Henrique. **Processo penal.** 8. ed. rev. atual. e ampl. São Paulo: Thomson Reuters, 2020, p. 1131.

104 CAPEZ, Rodrigo. **Prisão e medidas cautelares diversas:** a individualização da medida cautelar no processo penal. São Paulo: Quartier Latin, 2017, p. 357.

A referibilidade – a quarta delas – está relacionada à característica de que as medidas cautelares pessoais têm o condão de tutelar uma determinada situação fática, é dizer, estão atreladas e vinculadas a uma determinada situação de direito material que deverá ser assegurada pela medida[105]. Gustavo Badaró indica que a "tutela cautelar assegura um direito acautelado, no caso, o hipotético direito de punir relativo a crime específico, objeto da imputação formulada na denúncia do processo em relação ao qual a cautelar se mostra necessária"[106]. Aury Lopes Jr. chama esse mesmo traço de princípio da provisionalidade, destacando a íntima relação com o princípio da atualidade do perigo, segundo o qual se torna indispensável que o *periculum libertatis* seja atual, presente[107]. Ao fazer a relação entre referibilidade e atualidade, Rodrigo Capez aduz que os pressupostos autorizadores da medida cautelar devem estar presentes não só no momento da decretação, como também é imprescindível que se protraiam no tempo, para legitimar a sua manutenção[108].

Superadas as características gerais das medidas cautelares pessoais, impõe-se a delimitação dos pressupostos e dos requisitos/fundamentos[109] para decretação da prisão preventiva. As hipóteses de cabimento, previstas no artigo 313 do CPP, não serão desenvolvidas neste trabalho, pois os dados e as discussões dos capítulos subsequentes não estão diretamente relacionados a essa matéria.

Os pressupostos positivos estão dispostos no art. 312, *caput*, do CPP e são relacionados à prova da existência do crime e indícios suficientes de autoria, isto é, certeza de que o fato ilícito existiu e

---

105 BADARÓ, Gustavo Henrique. **Processo penal.** 8. ed. rev. atual. e ampl. São Paulo: Thomson Reuters, 2020, p. 1136.
106 BADARÓ, Gustavo Henrique. **Processo penal.** 8. ed. rev., atual. e ampl. São Paulo: Thomson Reuters, 2020, p. 1136.
107 LOPES JR. Aury. **Prisões cautelares.** 5. ed. rev. atual. e ampl. São Paulo: Saraiva, 2017, p. 35.
108 CAPEZ, Rodrigo. **Prisão e medidas cautelares diversas:** a individualização da medida cautelar no processo penal. São Paulo: Quartier Latin, 2017, p. 383-384.
109 Aury Lopes Jr. critica a corrente doutrinária que denomina o *periculum libertatis* de requisito, a partir da importação de categorias do processo civil. Em sua visão, constitui-se um fundamento. (LOPES JR. Aury. **Prisões cautelares.** 5. ed. rev. atual. e ampl. São Paulo: Saraiva, 2017, p. 26). Andrey Borges de Mendonça sintetiza a discussão doutrinária sobre a nomenclatura, apontando autores que defendem a utilização de uma mesma expressão para caracterizar o *periculum libertatis* e o *fumus comissi delicti*. Para ele, deveria ser utilizada a palavra "requisitos". (MENDONÇA, Andrey Borges de. **Prisão Preventiva na Lei 12.403/2011:** análise de acordo com modelos estrangeiros e com a convenção americana de direitos humanos. 2. ed. rev. ampl. e atual. Salvador: Editora JusPodivm, 2017, p. 309.). Também sobre essa discussão e um panorama doutrinário: DEZEM, Guilherme Madeira. **Curso de processo penal.** 6. ed. rev. atual. e ampl. São Paulo: Thomson Reuters, 2020, p. 940. Tal discussão, contudo, não constitui objeto desta pesquisa, nem mesmo tem maiores implicações para a análise a ser empreendida.

probabilidade de autoria[110]. Rechaçando uma mera repetição das categorias clássicas do processo civil, a doutrina processual penal denomina esses elementos como *fumus comissi delicti*, que não se traduz em juízo de certeza, mas de probabilidade razoável da ocorrência do ilícito[111]. O exame sobre o preenchimento desse pressuposto é prévio ao *periculum libertatis*, na medida em que, se ausentes indícios de autoria ou prova da materialidade, não há falar na possibilidade de eventual situação de perigo decorrente da liberdade[112].

Os pressupostos negativos são indicados no artigo 314 do CPP e impedem a decretação de prisão cautelar quando vislumbradas, com base em fortes elementos, excludentes de ilicitudes, nos termos do artigo 23 do Código Penal, porque fazem desaparecer o *fumus comissi delicti*. A doutrina também aponta que o mesmo raciocínio deve ser empregado para as excludentes de culpabilidade, aplicando-se o artigo 314 do CPP por analogia[113].

O ponto mais relevante para esta pesquisa está nos requisitos/fundamentos, denominados de *periculum libertatis*, os quais são dispostos na parte inicial do artigo 312 do CPP[114] e representam o perigo (e não o risco, mais ligado à possibilidade do que à probabilidade) atual decorrente do estado de liberdade do investigado, cuja comprovação deve ocorrer por meio de suporte fático e probatório suficiente, bem como objetivamente existente nos autos, com o intuito de evitar suposições, presunções ou ilações[115].

Como indica Rodrigo Capez, o *periculum libertatis* não é aferido pela régua do *fumus comissi delicti*. São juízos "estanques e sucessivos, que não se confundem"[116], de modo que a maior probabilidade

---

110 Para Capez, ao especificar indícios suficientes, há a exclusão da possibilidade de meras suspeitas ou conjecturas possam legitimar a intervenção no *status libertatis* do cidadão. CAPEZ, Rodrigo. **Prisão e medidas cautelares diversas:** a individualização da medida cautelar no processo penal. São Paulo: Quartier Latin, 2017, p. 446.

111 LOPES JR. Aury. **Prisões cautelares.** 5. ed. rev. atual. e ampl. São Paulo: Saraiva, 2017, p. 94

112 MORAES, Maurício Zanoide de. **Presunção de inocência no processo penal brasileiro:** análise de sua estrutura normativa para a elaboração legislativa e para a decisão judicial. Rio de Janeiro: Lumen Juris, 2010, p. 375.

113 BADARÓ, Gustavo Henrique. **Processo penal.** 8. ed. rev. atual. e ampl. São Paulo: Thomson Reuters, 2020, p. 1169-1170.

114 "Art. 312. A prisão preventiva poderá ser decretada como garantia da ordem pública, da ordem econômica, por conveniência da instrução criminal ou para assegurar a aplicação da lei penal, [...]". BRASIL. **Decreto-Lei Nº 3.689, de 3 de outubro de 1941.** Código de Processo Penal. Brasília, DF: Presidência da República, [1941]. Disponível em: http://www.planalto.gov.br/ccivil_03/decreto-lei/del3689.htm. Acesso em: 10 de jun. de 2021.

115 LOPES JR. Aury. **Prisões cautelares.** 5. ed. rev. atual. e ampl. São Paulo: Saraiva, 2017, p. 101.

116 CAPEZ, Rodrigo. **Prisão e medidas cautelares diversas:** a individualização da medida cautelar no processo penal. São Paulo: Quartier Latin, 2017, p. 450.

de autoria não se traduz em uma probabilidade superior de perigo em virtude da liberdade do acusado[117].

O *periculum libertatis* está consubstanciado, conforme previsão do artigo 312 do CPP, nas seguintes hipóteses e basta somente a presença de uma delas para amparar a decretação da prisão preventiva: a) garantia da ordem pública; b) garantia da ordem econômica; c) conveniência da instrução criminal; e d) assegurar a aplicação da lei penal.

Há uma primeira crítica sobre a redação dessas hipóteses legais em si, basicamente a mesma desde a redação original do CPP[118], com exceção do acréscimo referente à garantia da ordem econômica pela Lei nº 8.884/94, decorrente da ausência de precisão semântica nesses termos.

No sistema garantista, o rigor linguístico é uma viga sustentadora por ser instrumento de limitação de poder, com a consequente redução dos espaços abertos de discricionariedade judicial, cuja possibilidade de eliminação não é vislumbrada pelo jusfilósofo italiano[119]. Diante disso, Ferrajoli exige um aprimoramento de definições legais e explicação de conceitos[120].

Embora faça contundentes críticas ao otimismo semântico do professor italiano[121], Alexandre Morais da Rosa reconhece o mérito do sistema garantista ao avançar nesse assunto e a necessidade de se fazer uma exigência de precisão semântica no Brasil. Em suas palavras, "o rigor linguístico propugnado por Ferrajoli é condição

---

117 "Pode haver um alto grau de probabilidade em relação à autoria, e não existir nenhuma situação de perigo criada pela conduta do imputado". CAPEZ, Rodrigo. **Prisão e medidas cautelares diversas:** a individualização da medida cautelar no processo penal. São Paulo: Quartier Latin, 2017, p. 450.

118 Na redação original: "Art. 313. A prisão preventiva poderá ser decretada como garantia da ordem pública, por conveniência da instrução criminal ou para assegurar a aplicação da lei penal:" BRASIL. **Decreto-Lei Nº 3.689, de 3 de outubro de 1941**. Código de Processo Penal. Brasília, DF: Presidência da República, [1941]. Disponível em: http://www.planalto.gov.br/ccivil_03/decreto-lei/del3689.htm. Acesso em: 10 de jun. de 2021.

119 PINHO, Ana Cláudia de. **Para além do garantismo:** uma proposta hermenêutica de controle da decisão penal. Porto Alegre: Livraria do Advogado Editora, 2013, p. 104.

120 ROSA, Alexandre Morais da. **Decisão no processo penal como bricolage de significantes.** 2004. Tese (Doutorado em Direito) – Faculdade de Direito, Universidade Federal do Paraná, Curitiba, 2004. 430f., p. 164-165. Disponível em: https://acervodigital.ufpr.br/bitstream/handle/1884/1203/0%20-%202004%20Alexandre%20Rosa%204.pdf?sequence=1&isAllowed=y. Acesso em: 16 out. 2021.

121 ROSA, Alexandre Morais da. **Decisão no processo penal como bricolage de significantes.** 2004. Tese (Doutorado em Direito) – Faculdade de Direito, Universidade Federal do Paraná, Curitiba, 2004. 430f., p. 311-316. Disponível em: https://acervodigital.ufpr.br/bitstream/handle/1884/1203/0%20-%202004%20Alexandre%20Rosa%204.pdf?sequence=1&isAllowed=y. Acesso em: 16 out. 2021.

necessária, mas não suficiente, para legitimidade das imposições penais, principalmente pelas próprias limitações da 'semântica' e da 'Filosofia Analítica'"[122].

Ana Cláudia Bastos de Pinho aponta ser a precisão semântica uma bandeira do garantismo penal para limitação do poder e um marco significativo na cultura penalista, porém algumas limitações devem ser reconhecidas, pois, ao se admitir espaços insuperáveis de discricionariedade, aduz-se a possibilidade de conviver com escolhas aleatórias de um juiz, o que não é possível numa democracia[123].

Ao tratar especificamente do artigo 312 do CPP, Alexandre Morais Rosa constata que a legislação utiliza termos vagos e ambíguos, existindo uma verdadeira anemia semântica, de sorte que os tais requisitos podem ser artificialmente preenchidos por quem tem conhecimento de estrutura linguística, cuja falsificação será inverificável, porque, depois de decretada a prisão, os argumentos se desfazem[124].

Sobre a garantia da ordem pública, diversos autores apontam que ordem pública[125] é um vocábulo de conteúdo indeterminado e vazio[126]. Antônio Magalhães Gomes Filho aduz que tal previsão representa clara superação dos limites impostos pelo princípio da legalidade estrita, atribuindo um amplo poder discricionário ao juiz[127]. Entende ele ser o recurso à ordem pública na prisão cautelar "uma destinação bastante clara: a de fazer prevalecer o interesse da repressão em detrimento dos direitos e garantias individuais"[128].

---

122 ROSA, Alexandre Morais da. **Decisão no processo penal como bricolage de significantes.** 2004. Tese (Doutorado em Direito) – Faculdade de Direito, Universidade Federal do Paraná, Curitiba, 2004. 430f., p. 165. Disponível em: https://acervodigital.ufpr.br/bitstream/handle/1884/1203/0%20-%202004%20Alexandre%20Rosa%204.pdf?sequence=1&isAllowed=y. Acesso em: 16 out. 2021.

123 PINHO, Ana Cláudia de. **Para além do garantismo:** uma proposta hermenêutica de controle da decisão penal. Porto Alegre: Livraria do Advogado Editora, 2013, p. 114-115.

124 ROSA, Alexandre Morais da. **Decisão no processo penal como bricolage de significantes.** 2004. Tese (Doutorado em Direito) – Faculdade de Direito, Universidade Federal do Paraná, Curitiba, 2004. 430f., p. 149. Disponível em: https://acervodigital.ufpr.br/bitstream/handle/1884/1203/0%20-%202004%20Alexandre%20Rosa%204.pdf?sequence=1&isAllowed=y. Acesso em: 16 out. 2021.

125 Uma análise mais aprofundada sobre o fundamento, sua evolução na legislação brasileira e a sua utilização em acórdãos do Supremo Tribunal Federal pode ser vista em: GOMES, Patrick Mariano. **Discursos sobre a ordem:** uma análise do discurso do Supremo Tribunal Federal nas decisões de prisão para garantia da ordem pública. 2013. 210 f. Dissertação (Mestrado em Direito) – Universidade de Brasília, Brasília, 2013.

126 BADARÓ, Gustavo Henrique. **Processo penal.** 8. ed. rev. atual. e ampl. São Paulo: Thomson Reuters, 2020, p. 1172; CRUZ, Rogério Schietti. **Prisão cautelar:** dramas, princípios e alternativas. 5. ed. rev. atual. e ampl. Salvador: Editora JusPodivm, 2020, p. 256; QUEIROZ, Paulo. **Direito processual penal.** 2. ed. rev. atual. e ampl. Salvador: JusPodivm, 2020, p. 263.

127 GOMES FILHO, Antônio Magalhães. **Presunção de inocência e prisão cautelar.** São Paulo: Saraiva, 1991, p. 67.

128 GOMES FILHO, Antônio Magalhães. **Presunção de inocência e prisão cautelar.** São Paulo: Saraiva, 1991, p. 67.

Esse seu atributo acaba por colocar em risco a liberdade individual dos investigados a partir de uma multiplicidade de pretextos, utilizados para dar fantasiosos sentidos concretos àquela expressão a depender do processo examinado[129].

A título ilustrativo, Gustavo Badaró apresenta diversas situações utilizadas no âmbito judicial como capazes de abalar a ordem pública para finalidade de decretação da prisão preventiva: "'comoção social', 'periculosidade do réu', 'perversão do crime', 'insensibilidade moral do acusado', 'credibilidade da justiça', 'clamor público', 'repercussão na mídia', 'preservação da integridade física do acusado'"[130]. Finaliza ao constatar que "tudo cabe na prisão preventiva para garantia da ordem pública"[131].

A garantia da ordem pública não está relacionada à finalidade cautelar propriamente dita, ou seja, um instrumento para assegurar a eficácia do procedimento definitivo[132], mas possui, sim, clara finalidade de defesa social[133]. Por ser ditada por razões materiais e se afastar da dupla instrumentalidade, parte da doutrina brasileira aponta a inconstitucionalidade da prisão preventiva para garantia da ordem pública, ao argumento de violação ao princípio da presunção de inocência[134].

Geraldo Prado, ao também expor a inspiração desse fundamento no movimento de defesa social, acentua que o caráter material da custódia e a indefinição conceitual – que atenta contra o princípio da legalidade estrita em matéria de restrição de liberdade – amparam o desvio de função da própria prisão, que passa a ser utilizada para diversas finalidades, como antecipação de pena e satisfação aos

---

129 Maria Lúcia Karam ressalta que: "As desautorizadas generalidade e indeterminação da expressão 'ordem pública' abrem um ilegítimo caminho para as mais disparatas interpretações sobre o que esta seria, dando lugar à utilização, na viciada prática da justiça criminal, dos mais diversos pretextos para imposição da privação de liberdade". KARAM, Maria Lúcia. **Liberdade, presunção de inocência e prisões provisórias.** Rio de Janeiro: Lumen Juris, 2009, p. 19.

130 BADARÓ, Gustavo Henrique. **Processo penal.** 8. ed. rev. atual. e ampl. São Paulo: Thomson Reuters, 2020, p. 1172.

131 BADARÓ, Gustavo Henrique. **Processo penal.** 8. ed. rev. atual. e ampl. São Paulo: Thomson Reuters, 2020, p. 1172.

132 "instrumento a serviço do instrumento do processo" LOPES JR., Aury. **Prisões cautelares.** 5. ed. rev. atual. e ampl. São Paulo: Saraiva, 2017, p. 115.

133 GOMES FILHO, Antônio Magalhães. **Presunção de inocência e prisão cautelar.** São Paulo: Saraiva, 1991, p. 67.

134 BADARÓ, Gustavo Henrique. **Processo penal.** 8. ed. rev. atual. e ampl. São Paulo: Thomson Reuters, 2020. LOPES JR., Aury. **Prisões cautelares.** 5. ed. rev. atual. e ampl. São Paulo: Saraiva, 2017. GOMES FILHO, Antônio Magalhães. **Presunção de inocência e prisão cautelar.** São Paulo: Saraiva, 1991.

anseios punitivos difundidos no meio social[135]. Em breve síntese, ele explica, de forma bastante clara, os motivos da inconstitucionalidade da prisão preventiva para garantia da ordem pública:

> A inconstitucionalidade da prisão preventiva para garantia da ordem pública (e da ordem econômica) não decorre exclusivamente do que ela não é: de não se tratar de medida cautelar. Esta prisão é inconstitucional também pelo que ela é: medida de polícia judicial que antecipa a punição, o castigo, e o faz mais gravemente desvinculada da questão controvertida no processo – se o acusado é penalmente responsável pela conduta que lhe é atribuída – valendo-se do processo como mero veículo ou pretexto para impor privação de liberdade.[136]

Não obstante essa antiga e densa crítica doutrinária, é indene de dúvidas que o fundamento em questão tem ampla relevância e incidência nas decretações de prisão preventiva, o que foi confirmado, no caso específico da Operação Lava Jato, por esta pesquisa. Diante desse quadro, há outra corrente doutrinária que busca limitar o sentido dessa expressão, a fim de restringir as suas hipóteses de cabimento.

Mauricio Zanoide de Moraes argumenta que a crítica da abertura semântica também atinge aqueles fundamentos com clara finalidade cautelar, de sorte que, com relação à ordem pública, um debate com bases racionais para limitar sua amplitude permitirá uma maior proteção à presunção de inocência, garantindo seu "conteúdo essencial relativo"[137]. Para o autor, há necessidade de estabelecimento de três requisitos cumulativos, pautados unicamente a partir do ato ocorrido, o que evitaria análises tomadas pelo subjetivismo e preconceitos, como ideia inicial e mínima de discussão para demarcação mais segura no exame crítico do conceito, que seria determinado caso a caso. São eles: "a pena prevista para o crime imputado; as circunstâncias e a forma demonstradas de cometimento do suposto crime; e por fim, uma relação temporal entre conhecimento da autoria e o instante de

---

135 FERNANDES, Og (coord.). **Medidas cautelares no processo penal.** Prisões e suas alternativas. Comentários à Lei 12.403, de 04.05.2011. São Paulo: Editora RT, 2011. p. 142.

136 FERNANDES, Og (coord.). **Medidas cautelares no processo penal.** Prisões e suas alternativas. Comentários à Lei 12.403, de 04.05.2011. São Paulo: Editora RT, 2011. p. 142-143

137 MORAES, Maurício Zanoide de. **Presunção de inocência no processo penal brasileiro:** análise de sua estrutura normativa para a elaboração legislativa e para a decisão judicial. Rio de Janeiro: Lumen Juris, 2010, p. 389.

determinação da prisão"[138]. Esse último requisito é pautado pela inversa proporcionalidade, ou seja, quanto mais tempo depois do conhecimento da autoria menor é a necessidade da custódia preventiva.

Com esses parâmetros, o autor afirma ser feito um necessário controle do conceito, cuja atuação, na seara processual penal, é para restringir direito fundamental e ainda carece de legalidade estrita e de proporcionalidade, por fatores externos, evitando-se ingressar no seu conteúdo, que permaneceria com espaço interpretativo para adequação no tempo e no caso concreto[139]. Também indica que a cumulatividade dos requisitos inviabilizaria a inclusão nessa expressão de argumentações relacionadas à prevenção geral ou especial como finalidade da prisão preventiva, indesejável aproximação com a cultura fascista-repressiva[140].

Rogério Schietti Cruz lamenta a utilização do termo ordem pública no artigo 312 do CPP e realça a infelicidade do legislador ao não alterar tal ponto ou inovar no assunto na reforma de 2011. Em um cotejo com ordenamento de alguns outros países e rechaçando vários dos argumentos usualmente utilizados para preencher o conceito, o autor indica ser válida a prisão preventiva para garantia da ordem pública nas restritas hipóteses em que a argumentação for a de evitar a prática de novos delitos pelo investigado ou denunciado, ante sua periculosidade, a ser constatada pelo modo de execução do crime, ou seu comportamento, antes ou depois da prática ilícita[141]. Em sentido semelhante e também com base na análise de direito comparado quanto ao fundamento da custódia para impedir o acusado de continuar na prática de delitos, Antonio Scarance Fernandes leciona que a sua presença em diversos países como argumento legítimo revela ser uma necessidade do processo penal[142].

---

138 MORAES, Maurício Zanoide de. **Presunção de inocência no processo penal brasileiro:** análise de sua estrutura normativa para a elaboração legislativa e para a decisão judicial. Rio de Janeiro: Lumen Juris, 2010, p. 390.
139 MORAES, Maurício Zanoide de. **Presunção de inocência no processo penal brasileiro:** análise de sua estrutura normativa para a elaboração legislativa e para a decisão judicial. Rio de Janeiro: Lumen Juris, 2010, p. 397.
140 MORAES, Maurício Zanoide de. **Presunção de inocência no processo penal brasileiro:** análise de sua estrutura normativa para a elaboração legislativa e para a decisão judicial. Rio de Janeiro: Lumen Juris, 2010, p. 395.
141 CRUZ, Rogério Schietti. **Prisão cautelar:** dramas, princípios e alternativas. 5. ed. rev. atual. e ampl. Salvador: Editora JusPodivm, 2020, p. 267-268.
142 CRUZ, Rogério Schietti. **Prisão cautelar:** dramas, princípios e alternativas. 5. ed. rev. atual. e ampl. Salvador: Editora JusPodivm, 2020, p. 293.

Paulo Queiroz apresenta fundamentação sensivelmente diversa, mas também legitima a prisão preventiva para garantia da ordem pública, expressão marcada por ele como vaga e generalíssima, "razão pela qual tem sido justamente criticada por servir de pretexto para as mais arbitrárias prisões"[143]. Logo de início, ele questiona a indispensabilidade de atualização do conceito de medida cautelar já consolidado no processo penal, cujas raízes estão na obra de Piero Calamandrei. Para ele, não há como entender cautelaridade apenas como proteção à investigação ou ao processo. Muito embora reconheça a dificuldade de aplicar ao processo penal a contemporânea teoria do processo civil relativa à tutela provisória de urgência, parte dela para explicar a exigência de as medidas cautelares preservarem também o direito material, sob pena de poucas das atuais medidas cautelares pessoais se revestirem de efetiva cautelaridade[144].

No seu entender, essa alteração conceitual poderia atribuir caráter cautelar à hipótese de prisão preventiva fundamentada no risco de reiteração delitiva de crimes dolosos graves. O autor destaca ser essa a necessária delimitação da compreensão de ordem pública, tendo como baliza a interpretação do artigo 312 em conjunto com o artigo 282, I, ambos do CPP[145]. Ainda que não houvesse a atualização teórica sobre a cautelaridade, entende Paulo Queiroz que não subsistiria o argumento da inconstitucionalidade da prisão preventiva para evitar reiteração de crimes graves, uma vez que implicaria admitir que a presunção de inocência tem caráter absoluto e não comportaria qualquer tipo de exceção[146].

Ao advogar pela restrição da abrangência do conceito de ordem pública, explica que "não cabe prisão preventiva a pretexto de prevenir o clamor público ou comoção social, proteger a segurança do

---

143 QUEIROZ, Paulo. **Direito processual penal - introdução.** 2. ed. rev. atual. e ampl. Salvador: JusPodivm, 2020, p. 263.
144 QUEIROZ, Paulo. **Direito processual penal - introdução.** 2. ed. rev. atual. e ampl. Salvador: JusPodivm, 2020, p. 250-253.
145 QUEIROZ, Paulo. **Direito processual penal - introdução.** 2. ed. rev. atual. e ampl. Salvador: JusPodivm, 2020, p. 263.
146 QUEIROZ, Paulo. **Direito processual penal - introdução.** 2. ed. rev. atual. e ampl. Salvador: JusPodivm, 2020, p. 264.

investigado ou acusado, assegurar a credibilidade da justiça, forçar o preso à colaboração, evitar prescrição, etc"[147].

Andrey Borges de Mendonça igualmente faz referência à interpretação conjunta dos artigos 312 e 282, I, do CPP para limitar o alcance da expressão ordem pública às hipóteses de impedimento de novas práticas delitivas. Afirma ele que, com essa sistemática, estão rechaçadas as teses de que não há um referencial semântico seguro para garantia da ordem pública[148].

Há, por fim, os defensores de uma interpretação ampliada do conceito. Reconhecem que não se trata apenas de evitar a reiteração delitiva, como também resguardar a credibilidade da Justiça, reafirmando a ordem jurídica, e acautelar o meio social em face da gravidade do crime e de sua repercussão na sociedade[149].

Aproveita-se boa parte da argumentação exposta ao fundamento da garantia da ordem econômica, pois designado como a ordem pública aplicada concretamente aos crimes econômicos, inexistindo, portanto, para aquela primeira corrente doutrinária, natureza cautelar nesse fundamento[150]. No mesmo sentido, há autores que defendem uma restrição do conceito, inviabilizando a decretação da prisão a pretexto de restaurar a credibilidade da ordem econômica ou do sistema financeiro, abalados pela suposta prática do ilícito[151].

Por tudo já exposto no tópico anterior, é bastante claro que o sistema garantista não se coaduna, em qualquer nível, com a prisão preventiva para garantia da ordem pública ou da ordem econômica, independentemente das limitações propostas ao conceito por diversos autores. A ideia de valer-se da prisão no curso do processo para evitar reiteração delitiva, presente quase como consenso entre aqueles que defendem uma restrição ao uso dessa hipótese de custódia

---

147 QUEIROZ, Paulo. **Direito processual penal - introdução.** 2. ed. rev. atual. e ampl. Salvador: JusPodivm, 2020, p. 263.

148 MENDONÇA, Andrey Borges de. **Prisão preventiva na Lei 12.403/2011:** análise de acordo com modelos estrangeiros e com a Convenção Americana de Direitos Humanos. 2. ed. rev. ampl. e atual. Salvador: Editora JusPodivm, 2017, p. 316.

149 Nesse sentido: MIRABETE, Julio Fabbrini. **Processo penal.** 5. ed. rev. e atual. São Paulo: Atlas, 1996; BONFIM, Edilson Mougenot. **Curso de processo penal.** 5. ed. rev. e atual. São Paulo: Saraiva, 2010, p. 457.

150 BADARÓ, Gustavo Henrique. **Processo penal.** 8. ed. rev. atual. e ampl. São Paulo: Thomson Reuters, 2020, p. 1176.

151 CAPEZ, Rodrigo. **Prisão e medidas cautelares diversas:** a individualização da medida cautelar no processo penal. São Paulo: Quartier Latin, 2017, p. 462.

cautelar, foi chamada por Ferrajoli de "perversão mais grave do instituto"[152] e equivalente a uma presunção de periculosidade, em franca violação ao princípio constitucional da presunção de inocência.

Partindo da obra do professor italiano, Adrian Barbosa e Silva identifica o fundamento em questão como policialesco, arbitrário e com caráter de medida de prevenção e defesa social. As funções da prisão preventiva nesse caso seriam de antecipação de pena e de obtenção de confissões ou de colaborações por parte do suspeito[153]. "[D]o ponto de vista do garantismo, trata-se, portanto, de um requisito taxativamente incompatível e juridicamente injustificável diante do princípio da presunção de inocência (artigo 5º, inciso LVII, CR), sendo, a rigor, inconstitucional"[154].

Restam, portanto, os dois fundamentos que apresentariam uma nítida natureza cautelar: conveniência da instrução criminal e assegurar a aplicação da lei penal.

Sobre a primeira expressão também recai crítica ao legislador reformador em razão da sua manutenção desde a redação originária do CPP. Se, à época, não se questionava a possibilidade de restrição de liberdade com fundamento na mera conveniência do julgador, Rogério Schietti Cruz expõe que o avanço da ciência processual penal e o advento de uma nova constituição somente admitem limitação de liberdade por meio de decisão fundamentada e em casos de estrita necessidade[155]. A conveniência da instrução criminal deve ser compreendida então como necessidade para instrução ou investigação criminal, em uma interpretação sistêmica do artigo 312 com os artigos 282, I, e 311, todos do CPP[156].

O caráter instrumental é evidenciado pela finalidade de tutelar os meios do processo, é dizer, as provas que devem ser produzidas,

---

152 FERRAJOLI, Luigi. **Direito e razão:** a teoria do garantismo penal. 4 ed. rev. São Paulo: Editora dos Tribunais, 2014, p. 509.

153 SILVA, Adrian Barbosa. **Garantismo e sistema penal:** crítica criminológica às prisões preventivas na era do grande encarceramento. Rio de Janeiro: Lumen Juris, 2019, p. 187.

154 SILVA, Adrian Barbosa. **Garantismo e sistema penal:** crítica criminológica às prisões preventivas na era do grande encarceramento. Rio de Janeiro: Lumen Juris, 2019, p. 187.

155 CRUZ, Rogério Schietti. **Prisão cautelar:** dramas, princípios e alternativas. 5. ed. rev. atual. e ampl. Salvador: Editora JusPodivm, 2020, p. 255.

156 CAPEZ, Rodrigo. **Prisão e medidas cautelares diversas:** a individualização da medida cautelar no processo penal. São Paulo: Quartier Latin, 2017, p. 463.

evitando-se ameaças, adulteração, ocultação ou destruição[157]. Aury Lopes Jr. estipula algumas situações fáticas ensejadoras, em tese, da prisão preventiva ao argumento de necessidade da instrução (se não for possível concretamente a substituição por cautelares menos invasivas): destruição de documentos e de arquivos, alteração do local do crime, ameaça ou suborno a testemunhas, vítima ou peritos, para além de quando houver ameaça ou intimidação do juiz ou do membro do Ministério Público[158].

Gustavo Badaró esclarece que esse fundamento não autoriza a prisão do acusado que se negou a colaborar com a instrução ou a investigação, por violação ao direito constitucional de não produzir provas contra si mesmo, destacando que não poderia advir consequência jurídica negativa do mero exercício do seu direito[159].

Delimitando ainda mais a incidência dessa hipótese, Rodrigo Capez alerta que é indevida a invocação de se resguardar a instrução de outros processos ou investigação diversa daquela na qual foi decretada a medida cautelar, de modo que cada pedido deve ser formulado no âmbito do respectivo procedimento e consequentemente perante o juiz natural[160].

Apesar de atingir uma finalidade claramente cautelar – o que é atestado por Ferrajoli – e de não existir uma grande contestação na doutrina nacional acerca de sua legitimidade constitucional, esse fundamento, sob o prisma garantista, deve ser cotejado, de forma mais específica, com a presunção de inocência.

O autor italiano questiona se a mera observância da finalidade cautelar seria suficiente para legitimar a custódia preventiva, indicando a necessidade de se observar a existência de meio menos gravoso igualmente pertinente. É justamente nesse quadro que, para processos envolvendo crimes graves e complexos, ele propõe a medida alternativa mencionada na seção anterior, a qual limitaria a

---

157 CRUZ, Rogério Schietti. **Prisão cautelar:** dramas, princípios e alternativas. 5. ed. rev. atual. e ampl. Salvador: Editora JusPodivm, 2020, p. 255.

158 LOPES JR. Aury. **Prisões cautelares.** *5.* ed. rev. atual. e ampl. São Paulo: Saraiva, 2017, p. 100.

159 BADARÓ, Gustavo Henrique. **Processo penal.** 8. ed. rev. atual. e ampl. São Paulo: Thomson Reuters, 2020, p. 1177.

160 CAPEZ, Rodrigo. **Prisão e medidas cautelares diversas:** a individualização da medida cautelar no processo penal. São Paulo: Quartier Latin, 2017, p. 466.

privação de liberdade por, no máximo, dias ou horas, com redução substancial dos efeitos difamatórios e infamantes.

Conquanto Ferrajoli faça a defesa de um processo sem prisão preventiva, é possível perceber que, nesse ponto, ele admite um certo nível de limitação da liberdade pessoal. E isso se comunica com conclusão dele sobre a legislação italiana. Ao apontar que, em um curto espaço de tempo, deveria haver uma gradual restrição da prisão preventiva, ele indica a relevância de que fossem estipulados os fundamentos estritamente processuais, abandonando-se a possibilidade de custódia no curso no processo ao argumento de evitar reiteração delitiva.

Assim, em um raciocínio garantista voltado às modificações mais imediatas, afigura-se plausível pensar na possibilidade de manutenção da prisão preventiva para tutelar a produção de provas no curso do processo. Obviamente, essa mesma base garantista nos impõe a premissa de que a prisão não poderá ser o ponto de partida para qualquer hipótese fática de necessidade da instrução ou da investigação. Ela deverá ser, de fato, a *ultima ratio*, dando o julgador preferência e centralidade para medidas menos aflitivas e que possuem o mesmo condão. Noutras palavras, o cabimento da prisão preventiva somente seria viável após exame alicerçado em circunstâncias concretas dos autos sobre a insuficiência de uma ou mais cautelares diversas ou em caso de descumprimento dessas, oportunidade em que haveria necessidade inicial de novo juízo sobre a suficiência ou não do acúmulo de novas cautelares mais restritivas, pois há casos de pequenos desvios e de graves violações. O juízo de suficiência ou não das cautelares deve ser desvinculado de ilações, bem como de considerações abstratas e genéricas. Precisa ser pautado na presunção de cumprimento daquelas eventualmente impostas, ante o mandamento constitucional da presunção de inocência.

Essa linha de pensamento garantista pode ser transplantada para o Brasil, principalmente pela previsão legal de subsidiariedade da prisão preventiva e do amplo rol de medidas cautelares diversas da prisão dos artigos 319 e 320 do CPP. Ao elaborar crítica à prisão preventiva por necessidade da instrução, Aury Lopes Jr. aponta, de forma concreta, a suficiência de medidas cautelares diversas para algumas situações:

> Ainda no que se refere ao risco para testemunhas e vítimas, uma boa alternativa é o disposto nos incisos II, III e V do art. 319 do CPP, a saber, proibição de acesso ou frequência a determinados lugares, a proibição de manter contato com pessoa determinada e o recolhimento domiciliar no período noturno e nos dias de folga.
>
> Além disso, o monitoramento eletrônico (art. 319, IX,) também resolveria o problema com um custo social (social e econômico) infinitamente menor.[161]

A prisão preventiva para assegurar a aplicação da lei penal está tradicionalmente ligada ao risco de fuga do investigado. É que se depreende dos textos de Antônio Magalhães Gomes Filho[162], Antonio Scarance Fernandes[163], Julio Fabbrini Mirabete[164], Fernando da Costa Tourinho Filho[165], Gustavo Badaró[166], Eugênio Pacelli[167], Rodrigo Capez[168] e tantos outros. E, nesse sentido, a natureza cautelar é clara, porquanto objetiva tutelar os fins do processo e sua própria efetividade.

Conforme exposto, Ferrajoli critica a circularidade desse raciocínio e indica que o risco de fuga está atrelado mais especificamente ao receio da própria prisão preventiva e não da aplicação da pena

161 LOPES JR. Aury. **Prisões cautelares.** 5. ed. rev. atual. e ampl. São Paulo: Saraiva, 2017, p. 128-129.

162 "A terceira das finalidades atribuídas por nosso legislador ordinário à prisão preventiva é a de 'assegurar a aplicação da lei penal', ou seja, evitar que, diante da possível fuga do acusado, pelo temor da condenação, venha a ser frustrada a futura execução da sanção punitiva". GOMES FILHO, Antônio Magalhães. **Presunção de inocência e prisão cautelar.** São Paulo: Saraiva, 1991, p. 71.

163 "a custódia para assegura a aplicação da lei penal é normalmente utilizada para evitar a fuga, o desaparecimento do acusado". FERNANDES, Antonio Scarance. **Processo penal constitucional.** 7. ed. rev. atual. e ampl. São Paulo: Editora Revista dos Tribunais, 2012, p. 2000.

164 "Com ela impede-se o desaparecimento do autor da infração que pretenda se subtrair aos efeitos penais da eventual condenação". MIRABETE, Julio Fabbrini. **Processo penal.** 5. ed. rev. e atual. São Paulo: Atlas, 1996, p. 382.

165 "Também será indispensável e salutar a segregação provisória do indigitado autor do crime como segurança de aplicação da lei penal (Fluchtverdach – suspeita de fuga, prevista no § 112 do ordenamento processual penal alemão)" TOURINHO FILHO, Fernandes da Costa. **Processo penal.** 32. ed. rev. e atual. São Paulo: Saraiva, 2010. v.3, p. 556.

166 "A prisão para 'assegurar a aplicação da lei penal' é necessária para evitar que, diante da provável fuga do acusado, pelo temor da condenação, venha a ser frustrada a futura execução da sanção punitiva". BADARÓ, Gustavo Henrique. **Processo penal.** 8. ed. rev. atual. e ampl. São Paulo: Thomson Reuters, 2020, p. 1177-1178.

167 "A prisão preventiva, para assegurar a aplicação da lei penal, contempla as hipóteses em que haja risco real de fuga do acusado e, assim, risco de não aplicação da lei na hipótese de decisão condenatória". OLIVEIRA, Eugênio Pacelli de. **Curso de processo penal**. 18. ed. rev. e ampl. atual. São Paulo: Atlas, 2014, p. 554.

168 "A situação tutelada é o perigo de fuga do imputado, que frustraria a provável (eis que necessariamente presente o *fumus commissi delicti*) execução da pena". CAPEZ, Rodrigo. **Prisão e medidas cautelares diversas:** a individualização da medida cautelar no processo penal. São Paulo: Quartier Latin, 2017, p. 446.

ao final do processo. Não obstante, por reconhecer o caráter instrumental desse fundamento, o jusfilósofo italiano acaba por aceitar a sua manutenção na legislação italiana ao tratar da necessidade de reformas mais imediatas.

Mais uma vez, o diagnóstico da natureza cautelar do fundamento não implica aceitação da prisão preventiva como medida legítima a toda e qualquer hipótese fática de risco de fuga do investigado. Em verdade, uma lente garantista coloca o foco nas medidas cautelares diversas da prisão aptas a atingir o mesmo objetivo, notadamente porque irão impor menor restrição de liberdade ao investigado. Somente após uma análise concreta de insuficiência das cautelares, inclusive cumulativamente, ou no caso de descumprimento das anteriormente fixadas, sem possibilidade concreta de acréscimo de novas medidas alternativas mais restritivas, parece-me possível impor a prisão.

Aury Lopes Jr. argumenta que atualmente a sociedade está internacionalmente conectada e informatizada, principalmente com os sistemas de vigilância, de sorte que o risco de fuga fica bastante reduzido. Dessa forma, algumas medidas cautelares assumem especial relevância e deveriam ser priorizadas pelos juízes, notadamente comparecimento periódico em juízo (artigo 319, I, CPP), proibição de ausentar-se da comarca ou do país (artigo 319, IV, CPP), recolhimento domiciliar noturno e nos dias de folga (artigo 319, V, CPP) e monitoração eletrônica (artigo 319, IX, CPP). Arremata o autor no sentido de que "tais medidas cautelares diversas, aplicadas de forma isolada ou cumulativa, conforme a situação exija, podem muito bem atingir o mesmo escopo sem o imenso custo social e individual de uma prisão preventiva"[169]. Em acréscimo, indica ser possível ainda a imposição cumulativa de medidas assecuratórias para congelar o patrimônio do investigado, o que igualmente reduziria consideravelmente o risco de fuga[170].

Para além disso, o parâmetro garantista enseja que o risco de fuga seja constatado de circunstâncias concretas constantes dos

169 LOPES JR. Aury. **Prisões cautelares.** 5. ed. rev. atual. e ampl. São Paulo: Saraiva, 2017, p. 131.
170 LOPES JR. Aury. **Prisões cautelares.** 5. ed. rev. atual. e ampl. São Paulo: Saraiva, 2017, p. 131.

autos e que indiquem um efetivo perigo, sob pena de haver uma presunção de fuga, inviável pela previsão constitucional da presunção de inocência. Exemplificadamente, Rodrigo Capez adverte que a mera condição financeira do investigado, seu maior poder de trânsito em território nacional ou no exterior e o fato de ele viajar constantemente não podem ser, por si sós, substrato empírico legitimador para a custódia cautelar na hipótese aqui tratada[171].

Os capítulos subsequentes demonstrarão uma sensível modificação na base fática justificadora desse fundamento. Foi bastante comum, no âmbito da Operação Lava Jato, a relação entre prisão preventiva para assegurar a aplicação da lei penal e a ausência de localização dos hipotéticos valores ilicitamente auferidos pelos investigados.

Desde já merece ressalva esse argumento, uma vez que a prisão preventiva não se destina à recuperação de valores supostamente ilícitos ou para forçar a devolução de montante a título de reparação do dano. Fixada a situação fática resguardada pelo fundamento da aplicação da lei penal, Rodrigo Capez, com referência à decisão do ministro Dias Toffoli na medida cautelar na reclamação nº 24.506/SP, alerta que a ausência de localização do produto do crime não constitui "fundamento idôneo para decretação da prisão preventiva para garantir a ordem pública [...] nem para se garantir a futura aplicação da lei penal, uma vez que a não localização do produto do crime não guarda correlação lógica com o perigo de fuga do imputado"[172].

Na referida decisão, o ministro Dias Toffoli argumenta que as medidas cabíveis nessa situação são as cautelares de natureza real[173], cuja destinação é exatamente tutelar a reparação do dano causado – uma finalidade secundária da tutela penal condenatória – e impedir o lucro ilícito[174].

---

171 CAPEZ, Rodrigo. **Prisão e medidas cautelares diversas:** a individualização da medida cautelar no processo penal. São Paulo: Quartier Latin, 2017, p. 467.

172 CAPEZ, Rodrigo. **Prisão e medidas cautelares diversas:** a individualização da medida cautelar no processo penal. São Paulo: Quartier Latin, 2017, p. 456-457.

173 BRASIL. Supremo Tribunal Federal. **Decisão Monocrática.** Medida Cautelar na Reclamação 24506. São Paulo. Relator: Ministro Dias Toffoli. Brasília, 29 de junho de 2016. Disponível em: https://www.conjur.com.br/dl/toffoli-manda-soltar-paulo-bernardo.pdf. Acesso em: 16 de out. de 2021.

174 BADARÓ, Gustavo Henrique. **Processo penal.** 8. ed. rev. atual. e ampl. São Paulo: Thomson Reuters, 2020, p. 1262.

Em conclusão, dos fundamentos apresentados na legislação brasileira, a garantia da ordem pública e da ordem econômica apresentam-se como manifestamente incompatíveis com a teoria garantista, pela evidente falta de natureza cautelar e, consequentemente, violadores da presunção de inocência. Aliás, a argumentação envolvendo o risco de reiteração delitiva aproxima o investigado de uma verdadeira presunção de periculosidade.

Com relação aos outros dois fundamentos, o simples reconhecimento da natureza cautelar não legitima a prisão preventiva *a priori*. A perspectiva garantista igualmente exige que as medidas cautelares diversas estejam no centro do raciocínio judicial para tutelar a necessidade da instrução ou o risco da aplicação da lei penal, de forma a garantir os direitos do investigado no curso do processo (lei do mais fraco). A prisão preventiva deve ser, de fato, a *ultima ratio*, cabível em restrita hipótese de insuficiência das cautelares diversas, ainda que cumulativamente aplicadas, o que deve ser demonstrado mediante motivação concreta.

Em sentido semelhante, Adrian Barbosa e Silva explica que o sistema processual atual, ao tratar das medidas cautelares diversas da prisão, dispõe da solução para que uma decisão democrática seja tomada e o princípio constitucional da presunção de inocência seja satisfeito[175].

175 SILVA, Adrian Barbosa e. **Garantismo e sistema penal:** crítica criminológica às prisões preventivas na era do grande encarceramento. Rio de Janeiro: Lumen Juris, 2019, p. 192.

4

CONTEXTUALIZAÇÃO DA OPERAÇÃO LAVA JATO. COMPREENSÃO DAS FASES DE INVESTIGAÇÃO E PANORAMA FÁTICO

O objeto da parte empírica desta pesquisa consiste na análise quantitativa e qualitativa das decisões públicas de prisões preventivas proferidas pelo juízo da 13ª Vara Federal da Seção Judiciária do Paraná no bojo da Operação Lava Jato. Para uma compreensão mais ampla do fenômeno e dos fatos envolvidos na investigação, o que, em boa medida, é relevante para o próprio exame do cabimento das medidas cautelares pessoais, faz-se indispensável uma breve apresentação das fases da operação, com alguns registros descritivos de cada período.

A Operação Lava Jato surgiu inicialmente como uma fase ostensiva[176] de investigações deflagradas, em 2014, pela Polícia Federal, a partir de decisões da 13ª Vara Federal da Seção Judiciária do Paraná. A denominação é decorrente da apuração do uso de uma rede de postos de combustíveis em Brasília para movimentar recursos possivelmente ilícitos pertencentes a uma organização criminosa. Transcorridos mais de sete anos, o nome Lava Jato ganhou enorme abrangência e passou a identificar um plexo de fatos supostamente ilícitos que são processados pela referida vara da Seção Judiciária do Paraná, conforme será posteriormente exposto. Consagrou-se como o maior conjunto

176 Denomina-se como ostensiva a fase da operação em que se dá o cumprimento público dos mandados de medidas cautelares em desfavor dos investigados, os quais tinham sido expedidos em processo sigiloso. Considera-se como ostensiva, pois, com a execução das medidas, são revelados publicamente os alvos.

de investigações sobre corrupção, crimes contra o sistema financeiro e lavagem de dinheiro no País. A operação foi amplamente acompanhada pela mídia e gerou diversas controvérsias jurídicas. Aliás, reflexo da dimensão nacional atingida é que a expressão Lava Jato passou a ser utilizada pelos meios de comunicação para denominar investigações em diversos estados da federação, as quais nem sequer tinham relação direta com o objeto inicialmente apurado e processado na 13ª Vara Federal da Seção Judiciária do Paraná. Em razão disso, importante ressaltar que este trabalho tem como objeto somente as decisões proferidas no âmbito da 13ª Vara Federal da Seção Judiciária do Paraná, ou seja, Operação Lava Jato em um sentido estrito.

Até a redação deste capítulo, a Operação Lava Jato conta com oitenta fases[177]. Contudo, a presente pesquisa possui como recorte temporal o período de 2014 a 2017, abrangendo até a sua 47ª fase.

Na primeira fase da investigação, deflagrada em 17 de março de 2014 com decisões da Justiça Federal do Paraná, foram investigadas quatro organizações criminosas lideradas por doleiros, os principais alvos das medidas investigativas e os primeiros presos preventivamente[178]. Segundo os portais da Polícia Federal e do Ministério Público Federal, foram expedidos dezoito mandados de prisão preventiva[179] e dez de prisão temporária, além da realização de oitenta e uma buscas e apreensões.

Com o aprofundamento da investigação, vislumbrou-se possível esquema de corrupção e outros delitos envolvendo a empresa estatal Petróleo Brasileiro S.A. (Petrobras). Foram colhidos elementos informativos no sentido de que Alberto Youssef operava lavagem de recursos provenientes de obras da sociedade de economia mista ou relacionados a elas.

177 Sobre a 80ª fase: POLÍCIA federal deflagra 80ª fase da operação lava jato - operação pseudeia. **Ministério da Justiça e Segurança - Comunicação Social da Polícia Federal em Curitiba,** Curitiba, 11 de fev. de 2021. Disponível em: https://www.gov.br/pf/pt-br/assuntos/noticias/2021/02/policia-federal-deflagra-80a-fase-da-operacao-lava-jato-operacao-pseudeia#:~:text=Curitiba%2FPR%20%2D%20A%20Pol%C3%ADcia%20Federal,capital%20e%202%20em%20Pindamonhangaba. Acesso em: 10 out. 2021.

178 Carlos Habib Chater, Alberto Youssef, Nelma Kodama e Raul Srour.

179 Na presente pesquisa, localizaram-se as decisões de apenas 15 acusados nessa fase: Alberto Youssef; Carlos Alberto Pereira da Costa; Leonardo Meirelles; Carlos Alexandre de Souza Rocha; Carlos Habib Chater; Ediel Viana da Silva; André Catão de Miranda; Rene Luiz Pereira; Sleiman Nassim El Kobrossy; André Luis Paula dos Santos; Raul Henrique Srour; Nelma Mitsue Penasso Kodama; Iara Galdino da Silva; Luccas Pace Junior e Faiçal Mohamed Nacirdine.

Na segunda fase, denominada "Bidone" e deflagrada em 20 de março de 2014, foi preso temporariamente Paulo Roberto Costa, ex-diretor de Abastecimento da Petrobras. Quatro dias depois, a prisão foi convertida em preventiva pela 13ª Vara Federal da Seção Judiciária do Paraná.

A partir daí, delineou-se o escopo principal da apuração criminal: atuação de organização criminosa estruturada no seio da Petrobras. Segundo as manifestações do Ministério Público Federal à época, o esquema teria ocorrido entre 2006 e, ao menos, 2014. O grupo possuía quatro núcleos principais: um empresarial, constituído pelas maiores empreiteiras do País, cuja atuação ilícita estava voltada à prática de delitos de cartel, de corrupção e de fraude à licitação, tudo isso em prejuízo da Petrobras; um núcleo administrativo, composto por funcionários do alto escalão da própria sociedade de economia mista, que foram corrompidos pelos integrantes do primeiro núcleo; um político, formado principalmente por parlamentares que sustentavam politicamente a manutenção dos funcionários corrompidos do segundo núcleo na Petrobras e também recebiam vantagens indevidas do primeiro núcleo; e um financeiro, constituído por operadores que intermediavam o pagamento das vantagens indevidas do primeiro aos demais núcleos e operacionalizavam a lavagem dos recursos provenientes das práticas criminosas de toda a organização criminosa.

Em 11 de abril de 2014, foi deflagrada a terceira fase, batizada de "Dolce Vita", na qual foram cumpridos quinze mandados de busca e apreensão, dois de prisão temporária e seis de condução coercitiva. O objetivo era reunir provas sobre a ligação de Paulo Roberto Costa com o doleiro Alberto Youssef, notadamente na empresa Ecoglobal Ambiental[180]. Também nessa época foi instalada a Comissão Parlamentar de Inquérito (CPI) da Petrobras no Senado e uma Comissão Parlamentar Mista de Inquérito (CPMI) com o

---

180 MACEDO, Fausto. Etapa da operação lava jato mira negócio de R$ 443 milhões na Petrobras. **Estadão,** 11 de abr. de 2014. Disponível em: https://politica.estadao.com.br/blogs/fausto-macedo/lava-jato-2-mira-negocio-de-r-443-milhoes-na-petrobras/. Acesso em: 11 de fev. 2021.

mesmo objeto[181]. Posteriormente, houve outra CPI para investigar a sociedade de economia mista na Câmara dos Deputados[182].

Em 19 de maio de 2014, por determinação liminar do ministro Teori Zavascki na reclamação nº 17.623/PR, Paulo Roberto Costa foi solto e foram suspensos os inquéritos e ações penais decorrentes da Operação Lava Jato que tramitavam na Justiça Federal do Paraná. De igual forma, determinou-se a remessa dos autos ao Supremo Tribunal Federal, ante a possibilidade de haver envolvimento de pessoa detentora de foro por prerrogativa de função, o então deputado federal André Vargas.

Em 10 de junho de 2014, foi realizado pela Segunda Turma do STF (questão de ordem nas ações penais nº 871 e 878) o julgamento sobre a competência para processar e julgar aqueles feitos. O tribunal resolveu pelo retorno dos autos à origem, mantendo-se apenas procedimento no Supremo Tribunal Federal para investigar exclusivamente a autoridade detentora do foro por prerrogativa de função. Em razão disso, houve o reconhecimento da perda de objeto da reclamação mencionada anteriormente.

Assim, menos de um mês após ter sido solto, em 11 de junho de 2014, foi deflagrada a quarta fase da Operação Lava Jato, intitulada "Casablanca", e Paulo Roberto Costa foi preso de forma preventiva novamente.

No dia 1º de julho de 2014, teve início a quinta fase, batizada de "Bidone II", com o cumprimento de sete mandados de busca e apreensão, um de condução coercitiva e um de prisão temporária de João Procópio Junqueira Pacheco de Almeida Prado, que foi posteriormente convertida preventiva. Ele era acusado de gerenciar valores mantidos por Youssef no exterior[183] [184].

---

181 CPI da Petrobras é instalada no Senado. **Agência Câmara de Notícias,** 14 de maio 2014. Disponível em: https://www.camara.leg.br/noticias/433697-cpi-da-petrobras-e-instalada-no-senado/; http://g1.globo.com/politica/noticia/2014/05/cpi-mista-sera-comandada-pelo-mesmo-presidente-da-cpi-do-senado.html. Acesso em: 11 de fev. 2021.

182 CALGARO, Fernanda. Câmara dos Deputados instala CPI para investigar a Petrobras. **G1 Globo,** Brasília, 26 de fev. de 2015. Disponível em: http://g1.globo.com/politica/noticia/2015/02/camara-dos-deputados-instala-cpi-para-investigar-petrobras.html. Acesso em: 11 de fev. 2021.

183 PF prende em SP dois acusados de envolvimento com doleiro Youssef. **G1 Globo,** São Paulo, 01 de set. de 2014. Disponível em: http://g1.globo.com/sao-paulo/noticia/2014/07/pf-prende-em-sp-dois-acusados-de-envolvimento-com-doleiro-youssef.html. Acesso em: 11 de fev. 2021.

184 Iara Galdino, cuja prisão foi decretada em 17/02/2014, na primeira fase da Operação, encontrava-se foragida e também foi efetivamente presa nesse momento.

A sexta fase, denominada "Bidone III", ocorreu em 22 de agosto de 2014, cumprindo-se onze mandados de busca e apreensão e um de condução coercitiva no Rio de Janeiro, os quais tinham como alvo o núcleo de empresas vinculadas a Paulo Roberto Costa e seus familiares[185].

Nessa época, foi firmado o primeiro acordo de colaboração premiada da Operação Lava Jato por Paulo Roberto Costa, cuja homologação aconteceu no final de setembro de 2014. Logo após, Alberto Youssef e Luccas Pace Júnior também firmaram avença com o Ministério Público Federal. Então, iniciou-se um amplo uso desse meio de obtenção de prova, traço marcante e distintivo na Operação.

Em outubro de 2014, foi proferida a primeira sentença pelo então juiz Sergio Moro.

A sétima fase, batizada de "Juízo Final", foi deflagrada em 14 de novembro de 2014, com cumprimento de quarenta e nove mandados de busca e apreensão, nove de condução coercitiva, seis de prisão preventiva[186] e vinte e um de prisão temporária[187] em cinco estados diferentes mais o Distrito Federal. Nessa etapa, foram alvos das medidas pessoais presidentes e diretores de grandes empreiteiras do Brasil, como Construtora OAS, Iesa Óleo & Gás, Camargo Corrêa Construções, UTC Engenharia, Engevix, Mendes Júnior e Construtora Queiroz Galvão[188].

No dia 14 de janeiro de 2015, teve início a oitava fase da operação, na qual foi preso preventivamente o ex-diretor da Área Internacional da Petrobras Nestor Cerveró, acusado de realizar transações financeiras suspeitas, na tentativa de se desfazer de seu patrimônio, possivelmente auferido de forma ilícita[189].

---

185 PF deflagra sexta fase da operação lava jato. **Agência Polícia Federal,** 28 de ago. de 2014. Disponível em: http://www.pf.gov.br/agencia/noticias/2014/08/pf-deflagra-sexta-fase-da-operacao-lava-jato. Acesso em: 11 de fev. 2021.

186 Eduardo Hermelino Leite, da Construtora Camargo Correa; José Ricardo Nogueira Breghirolli, da OAS; Agenor Franklin Magalhães Medeiros, da OAS; Sérgio Cunha Mendes, da Mendes Júnior; Gerson de Mello Almada, da Engevix; e Erton Medeiros Fonseca, da Galvão Engenharia.

187 Algumas dessas prisões temporárias foram posteriormente convertidas em preventivas: João Ricardo Auler; Mateus Coutinho de Sá Oliveira; Dalton dos Santos Avancini; José Aldemário Pinheiro Filho; Ricardo Ribeiro Pessoa; Renato de Souza Duque; Fernando Falcão Soares.

188 CASTRO, Fernanda. Há um ano, empreiteiros eram presos na 7ª fase da operação lava jato. **G1 Globo,** 14 de nov. de 2015. Disponível em: http://g1.globo.com/pr/parana/noticia/2015/11/ha-um-ano-empreiteiros-eram-presos-na-7-fase-da-operacao-lava-jato.html. Acesso em: 11 de fev. 2021.

189 PF prende Nestor Cerveró e cumpre mandados no Rio. **Agência Polícia Federal,** 10 de jan. de 2015. Disponível

Em 5 de fevereiro de 2015, foi realizada a nona fase, com o cumprimento de dez mandados de busca e apreensão, um de prisão preventiva[190], três de prisão temporária e dezoito de condução coercitiva nos estados de São Paulo, Rio de Janeiro, Bahia e Santa Catarina.

Em 18 de fevereiro de 2015, houve decretação de nova custódia de empreiteiros presos na sétima fase[191]. Alguns deles tinham sido beneficiados pela substituição da prisão preventiva por cautelares diversas, nos termos do artigo 319 do Código de Processo Penal, pelo Supremo Tribunal Federal no *habeas corpus* (HC) nº 127.186.

Em março daquele ano, a pedido da procuradoria-geral da República (PGR), o ministro Teori Zavascki determinou a instauração dos primeiros inquéritos no STF para investigação de crimes envolvendo pessoas com prerrogativa de foro citadas em depoimentos da Operação Lava Jato[192].

Pouco depois, no dia 16 do mesmo mês, foi deflagrada a décima fase ostensiva da operação, chamada de "Que país é esse?", oportunidade em que foram presos preventivamente o ex-diretor de Serviços da Petrobras Renato de Souza Duque (pela segunda vez), bem como o empresário Adir Assad. Além disso, foram cumpridos doze mandados de buscas e apreensão e quatro de prisões temporárias. No mesmo dia, foi oferecida denúncia referente à Diretoria de Serviços da Petrobras, com envolvimento de vinte e sete pessoas que teriam praticado crimes de corrupção, lavagem de dinheiro e formação de organização criminosa.

Em 27 de março de 2015, foram efetivadas mais duas prisões preventivas[193] [194]. Nesse período, também foi decretada nova

em: http://www.pf.gov.br/agencia/noticias/2015/01/pf-prende-nestor-cervero-e-cumpre-mandados-no-rio. Acesso em: 11 de fev. 2021.

190 Mário Frederico Mendonça Goes.

191 Ricardo Ribeiro Pessoa, Eduardo Hermelino Leite, Dalton dos Santos Avancini e João Ricardo Auler.

192 MINISTRO do STF autoriza investigação de 47 políticos na lava jato. **G1 Globo,** Brasília, 06 de mar. de 2015. Disponível em: http://g1.globo.com/politica/noticia/2015/03/ministro-do-stf-autoriza-investigacao-de-politicos-na-lava-jato.html. Acesso em: 11 de fev. 2021.

193 Guilherme Esteves de Jesus e Dário Queiroz Galvão Filho

194 JUSTI, Adriana. Polícia Federal prende dois em etapa da Lava Jato em SP e no RJ. **G1 Globo,** Paraná, 27 mar. de 2015. Disponível em: http://g1.globo.com/pr/parana/noticia/2015/03/pf-cumpre-tres-mandados-judiciais-da-lava-jato-em-sp-e-no-rj.html. Acesso em: 11 de fev. 2021.

prisão de Fernando Antônio Falcão Soares em razão de fatos e provas assinalados como supervenientes.

A Polícia Federal deu origem à décima primeira fase em 10 de abril de 2015, etapa que foi denominada de "A Origem", na qual ocorreram as primeiras prisões de ex-agentes políticos. A investigação apontou que, além dos fatos ocorridos no âmbito da Petrobras, desvios de recursos públicos também teriam acontecido em outros órgãos públicos federais, de sorte que o escopo da operação passou a se expandir. Foram cumpridos dezesseis mandados de busca e apreensão, nove de condução coercitiva e sete de prisão, sendo três preventivas de ex-deputados[195] e quatro temporárias[196].

Cinco dias depois, em 15 de abril de 2015, houve a deflagração da décima segunda fase da operação, destinada a dar cumprimento ao mandado de prisão preventiva de João Vaccari Neto, então tesoureiro do Partido dos Trabalhadores (PT), que teria sido identificado como recebedor de vantagens ilícitas decorrentes de fraudes em contratos com a Petrobras. Também foi realizada uma condução coercitiva, uma busca e apreensão e uma prisão temporária[197] de pessoa relacionada a ele.

Em 21 de maio de 2015, aconteceu a décima terceira fase, levando à prisão preventiva de Milton Pascowitch, suspeito de atuar como operador de propinas da Empreiteira Engevix na Diretoria de Serviços da Petrobras. Foram cumpridos também mais cinco mandados judiciais, sendo quatro de busca e apreensão e um de condução coercitiva nos estados de Minas Gerais, São Paulo e Rio de Janeiro.

Em 19 de junho de 2015, deu-se a "Erga Omnes", décima quarta fase da operação. Os alvos eram duas grandes empreiteiras, Odebrecht e Andrade Gutierrez. Foram trinta e oito mandados de busca e apreensão, nove de condução coercitiva, quatro de prisão

---

195 André Luiz Vargas Ilário, Pedro da Silva Correa de Oliveira Andrade Neto e João Luiz Correia Argolo dos Santos.

196 Uma dessas temporárias foi, ao final do prazo, convertida em preventiva: a de Ricardo Hoffmann.

197 A cunhada de Vaccari, Marice Correa de Lima, ficou foragida até 17 de abril e então se entregou à polícia (DEPOIS de ser considerada foragida, cunhada de Vaccari se entrega à PF. **G1 Globo**, 17 abr. de 2015. Disponível em: http://g1.globo.com/pr/parana/noticia/2015/04/depois-de-ser-considerada-foragida-cunhada-de-vaccari-se-entrega-pf.html. Acesso em: 11 de fev. 2021)

temporária[198] e oito de prisão preventiva[199][200], atingindo, inclusive, os presidentes daquelas empresas, quais sejam, Marcelo Odebrecht e Otávio Marques de Azevedo, respectivamente.

A Polícia Federal deflagrou a décima quinta fase da Lava Jato, batizada de "Conexão Mônaco", em 2 de julho de 2015, cujo foco foi o recebimento de vantagens ilícitas no âmbito da Diretoria Internacional da Petrobras. Eram quatro mandados de busca e apreensão e um de prisão preventiva, do ex-diretor da Área Internacional da Petrobras Jorge Luiz Zelada, sucessor de Nestor Cerveró na empresa[201].

No final do mês, em 28 de julho de 2015, teve início a décima sexta fase, denominada "Radioatividade", que apurou crimes de formação de cartel e prévio ajustamento de licitações nas obras da usina nuclear de Angra 3, além do pagamento de propina a empregados de outra empresa estatal, a Eletronuclear. Nessa fase, cumpriram-se vinte e três mandados de busca e apreensão, cinco de condução coercitiva e dois de prisão temporária[202]. Em momento posterior, após decisão do Supremo Tribunal Federal, o caso foi desmembrado e remetido à Justiça Federal do Rio de Janeiro.

Em 3 de agosto de 2015, deu-se a "Pixuleco", décima sétima fase da Lava Jato, que foi assim denominada em alusão ao termo que, segundo as investigações, era utilizado por João Vaccari Neto para se referir à propina. O alvo principal dessa etapa foi o ex-ministro da Casa Civil José Dirceu de Oliveira e Silva, suspeito de receber vantagem indevida mesmo após sua condenação no caso Mensalão. Foram cumpridos vinte e seis mandados de busca e

198 Dentre as prisões temporárias, a do diretor da Odebrecht Alexandrino de Salles Ramos de Alencar foi, em seguida, convertida em preventiva.

199 Rogerio Santos de Araujo, Marcio Faria da Silva, Cesar Ramos Rocha, Elton Negrão de Azevedo Júnior, Paulo Roberto Dalmazzo e João Antônio Bernardi Filho, além dos presidentes das construtoras Marcelo Bahia Odebrecht, da Odebrecht, e Otávio Marques de Azevedo, da Andrade Gutierrez.

200 Posteriormente, em 24 de julho, o Juiz da 13ª Vara Federal de Curitiba/PR proferiu decisão decretando nova prisão para substituir e revogar essa decisão anterior em relação aos acusados Rogério Araújo, Márcio Faria da Silva, Cesar Ramos Rocha, Marcelo Bahia Odebrecht e Alexandrino de Salles Ramos de Alencar.

201 PF deflagra 15ª fase da operação lava jato - conexão Mônaco. **Agência Polícia Federal**, Curitiba, 02 de jul. 2015. Disponível em: http://www.pf.gov.br/agencia/noticias/2015/07/pf-deflagra-15a-fase-da-operacao-lava-jato--conexao-monaco. Acesso em: 11 de fev. 2021.

202 Foram presos o presidente da Eletronuclear, o almirante Othon Luiz Pinheiro da Silva, e o presidente da Andrade Gutierrez Energia, Flávio Barra, ambas as prisões foram convertidas em preventiva pela 13ª Vara Federal da Seção Judiciária do Paraná. Vale destacar que as preventivas já haviam sido decretadas inicialmente e o magistrado entendeu por substituí-las por temporárias, mas, ao final do prazo, acabaram sendo prorrogadas e depois convertidas em preventiva novamente.

apreensão, três de prisão preventiva[203], cinco de prisão temporária e seis de condução coercitiva.

Dez dias depois, sobreveio a "Pixuleco II", décima oitava fase, oportunidade em que foi cumprido um mandado de prisão temporária[204] e dez de busca e apreensão. Era apuração sobre o pagamento de vantagem indevida e o desvio de recursos envolvendo contratos de crédito consignado junto ao Ministério do Planejamento. Depois de decisão do STF, o caso foi desmembrado e remetido à Justiça Federal de São Paulo.

Em 21 de setembro de 2015, houve a décima nona fase, batizada de "Nessum Dorma", com expedição de onze mandados judiciais, sendo sete de busca e apreensão, dois de condução coercitiva, um de prisão temporária[205] e um de prisão preventiva do executivo da Engevix José Antunes Sobrinho, suspeito de ter pago propinas em contratos da empreiteira com a Eletronuclear. Como já mencionado, em momento posterior, as investigações envolvendo a Eletronuclear foram remetidas à Justiça Federal do Rio de Janeiro.

No dia 16 de novembro de 2015, teve início a vigésima fase da Operação Lava Jato, denominada de "Corrosão", cujo objetivo foi buscar provas documentais sobre os crimes cometidos dentro da Petrobras[206]. Foram cumpridos onze mandados de busca e apreensão, dois de prisão temporária e cinco de condução coercitiva.

Depois de oito dias, deflagrou-se a vigésima primeira fase, chamada de "Passe Livre", que investigou o pagamento de propina e fraude em licitações na contratação de navios-sonda pela Petrobras. Foi preso preventivamente o pecuarista José Carlos Bumlai, além de cumpridos vinte e cinco mandados de busca e apreensão e seis de condução coercitiva.

Em 27 de janeiro de 2016, houve a vigésima segunda fase, conhecida como "Triplo X", na qual se apurou a existência de estrutura

203 Além de José Dirceu, foram presos Fernando Antônio Guimarães Hourneaux de Moura e Celso Araripe de Oliveira.
204 Alexandre Correa de Oliveira Romano, cuja prisão foi convertida, em seguida, em preventiva pela 13ª Vara Federal da Seção Judiciária do Paraná.
205 João Augusto Rezende Henriques, cuja prisão foi convertida, logo depois, em preventiva.
206 LINHA do tempo – Caso lava jato. **Ministério Público Federal,** [2021?]. Disponível em: http://www.mpf.mp.br/grandes-casos/lava-jato/linha-do-tempo. Acesso em: 11 de fev. 2021.

criminosa destinada a proporcionar a abertura de empresas *offshore* e contas no exterior para ocultar e dissimular o produto dos crimes praticados no âmbito da Petrobras, além de investigar a ocultação de patrimônio por meio de um empreendimento imobiliário. Foram cumpridos quinze mandados de busca e apreensão, seis de prisão temporária e dois de condução coercitiva.

Quase um mês depois, em 22 de fevereiro de 2016, teve início a vigésima terceira fase, chamada de "Acarajé", referência ao termo que, segundo a Polícia Federal, era usado pelos investigados para tratar de vantagem indevida. Nessa fase, foram alvos três grupos, um empresarial, responsável pelo possível pagamento de propina; um operador, que cuidava do repasse dos valores; e um núcleo recebedor. Cumpriram-se cinquenta e um mandados judiciais, sendo trinta e oito de busca e apreensão, dois de prisão preventiva[207], seis de prisão temporária[208] e cinco de condução coercitiva.

A vigésima quarta fase da operação, batizada de "Aletheia", deu-se em 4 de março de 2016, com o cumprimento de trinta e três mandados de busca e apreensão e onze de conduções coercitivas[209], dentre elas a do ex-presidente Luiz Inácio Lula da Silva, alvo dessa etapa em que se investigou sua relação e de seus familiares com empreiteiras envolvidas no esquema de corrupção da Petrobras.

Em 21 de março de 2016, realizou-se a primeira fase internacional da Lava Jato[210]. A "Polimento", vigésima quinta fase, foi efetivada pela polícia judiciária portuguesa com a prisão preventiva de Raul Schmidt Felippe Junior, que estava alegadamente foragido. Sua custódia cautelar havia sido decretada ainda em agosto de 2015. O investigado permaneceu em Portugal, que, posteriormente, negou sua extradição.

---

207 Zwi Skornicki e Fernando Migliaccio da Silva.

208 Dentre as prisões temporárias, as de João Cerqueira de Santana Filho e de Mônica Regina Cunha Moura, sua esposa, foram convertidas em preventivas.

209 PF deflagra 24ª fase da operação lava jato – aletheia. **Agência Polícia Federal**, Curitiba, 04 de mar. de 2016. Disponível em: http://www.pf.gov.br/agencia/noticias/2016/03/pf-deflagra-24a-fasa-da-operacao-lava-jato-aletheia. Acesso em: 11 de fev. 2021.

210 PF deflagra 25ª Fase da operação lava jato em Portugal - Operação Polimento. **Agência Polícia Federal**, 21 de ago. de 2016. Disponível em: http://www.pf.gov.br/agencia/noticias/2016/03/pf-deflagra-25a-fase-da-operacao-lava-jato-em-portugal?searchterm=lava+jato. Acesso em: 12 de fev. 2021.

No dia seguinte, deflagrou-se a vigésima sexta fase, "Xepa", desdobramento da vigésima terceira fase e focada no Grupo Odebrecht, sendo apurada a existência de um esquema de contabilidade paralela na empresa, destinado ao pagamento de vantagens indevidas a terceiros. Foram cumpridos sessenta e sete mandados de busca e apreensão, vinte e oito de condução coercitiva, onze de prisão temporária e quatro de prisão preventiva[211].

A Polícia Federal realizou, em 1º de abril de 2016, a vigésima sétima fase da Lava Jato, denominada de "Carbono 14", com o cumprimento de doze mandados judiciais, sendo dois de prisão temporária[212], oito de busca e apreensão e dois de condução coercitiva.

Pouco tempo depois, foi deflagrada, em 12 de abril de 2016, a vigésima oitava fase da operação, denominada "Vitória de Pirro", com quatorze mandados de busca e apreensão, cinco de condução coercitiva, dois de prisão temporária e um de prisão preventiva do ex-senador Gim Argello, suspeito de receber propina para evitar depoimentos alegadamente decisivos na CPMI da Petrobras em 2014.

Em 23 de maio de 2016, sobreveio a vigésima nona fase, batizada de "Repescagem", com a prisão preventiva do ex-tesoureiro do Partido Progressista (PP) João Cláudio de Carvalho Genu, além da efetivação de seis mandados de busca e apreensão e dois mandados de prisão temporária.

No dia seguinte, foi realizada a trigésima fase, "Vício", na qual foi investigada a existência de pagamentos de propina a partir de contratos fraudulentos de empresas fornecedoras de tubulações para a Petrobras. Apurou-se também supostos pagamentos ilícitos a um executivo da área internacional da referida estatal[213]. Foram cumpridos vinte e oito mandados de busca e apreensão, dois de prisão preventiva[214] e nove de condução coercitiva.

211 Hilberto Mascarenhas Alves da Silva Filho, Luiz Eduardo da Rocha Soares, Olívio Rodrigues Júnior e Marcelo Rodrigues

212 A prisão temporária de Ronan Maria Pinto foi convertida em preventiva.

213 LINHA do tempo – Caso lava jato. **Ministério Público Federal**, [2021?]. Disponível em: http://www.mpf.mp.br/grandes-casos/lava-jato/linha-do-tempo. Acesso em: 11 de fev. 2021.

214 Flávio Henrique de Oliveira e Eduardo Aparecido de Meira.

A trigésima primeira fase ocorreu em 4 de julho de 2016 e foi nomeada de "Abismo". Na operação, que contou com o apoio da Receita Federal, investigou-se fraude em contratos da Petrobras, especialmente avença celebrada pelo Consórcio Novo Cenpes para construção do Centro de Pesquisas e Desenvolvimento Leopoldo Américo Miguez de Mello no Rio de Janeiro. Foram sete conduções coercitivas, quatro mandados de prisão temporária, um mandado de prisão preventiva[215] e vinte e três mandados de busca e apreensão, em São Paulo, no Rio de Janeiro e no Distrito Federal.

Em 7 de julho de 2016, foi deflagrada a "Caça-Fantasmas", trigésima segunda etapa, cujo alvo foi a instituição financeira panamenha FP Bank e objetivou apurar práticas de crimes contra o Sistema Financeiro Nacional, lavagem de ativos e organização criminosa transnacional. Foram realizadas sete conduções coercitivas e dez buscas e apreensões.

A Polícia Federal deflagrou, em 2 de agosto de 2016, a trigésima terceira fase, batizada de "Resta Um". O alvo foi a construtora Queiroz Galvão, principalmente sua participação no chamado cartel das empreiteiras. Foram cumpridas trinta e duas ordens judiciais, sendo vinte e três de busca e apreensão, duas de prisão preventiva[216], uma de prisão temporária e seis de condução coercitiva.

Pouco depois, em 5 de setembro de 2016, foi preso preventivamente pela segunda vez no âmbito da Operação Lava Jato o ex-presidente da construtora OAS José Adelmário Pinheiro Filho[217], cuja custódia cautelar anterior havia sido substituída por medidas cautelares diversas pelo Supremo Tribunal Federal no *habeas corpus* nº 127.186.

Em 22 de setembro de 2016, ocorreu a trigésima quarta fase, intitulada "Arquivo X", para investigar fatos relacionados à contratação pela Petrobras de empresas para a construção das plataformas P-67 e P-70, destinadas à exploração de petróleo na camada

215 Paulo Adalberto Alves Ferreira, ex-tesoureiro do Partido dos Trabalhadores.
216 Ildefonso Colares Filho e Othon Zanoide de Moraes.
217 PRESO pela 2ª vez, ex-presidente da OAS chega à sede da PF em Curitiba. **G1 Globo,** 05 de set. de 2016. Disponível em: http://g1.globo.com/pr/parana/noticia/2016/09/preso-pela-2-vez-ex-presidente-da-oas-chega-sede-da-pf-em-curitiba.html. Acesso em: 12 de fev. 2021.

do pré-sal. Foram realizadas trinta e três buscas e apreensões, oito conduções coercitivas e nove prisões temporárias, dentre elas a do ex-ministro da Fazenda Guido Mantega.

No dia 26 de setembro de 2016, foi deflagrada a trigésima quinta fase, chamada de "Omertà", com a efetivação de vinte e sete mandados de busca e apreensão, quinze de condução coercitiva e três de prisão temporária[218], dentre eles a do ex-ministro da Fazenda Antônio Palocci. Essa fase apurou indícios de uma relação criminosa entre Palocci e o comando da Odebrecht.

Em outubro de 2016, foram presos preventivamente o ex-deputado Eduardo Cunha, cujo mandato parlamentar havia sido cassado, e o empresário Mariano Marcondes Ferraz.

Na data de 10 de novembro de 2016, aconteceu a operação "Dragão", trigésima sexta fase, com as prisões preventivas de Rodrigo Tacla Duran e Adir Assad[219], sendo, em relação a este, o segundo mandado de custódia preventiva na operação[220], além de dezesseis buscas e apreensões. Essa etapa foi destinada a apurar a movimentação de recursos de origem ilícita pelos operadores financeiros.

Após uma semana, em 17 de novembro de 2016, deflagrou-se a trigésima sétima fase, intitulada "Descobridor", e o alvo principal foi o ex-governador do Rio de Janeiro Sérgio Cabral, suspeito de cobrar propina em contratos com o poder público. Foram realizadas quatorze buscas e apreensões e três prisões cautelares[221].

No início do ano de 2017, em 23 de fevereiro, aconteceu a "Blackout", trigésima oitava etapa da Operação Lava Jato, que

---

218 As prisões temporárias de Antônio Palocci e Branislav Kontic foram convertidas em preventiva pela 13ª Vara Federal da Seção Judiciária do Paraná.

219 A prisão de Rodrigo Tacla Duran e a segunda de Adir Assad foram decretadas em decisão de 5 de julho de 2016, apesar de só terem sido efetivadas na operação em novembro. Duran estava foragido e foi preso na Espanha em 18 de novembro, mas o tribunal espanhol negou a extradição e ele permaneceu no país estrangeiro. Já Adir Assad teve ainda uma terceira prisão decretada em 5 de agosto de 2016.

220 Adir Assad permaneceu custodiado entre 16/03/2015 e 16/12/2015 na sua primeira prisão preventiva decretada pela 13ª Vara de Federal da Subseção Judiciária de Curitiba/PR. Em dezembro, essa sua prisão foi substituída por domiciliar e outras cautelares diversas pelo STF, no *habeas corpus* nº 130.636. Posteriormente, foi preso novamente em razão de mandado expedido na Operação Saqueador perante a JFRJ, o que foge do escopo da presente pesquisa, cujo foco é o plexo de decisões de prisão preventiva originada na JFPR. Após preso e solto por algumas vezes em decorrência de liminares concedidas e posteriormente cassadas no TRF-2ª Região e no STJ, foi reestabelecida a prisão em razão do segundo e do terceiro mandados expedidos pela JFPR.

221 Prisões preventivas de Sérgio de Oliveira Cabral Santos Filho e Carlos Emanuel de Carvalho Miranda e prisão temporária de Wilson Carlos Cordeiro da Silva Carvalho, posteriormente convertida em preventiva.

teve como principais alvos Jorge Luz e Bruno Luz, pai e filho, apontados como operadores de propina do Partido do Movimento Democrático Brasileiro, atualmente Movimento Democrático Brasileiro (MDB), os quais foram presos preventivamente[222]. Houve a realização de dezesseis buscas e apreensões.

A trigésima nona fase deu-se em 28 de março de 2017 e foi denominada "Paralelo". Foram cumpridos seis mandados judiciais, sendo um de prisão preventiva[223] e outros cinco de busca e apreensão, apurando-se possíveis esquemas de lavagem de dinheiro utilizados para o pagamento de propina decorrente de contratos da Petrobras.

Em 4 de maio de 2017, sobreveio a quadragésima fase, "Asfixia". Os alvos foram "três ex-gerentes da área de Gás e Energia da Petrobras, suspeitos de receberem mais de R$ 100 milhões em propinas de empreiteiras que eram contratadas pela estatal, além de operadores financeiros que utilizaram empresas de fachada para intermediar vantagens indevidas"[224]. Cumpriram-se dezesseis buscas e apreensões, cinco conduções coercitivas e quatro prisões[225].

Em 26 de maio de 2017, a Polícia Federal realizou a Operação "Poço Seco", quadragésima primeira fase, oportunidade em que foram cumpridos treze mandados judiciais, sendo oito de busca e apreensão, um de prisão preventiva[226], um de prisão temporária e três de condução coercitiva, em Brasília, no Rio de Janeiro e em São Paulo.

A quadragésima segunda fase, denominada de "Cobra", aconteceu dois meses depois com a prisão temporária do ex-presidente do Banco do Brasil e da Petrobras Aldemir Bendine, suspeito de receber propina da Odebrecht para favorecê-la em contratos da Petrobras. Foram igualmente detidos temporariamente os irmãos André Gustavo Vieira da Silva e Antônio Carlos Vieira da Silva

---

222 Também foi decretada a prisão de Apolo Santana Vieira, que, no entanto, foi revogada antes mesmo do seu cumprimento.

223 Roberto Gonçalves, ex-gerente executivo Diretoria de Engenharia e Serviços da Petrobras.

224 LINHA do tempo – Caso lava jato. **Ministério Público Federal**, [2021?]. Disponível em: http://www.mpf.mp.br/grandes-casos/lava-jato/linha-do-tempo. Acesso em: 11 de fev. 2021.

225 Duas preventivas, de Marivaldo do Rozário Escalfoni e Paulo Roberto Gomes Fernandes, e duas temporárias, sendo que a de Márcio Almeida Ferreira foi, posteriormente, convertida em preventiva.

226 Pedro Augusto Cortes Xavier Bastos.

Junior, suspeitos de operacionalizar o recebimento da vantagem indevida[227]. Efetivaram ainda onze buscas e apreensões.

Em 18 de agosto de 2017, foram deflagradas duas novas fases. A quadragésima terceira, chamada de "Sem Fronteiras", apurou a relação entre executivos da estatal petrolífera e empresas gregas na contratação para fretamento de navios mediante o pagamento de vantagens indevidas aos envolvidos; e a quadragésima quarta, intitulada "Abate", investigou fraudes no fornecimento de asfalto pela empresa estrangeira Sargeant Marine à Petrobras, contrato no qual teria ocorrido o pagamento de propinas a funcionários públicos e a agentes políticos. Foram, no total, onze conduções coercitivas, vinte e nove buscas e apreensões e seis mandados de prisão temporária[228], incluindo a do ex-deputado federal Cândido Vaccarezza[229].

Poucos dias depois, em 23 de agosto de 2017, deflagrou-se a quadragésima quinta fase, conhecida como "Abate II", na qual foi aprofundada a fase anterior, mirando a prática de corrupção por parte de empresas estrangeiras na Petrobras. Foram cumpridos quatro mandados de busca e apreensão[230].

A Polícia Federal realizou, em 20 de outubro de 2017, a quadragésima sexta fase, na qual foram cumpridos quatro mandados de busca e apreensão, um de condução coercitiva, um de prisão preventiva[231] e um de custódia temporária. Foram apurados contratos firmados pela empreiteira Odebrecht com a Petroquímica Suape e com a Citepe, ligadas à Petroquisa, um ramo petroquímico da Petrobras[232].

---

227 As três prisões temporárias foram convertidas em preventiva.

228 Desses, três foram cumpridos, um foi revogado e dois foram suspensos em razão de o alvo estar no exterior.

229 NOVAS fases da lava jato apuram corrupção em contratos da Petrobras com empresas estrangeiras. **Assessoria de Comunicação da Procuradoria da República no Paraná,** 18 de ago. de 2017. Disponível em: http://www.mpf.mp.br/pr/sala-de-imprensa/noticias-pr/novas-fases-da-lava-jato-apuram-corrupcao-em-contratos-da-petrobras-com-empresas-estrangeiras. Acesso em: 12 de fev. 2021.

230 45ª FASE da lava jato aprofunda investigação sobre corrupção em contratos da Petrobras com empresas estrangeiras. **Ministério Público Federal no Paraná,** 23 de ago. de 2017. Disponível em: http://www.mpf.mp.br/pr/sala-de-imprensa/noticias-pr/45a-fase-da-lava-jato-aprofunda-investigacao-sobre-corrupcao-em-contratos-da-petrobras-com-empresas-estrangeiras. Acesso em: 12 de fev. 2021.

231 Luís Carlos Moreira da Silva, ex-gerente da Petrobras. Essa prisão foi decretada em sentença na qual o acusado foi condenado juntamente com Jorge Antônio da Silva Luz, Bruno Gonçalves Luz, Milton Schahin, Fernando Schahin, Agosthilde Monaco de Carvalho e Demarco Jorge Epifânio.

232 LAVA jato: 46ª fase leva operação à corrupção no âmbito da Petroquisa. **Assessoria de Comunicação Procuradoria da República no Paraná,** 20 out. 2017. Disponível em: http://www.mpf.mp.br/pr/sala-de-imprensa/noticias-pr/lava-jato-46a-fase-leva-operacao-a-corrupcao-no-ambito-da-petroquisa. Acesso em: 11 de fev. 2021.

No fim do ano, em 21 de novembro de 2017, foi deflagrada a "Sothis", quadragésima sétima fase da Operação Lava Jato. O alvo foi o ex-gerente da Transpetro José Antônio de Jesus, preso temporariamente[233], suspeito de receber propina da empresa NM Engenharia para favorecê-la em contratos com a subsidiária da Petrobras. Além da prisão citada, houve oito buscas e apreensões e cinco conduções coercitivas.

Em 27 de novembro de 2017, foi preso preventivamente David Muino Suarez, gerente de relacionamento bancário do Banco BSI, que teria atuado na constituição de *offshores* junto ao Grupo Mossack Fonseca no Brasil para lavagem de dinheiro.

As fases relacionadas à Operação Lava Jato continuaram nos anos seguintes, entretanto, interessam ao escopo temporal desta pesquisa apenas as indicadas anteriormente, alcançando do ano de 2014 até o final de 2017.

233 A prisão temporária foi, posteriormente, convertida em preventiva.

5

COLETA DE DADOS: AS PRISÕES PREVENTIVAS DECRETADAS DE 2014 A 2017

Na fase inicial da pesquisa, buscou-se obter os decretos de prisão preventiva exarados no âmbito da Operação Lava Jato pela 13ª Vara Federal da Seção Judiciária do Paraná desde a primeira fase, em 2014, até a 47ª fase, no final de 2017.

Essa delimitação do termo final se deu com intuito de viabilizar um tempo hábil para que todas essas prisões preventivas pudessem ser analisadas pelo STF, em julgamento de mérito e sem o óbice do enunciado nº 691 da súmula do STF[234], caso a defesa do investigado apresentasse as medidas judiciais cabíveis, levando-se em conta que esta pesquisa teve início em meados do ano de 2019.

Para o levantamento, partiu-se inicialmente do rol de presos preventivamente na Operação Lava Jato divulgado pelo portal de notícias Consultor Jurídico[235], que abrangia as prisões até o final do ano de 2016. A partir dos nomes e das datas ali arrolados, foram realizadas pesquisas na consulta processual do sistema E-proc utilizado pela Justiça Federal do Paraná (https://eproc.jfpr.jus.br/eprocV2/) pelo nome da parte, de sorte que foram disponibilizados os processos públicos de cada investigado.

234 BRASIL. Superior Tribunal de Justiça. Súmula nº 691. Não compete ao Supremo Tribunal Federal conhecer de *habeas corpus* impetrado contra decisão do Relator que, em *habeas corpus* requerido a tribunal superior, indefere a liminar. **Diário da Justiça:** Brasília, DF, 13 de outubro de 2003. Disponível em: https://jurisprudencia.stf.jus.br/pages/search/seq-sumula691/false. Acesso em: 10 jul. 2021.

235 QUANTIDADE de prisões preventivas expedidas na primeira instância da Lava Jato. Conjur, [2017] Disponível em: https://www.conjur.com.br/dl/prisoes-preventivas-decretadas-lava-jato.pdf. Acesso em: 10 jul. 2021.

Em se tratando de medidas cautelares, muitos dos processos não foram encontrados facilmente em razão do sigilo inerente a esse tipo de procedimento, motivo pelo qual foi empreendida também pesquisa nos veículos abertos de informação e no mecanismo de busca do Google, com a utilização do nome de cada investigado, seguido dos vocábulos prisão, lava jato, decisão ou decreto de prisão, de forma isolada ou cumulativa. Alguns portais de notícia e *sites* especializados em cobertura jornalística jurídica[236] noticiavam as prisões e eventualmente disponibilizavam as próprias decisões, ainda que de procedimentos sigilosos. Decisões de processos sigilosos foram igualmente localizadas nas ações penais correspondentes, nas quais foram noticiadas e juntadas, ou em *habeas corpus* públicos impetrados pelos investigados no Tribunal Regional Federal da 4ª Região (TRF-4) ou nos Tribunais Superiores, os quais foram localizados mediante busca nominal de cada investigado nos sistemas de pesquisa processual de cada tribunal, sistemática de pesquisa que será detalhada adiante.

Após a localização dessas decisões, foi realizado cruzamento de informações com os dados sobre os alvos de cada fase da operação e os números de prisões informados na linha do tempo da Operação Lava Jato dos sítios eletrônicos da Polícia Federal[237], do Ministério Público Federal[238], do portal G1[239] e do jornal Estado de S.Paulo[240], identificando-se, assim, os nomes dos investigados atingidos por decisão de prisão preventiva que não constavam do rol inicial da revista Consultor Jurídico e por prisões decretadas no ano de 2017, que também não eram abarcadas. Foi, então, repetido

236 Especialmente, a coluna do repórter Fausto Macedo no portal do jornal Estado de São Paulo, conhecido como Estadão, também o jornal Folha de São Paulo, além dos portais de notícias G1, do grupo Globo, Consultor Jurídico e Migalhas.

237 FASES da operação lava jato. **Agência da Polícia Federal**, [2021?]. Disponível em: http://www.pf.gov.br/imprensa/lava-jato/fases-da-operacao-lava-jato-1/copy_of_fases-da-lava-jato-2017. Acesso em: 07 maio 2021. NÚMEROS da Operação Lava Jato. **Agência da Polícia Federal,** [2021?]. Disponível em: http://www.pf.gov.br/imprensa/lava-jato/numeros-da-operacao-lava-jato. Acesso em: 07 maio 2021.

238 LINHA do tempo – caso lava jato. **Ministério Público Federal,** [2021?]. Disponível em: http://www.mpf.mp.br/grandes-casos/lava-jato/linha-do-tempo. Acesso em: 10 out. 2021.

239 LINHA do tempo da lava jato. **G1 Globo,** 04 set. de 2015. Disponível em: https://especiais.g1.globo.com/politica/2015/lava-jato/linha-do-tempo-da-lava-jato/. Acesso em: 07 maio 2021.

240 FASES operação lava jato. **Estadão,** [2021?]. Disponível em: https://infograficos.estadao.com.br/public/politica/operacao-lava-jato/fases/. Acesso em: 07 maio 2021.

o processo de busca no sistema E-proc da Justiça Federal do Paraná e do TRF-4, nos sistemas de processo eletrônicos dos Tribunais Superiores e nos veículos abertos de informação para localizar essas novas decisões.

Por último, foram analisadas também as prisões temporárias decretadas em cada fase ostensiva da Operação Lava Jato. De início, identificaram-se os nomes dos investigados atingidos por essa modalidade de custódia, segundo as informações dos mencionados sítios eletrônicos e das decisões já localizadas, pesquisando-se, em seguida, se tais prisões temporárias foram posteriormente convertidas em preventiva nos autos da respectiva medida cautelar. No caso de processos cautelares sigilosos, localizaram-se, mediante pesquisa na imprensa, utilizando o nome dos investigados ou o nome da fase da operação seguido dos vocábulos solto, soltura ou preventiva, quais acusados cumpriram apenas a prisão temporária e foram liberados e quais tiveram conversão em preventiva. Buscou-se em relação a estes achar as decisões que determinaram o cárcere preventivo por meio das ações penais, de *habeas corpus* nas instâncias superiores ou da própria imprensa, as quais também passaram a fazer parte desta pesquisa.

Ao todo, foram encontradas sessenta e cinco decisões de prisão preventiva que atingiram noventa e nove investigados, sendo que oito dessas tratavam exclusivamente de novas preventivas impostas a acusados que já possuíam um decreto prisional anterior na Operação Lava Jato.

Não se exclui a possibilidade de que haja decisões de prisões preventivas que não tenham sido localizadas, especialmente porque alguns processos ainda estão em segredo de justiça. Contudo, entendeu-se relevante e suficiente para a análise pretendida o espaço amostral encontrado.

A quantidade é compatível com os números de prisões colocados nos portais oficiais da Polícia Federal e do Ministério Público Federal em relação a cada fase. Foi igualmente realizada comparação com levantamento feito em recente dissertação da pós-graduação em Ciência Política da Universidade de São Paulo[241], que também analisou a Operação Lava Jato e localizou a prisão de 91 investigados[242]. Para além disso, foram obtidas decisões que não constam naquele levantamento, uma vez que não se deram na deflagração de alguma fase específica da operação ou são novas preventivas de um mesmo acusado.

Esta pesquisa também não incluiu prisões preventivas que foram decretadas quando dos recebimentos das denúncias ou da prolação de sentenças nas respectivas ações penais e que estão fora das deflagrações das fases ostensivas da Operação Lava Jato. Isso, porque foi verificado que muitos acusados com decretos vigentes de prisão, proferidos em processos cautelares, tiveram novas prisões decretadas a cada recebimento de denúncia ou sentença proferida, de sorte que englobar o estudo aprofundado de todas as ações penais da operação aumentaria substancialmente o volume de processos e os dados a serem examinados, o que inviabilizaria a apresentação deste trabalho no prazo disponível.

Por fim, esclarece-se que todas as decisões analisadas neste trabalho foram proferidas por Sergio Fernando Moro. A prisão de Nestor Cerveró havia sido deferida inicialmente por juiz plantonista, mas, em seguida, Sergio Moro acrescentou novos fundamentos e decretou novamente a prisão, de sorte que só levarei em consideração essa última.

Dessa forma, as decisões de prisão preventiva consideradas, obtidas e analisadas neste trabalho estão dispostas na tabela 1, nas páginas seguintes.

---

241 RODRIGUES, Fabiana Alves. **Operação lava jato:** aprendizado institucional e ação estratégica na justiça criminal. 2019. Dissertação (mestrado) – Departamento de Ciência Política, Universidade de São Paulo, 2019.

242 "Consideradas as fases da operação que foram realizadas até dezembro de 2017, foi possível rastrear 69 das 72 prisões preventivas decretadas, as quais se referem a 68 pessoas diferentes, pois Adir Assad foi preso preventivamente em duas fases da operação. Nesse mesmo período, identificamos 24 pessoas que tiveram a prisão temporária convertida em preventiva pouco tempo depois da deflagração da operação. Como Renato Duque se encontra nos dois grupos, pois foi alvo de preventiva e de uma temporária seguida de preventiva, nosso banco de dados atinge 80 pessoas, pois excluímos onze investigados presos na primeira fase que são ligados a núcleos de investigação sem relação com a Petrobras (descritos no início da seção 4.2)" (RODRIGUES, Fabiana Alves. **Operação lava jato:** aprendizado institucional e ação estratégica na justiça criminal. Dissertação (mestrado) – Departamento de Ciência Política, Universidade de São Paulo, 2019, p. 170-171)

TABELA 1 – Informações gerais sobre as fases e as prisões preventivas da Operação Lava Jato

Nº do processo	Data da decisão	Investigados atingidos	Fase
5001461-31.2014.404.7000	17/02/2014	Nelma Mitsue Penasso Kodama Iara Galdino da Silva Luccas Pace Junior Faiçal Mohamed Nacirdine	1ª fase
5001438-85.2014.404.7000	20/02/2014	Carlos Habib Chater Ediel Viana da Silva André Catão de Miranda Rene Luiz Pereira Sleiman Nassim El Kobrossy	1ª fase
5001446-62.2014.404.7000	24/02/2014	Alberto Youssef Carlos Alberto Pereira da Costa Leonardo Meirelles Carlos Alexandre de Souza Rocha	1ª fase
5001443-10.2014.404.7000	25/02/2014	Raul Henrique Srour	1ª fase
5001438-85.2014.404.7000	11/03/2014	André Luis Paula dos Santos	1ª fase
5014901-94.2014.404.7000	24/03/2014	Paulo Roberto Costa	2ª fase - Bidone
5040280-37.2014.404.7000	11/06/2014	Paulo Roberto Costa - 2ª prisão	4ª fase - Casablanca
5031491-49.2014.404.7000	10/07/2014	João Procópio Junqueira Pacheco de Almeida Prado	5ª fase - Bidone II
5073475-13.2014.404.7000	10/11/2014	Eduardo Hermelino Leite Agenor Franklin Magalhães Medeiros José Ricardo Breghirolli Sérgio Cunha Mendes Gerson de Mello Almada Erton Medeiros Fonseca	7ª fase - Juízo Final
5073475-13.2014.404.7000	18/11/2014	João Ricardo Auler Dalton dos Santos Avancini Mateus Coutinho de Sá Oliveira José Aldemário Pinheiro Filho Ricardo Ribeiro Pessoa Renato de Souza Duque	7ª fase - Juízo Final
5078542-56.2014.404.7000	21/11/2014	Fernando Antonio Falcão Soares	7ª fase - Juízo Final
5086273-06.2014.404.7000	01/01/2015 22/01/2015	Nestor Cuñat Cerveró – decisão no plantão judicial, depois ratificada por Sergio Moro.	8ª fase

CONTINUA NA PÁGINA SEGUINTE

Nº do processo	Data da decisão	Investigados atingidos	Fase
5004259-28.2015.404.7000	03/02/2015	Mario Frederico Mendonça Goes	9ª fase - My Way
5002763-61.2015.404.7000	18/02/2015	Eduardo Herminio Leite - 2ª Ricardo Ribeiro Pessoa - 2ª Dalton dos Santos Avancini - 2ª João Ricardo Auler - 2ª	-
5011708-37.2015.404.7000	13/03/2015	Adir Assad	10ª fase - Que país é esse?
5012012-36.2015.4.04.7000	13/03/2015	Renato de Souza Duque – 2ª	10ª fase - Que país é esse?
5078542-56.2014.404.7000	25/03/2015	Fernando Antonio Falcão Soares 2ª	-
5011926-65.2015.404.7000	25/03/2015	Dario de Queiroz Galvão Filho	-
5009384.74-2015.404.7000	26/03/2015	Guilherme Esteves de Jesus	-
501447463-2015.404.7000	01/04/2015	Pedro da Silva Correa de Oliveira Andrade Neto	11ª fase - A Origem
5014455-57.2015.404.7000	01/04/2015	João Luiz Correia Argolo dos Santos	11ª fase - A Origem
5014497-09.2015.404.7000	02/04/2015	André Luiz Vargas Ilário	11ª fase - A Origem
5014497-09.2015.404.7000	14/04/2015	Ricardo Hoffmann	11ª fase - A Origem
5012323-27.2015.404.7000	13/04/2015	João Vaccari Neto	12ª fase
5004257-58.2015.4.04.7000	19/05/2015	Milton Pascowitch	13ª fase
5024251-72.2015.404.7000	15/06/2015	Rogerio Santos de Araújo Márcio Faria da Silva Cesar Ramos Rocha Marcelo Bahia Odebrecht Elton Negrão de Azevedo Junior Paulo Roberto Dalmazzo Otávio Marques de Azevedo João Antônio Bernardi Filho	14ª - Erga Omnes
5024251-72.2015.404.7000	24/06/2015	Alexandrino de Salles Ramos de Alencar	14ª - Erga Omnes

Nº do processo	Data da decisão	Investigados atingidos	Fase
5024251-72.2015.404.7000	24/07/2015	Decisão que substituiu anteriores* Rogerio Santos de Araújo Márcio Faria da Silva Cesar Ramos Rocha Marcelo Bahia Odebrecht Alexandrino de Salles Ramos de Alencar	-
5027771-40.2015.404.7000	23/06/2015	Jorge Luiz Zelada	15ª - Conexão Mônaco
5028308-36.2015.404.7000	23/07/2015	Flavio Barra Othon Luiz Pinheiro da Silva (substituída por temporária)	16ª - Radio-atividade
5028308-36.2015.404.7000	06/08/2015	Flavio Barra Othon Luiz Pinheiro da Silva	16ª - Radio-atividade
5031859-24.2015.404.7000	27/07/2015	José Dirceu de Oliveira e Silva Fernando Antônio Guimarães Hourneaux de Moura	17ª - Pixuleco
5010479-08.2016.404.7000	15/03/2016	Hilberto Mascarenhas Alves da Silva Filho Luiz Eduardo da Rocha Soares Olívio Rodrigues Júnior Marcelo Rodrigues	26ª - Xepa
5012298-77.2016.404.7000	01/04/2016	Jorge Afonso Argello	28ª - Vitória de Pirro (12/04/2016)
5004872-14.2016.404.7000	05/04/2016	Ronan Maria Pinto	27ª - Carbono 14
5022192-77.2016.404.7000	19/05/2016	Eduardo Aparecido de Meira Flávio Henrique de Oliveira Macedo	30ª - Vício (24/05/2016)
5022999-97.2016.404.7000	20/05/2016	João Cláudio de Carvalho Genu	29ª - Repescagem
5026980-37.2016.404.7000	07/06/2016	Paulo Adalberto Alves Ferreira	31ª - Abismo

CONTINUA NA PÁGINA SEGUINTE

* BRASIL. Tribunal Regional Federal da 4ª Região (Seção Judiciária do Paraná). Decisão. 5024251-72.2015.4.04.7000. 13ª Vara Federal de Curitiba. Juiz: Sérgio Fernando Moro, 24 de junho de 2015. Nessa decisão, o juiz decreta nova prisão adicionando fundamentos para substituir as anteriores: "A presente decisão substitui integralmente as preventivas anteriores (de 15/06/2015 e 24/06/2015), que ficam sem efeito em relação aos cinco investigados em questão".

Nº do processo	Data da decisão	Investigados atingidos	Fase
5035144-88.2016.404.7000	05/07/2016	Rodrigo Tacla Duran Adir Assad - 2ª	36ª - Dragão (10/11/2016)
5030591-95.2016.404.7000	08/07/2016	Ildefonso Colares Filho Othon Zanoide de Moraes Filho	33ª - Resta Um
5011708-37.2015.404.7000	05/08/2016	Adir Assad - 3ª	-
5012300-47.2016.404.7000	02/09/2016	José Adelmário Pinheiro Filho – 2ª	-
5043559-60.2016.4.04.7000	30/09/2016	Antônio Palocci Filho Branislav Kontic	35ª - Omertà
5052211-66.2016.4.04.7000	17/10/2016	Eduardo Cosentino Cunha	-
5054168-05.2016.404.7000	26/10/2016	Mariano Marcondes Ferraz	-
5056390-43.2016.404.7000	10/11/2016	Sérgio de Oliveira Cabral Santos Filho Carlos Emanuel de Carvalho Miranda	37ª fase - Descobridor
5056390-43.2016.404.7000	21/11/2016	Wilson Carlos Cordeiro da Silva Carvalho	37ª fase - Descobridor
5004568-78.2017.404.7000	15/02/2017	Jorge Antonio da Silva Luz Bruno Gonçalves Luz Apolo Santana Vieira	38ª - Blackout
5011206-30.2017.404.7000	24/03/2017	Roberto Gonçalves	39ª - Paralelo
5010964-71.2017.404.7000	11/04/2017	Paulo Roberto Gomes Fernandes Marivaldo do Rozário	40ª - Asfixia
5010964-71.2017.404.7000	08/05/2017	Márcio de Almeida Ferreira	40ª - Asfixia
5017394-39.2017.404.7000	19/05/2017	Pedro Augusto Cortes Xavier Bastos	41ª - Poço Seco

Nº do processo	Data da decisão	Investigados atingidos	Fase
5030176-78.2017.404.7000	31/07/2017	Aldemir Bendine André Gustavo Vieira da Silva Antônio Carlos Vieira da Silva Júnior	42ª - Cobra
5042480-12.2017.404.7000	03/10/2017	David Muino Suarez	-
5014170-93.2017.404.7000 (decretada na sentença)	19/10/2017	Luis Carlos Moreira da Silva	46ª fase (20/10/2017)
5043865-92.2017.404.7000	24/11/2017	José Antônio de Jesus	47ª - Sothis

Fonte: Elaborada pelo autor, 2021

6

AS PRISÕES PREVENTIVAS DECRETADAS PELA 13ª VARA FEDERAL DO PARANÁ. UMA ANÁLISE QUANTITATIVA

Como visto, foram localizadas sessenta e cinco decisões públicas de prisão preventiva, sendo oito delas unicamente novas prisões cautelares para investigados que já possuíam decreto anterior na Operação Lava Jato. Essas decisões abarcaram a custódia de noventa e nove investigados, dos quais onze tiveram mais de uma prisão preventiva decretada.

Diante disso, apresenta-se importante questionar quais foram os fundamentos com maior recorrência nos referidos atos decisórios, haja vista que o artigo 312 do Código de Processo Penal estabelece, taxativamente, as hipóteses autorizativas do cárcere preventivo, as quais possuem finalidades diversas no acautelamento, conforme já exposto neste trabalho. Para tanto, fez-se a leitura integral das decisões, com especial atenção aos respectivos dispositivos, porque essa é a parte do ato decisório em que o juiz deve indicar, de forma expressa, seu fundamento legal, bem como a elaboração da planilha para consolidação dos dados encontrados.

Nesse contexto, observa-se uma grande prevalência da prisão preventiva decretada com fundamentação na garantia da ordem pública, de forma isolada ou cumulativa. Especificamente, foram quatorze decisões de prisão preventiva com justificativa exclusiva na garantia da ordem pública e quarenta e oito abarcando esse fundamento e outras hipóteses do artigo 312 do CPP, das quais vinte são de garantia da ordem pública e conveniência da instrução criminal, quatorze de garantia da ordem pública e da aplicação da lei penal e quatorze de garantia da ordem pública, conveniência da instrução criminal e para assegurar a aplicação da lei penal. Por sua vez, apenas duas decisões estão fundamentadas tão somente na necessidade de se assegurar a aplicação da lei penal e uma na conveniência da instrução criminal. De forma esquemática, os números estão postos abaixo, na tabela 2.

TABELA 2 – Incidência dos fundamentos da prisão preventiva por decisão

Fundamentos do artigo 312 do CPP	**Quantidade de decisões**
Total	65
Decisões com fundamento na garantia da ordem pública (isolada ou cumulativamente)	62
Decisões com fundamento exclusivamente na garantia da ordem pública	14
Decisões com fundamento na garantia da ordem pública e outros	48
Decisões com fundamento na garantia da ordem pública e na conveniência da instrução	20
Decisões com fundamento na garantia da ordem pública e na aplicação da lei penal	14
Decisões com fundamento na garantia da ordem pública, na conveniência da instrução e na aplicação da lei penal	14
Decisões com fundamento exclusivamente na conveniência da instrução	1
Decisões com fundamento exclusivamente na aplicação da lei penal	2
Decisões com fundamento da garantia da ordem econômica	0

Fonte: Elaborada pelo autor, 2021

Como se vê, a garantia da ordem pública, utilizada isolada ou cumulativamente com outras hipóteses do artigo 312 do Código de Processo Penal, figurou na esmagadora maioria das decisões analisadas. Vale rememorar que esse fundamento é expressamente rechaçado pelo garantismo penal e por diversos autores nacionais, principalmente em razão da ausência de natureza cautelar e consequente violação ao princípio da presunção de inocência.

Por sua vez, merece especial atenção o fato de que, em um contexto de crimes econômicos, o fundamento de garantia da ordem econômica nem sequer chegou a ser utilizado, o que respalda a crítica doutrinária no sentido de que a inclusão desse fundamento no referido artigo do CPP foi desnecessária, uma vez que as hipóteses fáticas caracterizadoras já são abarcadas pela garantia da ordem pública e a mera magnitude da lesão, por si só, não seria argumento autônomo válido para decretação da prisão preventiva[243].

A relação desses números ao quantitativo de pessoas presas impõe a distinção, mais uma vez, de investigados com mais de uma prisão. Em relação aos investigados com apenas uma prisão preventiva e à primeira prisão de quem tem mais de uma, foram vinte e seis presos por causa de decisão fundamentada exclusivamente na garantia de ordem pública, bem como trinta e cinco em razão da garantia de ordem pública e conveniência da instrução criminal. Há, ainda, dezoito decretos pautados na garantia da ordem pública e na aplicação da lei penal e dezesseis na garantia da ordem pública, na aplicação da lei penal e na conveniência da instrução criminal. Por seu turno, apenas um ao argumento exclusivo de conveniência da instrução criminal e três para assegurar a aplicação da lei penal.

TABELA 3 – Incidência dos fundamentos da prisão preventiva por investigado

Fundamentos do artigo 312 do CPP	**Quantidade de acusados**
Total	99
Presos com fundamento na garantia da ordem pública (isolada ou cumulativamente)	95
Presos com fundamento exclusivamente na garantia da ordem pública	26
Presos com fundamento na garantia da ordem pública e outros	69
Presos com fundamento na garantia da ordem pública e na conveniência da instrução	35
Presos com fundamento na garantia da ordem pública e na aplicação da lei penal	18
Presos com fundamento na garantia da ordem pública, na conveniência da instrução e na aplicação da lei penal	16
Presos com fundamento exclusivamente na conveniência da instrução	1
Presos com fundamento exclusivamente na aplicação da lei penal	3
Presos com fundamento da garantia da ordem econômica	0

Fonte: Elaborada pelo autor, 2021

243 OLIVEIRA, Eugênio Pacelli de. **Curso de processo penal.** 18. ed. rev. e ampl. atual. São Paulo: Atlas, 2014, p.555. No mesmo sentido: QUEIROZ, Paulo. **Direito processual penal - introdução.** 2. ed. rev. atual. e ampl. Salvador: Editora JusPodivm, 2020, p. 264-265.

Com relação às segundas prisões preventivas, que atingem o total de onze investigados, constatou-se que dois tiveram a nova custódia cautelar decretada com fundamento exclusivo na garantia da ordem pública, três na garantia da ordem pública e conveniência da instrução criminal e seis para garantir a ordem pública, assegurar a aplicação da lei penal e a instrução criminal.

Para a terceira prisão preventiva decretada em desfavor de um investigado, o único fundamento foi a garantia da ordem pública.

Os números apresentados demonstram que a garantia da ordem pública está intimamente ligada ao cárcere preventivo de quase a totalidade dos investigados. A prevalência desse fundamento é facilmente percebida e denota a sua relevância prática na imposição da prisão, malgrado as já apresentadas críticas doutrinárias sobre o assunto e a incompatibilidade com a teoria garantista.

Outro aspecto pertinente nessas decisões é a verificação se o juízo que as prolatou fez o exame acerca do cabimento da substituição da prisão por medidas cautelares diversas, previstas nos artigos 319 e 320 do Código de Processo Penal. Esse ponto é de extrema relevância, pois o artigo 282, § 6º, do CPP determina – mesmo antes da alteração promovida pela denominada lei anticrime[244] – que a prisão preventiva somente poderá ser decretada quando não for cabível sua substituição por outra medida cautelar. Noutras palavras, é requisito indispensável da decisão de decretação da prisão preventiva a fundamentação acerca da viabilidade de substituição por medidas cautelares diversas, inclusive cumulativamente, com o intuito de resguardar o caráter de *ultima ratio* da medida constritiva mais grave do ordenamento jurídico brasileiro. Essa, a propósito, é uma postura que se espera de um juiz garantista, como destaca Adrian Barbosa e Silva:

> age de modo antigarantista o juiz que decide decretar uma prisão sem enfrentar, uma por uma, as medidas cautelares diversas da prisão; pois, deste modo, não explicita porque a aplicação de alguma(s) delas

244 Art. 282, § 6º, CPP: A prisão preventiva será determinada quando não for cabível a sua substituição por outra medida cautelar. BRASIL. **Decreto-Lei Nº 3.689, de 3 de outubro de 1941.** Código de Processo Penal. Brasília, DF: Presidência da República, [1941]. Disponível em: http://www.planalto.gov.br/ccivil_03/decreto-lei/del3689.htm. Acesso em: 10 jun. 2021.

> (de modo cumulativo ou não) seria incompatível com os fins que se declara alcançar com o encarceramento do indivíduo (afastadas as hipóteses de ordem pública, porque, como incisivamente defendido, são escancaradamente inconstitucionais).[245]

A esse respeito, viu-se, após a leitura integral, que vinte e seis decisões (APÊNDICE, página 317) não fizeram qualquer análise sobre o cabimento da substituição da prisão preventiva por medidas cautelares diversas, em clara demonstração de descumprimento do referido mandamento legal e, inclusive, do dever constitucional de fundamentação adequada das decisões judiciais, nos termos do artigo 93, IX, da Constituição da República. A postura antigarantista nessas decisões é inequívoca.

Em onze delas, o juiz fez exame isolado da impossibilidade de substituição da custódia por medidas cautelares específicas, quais sejam, afastamento do cargo ocupado ou entrega do passaporte. Em vinte e quatro, apresentou algum tipo de fundamentação – ainda que mínima e genérica – abarcando a impossibilidade de substituição e, em quatro, fez expressa referência à argumentação de decisões anteriores, nas quais tratava, dentre outros assuntos, da inviabilidade de substituição.

245 SILVA, Adrian Barbosa e. **Garantismo e sistema penal:** crítica criminológica às prisões preventivas na era do grande encarceramento. Rio de Janeiro: Lumen Juris, 2019, p. 192.

7

AS REVOGAÇÕES E AS SUBSTITUIÇÕES DAS PRISÕES PREVENTIVAS DECRETADAS PELA 13ª VARA FEDERAL DO PARANÁ. UMA ANÁLISE QUANTITATIVA A PARTIR DA ATUAÇÃO DAS INSTÂNCIAS REVISORAS

Após a localização das prisões preventivas decretadas pela 13ª Vara Federal da Seção Judiciária do Paraná, no contexto da Operação Lava Jato, entre os anos de 2014 e 2017, questionou-se se esses decretos prisionais tinham sido reformados pelas instâncias revisoras em julgamento de mérito.

Dessa forma, foi realizada, em janeiro de 2021, a busca pelo nome das pessoas presas preventivamente nos *sites* do TRF-4 (www.trf4.jus.br), do Superior Tribunal de Justiça (STJ) (www.stj.jus.br) e do STF (www.stf.jus.br). A delimitação desses tribunais se deu em razão das competências constitucional e territorial, no caso do TRF-4, para analisar as decisões de prisão em eventuais impugnações, conforme artigos 108, I, d; 105, I, c; 105, II, a; 102, I, i; e 102, II, a, todos da Constituição da República. A data da consulta aos *sites* foi estipulada não só com o intuito de viabilizar um tempo maior para o exame de cada uma das decisões e dos acórdãos obtidos, como também abarcar o maior número de impugnações formuladas.

Como havia investigados com mais de um decreto prisional expedido pelo mesmo juízo no âmbito da Operação Lava Jato, procedeu-se a uma primeira busca envolvendo somente os nomes daquelas pessoas com um único mandado de prisão preventiva em seu desfavor entre 2014 e 2017, ou seja, oitenta e oito investigados[246]. Desse número, foram retirados os casos envolvendo Alexandre Correa de Oliveira Romano e José Antunes Sobrinho, cujos processos foram posteriormente remetidos para a Justiça Federal de São Paulo e do Rio de Janeiro, respectivamente, de sorte que suas prisões passaram a fugir do escopo desta pesquisa. O número final de investigados dentro do parâmetro apontado é, portanto, oitenta e seis.

A pesquisa foi empreendida no *site* de cada tribunal, na seção de busca processual, tendo como filtro o nome da parte. Foram alcançados os processos públicos cadastrados em nome de cada uma delas nos mencionados tribunais, sem distinção de matéria ou de classe processual.

A partir da classe processual indicada na autuação, da data de protocolo da petição inicial e da sua leitura, bem como das decisões proferidas, foram localizados *habeas corpus*, reclamações e recursos em *habeas corpus* manejados pelas defesas desses investigados para impugnar as decisões de decretação da prisão preventiva, assim como os posteriores acórdãos que as mantiveram. O número do processo de origem igualmente serviu como parâmetro para confirmar, na petição inicial e no *site* do respectivo tribunal, a referência ao decreto prisional combatido.

Com essa sistemática, foram achados os acórdãos e as decisões de mérito que revogaram ou substituíram as prisões preventivas decretadas na Operação Lava Jato entre 2014 e 2017, para os investigados que detinham apenas uma ordem prisional preventiva.

246 Para chegar a esse número, foi desconsiderada a primeira prisão preventiva dos acusados Rogério Santos Araújo, Márcio Faria da Silva, Marcelo Bahia Odebrecht, Cesar Ramos Rocha e Alexandrino de Salles Ramos de Alencar, pois foi substituída pelo juízo de primeiro grau por novo decreto de prisão preventiva em decisão de 24/07/2015 nos autos nº 5024251-72.2015.4.04.7000/PR: "A presente decisão substitui integralmente as preventivas anteriores (de 15/06/2015 e 24/06/2015), que ficam sem efeito em relação aos cinco investigados em questão".

Do ponto de vista quantitativo, o Tribunal Regional Federal da 4ª Região, na condição de primeira instância de revisão dos decretos prisionais, foi responsável, em julgamentos colegiados e de mérito, pela revogação ou pela substituição da prisão preventiva por medidas cautelares de seis investigados. A 8ª Turma, composta por três desembargadores, é o órgão colegiado prevento para o julgamento das ações e dos recursos oriundos da Operação Lava Jato.

Sob o aspecto temporal, foram proferidos quatro acórdãos em 2016, um em 2017 e um em 2020, conforme tabela 4, abaixo.

TABELA 4 – *Habeas Corpus* concedidos pelo TRF-4 para investigados com uma ordem de prisão preventiva.

Número do HC no TRF4	Data do julgamento	Paciente
5021307-14.2016.4.04.0000	06/07/2016	Ronan Maria Pinto
5035362-67.2016.4.04.0000	28/09/2016	Ildefonso Colares Filho
5035227-55.2016.4.04.000	28/09/2016	Othon Zanoide de Moraes Filho
5045444-60.2016.4.04.0000	14/12/2016	Branislav Kontic
5059991-71.2017.4.04.0000	28/11/2017	Luis Carlos Moreira da Silva
5040970-07.2020.4.04.0000	25/11/2020	José Antônio de Jesus

Fonte: Elaborada pelo autor, 2021

Em caso de pronunciamento desfavorável ou apenas parcialmente favorável no âmbito do TRF-4, as defesas poderiam recorrer ao STJ. Além da via recursal ordinária, revelou-se bastante comum a impetração direta de *habeas corpus* perante o STJ, até mesmo contra decisões monocráticas de indeferimento de medida liminar, haja vista a morosidade da tramitação do recurso ordinário em *habeas corpus* e a urgência ínsita aos pedidos de liberdade. Tais estratégias processuais não são novidades no cotidiano forense e frequentemente são rebatidas por uma jurisprudência defensiva no sentido do não conhecimento dessas impetrações, embora possa ser concedida ordem de ofício pelo órgão julgador, nos termos do artigo 654, § 2º, do CPP.

Nesse contexto, o STJ concedeu a ordem de ofício para substituir a prisão preventiva por medidas cautelares diversas em somente uma oportunidade, no ano de 2020. Trata-se de decisão monocrática de mérito proferida no HC nº 568.950/PR, de relatoria do ministro Felix Fischer, cujo paciente é Pedro Augusto Cortes Xavier Bastos, de sorte que nem sequer houve julgamento colegiado pela 5ª Turma, órgão prevento para exame dos feitos pertinentes à Operação Lava Jato e composto por cinco ministros.

Superado o exame da situação prisional pelo STJ, os defensores ainda poderiam questionar o decreto de prisão e, consequentemente, os acórdãos denegatórios – ainda que parcialmente – desse tribunal perante o STF. A Segunda Turma do STF, composta por também cinco ministros, é o órgão colegiado prevento para a análise dos pedidos.

Nessa conjuntura, o Supremo Tribunal Federal, por meio de acórdãos ou de decisões monocráticas de mérito, fundamentadas no artigo 192 do Regimento Interno do STF[247], revogou ou substituiu a prisão preventiva por medidas cautelares diversas de dezoito investigados.

Do ponto de vista temporal, os pronunciamentos favoráveis às defesas estão assim divididos: oito em 2015, com o resultado do HC nº 127.186, cujo paciente original é Ricardo Ribeiro Pessoa, tendo sido estendido a diversos outros investigados; três em 2016, cinco em 2017 e dois em 2019. Veja-se a tabela 5, na página ao lado, em que se compilam esses dados e os nomes dos investigados que foram soltos.

247 Art. 192. Quando a matéria for objeto de jurisprudência consolidada do Tribunal, o Relator poderá desde logo denegar ou conceder a ordem, ainda que de ofício, à vista da documentação da petição inicial ou do teor das informações. BRASIL. Supremo Tribunal Federal. **Regimento Interno do STF.** Brasília, 2020. Disponível em: http://www.stf.jus.br/arquivo/cms/legislacaoRegimentoInterno/anexo/RISTF.pdf. Acesso em: 10 jun. 2021.

TABELA 5 – *Habeas Corpus* concedidos pelo STF para investigados com uma ordem de prisão preventiva

Número do HC no STF	Data do julgamento	Pacientes e beneficiados
HC 127.186	28/04/2015	Agenor Franklin Magalhães Medeiros José Ricardo Breghirolli Sergio Cunha Mendes Gerson de Mello Almada Erton Medeiros Fonseca Mateus Coutinho de Sá Oliveira
HC 127.823	23/06/2015	Dario de Queiroz Galvão Filho
HC 130.254	16/10/2015	Alexandrino de Salles Ramos de Alencar
HC 132.406	18/02/2016	Ricardo Hoffmann
HC 132.233	26/04/2016	Rogério Santos de Araújo
HC 132.229	26/04/2016	Márcio Faria da Silva
HC 136.223	25/04/2017	José Carlos Costa Marques Bumlai
Agrg no Agrg no HC 140.312	25/04/2017	João Cláudio de Carvalho Genu
Agrg no HC 137.728	02/05/2017	José Dirceu de Oliveira e Silva
Agrg no HC 138.850	03/10/2017	Eduardo Aparecido de Meira
Agrg no HC 141.431	03/10/2017	Flávio Henrique de Oliveira Macedo
Agrg no HC 152.676	09/04/2019	Aldemir Bendine
HC 150.558	02/10/2019	Márcio de Almeida Ferreira

Fonte: Elaborada pelo autor, 2021

Esquematicamente, para os investigados com somente uma prisão preventiva decretada, tem-se que a atuação das instâncias revisoras para revogação ou substituição se deu na seguinte proporção, nos termos do gráfico 1, na página seguinte, considerando que, das oitenta e seis custódias preventivas decretadas, vinte e cinco foram revogadas ou substituídas pelos tribunais.

GRÁFICO 1 – Percentual de reforma por cada tribunal de revisão, considerando todas as revogações e substituições dos investigados com somente uma ordem de prisão preventiva

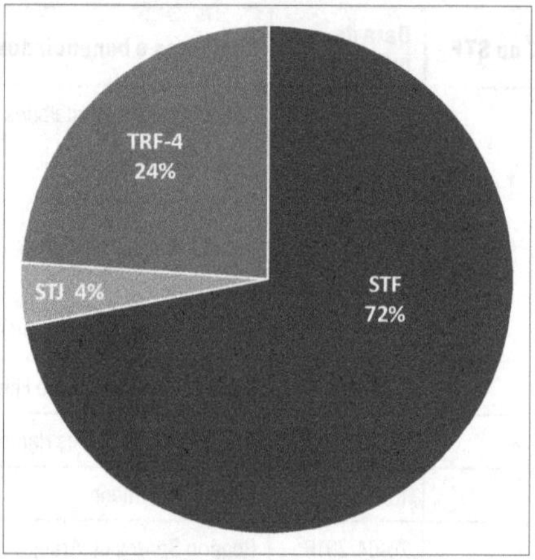

Fonte: Elaborado pelo autor, 2021

Há, ainda, os investigados que possuem mais de uma prisão preventiva por ordem da 13ª Vara Federal da Seção Judiciária do Paraná na Operação Lava Jato. São onze pessoas nessa situação[248]. Dois deles (Flávio Barra e Othon Luiz Pinheiro da Silva) impugnaram a competência dessa vara e houve declínio para a Justiça Federal do Rio de Janeiro, de sorte que, como já mencionado, suas prisões saíram do escopo deste trabalho. Restam, então, nove pessoas no espaço amostral.

Em uma pesquisa sobre a primeira prisão de tais investigados, constatou-se que o TRF-4 e o STJ denegaram todos os pedidos de liberdade formulados.

Por sua vez, o STF revogou ou substituiu por cautelares diversas a primeira prisão preventiva de seis investigados. Para a segunda preventiva vigente, o TRF-4 revogou a de três investigados. Confiram-se os dados de cada um dos tribunais e os pacientes beneficiados com a liberdade na tabela 6, ao lado.

248 Paulo Roberto Costa, José Adelmário Pinheiro Filho, Renato de Souza Duque, Eduardo Hermelino Leite, Ricardo Ribeiro Pessoa, Dalton Santos Avancini, João Ricardo Auler, Fernando Antonio Falcão Soares, Adir Assad, Flávio Barra e Othon Luiz Pinheiro da Silva.

TABELA 6 – Revogações de prisões preventivas pelo STF e pelo TRF-4 para investigados com mais de uma ordem de prisão preventiva

Número do Processo no STF	**Data do julgamento**	**Pacientes e beneficiados**	**Processo da cautelar**
Liminar na RCL 17.623 (posteriormente, teve perda do objeto)	19/05/2014	Paulo Roberto Costa	5014901-94.2014.404.7000
HC 125.555	Liminar em 02/12/2014, confirmada em 10/02/2015	Renato de Souza Duque	5073475-13.2014.404.7000
HC 127.186	28/04/2015	José Adelmário Pinheiro Filho Ricardo Ribeiro Pessoa João Ricardo Auler	5073475-13.2014.404.7000
HC 130.636	15/12/2015	Adir Assad	5011708-37.2015.4.04.7000
Número do HC no TRF4			
5006708-07.2015.404.0000	08/04/2015	João Ricardo Auler	5002763-61.2015.4.04.7000
5006206-68.2015.404.0000	15/04/2015	Ricardo Ribeiro Pessoa	5002763-61.2015.4.04.7000
5051272-32.2019.4.04.0000	11/03/2020	Renato de Souza Duque	5012012-36.2015.4.04.7000

Fonte: Elaborada pelo autor, 2021

Existe, por fim, um investigado com três ordens de prisões preventivas, Adir Assad, em que somente a primeira prisão foi substituída pelas instâncias superiores.

Em suma, considerando as revogações ou as substituições de decretos prisionais de natureza preventiva oriundos de investigados com apenas uma prisão preventiva ou com mais de uma ao mesmo tempo na Operação Lava Jato, o que perfaz o total de cento e cinco ordens em desfavor de noventa e cinco pessoas, viu-se o seguinte cenário: o STF foi responsável pela reforma de vinte e quatro delas, enquanto o TRF-4 de nove e o STJ de uma. Das trinta e quatro prisões preventivas revogadas ou substituídas pelos tribunais de revisão, vislumbra-se esta extensão de atuação, conforme gráfico 2, na página seguinte.

GRÁFICO 2 – Percentual de reforma por cada tribunal de revisão, considerando todas as revogações e substituições obtidas

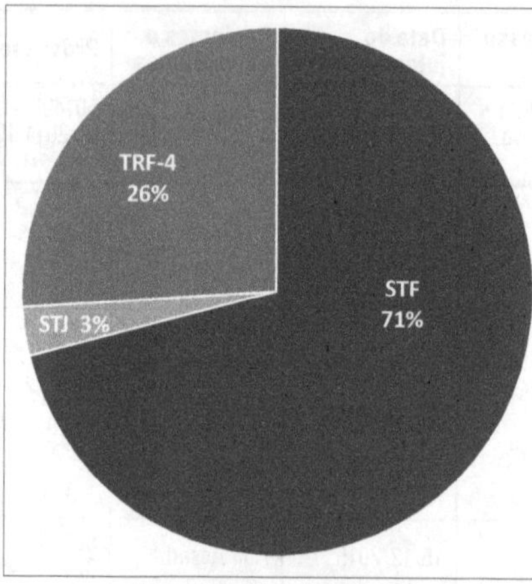

Fonte: Elaborado pelo autor, 2021

Bem se vê, portanto, que os tribunais constataram vícios e reformaram um número considerável de decretos de prisão preventiva, aproximadamente 32%, tendo especial importância a atuação do Supremo Tribunal Federal, Corte com maior índice de pronunciamentos favoráveis aos investigados. O número relacionado ao STF é ainda mais significativo, pois, em regra, o tribunal somente examina a legalidade da prisão preventiva após os julgamentos pelo TRF-4 e pelo STJ. Noutras palavras, a análise quantitativa demonstra a relevância da atuação do Supremo Tribunal Federal como órgão com competência para julgamento de *habeas corpus*, pois foi responsável por revogar ou por substituir considerável número de prisões preventivas que já tinham sido chanceladas pelo TRF-4 e pelo STJ. A mácula na decisão cerceadora do direito à liberdade dos investigados somente foi reconhecida quando da análise pelo terceiro tribunal, instância máxima do Poder Judiciário do Brasil. A baixíssima quantidade de concessões de liberdade pelo STJ e o notável índice de reformas por parte do Supremo Tribunal Federal demonstram, ao menos, compreensões sensivelmente diversas sobre o cabimento da prisão preventiva em situações concretas oriundas da Operação Lava Jato, para além de indicarem certo alinhamento do STJ com entendimento do juízo de primeiro grau e do TRF-4 sobre as fundamentações das prisões preventivas.

Outro dado importante sobre a atuação dos tribunais está relacionado aos casos de investigados com duas prisões preventivas vigentes. Nessas hipóteses, embora o TRF-4 tenha denegado todos os pedidos para revogação da primeira prisão preventiva, que somente contou com pronunciamento favorável no âmbito do STF, viu-se que aquela corte revogou a segunda prisão de três investigados.

Por fim, muito embora a maioria dos acórdãos e das decisões esteja relacionada à substituição da prisão preventiva por medidas cautelares, que também impõem algum grau de restrição de liberdade ao investigado, essa determinação judicial será considerada, para fins de análise nesta pesquisa, como concessão de liberdade. Essa compreensão pautou toda a redação deste trabalho.

8

AS REVOGAÇÕES E AS SUBSTITUIÇÕES DAS PRISÕES PREVENTIVAS PELA PRÓPRIA 13ª VARA FEDERAL DO PARANÁ. UMA ANÁLISE QUANTITATIVA

Além da já descrita atuação dos tribunais de revisão, o próprio juízo de primeiro grau promoveu, em alguns casos, a substituição ou a revogação das prisões preventivas por ele decretadas, com a concessão de liberdade (frise-se, compreensão ampla, abarcando a imposição de medidas cautelares menos restritivas), razão pela qual se buscou levantar quantos investigados foram beneficiados por essas decisões[249]. Em momento posterior, serão examinados os fundamentos utilizados.

Foram analisados os processos cautelares em que houve a decretação das prisões preventivas, com o objetivo de achar decisões posteriores sobre a medida imposta. Com o oferecimento de denúncia em diversos desses casos, foram consultadas também as tramitações das correspondentes ações penais, uma vez que, até mesmo por imposição legal (artigo 387, § 1º, do CPP), o juiz deve decidir sobre a manutenção da prisão preventiva ao prolatar sentença. Diante

249 No caso de Othon Luiz Pinheiro da Silva e Flávio David Barra (processo nº 5028308-36.2015.4.04.7000), a primeira prisão preventiva chegou a ser revogada pelo juiz, antes da remessa dos autos ao juízo competente, porém foi substituída, na mesma decisão, por uma prisão temporária, que posteriormente foi convertida em preventiva. Como a revogação da primeira preventiva não ensejou liberdade, mas mera substituição por outra prisão cautelar, esse dado não entrou na análise deste tópico.

do volume de dados, a pesquisa nos veículos abertos de informação e no mecanismo de busca do Google foi bastante útil, pois, a partir do nome dos investigados e da busca conjunta com os vocábulos liberdade, soltura ou domiciliar, foram localizadas reportagens noticiando a concessão de liberdade pela 13ª Vara Federal da Seção Judiciária do Paraná para determinado custodiado. Esse material facilitou a descoberta das decisões no sistema E-proc da Justiça Federal do Paraná, cujo sítio eletrônico já foi apresentado, haja vista indicar a data aproximada do acontecimento descrito. Ademais, alguns *sites* de comunicação especializados na área jurídica, como www.conjur.com.br ou www.migalhas.com.br, disponibilizavam as próprias decisões de revogação da prisão preventiva.

Em síntese, houve um cruzamento de informações entre as pesquisas realizadas nos acompanhamentos processuais das medidas cautelares e das ações penais no sistema E-proc da Justiça Federal do Paraná e as matérias públicas disponíveis na *internet*, obtidas a partir do sistema de busca do Google, conforme parâmetros já indicados.

Contudo, esse levantamento demonstrou que uma parcela considerável de decisões do juízo da 13ª Vara Federal da Seção Judiciária do Paraná encontra-se sob sigilo até os dias de hoje, notadamente aquelas proferidas nos procedimentos dos acordos de colaboração premiada. Isso, porque há informações públicas sobre a liberdade de determinados investigados, principalmente colaboradores, e eventualmente menções a esse fato nas próprias sentenças condenatórias. Porém, por outro lado, as decisões concessivas de liberdade não estão disponíveis no sistema E-proc, em virtude do grau de sigilo imposto aos procedimentos nos quais foram proferidas.

Estão nessa situação quatorze investigados[250], cujas decisões concessivas de liberdade não foram localizadas, embora a revogação ou a substituição da prisão preventiva tenha sido noticiada na imprensa e em sentenças ou acórdãos posteriores.

250 Leonardo Meirelles, Fernando Antônio Falcão Soares, Mário Frederico Mendonça Goes, Milton Pascowitch, Otávio Marques de Azevedo, Elton Negrão de Azevedo, Fernando Antônio Guimarães Hourneaux de Moura, Zwi Skornicki, Hilberto Mascarenhas Alves da Silva Filho, Luiz Eduardo da Rocha Soares, Olívio Rodrigues Júnior, Marcelo Rodrigues, Paulo Roberto Costa e Fernando Migliaccio.

De igual forma, é necessário um esclarecimento inicial para explicar mais um parâmetro da pesquisa. Quando do acesso às decisões públicas disponíveis, viu-se que, para alguns colaboradores, a liberdade concedida não se tratava verdadeiramente de revogação ou de substituição da prisão preventiva. A fundamentação era relacionada ao cumprimento de pena, em razão do período de prisão preventiva, e a possibilidade de progressão para um regime mais benéfico, modalidade prevista em acordo de colaboração premiada. Dessa forma, considerando o tempo em que o investigado estava preso preventivamente e as condições estabelecidas na avença celebrada para o novo regime mais benéfico, foi concedida a progressão.

Para deixar a situação mais palpável, cito o caso de Dalton dos Santos Avancini, preso temporariamente em 14/11/2014, na 7ª fase da Operação Lava Jato, com conversão em preventiva no dia 18/11/2014, conforme decisão no processo nº 5073475-13.2014.404.7000. Em 27/02/2015, ele assinou termo de colaboração premiada com o MPF, cuja cláusula 5ª, IV, fazia a seguinte previsão:

> cumprimento pelo colaborador, inclusive após a eventual unificação de penas, de pena privativa de liberdade em regime inicial fechado por 16 (dezesseis) meses, sendo ¼ deste período em custódia na Superintendência da Polícia Federal em Curitiba e o restante em prisão domiciliar com uso de tornozeleira eletrônica ou equipamento similar, iniciando-se a partir da assinatura do presente acordo e detraindo-se o período já cumprido pelo colaborador a título de prisão cautelar em decorrência da 'Operação Lava Jato'.[251]

No dia 30/03/2015, pouco tempo após o transcurso de quatro meses desde a efetivação da prisão temporária, o juízo da 13ª Vara Federal da Seção Judiciária do Paraná, em audiência, homologou a avença celebrada entre as partes e, na mesma ocasião, "nos termos do acordo, converto a prisão preventiva decretada

251 BRASIL. Tribunal Regional Federal da 4ª Região. (Seção Judiciária do Paraná). **Termo de Colaboração Premiada.** Execução Penal 5011546-08.2016.4.04.7000. 13ª Vara Federal de Curitiba. Juiz Federal: Sérgio Fernando Moro. Curitiba, 27 de fev. de 2015.

por este juízo, em prisão domiciliar com tornozeleira eletrônica, a ser implantada na presente data"[252] [253].

Por não se tratar de revogação ou de substituição da prisão preventiva, nem envolver fundamentação relacionada às medidas cautelares pessoais e à cautelaridade em si, esse tipo de decisão não será contabilizado, nem examinado.

Também em virtude dessa possibilidade de concessão de liberdade a partir da progressão de regime, nos termos do acordo de colaboração, serão excluídas da contagem aquelas decisões não localizadas mencionadas anteriormente, mesmo com a notícia da liberdade dos investigados. Isso se faz indispensável porque esses investigados são majoritariamente colaboradores, cujos acordos foram celebrados após o encarceramento e antes da liberdade, o que indica concretamente a possibilidade de esse fato ter ocorrido em virtude de pactuação de progressão para um regime mais benéfico após determinado tempo de prisão preventiva, mesmo sem o cumprimento dos requisitos legais para tanto.

Em resumo, não serão contabilizados os casos com notícias de concessão de liberdade cujas decisões não são públicas, bem como aqueles decorrentes da concessão de progressão de regime. Além disso, não serão consideradas as decisões concessivas de prisão domiciliar em virtude da pandemia de COVID-19, pois a fundamentação desses casos tem relação com a situação de emergência sanitária vivenciada e eventual situação de risco do investigado.

Fixados os parâmetros, impõe-se, novamente, a separação entre os investigados com uma única prisão preventiva e aqueles com mais de um decreto prisional ao mesmo tempo. Para aqueles, a 13ª Vara Federal da Seção Judiciária do Paraná revogou ou substituiu a prisão preventiva por cautelares menos gravosas em 26 (vinte e seis) oportunidades.

---

252 BRASIL. Tribunal Regional Federal da 4ª Região. (Seção Judiciária do Paraná). **Termo de Audiência.** Execução Penal 5011546-08.2016.4.04.7000. 13ª Vara Federal de Curitiba. Juiz Federal: Sergio Fernando Moro. Curitiba, 30 de mar. de 2015.

253 DIRETOR da Camargo Corrêa volta para casa de tornozeleira eletrônica. **Isto é Dinheiro,** 30 mar. 2015. Disponível em: https://www.istoedinheiro.com.br/diretor-da-camargo-correa-volta-para-casa-de-tornozeleira-eletronica/. Acesso em: 10 jun. 2021.

Do ponto de vista temporal, foram oito decisões em 2014, seis em 2015, seis em 2016, cinco em 2017 e 1 uma em 2018, conforme tabela 7, abaixo.

TABELA 7 – Prisões preventivas revogadas ou substituídas pela 13ª Vara Federal da Seção Judiciária do Paraná.

Processo	Data da decisão	Beneficiado
5025695-77.2014.404.7000	23/04/2014	Carlos Alexandre de Souza Rocha
5025692-25.2014.404.7000	24/04/2014	Raul Henrique Srour
5026243-05.2014.404.7000	09/07/2014	Faiçal Mohamed Nacirdine
5026243-05.2014.404.7000	09/07/2014	Luccas Pace Junior
5026552-26.2014.404.7000	15/09/2014	Carlos Alberto Pereira da Costa
5025687-03.2014.404.7000	20/10/2014	André Catão de Miranda
506730440.2014.404.7000	23/10/2014	Ediel Viana da Silva
5022397-77.2014.404.7000	05/12/2014	André Luis Paula dos Santos
5031491-49.2014.4.04.7000	20/02/2015	João Procópio Junqueira Pacheco de Almeida Prado
5020227-98.2015.4.04.7000	15/05/2015	Guilherme Esteves de Jesus
5024251-72.2015.4.04.7000	01/07/2015	Paulo Roberto Dalmazzo
5035888-20.2015.4.04.7000	11/09/2015	Celso Araripe D'Oliveira
5036528-23.2015.404.7000	19/10/2015	Cesar Ramos Rocha
5051974-66.2015.4.04.7000	26/10/2015	João Antônio Bernardi Filho
5060408-44.2015.4.04.7000	09/06/2016	Iara Galdino da Silva
5060482-98.2015.4.04.7000	16/06/2016	Nelma Mitsue Penasso Kodama
5035139-66.2016.4.04.7000	01/08/2016	João Cerqueira de Santana Filho
5035139-66.2016.4.04.7000	01/08/2016	Mônica Regina Cunha Moura
5054168-05.2016.4.04.7000	03/11/2016	Mariano Marcondes Ferraz
5035888-20.2015.4.04.7000	16/12/2016	Paulo Adalberto Alves Ferreira
5004568-78.2017.4.04.7000	21/02/2017	Apolo Santana Vieira
5032867-65.2017.4.04.7000	19/09/2017	Paulo Roberto Gomes Fernandes
5032867-65.2017.4.04.7000	19/09/2017	Marivaldo do Rozário
5039281-79.2017.4.04.7000	31/10/2017	Antônio Carlos Vieira da Silva Júnior
5042480-12.2017.4.04.7000	12/12/2017	David Muino Suarez
5035263-15.2017.4.04.7000	07/03/2018	André Gustavo Vieira da Silva

Fonte: Elaborada pelo autor, 2021.

Com relação aos investigados com mais de uma prisão preventiva, Sergio Moro revogou a segunda prisão de Adir Assad em 11/10/2018 apenas para possibilitar a progressão prevista em acordo de colaboração premiada[254].

Como se vê, a atuação do juiz de primeiro grau também foi importante para diminuição do número de encarcerados preventivamente no âmbito da Operação Lava Jato, o que, em um primeiro momento, poderia parecer contraditório, uma vez que as prisões foram decretadas por ele mesmo. Dado interessante é que quantitativamente esse número de reformas é superior àquele apresentado pelo STF, órgão de revisão com maior índice, como já visto.

Contudo, a análise qualitativa a ser realizada fornecerá subsídios para interpretação dessa atuação dos órgãos de revisão e do juízo de primeiro grau.

254 "Pleiteia agora Adir Assad, por meio de sua Defesa, a revogação da prisão preventiva decretada neste processo, a qual alega não ter sido instrumental a nenhuma ação penal, a fim de permitir a progressão prevista no acordo de colaboração premiada, cuja análise está a cargo do Juízo da Execução (12a Vara Federal de Curitiba/PR).
Ouvido, o MPF não se opôs ao pedido (evento 171).
Recentemente, prolatada sentença condenatória na ação penal no 5037800-18.2016.404.7000, em desfavor, dentre outros, de Adir Assad. Não obstante, ao que consta, a prisão preventiva de Adir Assad não foi instrumental àquela ação penal.
Assim, revogo a prisão preventiva decretada contra Adir Assad, por este Juízo, neste processo (evento 25)." BRASIL. Tribunal Regional Federal da 4ª Região. (Seção Judiciária do Paraná). **Decisão.** 5035144-88.2016.4.04.7000/PR. 13ª Vara Federal de Curitiba. Juiz Federal: Sergio Fernando Moro. Curitiba, 11 de out. de 2018.

9

AS PRISÕES PREVENTIVAS DECRETADAS PELA 13ª VARA FEDERAL DO PARANÁ. UMA ANÁLISE QUALITATIVA DOS FUNDAMENTOS UTILIZADOS

Este trabalho já forneceu indicativos sobre a frequência das hipóteses legais para decretação da prisão preventiva no espaço amostral estudado. A prevalência da garantia da ordem pública é notória, ainda que sua maior utilização tenha se dado mediante a combinação com outros fundamentos previstos no artigo 312 do CPP.

Nesta seção, o foco passa a ser a fundamentação das decisões, parte em que o juiz expõe suas justificativas jurídicas e fáticas para sustentar a decretação da prisão preventiva. Objetiva-se compreender quais foram os argumentos utilizados pelo juiz de primeiro grau para caracterizar os fundamentos previstos no artigo 312 do CPP, principalmente a garantia da ordem pública, conceito jurídico indeterminado que tem ensejado discussões sobre sua constitucionalidade e sua interpretação. Não serão analisados os trechos relativos à demonstração de indícios de autoria e prova da materialidade, pressupostos materiais para a decretação da prisão preventiva, nos termos da parte final do artigo 312 do CPP, os quais não estão relacionados à finalidade da prisão preventiva em si, mas sim a um determinado nível de comprovação (carga probatória) da prática do ilícito e de quem seria seu autor.

Não foi realizada contagem de frequência de palavras ou de expressões contidas no corpo da decisão judicial, embora a constatação de um padrão argumentativo tenha sido indispensável para consecução dos resultados, que se deu mediante a leitura integral e a comparação dos textos. Para análise do conteúdo de cada ato decisório, que constitui o objeto desta pesquisa, decidiu-se por adotar uma relação direta entre o pesquisador e o texto da decisão judicial, sem intermediação de outros métodos[255]. Deu-se preferência para citações diretas, a fim de destacar trechos essenciais produzidos pelo próprio juiz. Por meio dessa sistemática, percebeu-se que as decisões apresentam, em sua maioria, um certo modelo de fundamentação para cada hipótese de cabimento da prisão preventiva, o qual foi modificado com a sucessão de algumas fases da Operação Lava Jato. Embora haja nítidas diferenças fáticas em cada pronunciamento judicial, pois os investigados estão inseridos em núcleos de atuação distintos, foram vislumbrados padrões que viabilizaram a separação das decisões em grupos. Como a garantia da ordem pública está presente em quase todo o espaço amostral, o que já foi demonstrado nesta pesquisa, a motivação utilizada nessa hipótese balizou a identificação dos modelos. Ou seja, pela repetição de fundamentos, citações jurisprudenciais ou doutrinárias e, até mesmo, de parágrafos inteiros idênticos sobre a garantia da ordem pública, foi feita a separação de modelos de decisões sobre o assunto.

Essa proposta não abarcou a integralidade do espaço amostral. Em primeiro lugar, porque algumas decisões, pelas peculiaridades do caso concreto, tinham fundamentações que não se assemelhavam às demais. Em segundo, pois há decisões que não

---

255 "A questão é que, para análise do núcleo motivacional da sentença (fundamentação, território governado pelo princípio do 'livre convencimento judicial', pelo 'sentir'), optou-se pela pergunta "como?" no lugar de "quanto?". Decidiu-se pelo texto mesmo, ou seja, lidar diretamente com sua complexidade comunicativa, sem intermediação de outro método além da interação autor-texto-leitor, ou seja, da leitura, entendida não como "captação" (passiva) de uma representação mental, de um pensamento, uma 'mensagem' do autor, 'senhor absoluto' de suas ações; e tampouco como atividade de reconhecimento ou reprodução de códigos produzidos pelo autor, onde ambos, autor e leitor, seriam sujeitos 'assujeitados' pelo sistema, pela estrutura linguística; mas, sim, como 'atividade interativa altamente complexa de produção de sentidos', em que o autor e leitor 'constroem e são construídos no texto' como interlocutores, nos moldes da definição oferecida por Ingedore Villaça Koch". REZENDE, Beatriz Vargas Ramos Gonçalves de. **A ilusão do proibicionismo:** estudo sobre a criminalização secundária do tráfico de drogas no Distrito Federal. 2011. 143 f. Tese (Doutorado em Direito) - Universidade de Brasília, Faculdade de Direito, 2011, p. 51.

possuem menção à garantia da ordem pública como fundamento para a decretação da prisão preventiva.

A tabela 8, abaixo, é uma sistematização dessa classificação das decisões de acordo com o padrão de fundamentação para garantia da ordem pública, presente em sessenta e duas das sessenta e cinco analisadas, com a indicação daquelas que estão fora de todos os modelos.

TABELA 8 – Classificação das decisões de prisão preventiva por modelos argumentativos da 13ª Vara Federal da Seção Judiciária do Paraná

Nº do processo	Data da decisão	Nº de investigados atingidos	Classificação
5001461-31.2014.404.7000	17/02/2014	4	modelo 1
5001438-85.2014.404.7000	20/02/2014	5	modelo 1
5001446-62.2014.404.7000	24/02/2014	4	modelo 1
500144310.2014.404.7000	25/02/2014	1	modelo 1
5001438-85.2014.404.7000	11/03/2014	1	modelo 1
5073475-13.2014.404.7000	10/11/2014	6	modelo 1
5073475-13.2014.404.7000	18/11/2014	6	modelo 1
5078542-56.2014.404.7000	21/11/2014	1	modelo 1
5086273-06.2014.404.7000	22/01/2015	1	modelo 2
5004259-28.2015.404.7000	03/02/2015	1	modelo 2
5002763-61.2015.4.04.7000	18/02/2015	4 (segunda prisão)	modelo 2
5011708-37.2015.4.04.7000	13/03/2015	1	modelo 3
5011926-65.2015.4.04.7000	25/03/2015	1	modelo 3
5009384.74-2015.404.7000	26/03/2015	1	modelo 3
501447463-2015.404.7000	01/04/2015	1	modelo 3
5014455-57.2015.404.7000	01/04/2015	1	modelo 3
5014497-09.2015.404.7000	02/04/2015	1	modelo 3
5014497-09.2015.404.7000	14/04/2015	1	modelo 3
5012323-27.2015.404.7000	13/04/2015	1	modelo 3
500425758.2015.4.04.7000	19/05/2015	1	modelo 3
5024251-72.2015.404.7000	15/06/2015	8	modelo 3
5027771-40.2015.404.7000	23/06/2015	1	modelo 3
501201236.2015.4.04.7000	13/03/2015	1 (segunda prisão)	modelo 3

CONTINUA NA PÁGINA SEGUINTE

Nº do processo	Data da decisão	Nº de investigados atingidos	Classificação
5078542-56.2014.404.7000	25/03/2015	1 (segunda prisão)	modelo 3
5024251-72.2015.4.04.7000	24/07/2015	5 (substituição de prisão anterior)	modelo 3
5028308-36.2015.404.7000	23/07/2015	2	modelo 4
5031859-24.2015.404.7000	27/07/2015	2	modelo 4
5035888-20.2015.404.7000	29/07/2015	1	modelo 4
5040249-80.2015.404.7000	17/08/2015	1	modelo 4
5044088-16.2015.404.7000	14/09/2015	1	modelo 4
5044443-26.2015.404.7000	25/09/2015	1	modelo 4
5056156-95.2015.404.7000	19/11/2015	1	modelo 4
5028308-36.2015.404.7000	06/08/2015	2 (segunda prisão)	modelo 4
5003682-16.2016.404.7000	05/02/2016	1	modelo 5
5003682-16.2016.404.7000	11/02/2016	1	modelo 5
5003682-16.2016.404.7000	03/03/2016	2	modelo 5
5010479-08.2016.404.7000	15/03/2016	4	modelo 5
5012298-77.2016.404.7000	01/04/2016	1	modelo 5
5022192-77.2016.404.7000	19/05/2016	2	modelo 5
5022999-97.2016.404.7000	20/05/2016	1	modelo 5
5026980-37.2016.404.7000	07/06/2016	1	modelo 5
5035144-88.2016.404.7000	05/07/2016	2 (para um deles é a segunda prisão)	modelo 5
503059195.2016.404.7000	08/07/2016	2	modelo 5
504355960.2016.4.04.7000	30/09/2016	2	modelo 5
505221166.2016.4.04.7000	17/10/2016	1	modelo 5
5056390-43.2016.404.7000	10/11/2016	2	modelo 5
5056390-43.2016.404.7000	21/11/2016	1	modelo 5
5004568-78.2017.4.04.7000	15/02/2017	3	modelo 6
501096471.2017.4.04.7000	11/04/2017	2	modelo 6
5017394-39.2017.4.04.7000	19/05/2017	1	modelo 6
5030176-78.2017.4.04.7000	31/07/2017	3	modelo 6
5043865-92.2017.4.04.7000	24/11/2017	1	modelo 6
5011206-30.2017.4.04.7000	24/03/2017	1	modelo 7
5010964-71.2017.4.04.7000	08/05/2017	1	modelo 7

Decisões diferentes que não se encaixaram nos modelos			
5014901-94.2014.404.7000	24/03/2014	1	-
5040280-37.2014.404.7000	11/06/2014	1 (segunda prisão)	-
5031491-49.2014.404.7000	10/07/2014	1	-
5024251-72.2015.404.7000	24/06/2015	1	-
5031534-49.2015.404.7000	21/08/2015	1	
5004872-14.2016.404.7000	05/04/2016	1	-
5011708-37.2015.4.04.7000	05/08/2016	1 (terceira prisão)	-
5012300-47.2016.404.7000	02/09/2016	1 (segunda prisão)	-
5054168-05.2016.404.7000	26/10/2016	1	-
5042480-12.2017.404.7000	03/10/2017	1	-
5014170-93.2017.4.04.7000	19/10/2017	1	-

Fonte: Elaborada pelo autor, 2021

9.1 O primeiro modelo de fundamentação

O primeiro modelo utilizado pelo juízo de primeiro grau foi empregado no período de 17/02/2014 a 21/11/2014, abarcando oito decisões e vinte e oito acusados. Apenas duas decisões de 2014 não se enquadram nesse molde, as quais foram proferidas nos processos nº 5014901-94.2014.404.7000 e 5031491-49.2014.404.7000 e serão abordadas ao final deste tópico.

Ao justificar o risco à ordem pública nesse primeiro padrão argumentativo, o juiz, basicamente, apresentou três fundamentações distintas. A primeira delas está relacionada à atividade criminosa apurada nos autos. Indicou que os investigados estavam inseridos em um contexto de prática de crimes financeiros, lavagem de dinheiro e falsidades, ressaltando que tais condutas se estendiam pelo menos desde julho de 2013. Nessa conjuntura, destacou que, "havendo dedicação profissional ao crime, com estrutura complexa, um verdadeiro estilo de vida criminoso, é forçoso concluir pela presença de risco concreto de reiteração da conduta criminosa caso os investigados sejam mantidos em liberdade"[256]. Nas cinco primeiras

256 Exemplo de decisão representativa do modelo. BRASIL. Tribunal Regional Federal da 4ª Região. (Seção Judiciária do Paraná). **Decisão.** 5001438-85.2014.404.7000. 13ª Vara Federal de Curitiba. Juiz Federal: Sergio Fernando Moro. Curitiba, 17 de fev. de 2014.

decisões deste padrão, ressaltou ainda que as provas indiciárias indicavam que o tráfico de drogas também era um delito antecedente da lavagem de dinheiro investigada, o que revelaria a gravidade em concreto e o risco de reiteração a justificar a imposição de prisão preventiva, de sorte que "daí a importância de interromper o fluxo financeiro propiciado pela lavagem e que permite a continuidade da prática dos crimes antecedentes"[257]. Para reforçar esse raciocínio, foi utilizado excerto de livro do juiz italiano Giovanni Falcone sobre a íntima relação entre lavagem de ativos e tráfico de drogas.

Interessante notar que, nessas primeiras decisões deste modelo, uma forma de acentuar a gravidade das condutas foi ligar a lavagem de ativos a um suposto crime antecedente de tráfico de drogas, o que foi perdendo força com o desenrolar das investigações. Essa mesma estratégia está presente no ofício juntado nos autos da reclamação nº 17.623/PR[258], que será mencionado em momento seguinte.

Foram apresentados julgados do STJ no sentido de que o tribunal, "mesmo resguardando a excepcionalidade da prisão preventiva, admite a medida para casos nos quais se constate habitualidade criminosa e reiteração delitiva"[259]. Citou dois julgados do STF que corroborariam esse entendimento. Reconheceu que a maioria dos precedentes não se refere a crimes de lavagem de dinheiro, mas, em sua visão, "o entendimento de que a habitualidade criminosa e reiteração delitiva constituem fundamentos para a prisão preventiva é aplicável, com as devidas adaptações, mesmo para crimes desta espécie"[260]. Valendo-se de citação de Edwin Sutherland, destacou que

257 Exemplo de decisão representativa do modelo. BRASIL. Tribunal Regional Federal da 4ª Região. (Seção Judiciária do Paraná). **Decisão.** 5001438-85.2014.404.7000. 13ª Vara Federal de Curitiba. Juiz Federal: Sergio Fernando Moro. Curitiba, 17 de fev. de 2014.

258 Sobre esse ofício e a menção ao tráfico de drogas, destacou Fabiana: "Agilidade e estratégia de emparedamento compuseram a receita adotada por Sergio Moro para esquivar-se da interferência do STF: no mesmo dia ele pede informações a Teori sobre o alcance da decisão, destacando que que os casos originários da Lava Jato incluíam o mandante de tráfico de 698kg de cocaína, com indícios da existência de um grupo organizado transacional com diversas conexões com o exterior[...]" RODRIGUES, Fabiana Alves. **Operação lava jato**: aprendizado institucional e ação estratégica na justiça criminal. Dissertação (mestrado) – Departamento de Ciência Política, Universidade de São Paulo, 2019, p. 193.

259 Exemplo de decisão representativa do modelo. BRASIL. Tribunal Regional Federal da 4ª Região. (Seção Judiciária do Paraná). **Decisão.** 5001438-85.2014.404.7000. 13ª Vara Federal de Curitiba. Juiz Federal: Sergio Fernando Moro. Curitiba, 17 de fev. de 2014.

260 Exemplo de decisão representativa do modelo. BRASIL. Tribunal Regional Federal da 4ª Região. (Seção Judiciária do Paraná). **Decisão.** 5001438-85.2014.404.7000. 13ª Vara Federal de Curitiba. Juiz Federal: Sergio Fernando Moro. Curitiba, 17 de fev. de 2014.

"o fato de se tratarem de crimes de lavagem de dinheiro, ou seja, crimes comumente qualificados como 'crimes de colarinho branco', não exclui o risco a ordem pública. Crimes de colarinho branco podem ser tão ou mais danosos à sociedade ou a terceiros que crimes praticados nas ruas"[261].

A segunda está intimamente ligada à argumentação desenvolvida anteriormente, mas foi apresentada como fundamento aditivo pelo juiz ao destacar que a "gravidade em concreto dos crimes também pode ser invocada como fundamento para a decretação da prisão preventiva"[262].

A terceira justificativa para amparar a afetação da ordem pública é a de que a "credibilidade das instituições públicas e a confiança da sociedade na regular aplicação da lei e igualmente no Estado de Direito restam abaladas quando graves violações da lei penal não recebem uma resposta do sistema de Justiça criminal"[263], que seria a decretação da prisão preventiva, não se tratando de "antecipação de pena, nem medida da espécie é incompatível com um processo penal orientado pela presunção de inocência"[264].

Ao final, assim resumiu a caracterização do risco à ordem pública:

> Portanto, encontra-se evidenciado risco à ordem pública, caracterizado prática habitual e reiterada e que se estende ao presente, de crimes de extrema gravidade, entre eles lavagem de produto de tráfico de drogas, o que impõe a preventiva para impedir a continuidade do ciclo delitivo e resgatar a confiança da sociedade no regular funcionamento das instituições públicas e na aplicação da lei penal.[265]

261 Exemplo de decisão representativa do modelo. BRASIL. Tribunal Regional Federal da 4ª Região. (Seção Judiciária do Paraná). **Decisão.** 5001438-85.2014.404.7000. 13ª Vara Federal de Curitiba. Juiz Federal: Sergio Fernando Moro. Curitiba, 17 de fev. de 2014.

262 Exemplo de decisão representativa do modelo. BRASIL. Tribunal Regional Federal da 4ª Região. (Seção Judiciária do Paraná). **Decisão.** 5001438-85.2014.404.7000. 13ª Vara Federal de Curitiba. Juiz Federal: Sergio Fernando Moro. Curitiba, 17 de fev. de 2014.

263 Exemplo de decisão representativa do modelo. BRASIL. Tribunal Regional Federal da 4ª Região. (Seção Judiciária do Paraná). **Decisão.** 5001438-85.2014.404.7000. 13ª Vara Federal de Curitiba. Juiz Federal: Sergio Fernando Moro. Curitiba, 17 de fev. de 2014.

264 Exemplo de decisão representativa do modelo. BRASIL. Tribunal Regional Federal da 4ª Região. (Seção Judiciária do Paraná). **Decisão.** 5001438-85.2014.404.7000. 13ª Vara Federal de Curitiba. Juiz Federal: Sergio Fernando Moro. Curitiba, 17 de fev. de 2014.

265 Exemplo de decisão representativa do modelo. BRASIL. Tribunal Regional Federal da 4ª Região. (Seção Judiciária do Paraná). **Decisão.** 5001438-85.2014.404.7000. 13ª Vara Federal de Curitiba. Juiz Federal: Sergio Fernando Moro. Curitiba, 17 de fev. de 2014.

Com as denegações dos primeiros *habeas corpus* pelo TRF-4 e a decisão do ministro Teori Zavascki, em 19/05/2014, na reclamação nº 17.623/PR, a qual, em resposta ao ofício enviado pelo juiz de primeiro grau solicitando orientações sobre a abrangência da liminar que havia sido concedida, manteve a prisão preventiva de diversos investigados e somente colocou em liberdade o reclamante Paulo Roberto Costa[266], essas informações passaram a ser inseridas nas decisões, com o desiderato de demonstrar que as instâncias revisoras reconheceram a necessidade da prisão cautelar para "os meros operadores do esquema de lavagem de dinheiro, como, v.g. Alberto Youssef, tanto mais em relação aos verdadeiros responsáveis, em uma das pontas, por todo o esquema criminoso, ou seja, os controladores das empreiteiras e responsáveis diretos pela criação e manutenção dele"[267], o que possivelmente dificultaria a reforma da decisão pelos tribunais de revisão, diante da eficácia persuasiva dos julgados reiteradamente mencionados[268].

O risco à instrução penal ou à investigação constou em cinco dessas decisões e as motivações foram variadas. Na decisão proferida no processo nº 5001446-62.2014.404.7000, o fundamento foi o de que o investigado teria participado do esquema delitivo apurado no Mensalão, mas sua presença ficou escondida, com a incriminação apenas de seus subordinados ou de indivíduos relacionados a ele. Assim, "a ocultação de sua própria responsabilidade revela elevado poder de manipulação de provas e de terceiros, a recla-

266 Ao tratar dessa limitação da decisão liminar anteriormente concedida, Fabiana destacou "O abacaxi recebido por Teori [solicitação de informações por parte de Sérgio Moro], com a reconsideração parcial da liminar e manutenção de todas as prisões não relacionadas a Paulo Roberto Costa. A manutenção das prisões exigiu que a decisão final fosse adotada rapidamente, permitindo o prosseguimento dos casos na JF de Curitiba a partir de 10 de junho de 2014". RODRIGUES, Fabiana Alves. **Operação lava jato:** aprendizado institucional e ação estratégica na justiça criminal. Dissertação (mestrado) – Departamento de Ciência Política, Universidade de São Paulo, 2019, p. 193-194.

267 BRASIL. Tribunal Regional Federal da 4ª Região. (Seção Judiciária do Paraná). **Decisão**. 5073475-13.2014.404.7000. 13ª Vara Federal de Curitiba. Juiz Federal: Sergio Fernando Moro. Curitiba, 10 de novembro de 2014.

268 Sobre as decisões na reclamação nº 17.623/PR e o reforço argumentativo para manutenção das prisões preventivas, Fabiana destaca que "o que aparentava ser o primeiro controle efetivo da Lava Jato pelos tribunais superiores acabou se tornando uma carta branca para o núcleo de Curitiba, que recebeu o carimbo do STF atestando que o caso poderia ser conduzido pelo juiz Sérgio Moro. Os questionamentos às prisões até então existentes possivelmente encontrariam maior resistência no TRF e STJ, já que a prévia passagem dos casos no gabinete de um ministro do Supremo de alguma forma valida a análise de que as prisões envolvem crimes graves". RODRIGUES, Fabiana Alves. **Operação lava jato:** aprendizado institucional e ação estratégica na Justiça Criminal. Dissertação (mestrado) – Departamento de Ciência Política, Universidade de São Paulo, 2019, p. 194.

mar a prisão a fim de evitar reiteração de medidas similares"[269]. No processo nº 5001438-85.2014.404.7000, a "apresentação de documentos falsos perante a Polícia para obter a liberação de numerário apreendido"[270] foi o ponto central da motivação.

Nos outros três casos, o risco seria decorrente da utilização de documentos falsos, principalmente contratos e notas fiscais, para "acobertar as transferências milionárias para o grupo criminoso de Alberto Youssef"[271]. "Se as empreiteiras, ainda em uma fase inicial da investigação, não se sentiram constrangidas em apresentar documentos falsos ao Judiciário, forçoso reconhecer que integridade das provas e do restante da instrução encontra-se em risco sem uma contramedida"[272]. Além disso, o juiz destacou que as empresas investigadas "são dotadas de uma capacidade econômica de grande magnitude, o que lhes concede oportunidade para interferências indevidas, em várias perspectivas, no processo judicial"[273], citando possível ocorrência de ameaça, por intermédio de terceiro, à testemunha Meire Bonfim Pozza. Mencionou notícia amplamente divulgada pela imprensa de que uma das empreiteiras envolvidas no esquema "teria pago vantagens indevidas a parlamentar federal já falecido para obstruir o andamento de pretérita Comissão Parlamentar de Inquérito sobre as atividades da Petrobras, a revelar a ousadia dos investigados e o risco que a investigação e a instrução sofrem"[274]. Fez referência a um episódio em que as empreiteiras "utilizaram Alberto Youssef para lograr êxito em 'negociação' para o pagamento de precatório

269 BRASIL. Tribunal Regional Federal da 4ª Região. (Seção Judiciária do Paraná). **Decisão.** 5001446-62.2014.404.7000. 13ª Vara Federal de Curitiba. Juiz Federal: Sergio Fernando Moro. Curitiba, 24 de fevereiro de 2014.

270 BRASIL. Tribunal Regional Federal da 4ª Região. (Seção Judiciária do Paraná). **Decisão.** 5001438-85.2014.404.7000. 13ª Vara Federal de Curitiba. Juiz Federal: Sergio Fernando Moro. Curitiba, 17 de fev. de 2014.

271 Exemplo de decisão representativa do modelo. BRASIL. Tribunal Regional Federal da 4ª Região. (Seção Judiciária do Paraná). **Decisão.** 5073475-13.2014.404.7000. 13ª Vara Federal de Curitiba. Juiz Federal: Sergio Fernando Moro. Curitiba, 10 de novembro de 2014.

272 Exemplo de decisão representativa do modelo. BRASIL. Tribunal Regional Federal da 4ª Região. (Seção Judiciária do Paraná). **Decisão.** 5073475-13.2014.404.7000. 13ª Vara Federal de Curitiba. Juiz Federal: Sergio Fernando Moro. Curitiba, 10 de novembro de 2014.

273 Exemplo de decisão representativa do modelo. BRASIL. Tribunal Regional Federal da 4ª Região. (Seção Judiciária do Paraná). **Decisão.** 5073475-13.2014.404.7000. 13ª Vara Federal de Curitiba. Juiz Federal: Sergio Fernando Moro. Curitiba, 10 de novembro de 2014.

274 Exemplo de decisão representativa do modelo. BRASIL. Tribunal Regional Federal da 4ª Região. (Seção Judiciária do Paraná). **Decisão.** 5073475-13.2014.404.7000. 13ª Vara Federal de Curitiba. Juiz Federal: Sergio Fernando Moro. Curitiba, 10 de novembro de 2014.

com o Governo do Maranhão, com graves indícios de pagamento de vantagens indevidas a agentes públicos"[275]. Ao arrematar a fundamentação, o juiz deixou claro que o risco à instrução estava umbilicalmente relacionado à situação econômica favorável das empresas investigadas: "Com o poder econômico de que dispõem, o risco de prejudicarem as investigações e a instrução ou de obstruírem o processo através da produção de provas falsas ou da cooptação de testemunhas e mesmo de agentes públicos envolvidos de alguma forma no processo é real"[276].

O risco à aplicação da lei penal está presente em quatro decisões. No processo nº 5001461-31.2014.404.7000, a explicação foi a de que a investigada tinha vínculos com pessoas no exterior e controlava diversas contas fora do Brasil, com movimentação milionária. Nessas circunstâncias de ligações com o exterior, "é evidente o risco à aplicação da lei penal, tendo ela condições de facilmente refugiar-se alhures e ainda mantendo parcela significativa de seus recursos fora do país e do alcance das autoridades brasileiras"[277].

Nos demais casos (5073475-13.2014.404.7000, cujas decisões são de 10/11/2014 e 18/11/2014[278], e 5078542-56.2014.404.7000[279]), o juiz apontou – considerando também as remissões expressas – que "várias das empreiteiras, senão todas, têm filiais no exterior, com recursos econômicos também mantidos no exterior, o que opor-

275 Exemplo de decisão representativa do modelo. BRASIL. Tribunal Regional Federal da 4ª Região. (Seção Judiciária do Paraná). **Decisão.** 5073475-13.2014.404.7000. 13ª Vara Federal de Curitiba. Juiz Federal: Sergio Fernando Moro. Curitiba, 10 de novembro de 2014.

276 Exemplo de decisão representativa do modelo. BRASIL. Tribunal Regional Federal da 4ª Região. (Seção Judiciária do Paraná). **Decisão.** 5073475-13.2014.404.7000. 13ª Vara Federal de Curitiba. Juiz Federal: Sergio Fernando Moro. Curitiba, 10 de novembro de 2014.

277 BRASIL. Tribunal Regional Federal da 4ª Região. (Seção Judiciária do Paraná). **Decisão.** 5001461-31.2014.404.7000. 13ª Vara Federal de Curitiba. Juiz Federal: Sergio Fernando Moro. Curitiba, 17 de fevereiro de 2014.

278 "Nesse contexto e embora entenda, na esteira do já argumentado na decisão anterior, que se encontram presentes, para todos, os riscos que justificam a imposição da prisão preventiva, resolvo limitar esta modalidade de prisão cautelar ao conjunto de investigados em relação aos quais a prova me parece, nesse momento e prima facie, mais robusta". Repetição de "reportando-me, quanto ao restante da fundamentação, ao exposto na decisão do evento 10". BRASIL. Tribunal Regional Federal da 4ª Região. (Seção Judiciária do Paraná). **Decisão.** 5073475-13.2014.404.7000. 13ª Vara Federal de Curitiba. Juiz Federal: Sergio Fernando Moro. Curitiba, 10 de novembro de 2014. BRASIL. Tribunal Regional Federal da 4ª Região. (Seção Judiciária do Paraná). **Decisão.** 5073475-13.2014.404.7000. 13ª Vara Federal de Curitiba. Juiz Federal: Sergio Fernando Moro. Curitiba, 18 de novembro de 2014.

279 Nessa decisão, o juiz consignou que "remeto igualmente, no mais e principalmente quanto à exposição das demais questões de fato, de direito e sobre provas, ao já fundamentado nas referidas decisões dos eventos 10 e 173 do processo nº 5073475-13.2014.404.7000". BRASIL. Tribunal Regional Federal da 4ª Região. (Seção Judiciária do Paraná). **Decisão.** 5078542-56.2014.404.7000. 13ª Vara Federal de Curitiba. Juiz Federal: Sergio Fernando Moro. Curitiba, 11 de fevereiro de 2016.

tuniza aos investigados fácil refúgio alhures, onde podem furtar-se à jurisdição brasileira"[280]. Somado a isso, indicou que diversos investigados estavam viajando com alta frequência para fora do Brasil e alguns não teriam voltado, esclarecendo que, "em agosto deste ano, surgiram as primeiras notícias sobre possível colaboração premiada de Paulo Roberto Costa, o que é indicativo de que as viagens ao exterior estão motivas pelo receio do processo"[281]. Em razão de a fundamentação abarcar basicamente o poderio econômico dos investigados ou das empresas envolvidas nas investigações, o juiz entendeu por bem explicar, ao final, que "não se trata de qualquer preconceito em relação a empreiteiras ou a investigados com elevado poder econômico, mas uma constatação de riscos aos quais o processo se encontra submetido"[282].

Deve-se pontuar a situação de Renato de Souza Duque, que é abarcado pela decisão proferida em 18/11/2014, no processo nº 5073475-13.2014.404.7000, pois a fundamentação do seu decreto prisional foi diferente da dos demais investigados que figuraram no mesmo ato decisório. Em seu caso, o juiz apenas indicou risco à aplicação da lei penal, uma vez que "as provas apontam que ele [...] mantém verdadeira fortuna em contas secretas mantidas no exterior, com a diferença de que os valores ainda não foram bloqueados, nem houve compromisso de devolução"[283]. Nesse contexto, "[d]ispondo de fortuna no exterior e mantendo-a oculta, em contas secretas, é evidente que não pretende se submeter à sanção penal no caso de condenação criminal, encontrando-se em risco a aplicação da lei penal"[284].

Embora não constitua um padrão de argumentação jurídica, na decisão proferida no processo nº 5073475-13.2014.404.7000 em

280 BRASIL. Tribunal Regional Federal da 4ª Região. (Seção Judiciária do Paraná). **Decisão.** 5073475-13.2014.404.7000. 13ª Vara Federal de Curitiba. Juiz Federal: Sergio Fernando Moro. Curitiba, 10 de novembro de 2014.
281 BRASIL. Tribunal Regional Federal da 4ª Região. (Seção Judiciária do Paraná). **Decisão.** 5073475-13.2014.404.7000. 13ª Vara Federal de Curitiba. Juiz Federal: Sergio Fernando Moro. Curitiba, 10 de novembro de 2014.
282 BRASIL. Tribunal Regional Federal da 4ª Região. (Seção Judiciária do Paraná). **Decisão.** 5073475-13.2014.404.7000. 13ª Vara Federal de Curitiba. Juiz Federal: Sergio Fernando Moro. Curitiba, 10 de novembro de 2014.
283 BRASIL. Tribunal Regional Federal da 4ª Região. (Seção Judiciária do Paraná). **Decisão.** 5073475-13.2014.404.7000. 13ª Vara Federal de Curitiba. Juiz Federal: Sergio Fernando Moro. Curitiba, 18 de novembro de 2014.
284 BRASIL. Tribunal Regional Federal da 4ª Região. (Seção Judiciária do Paraná). **Decisão.** 5073475-13.2014.404.7000. 13ª Vara Federal de Curitiba. Juiz Federal: Sergio Fernando Moro. Curitiba, 18 de novembro de 2014.

10/11/2014, chamou a atenção deste pesquisador manifestação do juiz que tentou relacionar a decretação de prisão preventiva com discursos políticos, em sua opinião, favoráveis à Operação Lava Jato. Trata-se de argumentação envolvendo os candidatos que disputaram o segundo turno das eleições presidenciais de 2014:

> A assim denominada Operação Lava Jato, fruto de um competente trabalho de investigação e de persecução da Polícia Federal e do Ministério Público Federal, tem recebido grande atenção da sociedade civil, inclusive com intensa exposição na mídia. A magnitude dos fatos tem motivado inclusive manifestações das mais altas autoridades do país a seu respeito. Chamaram a atenção deste Juízo recentes declarações sobre ela da Exma. Sra. Presidente da República, Dilma Rousseff, e do Exmo. Sr. Senador da República Aécio Neves. Apesar de adversários políticos na recente eleição presidencial, ambos, em consenso, afirmaram, na interpretação deste julgador, a necessidade do prosseguimento do processo e a importância dele para o quadro institucional.
>
> Reclamou o Exmo. Sr. Senador, em pronunciamento na Câmara Alta, pelo 'aprofundamento das investigações e exemplares punições àqueles que protagonizaram o maior escândalo de corrupção da história deste país'. Quanto à Exma. Sra. Presidente, declarou, em entrevista a jornal, que as investigações da Operação Lava Jato criaram uma 'oportunidade' para coibir a impunidade no país.
>
> Evidentemente, cabe ao Judiciário aplicar as leis de forma imparcial e independentemente de apelos políticos em qualquer sentido. Entretanto, os apelos provenientes de duas das mais altas autoridades políticas do país e que se encontram em campos políticos opostos confirmam a necessidade de uma resposta institucional imediata para coibir a continuidade do ciclo delitivo descoberto pelas investigações, tornando inevitável o remédio amargo, ou seja, a prisão cautelar.[285]

O juiz apresenta como dado a corroborar necessidade de decretação da prisão preventiva, que ele caracteriza como resposta institucional imediata para coibir a continuidade do ciclo delitivo, os pronunciamentos de dois expoentes políticos das eleições de 2014. Apesar de fazer um esclarecimento inicial sobre a imparcialidade e a independência do Poder Judiciário, afigura-se injustificável, sob

285 BRASIL. Tribunal Regional Federal da 4ª Região. (Seção Judiciária do Paraná). **Decisão.** 5073475-13.2014.404.7000. 13ª Vara Federal de Curitiba. Juiz Federal: Sergio Fernando Moro. Curitiba, 18 de novembro de 2014.

o prisma jurídico, a mera tentativa de vinculação desses discursos com a necessidade da custódia cautelar ou, em suas palavras, tornando inevitável o remédio amargo. Não é apresentada uma única linha de argumentação jurídica apta a esclarecer como esses apelos do então senador da República Aécio Neves e da ex-presidente Dilma Rousseff iriam alterar o *periculum libertatis* de qualquer investigado submetido à sua jurisdição, atingindo a própria racionalidade da fundamentação da decisão judicial.

A argumentação vai igualmente de encontro a uma premissa garantista, pois, para Ferrajoli, a democracia não é despotismo da maioria. O eventual apoio dela não transfere legitimação aos poderes do Estado para decidir sobre toda e qualquer matéria ou para não deliberar sobre outras[286]. Os limites a esses pontos de deliberação são justamente os direitos fundamentais previstos constitucionalmente. Dessa forma, não basta o apoio dos dois maiores grupos políticos do Brasil para justificar a violação ao princípio da presunção de inocência mediante a decretação de uma prisão preventiva. A tentativa de fundamentar a indispensabilidade da custódia cautelar por meio do discurso político dos referidos representantes esbarra, de forma bastante clara, em lições básicas do garantismo penal e demonstra a ausência de percepção, por parte do juiz, da função contramajoritária do Poder Judiciário.

9.2 O segundo modelo de fundamentação

O segundo modelo foi utilizado em três decisões, no período de 22/01/2015 a 18/02/2015. O delineamento da compreensão sobre garantia da ordem da pública segue, em linhas gerais, a versão anterior. Mais uma vez, é indicada a hipótese de reiteração delitiva, principalmente de lavagem de ativos, de modo que, "sem a prisão cautelar, prossiga o acusado nessa atividade delitiva específica, tornando cada vez mais remotas as possibilidades de identificação e sequestro do produto dos crimes"[287]. São transcritos julgados do

286 SALES, José Edvaldo Pereira. **Autoritarismo e garantismo:** tensões na tradição brasileira. 1. ed. São Paulo: Tirant lo Blanch, 2021, p. 241.

287 Exemplo de decisão representativa do modelo. BRASIL. Tribunal Regional Federal da 4ª Região. (Seção Judiciária do Paraná). **Decisão.** 5086273-06.2014.404.7000. 13ª Vara Federal de Curitiba. Juiz Federal: Sergio Fernando Moro.

STJ e do STF que reconhecem a probabilidade de reiteração criminosa como perigo à ordem pública. É apresentado, de igual forma, que a "dimensão em concreto dos fatos delitivos – jamais a gravidade em abstrato – também pode ser invocada como fundamento para a decretação da prisão preventiva"[288], a qual seria caracterizada agora pelos prejuízos econômicos causados à Petrobras. Foi repetido também que a "credibilidade das instituições públicas e a confiança da sociedade na regular aplicação da lei e igualmente no Estado de Direito restam abaladas quando graves violações da lei penal não recebem uma resposta do sistema de Justiça criminal"[289]. Sobre a aplicabilidade desses fundamentos, mencionou precedente do STF que manteve a prisão do então juiz trabalhista Nicolau dos Santos Neto e destacou que ambos os casos se revestem de circunstâncias excepcionais, "sendo, aliás, os danos decorrentes dos crimes apurados na Operação Lava Jato muito superiores aqueles verificados no precedente citado"[290].

Já não há menção ao suposto delito antecedente de tráfico de drogas para tentar incrementar a gravidade das condutas de lavagem de ativos. Ela passou a ser configurada pela indicação do dano causado à Petrobras.

Na última decisão deste modelo, proferida no processo nº 5002763-61.2015.4.04.7000, a prisão foi decretada de ofício a partir de um pedido de revogação formulado pelas defesas de alguns investigados. O juiz abandonou o argumento recorrente sobre a credibilidade das instituições e a confiança da sociedade na regular aplicação da lei, mantendo apenas a citação do precedente do ex-juiz trabalhista Nicolau dos Santos Neto, cuja ementa faz referência à credibilidade das instituições públicas. Quando da prolação dessa

---

Curitiba, 22 de janeiro de 2014.

288 Exemplo de decisão representativa do modelo. BRASIL. Tribunal Regional Federal da 4ª Região. (Seção Judiciária do Paraná). **Decisão.** 5086273-06.2014.404.7000. 13ª Vara Federal de Curitiba. Juiz Federal: Sergio Fernando Moro. Curitiba, 22 de janeiro de 2014.

289 Exemplo de decisão representativa do modelo. BRASIL. Tribunal Regional Federal da 4ª Região. (Seção Judiciária do Paraná). **Decisão.** 5086273-06.2014.404.7000. 13ª Vara Federal de Curitiba. Juiz Federal: Sergio Fernando Moro. Curitiba, 22 de janeiro de 2014.

290 Exemplo de decisão representativa do modelo. BRASIL. Tribunal Regional Federal da 4ª Região. (Seção Judiciária do Paraná). **Decisão.** 5086273-06.2014.404.7000. 13ª Vara Federal de Curitiba. Juiz Federal: Sergio Fernando Moro. Curitiba, 22 de janeiro de 2014.

mesma decisão, o STJ havia negado alguns pedidos de revogação de prisão preventiva, informação que passou a ser inserida, a fim de corroborar a necessidade e a adequação das custódias decretadas. Interessante mencionar que o juiz também deixou clara outra finalidade pretendida com a prisão preventiva ao destacar que ela "é necessária para alertar não só aos presos específicos, mas também às respetivas empresas, das consequências da prática de crimes no âmbito de seus negócios com a Administração Pública"[291]. Na mesma oportunidade, ao tratar dos danos sofridos pela Petrobras, o juiz fez uma defesa das investigações e de todos os órgãos estatais envolvidos, a qual foi replicada em algumas decisões do próximo modelo:

> Há, é certo, quem prefira culpar a Polícia Federal, o Ministério Público Federal e até mesmo este Juízo pela situação atual da Petrobras, em uma estranha inversão de valores. Entretanto, o policial que descobre o cadáver não se torna culpado pelo homicídio e a responsabilidade pelos imensos danos sofridos pela Petrobras e pela economia brasileira só pode recair sobre os criminosos, os corruptos e corruptores. Apesar da certeza de que a Petrobras irá reerguer-se e que conseguirá desenvolver seus negócios com mais eficiência e economia, já que reprimido o custo decorrente do crime, isso não alivia a responsabilidade criminal dos seus algozes.[292]

A conveniência da instrução e a necessidade de se assegurar a aplicação da lei penal foram tratadas conjuntamente na decisão proferida no processo nº 5002763-61.2015.4.04.7000. A motivação estava atrelada ao poder econômico dos investigados e das empresas envolvidas nos fatos, com a repetição de que, "com o poder econômico de que dispõem, o risco das empreiteiras, agindo individual ou coletivamente, prejudicarem as investigações e a instrução ou de obstruírem o processo através da produção de provas falsas ou da cooptação de testemunhas e mesmo de agentes públicos envolvidos de alguma forma no processo é real e imediato"[293]. Foram feitas

291 BRASIL. Tribunal Regional Federal da 4ª Região. (Seção Judiciária do Paraná). **Decisão.** 5002763-61.2015.4.04.7000. 13ª Vara Federal de Curitiba. Juiz Federal: Sergio Fernando Moro. Curitiba, 18 de fevereiro de 2015.
292 BRASIL. Tribunal Regional Federal da 4ª Região. (Seção Judiciária do Paraná). **Decisão.** 5002763-61.2015.4.04.7000. 13ª Vara Federal de Curitiba. Juiz Federal: Sergio Fernando Moro. Curitiba, 18 de fevereiro de 2015.
293 BRASIL. Tribunal Regional Federal da 4ª Região. (Seção Judiciária do Paraná). **Decisão.** 5002763-61.2015.4.04.7000. 13ª Vara Federal de Curitiba. Juiz Federal: Sergio Fernando Moro. Curitiba, 18 de fevereiro de 2015.

menções à possível cooptação de subordinados de Alberto Youssef, com a ressalva de que "[n]ão tem maior relevância o fato de terem sido já ouvidas as testemunhas de acusação. Há ainda testemunhas de defesa e que podem igualmente ser cooptadas para não falar a verdade. A testemunha, após ser arrolada, é da Justiça, interessando que fale a verdade, e não mais da Acusação ou da Defesa"[294].

Há fundamentação sensivelmente diferente do padrão anterior. O cerne está relacionado à divulgação de notícia em "veículos da imprensa nacional, Veja, Folha de São Paulo e OGlobo, entre outros, [...] de que emissários das empreiteiras e dos acusados, entre elas a UTC e a Camargo Correa, estiveram em encontros com o Ministro da Justiça para tratar da Operação Lava Jato e das prisões preventivas"[295]. Segundo Sergio Moro, "existe o campo próprio da Justiça e o campo próprio da Política. Devem ser como óleo e água e jamais se misturarem"[296], de modo que a "prisão cautelar dos dirigentes das empreiteiras deve ser discutida, nos autos, perante as Cortes de Justiça e pelos profissionais habilitados, no que diz respeito à Defesa, pelos advogados constituídos, dotados de procuração, tudo com transparência e publicidade"[297]. Nesse ponto, afigura-se contraditória a afirmação sobre o campo da política ao se constatar que, para além de outras condutas do próprio juiz no ambiente público, ele havia utilizado como fundamento de decisão judicial anterior sobre decretação de prisão preventiva os discursos realizados pelo então senador Aécio Neves e pela ex-presidente Dilma Rousseff.

Prossegue afirmando ser "[i]ntolerável, porém, que emissários dos dirigentes presos e das empreiteiras pretendam discutir o processo judicial e as decisões judiciais com autoridades políticas, em total desvirtuamento do devido processo legal e com risco à integridade

294 BRASIL. Tribunal Regional Federal da 4ª Região. (Seção Judiciária do Paraná). **Decisão.** 5002763-61.2015.4.04.7000. 13ª Vara Federal de Curitiba. Juiz Federal: Sergio Fernando Moro. Curitiba, 18 de fevereiro de 2015.

295 BRASIL. Tribunal Regional Federal da 4ª Região. (Seção Judiciária do Paraná). **Decisão.** 5002763-61.2015.4.04.7000. 13ª Vara Federal de Curitiba. Juiz Federal: Sergio Fernando Moro. Curitiba, 18 de fevereiro de 2015.

296 BRASIL. Tribunal Regional Federal da 4ª Região. (Seção Judiciária do Paraná). **Decisão.** 5002763-61.2015.4.04.7000. 13ª Vara Federal de Curitiba. Juiz Federal: Sergio Fernando Moro. Curitiba, 18 de fevereiro de 2015.

297 BRASIL. Tribunal Regional Federal da 4ª Região. (Seção Judiciária do Paraná). **Decisão.** 5002763-61.2015.4.04.7000. 13ª Vara Federal de Curitiba. Juiz Federal: Sergio Fernando Moro. Curitiba, 18 de fevereiro de 2015.

da Justiça e à aplicação da lei penal"[298]. Finaliza seu raciocínio com indicação de que, "embora os episódios ainda não tenham sido totalmente esclarecidos, trata-se, a ver deste Juízo, de uma indevida, embora malsucedida, tentativa dos acusados e das empreiteiras de obter uma interferência política em seu favor no processo judicial"[299].

Ao abordar a atitude do então ministro da Justiça, o juiz afirma que não iria censurá-lo, pois a autoridade pública não está sujeita à sua jurisdição, mas "acima de tudo porque não há notícia ou prova de que o Ministro de Justiça tenha se disposto a atender às solicitações dos acusados e das empreiteiras, aliás sequer é crível que se dispusesse a interferir indevidamente no processo judicial e na regular e imparcial aplicação da Justiça na forma da lei"[300], ressaltando que "o discurso do Poder Executivo tem sido no sentido de apoiar o combate à corrupção e a apuração dos crimes na Petrobras"[301].

Além disso, ele tratou especificamente da situação do acusado Ricardo Pessoa, cuja defesa havia arrolado, na ação penal, como testemunhas autoridades detentoras de foro por prerrogativa de função, "Ministros de Estado e outras autoridades políticas de alto escalão, com propósitos ainda indefinidos"[302]. Avaliou a situação em desfavor do acusado ao aduzir que, "[e]mbora deva-se presumir a boa-fé, causou estranheza a recusa da Defesa em declinar o propósito do ato, o que levanta algumas dúvidas acerca do objetivo da diligência, especificamente se, com ela, busca-se, de fato, o esclarecimento da verdade"[303].

A esse respeito, mostra-se relevante a constatação de que o juiz, ao questionar a defesa sobre o propósito do depoimento de determinadas testemunhas, acabaria por fazer a indevida antecipação

298 BRASIL. Tribunal Regional Federal da 4ª Região. (Seção Judiciária do Paraná). **Decisão.** 5002763-61.2015.4.04.7000. 13ª Vara Federal de Curitiba. Juiz Federal: Sergio Fernando Moro. Curitiba, 18 de fevereiro de 2015.
299 BRASIL. Tribunal Regional Federal da 4ª Região. (Seção Judiciária do Paraná). **Decisão.** 5002763-61.2015.4.04.7000. 13ª Vara Federal de Curitiba. Juiz Federal: Sergio Fernando Moro. Curitiba, 18 de fevereiro de 2015.
300 BRASIL. Tribunal Regional Federal da 4ª Região. (Seção Judiciária do Paraná). **Decisão.** 5002763-61.2015.4.04.7000. 13ª Vara Federal de Curitiba. Juiz Federal: Sergio Fernando Moro. Curitiba, 18 de fevereiro de 2015.
301 BRASIL. Tribunal Regional Federal da 4ª Região. (Seção Judiciária do Paraná). **Decisão.** 5002763-61.2015.4.04.7000. 13ª Vara Federal de Curitiba. Juiz Federal: Sergio Fernando Moro. Curitiba, 18 de fevereiro de 2015.
302 BRASIL. Tribunal Regional Federal da 4ª Região. (Seção Judiciária do Paraná). **Decisão.** 5002763-61.2015.4.04.7000. 13ª Vara Federal de Curitiba. Juiz Federal: Sergio Fernando Moro. Curitiba, 18 de fevereiro de 2015.
303 BRASIL. Tribunal Regional Federal da 4ª Região. (Seção Judiciária do Paraná). **Decisão.** 5002763-61.2015.4.04.7000. 13ª Vara Federal de Curitiba. Juiz Federal: Sergio Fernando Moro. Curitiba, 18 de fevereiro de 2015.

da estratégia defensiva para a instrução processual. O juiz poderia indeferir a produção de prova, nos termos do artigo 400, § 1º, do CPP. Contudo, entendeu por bem não agir assim, ao argumento de que iria evitar uma nulidade. Dessa forma, a utilização desse episódio para subsidiar a decretação da prisão preventiva antes mesmo dos depoimentos terem sido prestados aparenta ser uma represália à postura dos advogados.

Prosseguiu sobre o assunto: "[n]ão vislumbro nenhum desses episódios como aceitáveis, nem acredito que alguém, de bom juízo, possa tê-los como normais"[304]. Arrematou a sua motivação:

> Certamente, a Justiça não será, no presente caso, permeável a interferências políticas ou do poder econômico.
>
> Isso, porém, não torna as tentativas de interferência mais aceitáveis. Qualquer indício de tentativa de interferência espúria do poder econômico, quer diretamente, cooptando testemunhas, quer, indiretamente, buscando indevida interferência política no processo judicial, deve ser severamente reprimida, justificando, por si só, pelo risco à integridade do processo e da Justiça, a decretação da prisão preventiva.[305]

Com relação à aplicação da lei penal nos processos nº 5086273-06.2014.404.7000 e 5004259-28.2015.404.7000, as argumentações foram consideravelmente distintas. No primeiro caso, o juiz valeu-se das possíveis atitudes do investigado tendentes a diminuir seu patrimônio, ao afirmar ser "bastante óbvio que pessoa investigada ou denunciada por crimes graves não pode tomar providências destinadas a transferir ou dissipar seu patrimônio"[306]. Para ele, a "conclusão óbvia é que o objetivo é frustrar a aplicação da lei penal, ocultando os bens ou colocando-os fora do alcance da Justiça criminal mediante transferência a terceiros"[307]. A decisão reconhece relação entre possível dilapidação patrimonial e o fundamento da prisão preventiva.

---

304 BRASIL. Tribunal Regional Federal da 4ª Região. (Seção Judiciária do Paraná). **Decisão.** 5002763-61.2015.4.04.7000. 13ª Vara Federal de Curitiba. Juiz Federal: Sergio Fernando Moro. Curitiba, 18 de fevereiro de 2015.

305 BRASIL. Tribunal Regional Federal da 4ª Região. (Seção Judiciária do Paraná). **Decisão.** 5002763-61.2015.4.04.7000. 13ª Vara Federal de Curitiba. Juiz Federal: Sergio Fernando Moro. Curitiba, 18 de fevereiro de 2015.

306 BRASIL. Tribunal Regional Federal da 4ª Região. (Seção Judiciária do Paraná). **Decisão.** 5086273-06.2014.404.7000. 13ª Vara Federal de Curitiba. Juiz Federal: Sergio Fernando Moro. Curitiba, 18 de fevereiro de 2015.

307 BRASIL. Tribunal Regional Federal da 4ª Região. (Seção Judiciária do Paraná). **Decisão.** 5086273-06.2014.404.7000. 13ª Vara Federal de Curitiba. Juiz Federal: Sergio Fernando Moro. Curitiba, 18 de fevereiro de 2015.

Com o intuito de justificar esse entendimento, o juiz esclarece o seguinte:

> Embora o remédio usual para tais subterfúgio seja o sequestro criminal, ele não se mostra suficiente no presente caso por dois motivos.
>
> Ainda não se conhece a extensão do patrimônio do acusado, já que há indícios de que mantém parte dele oculto ou dissimulado, o que é ilustrado pela utilização de *offshore* para ocultar a titularidade do imóvel que habitava. Também significativo o fato de que, segundo a denúncia recebida, a vantagem indevida teria sido transferida ao acusado mediante pagamentos em contas no exterior, não tendo havido até o momento reconhecimento pelo acusado de que mantinha contas no exterior.[308]

Ademais, o risco à aplicação da lei penal estaria presente quando constatada a dupla nacionalidade do investigado, uma vez que "facilita eventual fuga do acusado ao exterior e a sua permanência no exterior, com possível inviabilização de eventual pedido de extradição"[309]. Conjugando as duas motivações, o juiz concluiu que:

> a dissipação do patrimônio pode ser valorada não só como tentativa de preservar seu patrimônio em detrimento ao sequestro, mas também como passo preparatório de uma futura fuga, deixando a Justiça criminal no pior dos mundos, sem o corpo e sem os bens do acusado. Aqui não se trata de presunção de fuga, mas prognóstico de risco baseado em fatos concretos, a dissipação e ocultação do patrimônio aliada à dupla nacionalidade e a ocultação desta condição.[310]

No segundo processo, a aplicação da lei penal seria abalada pelos indícios "de que o investigado mantém valores vultosos não declarados no exterior, especialmente contas secretas no exterior"[311], o que é "indicativo concreto de que não se pretender curvar-se à lei, havendo risco à aplicação da lei penal, podendo o investigado

---

308 BRASIL. Tribunal Regional Federal da 4ª Região. (Seção Judiciária do Paraná). **Decisão.** 5086273-06.2014.404.7000. 13ª Vara Federal de Curitiba. Juiz Federal: Sergio Fernando Moro. Curitiba, 18 de fevereiro de 2015.

309 BRASIL. Tribunal Regional Federal da 4ª Região. (Seção Judiciária do Paraná). **Decisão.** 5086273-06.2014.404.7000. 13ª Vara Federal de Curitiba. Juiz Federal: Sergio Fernando Moro. Curitiba, 18 de fevereiro de 2015.

310 BRASIL. Tribunal Regional Federal da 4ª Região. (Seção Judiciária do Paraná). **Decisão.** 5086273-06.2014.404.7000. 13ª Vara Federal de Curitiba. Juiz Federal: Sergio Fernando Moro. Curitiba, 18 de fevereiro de 2015.

311 BRASIL. Tribunal Regional Federal da 4ª Região. (Seção Judiciária do Paraná). **Decisão.** 5004259-28.2015.404.7000. 13ª Vara Federal de Curitiba. Juiz Federal: Sergio Fernando Moro. Curitiba, 03 de fevereiro de 2015.

deixar o país e ainda fruir do produto de sua atividade delitiva, mantida a salvo das autoridades brasileiras em outros países"[312].

9.3 O terceiro modelo de fundamentação

O terceiro modelo foi utilizado em quatorze decisões, durante o período de 13/03/2015 a 24/07/2015. Para a garantia da ordem pública, os atos decisórios contêm, em sua maioria, a replicação de trechos das duas outras versões, principalmente os julgados do STJ, do STF, a citação de Edwin Sutherland, em conjunto com a conclusão de que os crimes de colarinho branco não excluem o abalo à ordem pública, para além de alguns parágrafos já mencionados sobre excepcionalidade da medida e gravidade em concreto dos fatos apurados na Operação Lava Jato. Além disso, o juiz destacou que "as provas, em cognição sumária, são no sentido de que se trata de um outro grupo profissional dedicado à lavagem de dinheiro"[313], de sorte que, "[e]m um contexto de criminalidade desenvolvida de forma habitual, profissional e sofisticada, não há como não reconhecer a presença de risco à ordem pública, inclusive de reiteração de condutas, a justificar a prisão preventiva para interromper o ciclo delitivo"[314]. Acrescentou, nas decisões referentes aos processos nº 5011708-37.2015.4.04.7000, 5011926-65.2015.4.04.7000 e 5009384.74-2015.404.7000, que o levantamento de sigilo sobre os depoimentos prestados em colaborações premiadas firmadas pelos órgãos de investigação revelou a participação de dezenas de parlamentares no esquema ilícito investigado, de modo que "a gravidade em concreto dos fatos delitivos assumirá uma dimensão ainda muito superior aos danos já provocados à Petrobras"[315]. Vê-se, portanto, nova mudança sobre a gravidade

312 BRASIL. Tribunal Regional Federal da 4ª Região. (Seção Judiciária do Paraná). **Decisão.** 5004259-28.2015.404.7000. 13ª Vara Federal de Curitiba. Juiz Federal: Sergio Fernando Moro. Curitiba, 03 de fevereiro de 2015.

313 Exemplo de decisão representativa do modelo. BRASIL. Tribunal Regional Federal da 4ª Região. (Seção Judiciária do Paraná). **Decisão.** 5011708-37.2015.4.04.7000. 13ª Vara Federal de Curitiba. Juiz Federal: Sergio Fernando Moro. Curitiba, 13 de março de 2015.

314 Exemplo de decisão representativa do modelo. BRASIL. Tribunal Regional Federal da 4ª Região. (Seção Judiciária do Paraná). **Decisão.** 5011708-37.2015.4.04.7000. 13ª Vara Federal de Curitiba. Juiz Federal: Sergio Fernando Moro. Curitiba, 13 de março de 2015.

315 Exemplo de decisão representativa do modelo. BRASIL. Tribunal Regional Federal da 4ª Região. (Seção Judiciária do Paraná). **Decisão.** 5011708-37.2015.4.04.7000. 13ª Vara Federal de Curitiba. Juiz Federal: Sergio Fernando Moro. Curitiba, 13 de março de 2015.

concreta dos fatos investigados. Essa motivação era incrementada de acordo com o investigado, o cargo ocupado por ele à época das condutas delitivas e o núcleo de atuação dentro da alegada organização criminosa na qual estava inserido. Arrematou a argumentação no sentido de que "[s]ó o apelo à ordem pública, seja para prevenir novos crimes, seja em decorrência de gravidade em concreta dos crimes praticados, já bastaria à manutenção da preventiva"[316].

Esse terceiro modelo confirmou o abandono de uma argumentação mais detalhada sobre a credibilidade da Justiça como fundamentação da prisão cautelar. A garantia da ordem pública passou a ser suscitada a partir de dois fundamentos centrais: prevenção de novos crimes e gravidade em concreto da conduta investigada, que foi justificada, ademais do dano à Petrobras, pela participação de parlamentares e ex-parlamentares.

Nas decisões proferidas no processo nº 501447463-2015.404.7000 e seguintes, o juiz acrescentou excerto com a informação de que o TRF-4 havia denegado os pedidos de liberdade em favor de Alberto Youssef e Paulo Roberto Costa. Com a concessão do *habeas corpus* nº 127.186 pelo STF, passaram a constar nas decisões[317] trechos com o intuito de distinguir a situação de determinados investigados daqueles beneficiados pelo pronunciamento da Suprema Corte. Já na segunda decisão após o mencionado *writ*, o juiz inseriu argumento que se repetiu nas demais deste mesmo modelo, a fim de rebater questionamentos sobre o propósito das prisões preventivas por ele decretadas:

> Refuto, de antemão, qualquer questionamento quanto ao propósito da prisão preventiva. A medida drástica está sendo decretada com base na presença dos pressupostos e fundamentos legais e para prevenir reiteração delitiva e interferências na colheita das provas.
>
> Em qualquer caso da assim denominada Operação Lava Jato, jamais este Juízo pretendeu com a medida obter confissões involuntárias.

316 Exemplo de decisão representativa do modelo. BRASIL. Tribunal Regional Federal da 4ª Região. (Seção Judiciária do Paraná). **Decisão.** 5011708-37.2015.4.04.7000. 13ª Vara Federal de Curitiba. Juiz Federal: Sergio Fernando Moro. Curitiba, 13 de março de 2015.

317 A partir da decisão proferida no processo nº 500425758.2015.4.04.7000. BRASIL. Tribunal Regional Federal da 4ª Região. (Seção Judiciária do Paraná). **Decisão**. 500425758.2015.4.04.7000. 13ª Vara Federal de Curitiba. Juiz Federal: Sergio Fernando Moro. Curitiba, 19 de maio de 2015.

> O direito ao silêncio, garantia fundamental, sempre foi resguardado e o fato de alguns acusados terem celebrado acordo de colaboração com o Ministério Público Federal é uma possibilidade legal que não tem relação necessária com a prisão cautelar, o que pode ser ilustrado pelo fato de acusados, tanto presos, como soltos (v.g. Pedro Barusco, Augusto Mendonça e Júlio Camargo), terem recorrido ao instituto.[318]

Nessa mesma oportunidade, o juiz, ao decretar a prisão preventiva de investigados ligados ao grupo Odebrecht, inclusive de Marcelo Odebrecht, e antes da explicação transcrita acima, fez constar o seguinte raciocínio sobre a relevância da cooperação da empresa com as investigações, o reconhecimento de sua responsabilidade e o juízo sobre a reiteração delitiva, ressaltando a importância do acordo de leniência:

> Até razoável, no contexto, discutir a sobrevivência da empresa através de mecanismos de leniência, para preservar a economia e empregos.
>
> Entretanto, condição necessária para a leniência é o reconhecimento de suas responsabilidades, a revelação de fatos em sua inteireza e a indenização de prejuízos. Sem isso, o que se tem é o estímulo a reiteração das práticas corruptas, colocando as empresas acima da lei.
>
> Nesse contexto, em que as empresas do Grupo Odebrecht permanecem ativas, com contratos ativos com a Petrobras, inclusive com suspeitas de sobrepreço, e com outras entidades do Poder Público, sem impedimento de celebrar novos contratos com outras entidades do Poder Público, e não tomaram qualquer providência para apurar internamente os crimes ou buscar acordos de leniência, é imprescindível, para prevenir a continuidade das práticas corruptas, a prisão cautelar dos executivos desviados.[319]

O fundamento da conveniência da instrução esteve presente em sete decisões do modelo, as quais apresentaram variadas argumentações.

As prolatadas nos processos nº 5011708-37.2015.4.04.7000 e 5011926-65.2015.4.04.7000 foram vinculadas à apresentação de documentos fraudulentos. Na primeira, o juiz destacou que os delitos

318 BRASIL. Tribunal Regional Federal da 4ª Região. (Seção Judiciária do Paraná). **Decisão.** 5024251-72.2015.4.04.7000. 13ª Vara Federal de Curitiba. Juiz Federal: Sergio Fernando Moro. Curitiba, 24 de julho de 2015.

319 BRASIL. Tribunal Regional Federal da 4ª Região. (Seção Judiciária do Paraná). **Decisão.** 5024251-72.2015.4.04.7000. 13ª Vara Federal de Curitiba. Juiz Federal: Sergio Fernando Moro. Curitiba, 24 de julho de 2015.

foram praticados com a produção sistemática de fraudes documentais, abertura de empresas de fachada e simulação de contratos, e concluiu que, "[n]esse contexto, em que a fraude documental é inerente à atividade criminal, a integridade da investigação e da instrução criminal encontram-se sob risco, já que podem ser turbadas pela produção de novas fraudes documentais durante o processo"[320]. Na segunda, relativa ao investigado Dário Queiroz, é relatado que o acusado e a empresa Galvão Engenharia teriam apresentado "documentos aparentemente fraudulentos"[321] em um inquérito policial, mesmo sabendo desse caráter modificado, o que configuraria, em tese, crime de uso de documento falso perante a Justiça Federal. Nesse caso, o juiz destacou que o risco não seria afastado por já terem sido inquiridas as testemunhas de acusação, pois ainda havia testemunhas de defesa a serem ouvidas e a "testemunha, após ser arrolada, é da Justiça, interessando que fale a verdade, e não mais da Acusação ou da Defesa. Além disso, anteriormente, a investigação foi perturbada pela apresentação de documentos fatos, permanecendo o risco de que isso ocorra de novo até o seu término"[322]. Ao final, o juízo faz ainda ilação quanto ao teor do depoimento das testemunhas, colocando que "causa estranheza o silêncio a respeito do suposto mandado, Erton Fonseca, a sugerir a existência de uma concertação fraudulenta entre os acusados para que o último assumisse a exclusiva responsabilidade pelos fatos, por motivos ainda desconhecidos"[323].

Na decisão do processo nº 5009384-74.2015.404.7000, o risco foi fundamentado em episódio de ocultação de materiais pela esposa do acusado durante a busca e apreensão realizada. É narrado que, enquanto os policiais aguardavam para ingressar na residência, já que o investigado disse estar recolhendo, para tanto, os cachorros, a sua

320 BRASIL. Tribunal Regional Federal da 4ª Região. (Seção Judiciária do Paraná). **Decisão.** 5011708-37.2015.4.04.7000. 13ª Vara Federal de Curitiba. Juiz Federal: Sergio Fernando Moro. Curitiba, 13 de março de 2015.
321 BRASIL. Tribunal Regional Federal da 4ª Região. (Seção Judiciária do Paraná). **Decisão.** 5011926-65.2015.4.04.7000. 13ª Vara Federal de Curitiba. Juiz Federal: Sergio Fernando Moro. Curitiba, 25 de março de 2015.
322 BRASIL. Tribunal Regional Federal da 4ª Região. (Seção Judiciária do Paraná). **Decisão.** 5011926-65.2015.4.04.7000. 13ª Vara Federal de Curitiba. Juiz Federal: Sergio Fernando Moro. Curitiba, 25 de março de 2015.
323 BRASIL. Tribunal Regional Federal da 4ª Região. (Seção Judiciária do Paraná). **Decisão.** 5011926-65.2015.4.04.7000. 13ª Vara Federal de Curitiba. Juiz Federal: Sergio Fernando Moro. Curitiba, 25 de março de 2015.

esposa teria deixado a casa pelas portas dos fundos com um grande pacote em suas mãos, o que foi registrado pelas câmeras. O juiz arrematou que, "[a]pesar da ocultação de material probatório cujo teor se desconhece, a busca ainda assim propiciou a apreensão de algumas provas relevantes"[324], mas que "é provável que a busca revelasse provas ainda mais relevantes, não fosse o episódio lamentável"[325], sendo que houve prejuízo à investigação e haveria, portanto, risco à instrução. Além disso, é narrado que, no dia seguinte à busca, o acusado teria tentado realizar saque de R$ 300.000,00 em espécie, por motivo desconhecido, o que também se considerou atitude suspeita.

Ao final, foram feitas duas ressalvas que merecem nota, primeiramente o juiz justificou que, "apesar da participação de Lilia Loureiro Esteves de Jesus na subtração das provas durante a busca e apreensão, a prisão cautelar de Guilherme Esteves já é suficiente para prevenir os riscos à ordem pública e à investigação e instrução criminais"[326]; e explicitou também o porquê de não ter decretado a prisão logo após os acontecimentos, já que teria entendido necessário examinar previamente o material apreendido na busca, "a fim de verificar se haveria ali provas de corroboração do depoimento de Pedro Barusco"[327], sendo que, "[i]nfelizmente, em vista do acúmulo dos trabalhos de investigação, a análise sumária desse material tardou a chegar ao Juízo. A demora na reação institucional à subtração de provas não significa, porém, que ela não se faz necessária"[328].

Na decisão do processo nº 5014455-57.2015.404.7000, o risco à instrução é justificado pela tentativa de cooptação de testemunhas e pela produção de documentos falsos. É narrado episódio em que, já no curso das investigações da Operação Lava Jato, testemunha teria sido procurada por "associados de João Luiz Argolo para que

324 BRASIL. Tribunal Regional Federal da 4ª Região. (Seção Judiciária do Paraná). **Decisão.** 5009384-74.2015.404.7000. 13ª Vara Federal de Curitiba. Juiz Federal: Sergio Fernando Moro. Curitiba, 26 de março de 2015.

325 BRASIL. Tribunal Regional Federal da 4ª Região. (Seção Judiciária do Paraná). **Decisão.** 5009384-74.2015.404.7000. 13ª Vara Federal de Curitiba. Juiz Federal: Sergio Fernando Moro. Curitiba, 26 de março de 2015.

326 BRASIL. Tribunal Regional Federal da 4ª Região. (Seção Judiciária do Paraná). **Decisão.** 5009384-74.2015.404.7000. 13ª Vara Federal de Curitiba. Juiz Federal: Sergio Fernando Moro. Curitiba, 26 de março de 2015.

327 BRASIL. Tribunal Regional Federal da 4ª Região. (Seção Judiciária do Paraná). **Decisão.** 5009384-74.2015.404.7000. 13ª Vara Federal de Curitiba. Juiz Federal: Sergio Fernando Moro. Curitiba, 26 de março de 2015.

328 BRASIL. Tribunal Regional Federal da 4ª Região. (Seção Judiciária do Paraná). **Decisão.** 5009384-74.2015.404.7000. 13ª Vara Federal de Curitiba. Juiz Federal: Sergio Fernando Moro. Curitiba, 26 de março de 2015.

assinasse documentos forjados, em tentativa de conferir aparência lícita aos pagamentos de propina"[329] ao acusado.

No processo nº 5024251-72.2015.404.7000, em que foram alvos vários investigados ligados à empresa Odebrecht, o fundamento de conveniência da instrução foi relacionado ao poder econômico e à influência política da empresa, que, com tais recursos, teria "condições de interferir de várias maneiras na colheita da provas, seja pressionando testemunhas, seja buscando interferência política, observando que os próprios crimes em apuração envolviam a cooptação de agentes públicos"[330], semelhante ao que já havia sido colocado em algumas decisões dos modelos anteriores.

Foram destacados pelo juiz alguns episódios de alegada obstrução que já teriam ocorrido: (i) o operador de propina contratado pela empreiteira, Bernardo Schiller Freiburghaus, destruía as provas das movimentações das contas internacionais tão logo efetuadas e, já no curso das investigações, teria fugido do Brasil, refugiando-se no exterior; (ii) também João Antônio Bernardi Filho, pessoa ligada à Odebrecht e envolvido no esquema criminoso de propinas e lavagem de dinheiro por meio da Hayley S.A. e da Hayley do Brasil, teria buscado alterar fraudulentamente o quadro social da última empresa e ainda esvaziado as contas no exterior para frustrar sequestro e confisco judicial; (iii) a *offshore* Constructora Internacional Del Sur, supostamente utilizada pela Odebrecht para o repasse de propinas, foi dissolvida no curso das investigações; (iv) segundo Youssef, ele teria sido enviado como emissário pela Odebrecht para prevenir dirigentes da Galvão Engenharia para que parassem de prejudicar o cartel oferecendo preços mais baixos, o que "evidencia a utilização pela empreiteira de estratégias de intimidação contra quem possa lhe prejudicar, no caso até mesmo, de forma surpreendente, outra grande empreiteira"[331].

329 BRASIL. Tribunal Regional Federal da 4ª Região. (Seção Judiciária do Paraná). **Decisão.** 5014455-57.2015.404.7000. 13ª Vara Federal de Curitiba. Juiz Federal: Sergio Fernando Moro. Curitiba, 1º de abril de 2015.

330 BRASIL. Tribunal Regional Federal da 4ª Região. (Seção Judiciária do Paraná). **Decisão.** 5024251-72.2015.404.7000. 13ª Vara Federal de Curitiba. Juiz Federal: Sergio Fernando Moro. Curitiba, 24 de julho de 2015.

331 BRASIL. Tribunal Regional Federal da 4ª Região. (Seção Judiciária do Paraná). **Decisão.** 5024251-72.2015.404.7000. 13ª Vara Federal de Curitiba. Juiz Federal: Sergio Fernando Moro. Curitiba, 24 de julho de 2015.

Na decisão de 24/07/2015, proferida no mesmo processo (nº 5024251-72.2015.4.04.7000), a qual substituiu a decisão acima em relação à prisão de alguns dos investigados ligados à empresa Odebrecht, foram narrados os mesmos episódios, sendo acrescido apenas que, supervenientemente, teriam sido encontradas anotações no celular de Marcelo Odebrecht que indicavam sua cumplicidade com a atuação dos subordinados Márcio de Faria e Rogério Araújo. Sintetizou o juiz:

> as anotações encontradas no celular de Marcelo Bahia Odebrecht e acima transcritas indicam sua atuação direta para proteger os subordinados Márcio de Faria e Rogério Araújo, mantendo-os dependentes da Odebrecht, para destruição de provas (com "higienização" de aparelhos eletrônicos de Márcio de Faria e Rogério Araújo), para divulgação de doações de campanha com aparente objetivo de constranger políticos e obter apoio contra o Judiciário, e para cooptação de agentes públicos ('dissidentes da PF') para interferir nas investigações e instrução.[332]

Na decisão do processo nº 5078542-56.2014.404.7000, referente à segunda prisão de Fernando Soares, o risco à instrução foi exposto a partir de informação, proveniente de colaboradores premiados, de que o acusado teria operacionalizado, em nome da Queiroz Galvão, pagamento de propina a parlamentares para obstrução da CPI da Petrobras dos anos de 2009 e 2010. Chama atenção que o argumento é relacionado a fato que teria ocorrido mais de cinco anos antes, ainda que só tenha sido descoberto em momento posterior, e que nem sequer seria de competência do juízo que emitiu a decisão, conforme ressalva feita no próprio ato: "Evidentemente, o pagamento de propina a parlamentares federais é crime de competência do Supremo Tribunal Federal. Entretanto, invoco aqui o fato [...] somente para reconhecer o, afirmado pelo MPF, risco ao processo, especificamente à investigação e à instrução"[333].

---

332 BRASIL. Tribunal Regional Federal da 4ª Região. (Seção Judiciária do Paraná). **Decisão.** 5024251-72.2015.404.7000. 13ª Vara Federal de Curitiba. Juiz Federal: Sergio Fernando Moro. Curitiba, 24 de julho de 2015.

333 BRASIL. Tribunal Regional Federal da 4ª Região. (Seção Judiciária do Paraná). **Decisão.** 5024251-72.2015.404.7000. 13ª Vara Federal de Curitiba. Juiz Federal: Sergio Fernando Moro. Curitiba, 24 de julho de 2015.

O risco à aplicação da lei penal está presente em três decisões. No processo nº 5004257-58.2015.4.04.7000, o juízo apontou que havia indícios de que o investigado manteria contas secretas no exterior, por meio das quais teria efetuado pagamento de propina a funcionários públicos. Assim, as referidas contas constituiriam fundamento para a hipótese em questão, pois, "não sendo imediatamente acessíveis às autoridades brasileiras, tem o investigado condição de dissipar os ativos nelas mantidos, impedindo, com eficácia, a recuperação do produto do crime, oferecendo ainda um risco concreto de fuga"[334]. Segundo a decisão, "com conexões e recursos milionários no exterior, tem o investigado condições de nele refugiar-se, mantendo-se a salvo da ação da Justiça brasileira"[335]. No processo nº 5027771-40.2015.404.7000, "as condutas do investigado no segundo semestre de 2014 buscaram frustrar o sequestro e o confisco dos ativos, ameaçando este importante objetivo da Justiça criminal, a recuperação integral do produto do crime"[336], de maneira que "a medida se justifica diante da reiteração por parte de Jorge Luiz Zelada de atos de lavagem de dinheiro durante a investigação, colocando igualmente em risco as chances das autoridades brasileiras de recuperarem o produto do crime"[337]. No processo nº 5024251-72.2015.4.04.7000, o juiz alegou que um dos subordinados do grupo Odebrecht já teria se refugiado no exterior no curso das investigações e essa mesma atitude poderia ser tomada pelos investigados, que possuem vultosos recursos disponíveis. Para um investigado, foi apontada também a dupla nacionalidade como fator incrementador do risco à aplicação da lei penal.

334 BRASIL. Tribunal Regional Federal da 4ª Região. (Seção Judiciária do Paraná). **Decisão.** 5004257-58.2015.4.04.7000. 13ª Vara Federal de Curitiba. Juiz Federal: Sergio Fernando Moro. Curitiba, 19 de maio de 2015.

335 BRASIL. Tribunal Regional Federal da 4ª Região. (Seção Judiciária do Paraná). **Decisão.** 5004257-58.2015.4.04.7000. 13ª Vara Federal de Curitiba. Juiz Federal: Sergio Fernando Moro. Curitiba, 19 de maio de 2015.

336 BRASIL. Tribunal Regional Federal da 4ª Região. (Seção Judiciária do Paraná). **Decisão.** 5027771-40.2015.404.7000. 13ª Vara Federal de Curitiba. Juiz Federal: Sergio Fernando Moro. Curitiba, 23 de junho de 2015.

337 BRASIL. Tribunal Regional Federal da 4ª Região. (Seção Judiciária do Paraná). **Decisão.** 5027771-40.2015.404.7000. 13ª Vara Federal de Curitiba. Juiz Federal: Sergio Fernando Moro. Curitiba, 23 de junho de 2015.

9.4 O quarto modelo de fundamentação

O quarto modelo esteve presente de 23/07/2015 a 19/11/2015, com oito decisões nesse período. Após recorrente contextualização do objeto da Operação Lava Jato[338], oportunidade em que indicava a existência de "indícios da prática sistemática e habitual de crimes de cartel, de fraude à licitação, de corrupção e de lavagem de dinheiro"[339] e de diversos elementos de informação que "apontam para um quadro de corrupção sistêmica, nos quais ajustes fraudulentos para obtenção de contratos públicos e o pagamento de propinas a agentes públicos, bem como o recebimento delas por estes, passaram a ser pagas como rotina e encaradas pelos participantes como a regra do jogo"[340], o juiz ressaltou que "[n]em mesmo a notoriedade das investigações da Operação Lava Jato, com prisões cautelares de dirigentes da Petrobras e das empreiteiras envolvidas, parece ter sido suficiente para frear o impulso criminoso, pois, como visto, há registros de pagamentos até mesmo em 2014, inclusive em dezembro de 2014"[341]. Então, repete a máxima de que, "[e]m um contexto de criminalidade desenvolvida de forma habitual, profissional e sofisticada, não há como não reconhecer a presença de risco à ordem pública, a justificar a prisão preventiva para interromper o ciclo delitivo"[342].

Há acréscimo de motivação reconhecendo que as prisões cautelares decretadas no âmbito da Operação Lava Jato receberam "pontualmente críticas"[343], contudo, no seu entender, "o fato é que, se a corrupção é sistêmica e profunda, impõe-se a prisão preventiva para debelá-la, sob pena de agravamento progressivo

338 "Grandes empreiteiras do país se reuniam, acertavam entre elas os resultados das licitações da Petrobras, fraudavam as licitações para que a empresa previamente definida ganhasse o certame e impusesse o seu preço nas obras, pagavam, em cada grande contrato da Petrobras, propinas dirigidas a diretores e empregados da Petrobras e a agentes públicos, como parlamentares ou, como no caso, ex-parlamentar". BRASIL. Tribunal Regional Federal da 4ª Região. (Seção Judiciária do Paraná). **Decisão.** 5028308-36.2015.4.04.7000. 13ª Vara Federal de Curitiba. Juiz Federal: Sergio Fernando Moro. Curitiba, 23 de julho de 2015.

339 BRASIL. Tribunal Regional Federal da 4ª Região. (Seção Judiciária do Paraná). **Decisão.** 5028308-36.2015.4.04.7000. 13ª Vara Federal de Curitiba. Juiz Federal: Sergio Fernando Moro. Curitiba, 23 de julho de 2015.

340 BRASIL. Tribunal Regional Federal da 4ª Região. (Seção Judiciária do Paraná). **Decisão.** 5028308-36.2015.4.04.7000. 13ª Vara Federal de Curitiba. Juiz Federal: Sergio Fernando Moro. Curitiba, 23 de julho de 2015.

341 BRASIL. Tribunal Regional Federal da 4ª Região. (Seção Judiciária do Paraná). **Decisão.** 5028308-36.2015.4.04.7000. 13ª Vara Federal de Curitiba. Juiz Federal: Sergio Fernando Moro. Curitiba, 23 de julho de 2015.

342 BRASIL. Tribunal Regional Federal da 4ª Região. (Seção Judiciária do Paraná). **Decisão.** 5028308-36.2015.4.04.7000. 13ª Vara Federal de Curitiba. Juiz Federal: Sergio Fernando Moro. Curitiba, 23 de julho de 2015.

343 BRASIL. Tribunal Regional Federal da 4ª Região. (Seção Judiciária do Paraná). *Decisão.* 5028308-36.2015.4.04.7000. 13ª Vara Federal de Curitiba. Juiz Federal: Sergio Fernando Moro. Curitiba, 23 de julho de 2015.

do quadro criminoso"[344]. Para defender as medidas já adotadas, o juiz argumentou:

> Impor a prisão preventiva em um quadro de fraudes a licitações, corrupção e lavagem sistêmica é aplicação ortodoxa da lei processual penal (art. 312 do CPP). Excepcional no presente caso não é a prisão cautelar, mas o grau de deterioração da coisa pública revelada pelo processo, com prejuízos já assumidos de cerca de seis bilhões de reais somente pela Petrobras e a possibilidade, segundo investigações em curso no Supremo Tribunal Federal, de que os desvios tenham sido utilizados para pagamento de propina a dezenas de parlamentares.[345]

Em seguida, mencionou julgado do STJ envolvendo caso da Operação Lava Jato em que o desembargador convocado Newton Trisotto destacou que nenhuma outra investigação causou tanta indignação e tanta repercussão danosa e prejudicial ao meio social quanto a Lava Jato, o qual já constava em decisões do modelo anterior, ademais de outros julgados do STF sobre a compatibilidade da prisão preventiva com a presunção de inocência e a manutenção da prisão do ex-juiz Nicolau dos Santos Neto. Reiterou, uma vez mais, que a "dimensão em concreto dos fatos delitivos – jamais a gravidade em abstrato – também pode ser invocada como fundamento para a decretação da prisão preventiva"[346].

Ao final da argumentação, concluiu que seria "[n]ecessária, portanto, a prisão preventiva para proteção da ordem pública, em vista da gravidade em concreto dos crimes em apuração e da necessidade de prevenir a sua reiteração, já que o esquema criminoso sequer se restringiu à Petrobras"[347]. Em virtude da concessão do *habeas corpus* nº 127.186, o juiz apresentou argumentação no sentido de diferenciar os casos em questão daquele em que o STF cassou o decreto prisional preventivo.

---

344 BRASIL. Tribunal Regional Federal da 4ª Região. (Seção Judiciária do Paraná). *Decisão*. 5028308-36.2015.4.04.7000. 13ª Vara Federal de Curitiba. Juiz Federal: Sergio Fernando Moro. Curitiba, 23 de julho de 2015.

345 BRASIL. Tribunal Regional Federal da 4ª Região. (Seção Judiciária do Paraná). *Decisão*. 5028308-36.2015.4.04.7000. 13ª Vara Federal de Curitiba. Juiz Federal: Sergio Fernando Moro. Curitiba, 23 de julho de 2015.

346 BRASIL. Tribunal Regional Federal da 4ª Região. (Seção Judiciária do Paraná). *Decisão*. 5028308-36.2015.4.04.7000. 13ª Vara Federal de Curitiba. Juiz Federal: Sergio Fernando Moro. Curitiba, 23 de julho de 2015.

347 BRASIL. Tribunal Regional Federal da 4ª Região. (Seção Judiciária do Paraná). **Decisão.** 5028308-36.2015.4.04.7000. 13ª Vara Federal de Curitiba. Juiz Federal: Sergio Fernando Moro. Curitiba, 23 de julho de 2015.

No processo nº 5044088-16.2015.404.7000, cujo investigado era sócio da empresa Engevix, merece realce trecho em que o juiz reconhece que a empresa manifestou desejo de realizar um acordo de leniência, porém "aparentemente sua pretensão é de somente revelar os fatos já descobertos pelas autoridades públicas"[348], em clara crítica ao objeto negociado pela empreiteira na avença. Tal ponto há de ser destacado, porque é evidente a manifestação do juiz acerca de negociação que não seria de sua competência, nos termos do artigo 16 da Lei nº 12.846/2013, extrapolando sua função judicial.

Com relação à conveniência da instrução ou da investigação, que está presente em cinco decisões, as motivações são diversas.

No processo nº 5028308-36.2015.404.7000, apontou o juiz que, "logo após à divulgação pública da suspeita de propinas no contrato da Eletronuclear, afastou-se ele formalmente do quadro social da Aratec Engenharia, em aparente tentativa de acobertar os fatos criminosos, já' que a empresa teria sido utilizada para o recebimento da propina"[349].

No processo nº 5028308-36.2015.404.7000, a decisão destacou que, a despeito da oportunidade concedida para comprovação da causa lítica dos pagamentos recebidos pela Artec, "foram apresentados documentos aparentemente fraudulentos a este Juízo para comprovar a prestação de serviço pela Aratec a suas contratantes, inclusive com reprodução de material simplesmente copiado da rede mundial de computadores e com afirmação falsa de que teriam sido produzidos pela Aratec"[350].

No caso nº 5040249-80.2015.404.7000, a justificativa se deu em razão do insucesso de uma busca e apreensão, uma vez que "a realização de busca em local, com características de ter sido esvaziado dias antes da busca, com a filmagem do investigado dei-

348 BRASIL. Tribunal Regional Federal da 4ª Região. (Seção Judiciária do Paraná). **Decisão.** 5044088-16.2015.404.7000. 13ª Vara Federal de Curitiba. Juiz Federal: Sergio Fernando Moro. Curitiba, 14 de setembro de 2015.

349 BRASIL. Tribunal Regional Federal da 4ª Região. (Seção Judiciária do Paraná). **Decisão.** 5028308-36.2015.4.04.7000. 13ª Vara Federal de Curitiba. Juiz Federal: Sergio Fernando Moro. Curitiba, 23 de julho de 2015.

350 BRASIL. Tribunal Regional Federal da 4ª Região. (Seção Judiciária do Paraná). **Decisão.** 5028308-36.2015.4.04.7000. 13ª Vara Federal de Curitiba. Juiz Federal: Sergio Fernando Moro. Curitiba, 06 de agosto de 2015.

xando o local com uma mala (cujo conteúdo não foi esclarecido), é indicativo de que houve ocultação de provas e que há risco à investigação e à instrução"[351].

No processo nº 5044088-16.2015.404.7000, o juízo também argumentou que o risco à investigação e à instrução estava relacionado a um possível encontro com um outro investigado para discutirem "a produção de documentos falsos para a sua apresentação ao Ministério Público Federal"[352], o que havia sido negado por José Antunes Sobrinho, bem como no depoimento prestado posteriormente, no qual "apresentou outras justificativas para os pagamentos a Othon Luiz, agora não mais dependente da contribuição, com documentos, pela Link Projetos"[353]. Em conclusão, asseverou que, "[p]ela postura adotada por José Antunes Sobrinho no encontro com Victor Collaviti e no depoimento prestado posteriormente na investigação, há um risco que tal comportamento seja aqui repetido, com produção de documentos falsos para justificar os pagamentos à Aratec"[354]. Ressaltou o juiz que esse risco não seria afastado pela notícia de negociação de acordo de leniência, porque, "[s]e o relato à CGU reproduz o relato na investigação criminal, há sérias dúvidas sobre a postura da Engevix no âmbito desse acordo, o que pode colocar em risco a própria integridade do acordo de leniência"[355]. Mais uma vez, o juiz apresenta considerações em decisão judicial sobre acordo de leniência que estava em negociação com a Controladoria-Geral da União, com o intuito de questionar os fatos apresentados pela empresa interessada, embora tal avença não fosse de sua competência.

No processo nº 5056156-95.2015.404.7000, o quadro fático dos ilícitos apurados[356] foi utilizado para motivar o ato judicial. Desta-

---

351 BRASIL. Tribunal Regional Federal da 4ª Região. (Seção Judiciária do Paraná). **Decisão.** 5040249-80.2015.404.7000. 13ª Vara Federal de Curitiba. Juiz Federal: Sergio Fernando Moro. Curitiba, 17 de agosto de 2015.

352 BRASIL. Tribunal Regional Federal da 4ª Região. (Seção Judiciária do Paraná). **Decisão.** 5044088-16.2015.404.7000. 13ª Vara Federal de Curitiba. Juiz Federal: Sergio Fernando Moro. Curitiba, 14 de setembro de 2015.

353 BRASIL. Tribunal Regional Federal da 4ª Região. (Seção Judiciária do Paraná). **Decisão.** 5044088-16.2015.404.7000. 13ª Vara Federal de Curitiba. Juiz Federal: Sergio Fernando Moro. Curitiba, 14 de setembro de 2015.

354 BRASIL. Tribunal Regional Federal da 4ª Região. (Seção Judiciária do Paraná). **Decisão.** 5044088-16.2015.404.7000. 13ª Vara Federal de Curitiba. Juiz Federal: Sergio Fernando Moro. Curitiba, 14 de setembro de 2015.

355 BRASIL. Tribunal Regional Federal da 4ª Região. (Seção Judiciária do Paraná). **Decisão.** 5044088-16.2015.404.7000. 13ª Vara Federal de Curitiba. Juiz Federal: Sergio Fernando Moro. Curitiba, 14 de setembro de 2015.

356 "Os crimes foram praticados através de complexas operações financeiras e triangulações corporativas, com o emprego, em cognição sumária, rotineiro de fraudes.

cou o juiz que, "[n]este contexto, de emaranhado financeiro e corporativo, de produção de dezenas de documentos falsos, em um jogo de sombras para acobertar a verdade, reputo presente risco à investigação e à instrução". Caso o investigado permanecesse em liberdade, poderia, segundo seu raciocínio, "recorrer a novos expedientes fraudulentos para acobertar a verdade e ocultar a realidade dos fatos, como, os indícios revelam, fez seguidamente no passado"[357]. A decisão também apresentou argumento sensivelmente diverso dos já vistos aqui, tendo destacado o juiz que, segundo depoimentos, José Carlos Bumlai teria se utilizado, de maneira indevida, do nome e da autoridade do ex-presidente Luiz Inácio Lula da Silva para obter benefícios. Ausentes provas do envolvimento do ex-presidente nesses ilícitos, "o comportamento recorrente do investigado José Carlos Bumlai levanta o natural receio de que o mesmo nome seja de alguma maneira, mas indevidamente, invocado para obstruir ou para interferir na investigação ou na instrução"[358], de sorte que "[f]atos da espécie teriam o potencial de causar danos não só ao processo, mas também à reputação do ex-presidente, sendo necessária a preventiva para impedir ambos os riscos"[359].

Essa argumentação evidenciou, mais uma vez, que a decretação da prisão preventiva pelo ex-juiz Sergio Moro englobava a exposição de fundamentos sem qualquer respaldo jurídico. Apresentar o risco de dano à reputação do ex-presidente Luiz Inácio Lula da Silva como justificativa apta a subsidiar uma prisão preventiva é desconsiderar todo o regramento legal sobre o assunto e, principalmente, a finalidade da medida.

Inicialmente, a destinação dos valores ao Partido dos Trabalhadores foi acobertada por utilização de interposta pessoa no empréstimo do Banco Schahin, foram posteriormente simulados empréstimos para quitação do mútuo anterior e finalmente a quitação do empréstimo com a contratação indevida da Schahin pela Petrobras foi acobertada por quitações fraudadas documentalmente e simulação de dação em pagamento com a entrega inexistente de embriões de gado". BRASIL. Tribunal Regional Federal da 4ª Região. (Seção Judiciária do Paraná). **Decisão.** 5056156-95.2015.404.7000. 13ª Vara Federal de Curitiba. Juiz Federal: Sergio Fernando Moro. Curitiba, 19 de novembro de 2015.

357 BRASIL. Tribunal Regional Federal da 4ª Região. (Seção Judiciária do Paraná). **Decisão.** 5056156-95.2015.4.04.7000. 13ª Vara Federal de Curitiba. Juiz Federal: Sergio Fernando Moro. Curitiba, 19 de novembro de 2015.

358 BRASIL. Tribunal Regional Federal da 4ª Região. (Seção Judiciária do Paraná). **Decisão.** 5056156-95.2015.404.7000. 13ª Vara Federal de Curitiba. Juiz Federal: Sergio Fernando Moro. Curitiba, 19 de novembro de 2015.

359 BRASIL. Tribunal Regional Federal da 4ª Região. (Seção Judiciária do Paraná). **Decisão.** 5056156-95.2015.4.04.7000. 13ª Vara Federal de Curitiba. Juiz Federal: Sergio Fernando Moro. Curitiba, 19 de novembro de 2015.

A necessidade de se assegurar a aplicação da lei penal foi utilizada somente nos autos nº 5044443-26.2015.404.7000, cujos elementos indiciários demonstravam, segundo o juiz, que "o acusado vinha mantendo escondida a própria existência de contas secretas no exterior e nas quais manteria ativos decorrentes de pagamentos de propinas"[360]. Somente a busca e apreensão realizada revelou tais dados, o que foi parcialmente admitido pelo investigado em momento posterior. Contudo, "não se tem a segurança quanto à totalidade das contas mantidas no exterior pelo acusado, nem informações seguras a respeito de sua situação atual, bem como do montante de ativos nelas mantidos atualmente"[361]. Destacou, então, o juiz que a "manutenção de contas secretas no exterior pelo acusado, que podem guardar verdadeira fortuna,"[362] gera "risco à aplicação da lei penal, pois, além de providenciar os meios necessários para eventual refúgio do acusado no exterior, também coloca em risco as chances de sequestro e confisco do produto do crime pela Justiça criminal, impedindo a completa recuperação dos ativos criminosos"[363].

9.5 O quinto modelo de fundamentação

O quinto padrão foi utilizado de 05/02/2016 a 21/11/2016, abarcando quatorze atos decisórios e vinte e três acusados. Sobre a garantia da ordem pública, há novamente contextualização fática das investigações, com indicação de que se trata de um esquema de corrupção sistêmica que era visto como a regra do jogo por todos os envolvidos, nos mesmos moldes já apresentados. Repete o juiz as frases de que a decretação da "prisão preventiva em um quadro de fraudes, corrupção, lavagem e evasão fraudulenta sistêmica é aplicação ortodoxa da lei processual penal"[364] e "[e]xcepcional no presente caso

360 BRASIL. Tribunal Regional Federal da 4ª Região. (Seção Judiciária do Paraná). **Decisão.** 5044443-26.2015.4.04.7000. 13ª Vara Federal de Curitiba. Juiz Federal: Sergio Fernando Moro. Curitiba, 25 de setembro de 2015.
361 BRASIL. Tribunal Regional Federal da 4ª Região. (Seção Judiciária do Paraná). **Decisão.** 5044443-26.2015.4.04.7000. 13ª Vara Federal de Curitiba. Juiz Federal: Sergio Fernando Moro. Curitiba, 25 de setembro de 2015.
362 BRASIL. Tribunal Regional Federal da 4ª Região. (Seção Judiciária do Paraná). **Decisão.** 5044443-26.2015.4.04.7000. 13ª Vara Federal de Curitiba. Juiz Federal: Sergio Fernando Moro. Curitiba, 25 de setembro de 2015.
363 BRASIL. Tribunal Regional Federal da 4ª Região. (Seção Judiciária do Paraná). **Decisão.** 5044443-26.2015.4.04.7000. 13ª Vara Federal de Curitiba. Juiz Federal: Sergio Fernando Moro. Curitiba, 25 de setembro de 2015.
364 Exemplo de decisão representativa do modelo. BRASIL. Tribunal Regional Federal da 4ª Região. (Seção Judiciária do Paraná). **Decisão.** 5003682-16.2016.4.04.7000. 13ª Vara Federal de Curitiba. Juiz Federal: Sergio Fernando Moro. Curitiba, 05 de fevereiro de 2016.

não é a prisão cautelar, mas o grau de deterioração da coisa pública revelada pelos processos na Operação Lava Jato"[365]. Para explicar seu posicionamento, informou que, em recentes julgados oriundos da Operação Lava Jato, o STJ reconheceu a "necessidade da prisão cautelar em decorrência do risco à ordem pública"[366]. Além disso, destacou novamente julgado do STF sobre a compatibilidade da prisão preventiva com o princípio da presunção de inocência e a denegação do pedido de liberdade do ex-juiz Nicolau dos Santos Neto. Ao final, o juiz fixou como hipóteses desse fundamento legal a gravidade concreta das condutas e o risco de reiteração de crimes, comumente vinculado à habitualidade criminosa do investigado.

Em cada decisão, viu-se argumentação fática diversa para justificar a alegada gravidade em concreto, a qual se relacionava geralmente ao histórico dos investigados. Alguns excertos dessas decisões serão destacados, pois demonstram a visão do juiz sobre a utilização da medida cautelar de prisão preventiva no âmbito das investigações aqui examinadas.

No processo nº 5012298-77.2016.404.7000, Sergio Moro indicou que os fatos, "com, em cognição sumária, provas de envolvimento de Gim Argello na extorsão de dirigentes de empreiteiras e em complexos esquemas de lavagem de dinheiro, indicam, pelo *modus operandi*, sofisticação e profissionalização na prática de crimes contra a Administração Pública"[367], o que, em sua visão, põe em risco a ordem pública. Sobre a circunstância de ele não ser mais parlamentar, apontou que "não elide o risco à ordem pública, pois o produto dos crimes não foi recuperado e foi submetido, em princípio, a esquemas sofisticados de lavagem, servindo a prisão cautelar para prevenir que seja submetido a novas operações

365 Exemplo de decisão representativa do modelo. BRASIL. Tribunal Regional Federal da 4ª Região. (Seção Judiciária do Paraná). **Decisão.** 5003682-16.2016.4.04.7000. 13ª Vara Federal de Curitiba. Juiz Federal: Sergio Fernando Moro. Curitiba, 05 de fevereiro de 2016.

366 Exemplo de decisão representativa do modelo. BRASIL. Tribunal Regional Federal da 4ª Região. (Seção Judiciária do Paraná). **Decisão.** 5003682-16.2016.4.04.7000. 13ª Vara Federal de Curitiba. Juiz Federal: Sergio Fernando Moro. Curitiba, 05 de fevereiro de 2016.

367 BRASIL. Tribunal Regional Federal da 4ª Região. (Seção Judiciária do Paraná). **Decisão.** 5012298-77.2016.4.04.7000. 13ª Vara Federal de Curitiba. Juiz Federal: Sergio Fernando Moro. Curitiba, 01 de abril de 2016.

de ocultação e dissimulação"[368]. Sua influência política também foi analisada pelo juiz, ao argumento de que exerceu mandatos desde 1998 e de que ainda estava inserido na estrutura partidária. Para ele, é "[i]naceitável que agentes políticos em relação aos quais existam graves indícios de envolvimento em crimes contra a Administração Pública e lavagem de dinheiro permaneçam na vida pública sem consequências"[369], na medida em que políticos com acesso a recursos ilícitos possuem "vantagem comparativa em relação aos probos"[370], com possibilidade de comprometimento do "próprio sistema democrático"[371] se não houver reação institucional. Arrematou a decisão:

> O correto seria que as próprias instituições políticas ou as próprias estruturas partidárias resolvessem essas questões. Não sendo este o caso, necessária infelizmente a intervenção do Poder Judiciário para poupar a sociedade do risco oferecido pela perpetuação na vida pública do agente político criminoso, máxime quando há possibilidade de que este volte, em futura eleição, a assumir mandato parlamentar. Nada pior para a democracia do que um político desonesto.[372]

Há motivação quase idêntica utilizada em uma decisão do modelo 3, a do processo nº 5014455-57.2015.4.04.7000/PR, cujo investigado é João Luiz Argolo. Faz-se menção somente nesta oportunidade para que os temas sejam tratados conjuntamente. Assim argumentou o juiz naquela oportunidade:

> Apesar de não ter sido reeleito para a legislatura iniciada em 2015, obteve a posição de suplente (http://clic101.com.br/admin/midia/2014_10_07/07102014092612.pdf), havendo risco para a sociedade que circunstancialmente volte a exercer o mandato de parlamentar federal.
>
> [...]

368 BRASIL. Tribunal Regional Federal da 4ª Região. (Seção Judiciária do Paraná). **Decisão.** 5012298-77.2016.4.04.7000. 13ª Vara Federal de Curitiba. Juiz Federal: Sergio Fernando Moro. Curitiba, 01 de abril de 2016.

369 BRASIL. Tribunal Regional Federal da 4ª Região. (Seção Judiciária do Paraná). **Decisão.** 5012298-77.2016.4.04.7000. 13ª Vara Federal de Curitiba. Juiz Federal: Sergio Fernando Moro. Curitiba, 01 de abril de 2016.

370 BRASIL. Tribunal Regional Federal da 4ª Região. (Seção Judiciária do Paraná). **Decisão.** 5012298-77.2016.4.04.7000. 13ª Vara Federal de Curitiba. Juiz Federal: Sergio Fernando Moro. Curitiba, 01 de abril de 2016.

371 BRASIL. Tribunal Regional Federal da 4ª Região. (Seção Judiciária do Paraná). **Decisão.** 5012298-77.2016.4.04.7000. 13ª Vara Federal de Curitiba. Juiz Federal: Sergio Fernando Moro. Curitiba, 01 de abril de 2016.

372 BRASIL. Tribunal Regional Federal da 4ª Região. (Seção Judiciária do Paraná). **Decisão.** 5012298-77.2016.4.04.7000. 13ª Vara Federal de Curitiba. Juiz Federal: Sergio Fernando Moro. Curitiba, 01 de abril de 2016.

> Havendo provas, em cognição sumária, de que usou seu mandato anterior para enriquecer ilicitamente em detrimento dos cofres públicos é inaceitável a possibilidade de que volte exercer o cargo de deputado federal, mais ainda se justificando a preventiva para proteger a sociedade brasileiras deste risco.
>
> [...]
>
> Como dinheiro é poder e o domínio político é competitivo, políticos desonestos, por terem condições de contar com recursos criminosos, possuem uma vantagem comparativa em relação aos probos. Se não houver reação institucional, há risco concreto do progressivo predomínio dos criminosos nas instituições públicas, com o comprometimento do próprio sistema democrático.
>
> O correto seria que as próprias instituições políticas ou as próprias estruturas partidárias resolvessem essas questões. Não sendo este o caso, necessária infelizmente a intervenção do Poder Judiciário para poupar a sociedade do risco oferecido pela perpetuação na vida pública do agente político criminoso, máxime quando há possibilidade de que este assuma novamente mandato parlamentar federal. Nada pior para a democracia do que um legislador criminoso.[373]

Argumentação semelhante foi igualmente utilizada na prisão preventiva de Paulo Adalberto Alves Ferreira (processo nº 5026980-37.2016.404.7000), que havia ocupado diversos cargos na estrutura do Partido dos Trabalhadores, exercido o mandato de deputado federal entre 2012 e 2014 e, à época do ato judicial, era suplente, de sorte que a mera possibilidade de retornar à vida pública também foi utilizada para justificar o abalo à ordem pública. Em suma, o "apelo à ordem pública, seja para prevenir novos crimes, afastando o político improbo da vida pública, seja em decorrência de gravidade em concreto dos crimes praticados, é suficiente para justificar a decretação da preventiva"[374].

Nesses casos, percebe-se que, para reforçar a presença dos fundamentos da prisão preventiva, Sergio Moro utilizou argumentação atrelada à participação dos investigados na vida pública e, princi-

373 BRASIL. Tribunal Regional Federal da 4ª Região. (Seção Judiciária do Paraná). **Decisão.** 5014455-57.2015.4.04.7000. 13ª Vara Federal de Curitiba. Juiz Federal: Sergio Fernando Moro. Curitiba, 01 de abril de 2015.

374 BRASIL. Tribunal Regional Federal da 4ª Região. (Seção Judiciária do Paraná). **Decisão.** 5026980-37.2016.4.04.7000. 13ª Vara Federal de Curitiba. Juiz Federal: Sergio Fernando Moro. Curitiba, 7 de junho de 2016.

palmente, nos pleitos eleitorais vindouros. Usar a prisão preventiva para evitar o retorno do investigado a um mandato parlamentar, em reconhecida usurpação das funções dos partidos políticos, não encontra amparo na legislação vigente. As hipóteses de inelegibilidades previstas na Lei Complementar nº 64/1990 envolvendo os crimes apurados na Operação Lava Jato e participação do Poder Judiciário estão vinculadas a uma condenação por órgão judicial colegiado e não à decretação de prisão preventiva.

Essa fundamentação demonstra que Sergio Moro se utilizou do peso simbólico da custódia cautelar e seu consequente abalo na popularidade e na imagem dos investigados para impossibilitar possível vitória em pleito eleitoral, uma vez que inexistiria impedimento legal a uma eventual candidatura em virtude da mera decretação da prisão cautelar (sem condenação confirmada em segundo grau). Em outras palavras, o então juiz valeu-se do já mencionado efeito difamatório da prisão preventiva, qualificado por Ferrajoli como um dos aspectos mais humilhantes e aflitivos do sistema punitivo, para atingir objetivos, notadamente eleitorais, não previstos em lei.

Essa atuação transborda os limites constitucionalmente definidos para um juiz em nosso Estado democrático de direito e viola a própria separação de poderes. A bem da verdade, tal proceder não deixa de ser em si uma conduta política do juiz, que se vê inexplicavelmente legitimado a fazer escolhas que desafiam a própria soberania popular, a despeito de qualquer autorização legal ou constitucional.

Quanto ao caso de João Cláudio de Carvalho Genu (processo nº 5022999-97.2016.404.7000), ele teria recebido vantagem indevida e "participado de forma relevante no esquema criminoso da Petrobras ao mesmo tempo em que estava sendo processado criminalmente perante o Egrégio Supremo Tribunal Federal por crimes de corrupção passiva e de lavagem de dinheiro no âmbito da Ação Penal 470"[375]. Segundo o juiz, a "prova do recebimento de propina mesmo durante o processamento da Ação Penal 470 reforça os

375 BRASIL. Tribunal Regional Federal da 4ª Região. (Seção Judiciária do Paraná). **Decisão.** 5022999-97.2016.4.04.7000. 13ª Vara Federal de Curitiba. Juiz Federal: Sergio Fernando Moro. Curitiba, 20 de maio de 2016.

indícios de profissionalismo e habitualidade na prática do crime, recomendando a prisão para prevenir risco à ordem pública"[376]. Ponto que merece ser realçado é que o investigado, no contexto do processo do Mensalão, teve sua punibilidade extinta, em razão da prescrição da pretensão punitiva, o que não obstou as conclusões do juiz de primeiro grau.

Acerca de Adir Assad (processo nº 5035144-88.2016.404.7000), por se tratar da segunda prisão preventiva, o juiz apontou que a premissa fática sobre a qual teria sido concedido o primeiro *habeas corpus* em seu favor, "de que não haveria provas de atividade criminal depois de 2012, embora correta ao tempo da decisão, foi esvaziada pela prova superveniente que revela atuação até pelo menos a anterior prisão preventiva de Adir Assad em 2015"[377].

Na decisão do processo nº 5030591-95.2016.404.7000, o juiz expôs sua análise sobre uma alegada proliferação das práticas corruptas e a necessidade de prisão preventiva, tecendo, inclusive, comentário mais teórico sobre a função do Poder Judiciário na proteção das vítimas de crimes e da sociedade:

> A corrupção sistêmica é produto de uma prática criminosa serial e não um ato isolado no tempo e espaço. Não raramente os casos de corrupção descobertos constituem apenas uma amostragem de atividades criminosas muito mais extensas.
>
> O fato, aliás, é bem ilustrado pela constatação de que vários dos acusados ou condenados na conhecida Ação Penal 470 reapareceram como acusados ou condenados no âmbito da assim denominada Operação Lava Jato, inclusive provado que pelo menos dois deles, exparlamentares já condenados, recebiam propinas mensais mesmo enquanto estavam sendo julgados pelo Plenário do Supremo Tribunal Federal na referida ação penal.
>
> Embora o Judiciário seja o guardião das liberdades fundamentais, também tem o dever de proteger vítimas de crimes, indivíduos e toda a sociedade, da reiteração delitiva, máxime em um quadro, em cogni-

376 BRASIL. Tribunal Regional Federal da 4ª Região. (Seção Judiciária do Paraná). **Decisão.** 5022999-97.2016.4.04.7000. 13ª Vara Federal de Curitiba. Juiz Federal: Sergio Fernando Moro. Curitiba, 20 de maio de 2016.

377 BRASIL. Tribunal Regional Federal da 4ª Região. (Seção Judiciária do Paraná). **Decisão.** 5035144-88.2016.4.04.7000. 13ª Vara Federal de Curitiba. Juiz Federal: Sergio Fernando Moro. Curitiba, 05 de julho de 2016.

> ção sumária, grave de corrupção sistêmica. É possível, aliás, afirmar que uma das causas prováveis do agravamento e da proliferação de práticas corruptas entre nós tenha sido a falta de tomada, como regra geral, de medidas mais sérias para preveni-las, entre elas a prisão preventiva, quando presentes boas provas de autoria e materialidade de condutas criminais graves, para impedir reiteração criminosa.[378]

Como se vê, é da compreensão do juiz que o Poder Judiciário, no processo penal e no direito penal, embora seja guardião das liberdades fundamentais, também deve agir para proteção das vítimas e da sociedade, notadamente num quadro de possibilidade de reiteração delitiva. Embora não cite dados concretos ou justifique seu posicionamento, entende ele que a proliferação de práticas de corrupção no cenário nacional decorreu da falta de tomada, como regra geral, de medidas mais drásticas para preveni-las, notadamente a prisão preventiva.

Reflexão semelhante foi localizada na decisão do processo nº 504355960.2016.4.04.7000, quando destacou que, embora a prisão cautelar seja um "remédio amargo"[379], "é melhor do que a contaminação da democracia pela corrupção sistêmica"[380], pois, "[e]m um determinado nível, a corrupção coloca em risco a própria qualidade de democracia, com afetação das eleições livres e do regular funcionamento das instituições"[381]. Na sua visão, é "nesse contexto que deve ser compreendido o emprego, na forma da lei e ainda pontual, das prisões preventivas na assim denominada Operação Lava Jato"[382].

No processo envolvendo o ex-deputado federal Eduardo Cunha, o juiz apresentou hipotético motivo pelo qual ele não havia sido preso preventivamente por determinação do STF, destacando que, "[j]á havia, é certo, razões para a decretação da preventiva quando

378 BRASIL. Tribunal Regional Federal da 4ª Região. (Seção Judiciária do Paraná). **Decisão.** 503059195.2016.4.04.7000. 13ª Vara Federal de Curitiba. Juiz Federal: Sergio Fernando Moro. Curitiba, 08 de julho de 2016.

379 BRASIL. Tribunal Regional Federal da 4ª Região. (Seção Judiciária do Paraná). **Decisão.** 504355960.2016.4.04.7000. 13ª Vara Federal de Curitiba. Juiz Federal: Sergio Fernando Moro. Curitiba, 30 de setembro de 2016.

380 BRASIL. Tribunal Regional Federal da 4ª Região. (Seção Judiciária do Paraná). **Decisão.** 504355960.2016.4.04.7000. 13ª Vara Federal de Curitiba. Juiz Federal: Sergio Fernando Moro. Curitiba, 30 de setembro de 2016.

381 BRASIL. Tribunal Regional Federal da 4ª Região. (Seção Judiciária do Paraná). **Decisão.** 504355960.2016.4.04.7000. 13ª Vara Federal de Curitiba. Juiz Federal: Sergio Fernando Moro. Curitiba, 30 de setembro de 2016.

382 BRASIL. Tribunal Regional Federal da 4ª Região. (Seção Judiciária do Paraná). **Decisão.** 504355960.2016.4.04.7000. 13ª Vara Federal de Curitiba. Juiz Federal: Sergio Fernando Moro. Curitiba, 30 de setembro de 2016.

do requerimento do afastamento cautelar e nem todos os riscos estavam associados ao exercício do mandato parlamentar"[383], de sorte que, "apesar de existirem causas para a preventiva, naquele momento, o então parlamentar estava protegido pelo estatuto normativo especial do parlamentar federal"[384].

Ainda na mesma decisão, o juiz tratou da insuficiência da perda do mandato parlamentar como remédio para prevenir novas obstruções e a reiteração delitiva, colocando que o poder e a influência política do acusado não foram totalmente neutralizados, bem como colacionou comentário do juiz italiano Piercamilo Davigo, que atuou na Operação Mãos Limpas, sobre o caráter serial da corrupção. O mesmo raciocínio foi utilizado na decisão em desfavor de Sérgio de Oliveira Cabral Santos Filho (processo nº 5056390-43.2016.404.7000), proferida menos de um mês depois, na qual o juiz destacou que "[n]ão se pode ainda olvidar que alguém que exerceu dois mandatos de Governador e antes de Senador deve dispor de considerável rede de influência nos negócios públicos federais e estaduais, mesmo já fora do exercício do poder formal"[385] e valeu-se da mesma citação do juiz italiano.

Com relação à conveniência da instrução ou da investigação, que está presente em oito das quatorze decisões desse modelo, as motivações são diversas.

Nas decisões dos processos nº 5003682-16.2016.404.7000, 5022192-77.2016.404.7000 e 5035144-88.2016.404.7000, o risco à instrução foi alegado em razão da possibilidade de apresentação de documentos fraudulentos. Na primeira foi adicionado que teria sido constatado que o acusado João Santana havia excluído conta no Dropbox vinculada ao seu endereço de *e-mail*, o que também indicaria a tentativa de destruir provas pela eliminação dos arquivos eletrônicos. Nas decisões seguintes, arrematou:

383 BRASIL. Tribunal Regional Federal da 4ª Região. (Seção Judiciária do Paraná). **Decisão.** 505221166.2016.4.04.7000. 13ª Vara Federal de Curitiba. Juiz Federal: Sergio Fernando Moro. Curitiba, 17 de outubro de 2016.
384 BRASIL. Tribunal Regional Federal da 4ª Região. (Seção Judiciária do Paraná). **Decisão.** 505221166.2016.4.04.7000. 13ª Vara Federal de Curitiba. Juiz Federal: Sergio Fernando Moro. Curitiba, 17 de outubro de 2016.
385 BRASIL. Tribunal Regional Federal da 4ª Região. (Seção Judiciária do Paraná). **Decisão.** 5056390-43.2016.4.04.7000. 13ª Vara Federal de Curitiba. Juiz Federal: Sergio Fernando Moro. Curitiba, 10 de novembro de 2016.

> a prática rotineira de fraudes para acobertar os crimes, v.g., simulando contratos de prestação de serviços para dissimular o repasse de propinas, também representa risco à investigação ou à instrução, já que outros documentos fraudados poderão ser apresentados a este Juízo a fim de justificar falsamente as relações contratuais.[386]

No processo nº 5030591-95.2016.404.7000, novamente alegou-se a possibilidade de produção de documentos falsos para conferir suporte a contratos simulados, mas, agora, com foco no episódio envolvendo a CPI da Petrobras de 2009, no qual a Queiroz Galvão teria feito pagamento de dez milhões de reais para obstaculizar a investigação daquela comissão. Chamou atenção deste pesquisador que se trata de evento ocorrido aproximadamente sete anos antes da decisão, proferida em 08/07/2016. O juiz acrescentou o fato de que um executivo da empresa, que seria um subordinado dos investigados Ildefonso Colares Filho e Othon Zanoide de Moraes, teria deixado o país depois da prisão temporária desses dois, o que seria um indicativo de ato de dissipação de provas.

No processo nº 5052211-66.2016.4.04.7000, relativo ao ex-deputado Eduardo Cunha, o risco à instrução foi apresentado a partir da possibilidade de intimidação de testemunhas, em razão da presença de indícios de que ele teria se utilizado de terceiros para obstruir diversas investigações, principalmente durante a Comissão Parlamentar de Inquérito, "intimidando testemunhas, colaboradores, advogados e até mesmo autoridades responsáveis pela condução dos processos"[387]. O juiz arrematou: "Sem a tomada de medidas mais duras, é de se recear que potenciais testemunhas contra o acusado se sintam igualmente intimidadas em revelar a verdade e colaborar com a Justiça"[388].

Nas decisões dos processos nº 5043559-60.2016.4.04.7000 e nº 5056390-43.2016.404.7000, foram considerados indícios de supressão

---

386 Exemplo de decisão representativa do modelo. BRASIL. Tribunal Regional Federal da 4ª Região. (Seção Judiciária do Paraná). **Decisão.** 5035144 88.2016.4.04.7000. 13ª Vara Federal de Curitiba. Juiz Federal: Sergio Fernando Moro. Curitiba, 05 de julho de 2016.

387 BRASIL. Tribunal Regional Federal da 4ª Região. (Seção Judiciária do Paraná). **Decisão.** 505221166.2016.4.04.7000. 13ª Vara Federal de Curitiba. Juiz Federal: Sergio Fernando Moro. Curitiba, 17 de outubro de 2016.

388 BRASIL. Tribunal Regional Federal da 4ª Região. (Seção Judiciária do Paraná). **Decisão.** 505221166.2016.4.04.7000. 13ª Vara Federal de Curitiba. Juiz Federal: Sergio Fernando Moro. Curitiba, 17 de outubro de 2016.

de provas. No caso de Carlos Miranda, ele teria apagado mensagens eletrônicas que "poderiam lhe comprometer criminalmente"[389] e que só foram descobertas após acordo de leniência das empreiteiras, e, no caso de Antônio Palocci Filho e Branislav Kontic, teriam sido retirados do escritório profissional, previamente à busca e apreensão, gabinetes com os arquivos eletrônicos dos computadores. Nesse caso, o juiz conjecturou explicação: "talvez seja explicado pelo fato de que, mesmo antes da busca, já havia especulações acerca da realização de diligências, na Operação Lava Jato, em relação ao ex-ministro"[390]. Em ambos os processos, o juiz fez a ressalva de que, conquanto as condutas demandem ser completamente esclarecidas, já caracterizariam risco à investigação e à instrução.

A aplicação da lei penal também está presente em oito atos decisórios do modelo. A fundamentação das decisões nos processos nº 5003682-16.2016.404.7000 (proferida em 05/02/2016) e 5035144-88.2016.404.7000 é semelhante à utilizada no padrão anterior e abarca a existência de contas no exterior de suposta propriedade dos investigados, de sorte que os respectivos saldos estão sujeitos à dissipação, com o consequente risco à aplicação da lei penal. Em relação aos investigados Zwi Skornicki e Rodrigo Tacla Duran, a dupla nacionalidade é utilizada como um facilitador de refúgio no exterior, o que caracterizaria o risco à aplicação da lei penal.

As decisões nos processos nº 5043559-60.2016.4.04.7000, 5052211-66.2016.4.04.7000 e 5056390-43.2016.404.7000 também relacionam o perigo à aplicação da lei penal com a dissipação de ativos. Nessas, no entanto, o juiz explicitou não ser possível a identificação de todos os valores e contas, o que seria suficiente para indicar o risco. Merece destaque que o juiz fez apenas inferências com relação à existência de tais contas secretas, sem dados concretos da existência delas, colocando a possibilidade de "que os pagamentos

389 Exemplo de decisão representativa do modelo. BRASIL. Tribunal Regional Federal da 4ª Região. (Seção Judiciária do Paraná). **Decisão.** 5056390-43.2016.4.04.7000. 13ª Vara Federal de Curitiba. Juiz Federal: Sergio Fernando Moro. Curitiba, 10 de novembro de 2016.

390 Exemplo de decisão representativa do modelo. BRASIL. Tribunal Regional Federal da 4ª Região. (Seção Judiciária do Paraná). **Decisão.** 5056390-43.2016.4.04.7000. 13ª Vara Federal de Curitiba. Juiz Federal: Sergio Fernando Moro. Curitiba, 10 de novembro de 2016.

tenham, em parte, ocorrido em contas secretas no exterior ainda não identificadas ou bloqueadas"[391]; "ocultar e dissimular propinas, com contas secretas no exterior, parte não totalmente identificada nem sequestrada"[392] e "[n]ão foi ainda possível rastrear parcela considerável da propina paga"[393].

Assim, finalizou que, "[e]nquanto não houver rastreamento do dinheiro e a identificação de sua localização atual, há um risco de dissipação do produto do crime, o que inviabilizará a sua recuperação"[394] e que está "presente igualmente um risco maior de fuga ao exterior, uma vez que os investigados poderiam se valer de recursos ilícitos ali mantidos para facilitar fuga e refúgio no exterior"[395]. Quanto ao investigado Eduardo Cunha, o risco foi incrementado por ele possuir dupla nacionalidade, circunstância que facilitaria possível fuga. Em relação a Sérgio Cabral, ex-governador do Rio de Janeiro, Sergio Moro apontou que a necessidade da medida era ainda mais evidenciada em razão da situação de "ruína das contas públicas"[396] do estado, concluindo que "[c]onstituiria afronta permitir que os investigados persistissem fruindo em liberdade do produto milionário de seus crimes [...] enquanto, por conta de gestão governamental aparentemente comprometida por corrupção e inépcia, impõe-se à população daquele Estado tamanhos sacrifícios"[397].

Nos processos nº 5003682-16.2016.404.7000 (decisão de 11/02/2016) e 5010479-08.2016.404.7000, há indicação de possibilidade de fuga para o exterior. O juiz narrou que a empresa Odebrecht estaria transferindo, para fora do Brasil, seus executivos ou pessoas a ela ligadas durante as investigações. Citou os casos de Fernando

---

391 BRASIL. Tribunal Regional Federal da 4ª Região. (Seção Judiciária do Paraná). **Decisão.** 504355960.2016.4.04.7000. 13ª Vara Federal de Curitiba. Juiz Federal: Sergio Fernando Moro. Curitiba, 30 de setembro de 2016.
392 BRASIL. Tribunal Regional Federal da 4ª Região. (Seção Judiciária do Paraná). **Decisão.** 505221166.2016.4.04.7000. 13ª Vara Federal de Curitiba. Juiz Federal: Sergio Fernando Moro. Curitiba, 17 de outubro de 2016.
393 BRASIL. Tribunal Regional Federal da 4ª Região. (Seção Judiciária do Paraná). **Decisão.** 5056390-43.2016.4.04.7000. 13ª Vara Federal de Curitiba. Juiz Federal: Sergio Fernando Moro. Curitiba, 10 de novembro de 2016.
394 BRASIL. Tribunal Regional Federal da 4ª Região. (Seção Judiciária do Paraná). **Decisão.** 505221166.2016.4.04.7000. 13ª Vara Federal de Curitiba. Juiz Federal: Sergio Fernando Moro. Curitiba, 17 de outubro de 2016.
395 BRASIL. Tribunal Regional Federal da 4ª Região. (Seção Judiciária do Paraná). **Decisão.** 505221166.2016.4.04.7000. 13ª Vara Federal de Curitiba. Juiz Federal: Sergio Fernando Moro. Curitiba, 17 de outubro de 2016.
396 BRASIL. Tribunal Regional Federal da 4ª Região. (Seção Judiciária do Paraná). **Decisão.** 5056390-43.2016.4.04.7000. 13ª Vara Federal de Curitiba. Juiz Federal: Sergio Fernando Moro. Curitiba, 10 de novembro de 2016.
397 BRASIL. Tribunal Regional Federal da 4ª Região. (Seção Judiciária do Paraná). **Decisão.** 5056390-43.2016.4.04.7000. 13ª Vara Federal de Curitiba. Juiz Federal: Sergio Fernando Moro. Curitiba, 10 de novembro de 2016.

Migliaccio e de Luiz Eduardo da Rocha Soares, que, custeados pela empreiteira, mudaram-se para o exterior em 2014, quando já estavam em curso as investigações da Operação Lava Jato, e, mesmo após retornarem ao Brasil em 2015, deixaram novamente o País após a prisão dos demais executivos da empresa. Reconheceu, portanto, que "[h]á um risco concreto, considerando o padrão de comportamento não só da Odebrecht, mas dos próprios investigados, que direcionada a investigação ou a persecução contra eles, refugiem-se ou permaneçam refugiados no exterior"[398].

9.6 O sexto modelo de fundamentação

O sexto padrão foi utilizado de 15/02/2017 a 31/07/2017, abarcando cinco atos decisórios e dez acusados. Quanto à garantia da ordem pública, inicialmente delineou-se o contexto dos fatos investigados, colocando-se, nos mesmos moldes já apresentados, que a Operação Lava Jato revelou um esquema de corrupção sistêmica, no qual os ilícitos eram considerados como a regra do jogo político pelos envolvidos, sendo que "impõe-se a prisão preventiva para debelá-la, sob pena de agravamento progressivo do quadro criminoso"[399]. Argumentou o juiz que a decretação da prisão preventiva é necessária e adequada, sendo que "[o] país já paga, atualmente, um preço elevado, com várias autoridades públicas denunciadas ou investigadas em esquemas de corrupção, minando a confiança na regra da lei e na democracia"[400]. Ao final repetiu que, no caso, o que seria excepcional não é a prisão, "mas o grau de deterioração da coisa pública revelada pelos processos na Operação Lava Jato"[401].

Acrescentou, porém, que, apesar das críticas às prisões decretadas na Operação, "atualmente há somente sete presos provisórios

398 BRASIL. Tribunal Regional Federal da 4ª Região. (Seção Judiciária do Paraná). **Decisão.** 5010479-08.2016.4.04.7000. 13ª Vara Federal de Curitiba. Juiz Federal: Sergio Fernando Moro. Curitiba, 15 de março de 2016.

399 Exemplo de decisão representativa do modelo. BRASIL. Tribunal Regional Federal da 4ª Região. (Seção Judiciária do Paraná). **Decisão.** 5004568-78.2017.4.04.7000. 13ª Vara Federal de Curitiba. Juiz Federal: Sergio Fernando Moro. Curitiba, 15 de fevereiro de 2017.

400 Exemplo de decisão representativa do modelo. BRASIL. Tribunal Regional Federal da 4ª Região. (Seção Judiciária do Paraná). **Decisão.** 5004568-78.2017.4.04.7000. 13ª Vara Federal de Curitiba. Juiz Federal: Sergio Fernando Moro. Curitiba, 15 de fevereiro de 2017.

401 Exemplo de decisão representativa do modelo. BRASIL. Tribunal Regional Federal da 4ª Região. (Seção Judiciária do Paraná). **Decisão.** 5004568-78.2017.4.04.7000. 13ª Vara Federal de Curitiba. Juiz Federal: Sergio Fernando Moro. Curitiba, 15 de fevereiro de 2017.

sem julgamento, e que a medida, embora drástica, foi essencial para interromper a carreira criminosa de Paulo Roberto Costa, Renato de Souza Duque, Alberto Youssef e de Fernando Soares"[402] e, assim, também barrar a atividade do cartel das empreiteiras, bem como o pagamento de propinas. Justificou que a prisão pode ser utilizada quando for medida essencial para a interrupção da prática profissional de crimes e proteção da sociedade, acrescentando que não se trata de menosprezar o valor da liberdade. Para reforçar seu posicionamento, citou trecho de decisão da Suprema Corte estadunidense em United States v. Salerno, U.S 739, 107 (1987), no seguinte sentido: "este direito [a liberdade] pode, em circunstâncias nas quais o interesse comunitário é suficientemente relevante, ser subordinado às necessidades maiores da sociedade"[403]. Em três das cinco decisões, é igualmente utilizado comentário do juiz italiano Piercamilo Davigo, na Operação Mãos Limpas, sobre o caráter serial da corrupção.

Na decisão do processo nº 5043865-92.2017.4.04.7000, repetiu os precedentes trazidos em outras ocasiões sobre o cabimento da prisão preventiva. Realçou que, em diversos julgados oriundos da Operação Lava Jato, o STJ reconheceu a "necessidade da prisão cautelar em decorrência do risco à ordem pública"[404]. Além disso, apontou que o TRF-4 teria reiteradamente mantido prisões preventivas decretadas na Operação, "especialmente contra diretores e gerentes da Petrobras quando presente boas provas do enriquecimento ilícito e ausente a recuperação integral dos ativos criminosos"[405]. Evidenciou que a dimensão concreta dos fatos delitivos pode ser invocada como fundamento da prisão e destacou novamente julgado do STF sobre a compatibilidade da prisão preventiva com o princípio da presunção de inocência.

---

402 Exemplo de decisão representativa do modelo. BRASIL. Tribunal Regional Federal da 4ª Região. (Seção Judiciária do Paraná). **Decisão.** 5004568-78.2017.4.04.7000. 13ª Vara Federal de Curitiba. Juiz Federal: Sergio Fernando Moro. Curitiba, 15 de fevereiro de 2017.

403 Exemplo de decisão representativa do modelo. BRASIL. Tribunal Regional Federal da 4ª Região. (Seção Judiciária do Paraná). **Decisão.** 5004568-78.2017.4.04.7000. 13ª Vara Federal de Curitiba. Juiz Federal: Sergio Fernando Moro. Curitiba, 15 de fevereiro de 2017.

404 BRASIL. Tribunal Regional Federal da 4ª Região. (Seção Judiciária do Paraná). **Decisão.** 5043865-92.2017.4.04.7000. 13ª Vara Federal de Curitiba. Juiz Federal: Sergio Fernando Moro. Curitiba, 24 de novembro de 2017.

405 BRASIL. Tribunal Regional Federal da 4ª Região. (Seção Judiciária do Paraná). **Decisão.** 5043865-92.2017.4.04.7000. 13ª Vara Federal de Curitiba. Juiz Federal: Sergio Fernando Moro. Curitiba, 24 de novembro de 2017.

Ao final, concluiu que, em razão da gravidade em concreto das condutas e do risco de reiteração de crimes, estaria presente a necessidade de garantia da ordem pública, junto a outros fundamentos que serão analisados em seguida.

A argumentação fática para justificar a alegada gravidade em concreto em cada decisão arvorou-se, neste modelo, especialmente em delitos de lavagem de dinheiro. Em relação aos investigados Jorge Luz, Bruno Luz, Apolo Santana Vieira, Paulo Roberto Gomes Fernandes, Marivaldo do Rozário Escalfoni, André Gustavo Vieira da Silva e Antônio Carlos Vieira da Silva Júnior, argumentou que a "dimensão e o caráter serial dos crimes, com intermediação reiterada de pagamento de vantagem indevida a diversos agentes públicos"[406], seriam indicativos de atuação criminal profissional, sendo todos "profissionais da lavagem de dinheiro e da intermediação de vantagem indevida a agentes públicos"[407], o que justificaria a prisão para interromper o ciclo delitivo, como teria sido feito com os intermediários de propina já identificados na Operação Lava Jato.

Quanto aos investigados Pedro Bastos, Aldemir Bendine e José Antônio de Jesus, eles teriam recebido valores de propina reiteradamente, com suposta ocultação e dissimulação, a indicar igualmente uma atuação criminosa profissional. Em relação a Bendine, ele teria recebido vantagem indevida mesmo após a efetivação da prisão preventiva, em 19/06/2015, do presidente do Grupo Odebrecht. No que tange aos outros dois investigados, aduz que, "[a]té que haja a identificação completa desses ativos e de sua imobilização, presente um risco de reiteração delitiva, pois os valores podem ser submetidos a novas operações de lavagem de dinheiro"[408].

A conveniência da instrução está presente em apenas duas das cinco decisões. O foco argumentativo é principalmente a possibilidade de apresentação de documentos fraudulentos,

406 BRASIL. Tribunal Regional Federal da 4ª Região. (Seção Judiciária do Paraná). **Decisão.** 5004568-78.2017.4.04.7000. 13ª Vara Federal de Curitiba. Juiz Federal: Sergio Fernando Moro. Curitiba, 15 de fevereiro de 2017.
407 BRASIL. Tribunal Regional Federal da 4ª Região. (Seção Judiciária do Paraná). **Decisão.** 5004568-78.2017.4.04.7000. 13ª Vara Federal de Curitiba. Juiz Federal: Sergio Fernando Moro. Curitiba, 15 de fevereiro de 2017.
408 BRASIL. Tribunal Regional Federal da 4ª Região. (Seção Judiciária do Paraná). **Decisão.** 5043865-92.2017.4.04.7000. 13ª Vara Federal de Curitiba. Juiz Federal: Sergio Fernando Moro. Curitiba, 24 de novembro de 2017.

combinado com indícios de destruição de prova ou relatos pretéritos de intimidação de testemunhas. Na decisão do processo nº 501096471.2017.4.04.7000, o juiz destacou que os repasses de vantagem indevida estariam acobertados por contratos simulados e que há indícios de que um dos investigados estaria destruindo provas. Ao analisar a possibilidade de substituição por cautelares diversas, mencionou que "os crimes em apuração teriam sido praticados em segredo, com contas secretas no exterior, fora do controle das autoridades brasileiras"[409], o que inviabilizaria a fiscalização e efetividade de outras cautelares.

Na decisão do processo nº 5030176-78.2017.4.04.7000, que abarcou Aldemir Bendine, Antônio Carlos Vieira da Silva e André Gustavo Vieira da Silva, mencionou que há indícios de que este último apresentou documentos fraudulentos perante o STF para justificar falsamente transações. De forma curiosa, a conduta é ainda estendida aos outros dois investigados que também figuravam no pedido de prisão preventiva: "Embora a apresentação dos documentos fraudulentos tenha sido realizada por André Gustavo Vieira da Silva, é evidente que o crime em apuração é uma empreitada coletiva, recaindo, portanto, a responsabilidade pela iniciativa fraudulenta sobre todos os três investigados"[410]. Além disso, haveria o risco de intimidação de testemunhas, em virtude de acontecimento pretérito em que Aldemir Bendine teria ameaçado e pressionado motorista que lhe prestou serviços no Banco do Brasil "a não depor ou a prestar falso testemunho em investigação acerca de aquisição de bem imóvel com vultosos valores em espécie"[411], sendo que o manuscrito encontrado em sua residência ("encontro c/ motorista p/ dissuadi-lo a não depor no MPF"[412]) e o depoimento da testemunha comprovariam esse episódio, que embasaria a prisão, pois,

409 BRASIL. Tribunal Regional Federal da 4ª Região. (Seção Judiciária do Paraná). **Decisão.** 501096471.2017.4.04.7000. 13ª Vara Federal de Curitiba. Juiz Federal: Sergio Fernando Moro. Curitiba, 24 de novembro de 2017.

410 BRASIL. Tribunal Regional Federal da 4ª Região. (Seção Judiciária do Paraná). **Decisão.** 5030176-78.2017.4.04.7000. 13ª Vara Federal de Curitiba. Juiz Federal: Sergio Fernando Moro. Curitiba, 31 de julho de 2017.

411 BRASIL. Tribunal Regional Federal da 4ª Região. (Seção Judiciária do Paraná). **Decisão.** 5030176-78.2017.4.04.7000. 13ª Vara Federal de Curitiba. Juiz Federal: Sergio Fernando Moro. Curitiba, 31 de julho de 2017.

412 BRASIL. Tribunal Regional Federal da 4ª Região. (Seção Judiciária do Paraná). ***Decisão.*** 5030176-78.2017.4.04.7000. 13ª Vara Federal de Curitiba. Juiz Federal: Sergio Fernando Moro. Curitiba, 31 de julho de 2017.

"[e]mbora seja conduta relativa a investigação pretérita, também autoriza conclusão, pelo *modus operandi*, de que a presente investigação e instrução está em risco, já que testemunhas poderão aqui ser igualmente intimidadas"[413].

O fundamento de assegurar a aplicação da lei penal foi englobado por quatro decisões do modelo em questão.

Na decisão do processo nº 5004568-78.2017.4.04.7000, o risco à aplicação da lei penal foi embasado na existência de contas no exterior sob o controle dos investigados, o que facilitaria a evasão do país, de sorte que, em relação a Bruno Luz, existiriam indícios de que já teria se evadido. Na decisão do processo nº 5017394-39.2017.4.04.7000, a argumentação se deu de forma quase conjunta com a garantia da ordem pública, uma vez que o juiz aduz que, "[e]nquanto não assegurada a recuperação de todo o produto do crime, a prisão preventiva é medida que se impõe para prevenir novos atos de lavagem e evitar a dissipação dos ativos criminosos, garantindo assim a ordem pública e a aplicação da lei penal"[414]. A possibilidade de dissipação de ativos é igualmente exposta como argumento na decisão do processo nº 5043865-92.2017.4.04.7000, oportunidade em que o juiz alegou que a "dissipação indica falta de intenção de se submeter à aplicação da lei penal e os ativos ocultos constituem um facilitador de eventual fuga, com o risco de que o foragido, não só previna a imposição da pena de prisão, mas possa fruir, foragido, do produto de sua atividade criminosa"[415].

Na decisão do processo nº 5030176-78.2017.4.04.7000, o risco de fuga é justificado em razão de o investigado Aldemir Bendine ter contratado viagem ao exterior e não avisado ao juízo, diferentemente de outro investigado que, em situação similar, teria feito esse tipo de comunicação. Na visão do juiz, Bendine entendeu por bem ocultar tal deslocamento, porque haveria convergência

---

413 BRASIL. Tribunal Regional Federal da 4ª Região. (Seção Judiciária do Paraná). **Decisão.** 5030176-78.2017.4.04.7000. 13ª Vara Federal de Curitiba. Juiz Federal: Sergio Fernando Moro. Curitiba, 31 de julho de 2017.

414 BRASIL. Tribunal Regional Federal da 4ª Região. (Seção Judiciária do Paraná). **Decisão.** 5017394-39.2017.4.04.7000. 13ª Vara Federal de Curitiba. Juiz Federal: Sergio Fernando Moro. Curitiba, 19 de maio de 2017.

415 BRASIL. Tribunal Regional Federal da 4ª Região. (Seção Judiciária do Paraná). **Decisão.** 5043865-92.2017.4.04.7000. 13ª Vara Federal de Curitiba. Juiz Federal: Sergio Fernando Moro. Curitiba, 24 de novembro de 2017.

parcial de período no exterior com o investigado André Gustavo, o que sugeriria um encontro dos dois. Concluiu, então, pelo risco à aplicação da lei penal pela "contratada viagem ao exterior de Aldemir Bendine, isso durante as investigações, e que não foram comunicadas ao Juízo, ainda mais por terem por provável propósito a viabilização de encontro dele às escondidas no exterior com André Gustavo Vieira da Silva"[416], sendo que a aquisição de passagem de volta não afastaria integralmente o risco de fuga, pois Aldemir Bendine possui dupla cidadania, que facilitaria a fuga e dificultaria eventual extradição.

9.7 O sétimo modelo de fundamentação

O sétimo modelo decisório abarca apenas duas decisões, de 24/03/2017 e 08/05/2017, e 2 dois acusados. Acerca do fundamento de garantia da ordem pública, há início semelhante ao anterior, com relato dos fatos investigados e indicação de que se trataria de um esquema de corrupção sistêmica que era visto como rotineiro e normal pelos agentes políticos, encarado como a regra do jogo. É também novamente frisado o alto preço pago pelo País e o "grau de deterioração da coisa pública"[417], sendo que a decretação da prisão preventiva, em um contexto como esse, seria "aplicação ortodoxa da lei processual penal"[418].

Nessas decisões, mais uma vez, o cerne da argumentação são os delitos de lavagem de dinheiro e os indícios de habitualidade criminosa. Destacou-se que a prática de várias condutas de ocultação e dissimulação, com nível significativo de sofisticação e no curso avançado das investigações, indicaria reiteração delitiva a justificar a prisão para prevenir novas tentativas de lavagem. É feita comparação com o caso de Renato de Souza Duque, com menção

416 BRASIL. Tribunal Regional Federal da 4ª Região. (Seção Judiciária do Paraná). **Decisão.** 5030176-78.2017.4.04.7000. 13ª Vara Federal de Curitiba. Juiz Federal: Sergio Fernando Moro. Curitiba, 31 de julho de 2017.

417 Exemplo de decisão representativa do modelo. BRASIL. Tribunal Regional Federal da 4ª Região. (Seção Judiciária do Paraná). **Decisão.** 5011206-30.2017.4.04.7000. 13ª Vara Federal de Curitiba. Juiz Federal: Sergio Fernando Moro. Curitiba, 24 de março de 2017.

418 Exemplo de decisão representativa do modelo. BRASIL. Tribunal Regional Federal da 4ª Região. (Seção Judiciária do Paraná). **Decisão.** 5011206-30.2017.4.04.7000. 13ª Vara Federal de Curitiba. Juiz Federal: Sergio Fernando Moro. Curitiba, 24 de março de 2017.

à denegação da ordem de seu *habeas corpus* no STF (HC nº 130.106), cujo fundamento decisivo naquele julgamento, segundo o juiz, foi "a persistência da manutenção de ativos criminosos não declarados no exterior e a sua movimentação, com intuito de dissipação, mesmo em 2014, a fim de prevenir o sequestro e confisco dos valores"[419], o que seria também pertinente nos casos em comento.

Quando da análise da possibilidade de substituição da prisão por cautelares diversas, o juiz asseverou que "não há como prevenir novos atos de lavagem e de dissipação de ativos com medidas cautelares alternativas"[420], especialmente quando não identificada a localização de parte dos ativos ou ainda não sequestrados os valores.

Na decisão do processo nº 5011206-30.2017.4.04.7000, a fundamentação se dá conjuntamente para os pressupostos da garantia da ordem pública e do resguardo da aplicação da lei penal. Segundo o juiz, "a reiteração de novos atos de lavagem e tendo esses atos de lavagem obstado o sequestro de todos os ativos criminosos [...] reputo necessária a prisão preventiva para proteger a ordem pública e a aplicação da lei penal"[421]. A prática de novos atos de lavagem caracterizaria "não só reiteração delitiva, mas atos de frustração do sequestro e confisco criminal, o que coloca em risco a integral recuperação do produto do crime e, por conseguinte a aplicação da lei penal"[422].

O risco à aplicação penal na decisão do processo nº 5010964-71.2017.4.04.7000 relacionou-se, mais uma vez, com a dificuldade de recuperação de ativos no exterior. Frisou-se que foi decretado o sequestro, mas a sua efetivação estava dependendo de cooperação jurídica internacional, uma vez que os valores estariam em bancos nas Bahamas. Assim, entendeu o juiz que, enquanto não implementado o sequestro e esclarecida a origem dos valores, "[a]lém do risco

419 BRASIL. Tribunal Regional Federal da 4ª Região. (Seção Judiciária do Paraná). **Decisão.** 5011206-30.2017.4.04.7000. 13ª Vara Federal de Curitiba. Juiz Federal: Sergio Fernando Moro. Curitiba, 24 de março de 2017.
420 BRASIL. Tribunal Regional Federal da 4ª Região. (Seção Judiciária do Paraná). **Decisão.** 5011206-30.2017.4.04.7000. 13ª Vara Federal de Curitiba. Juiz Federal: Sergio Fernando Moro. Curitiba, 24 de março de 2017.
421 BRASIL. Tribunal Regional Federal da 4ª Região. (Seção Judiciária do Paraná). **Decisão.** 5011206-30.2017.4.04.7000. 13ª Vara Federal de Curitiba. Juiz Federal: Sergio Fernando Moro. Curitiba, 24 de março de 2017.
422 BRASIL. Tribunal Regional Federal da 4ª Região. (Seção Judiciária do Paraná). **Decisão.** 5011206-30.2017.4.04.7000. 13ª Vara Federal de Curitiba. Juiz Federal: Sergio Fernando Moro. Curitiba, 24 de março de 2017.

de fuga se colocado em liberdade, já que mantém fortuna no exterior, os próprios ativos podem ser dissipados, frustrando o sequestro e confisco e, por conseguinte, a aplicação da lei penal"[423].

O risco à instrução processual consta apenas na decisão do processo nº 5011206-30.2017.4.04.7000 e foi embasado na apresentação de documentos falsos ao Banco Société Générale pelo investigado para justificar transações que poderiam envolver o recebimento de propina. Diferentemente dos outros casos já mencionados pelo juiz, trata-se de apresentação de documentação hipoteticamente falsa a uma instituição privada e não em juízo ou a uma autoridade pública.

9.8 Decisões não inseridas nos padrões de fundamentação

Por fim, onze decisões não se adequaram aos modelos expostos, por causa de suas peculiaridades.

Dentre elas, há três decisões que não contêm o fundamento de garantia da ordem pública, utilizado para balizar a separação dos modelos, de modo que, em razão disso, ficaram de fora dos padrões apresentados.

As duas primeiras, datadas de 26/10/2016 e 03/10/2017, indicam apenas o fundamento de aplicação da lei penal, aqui relacionado ao risco de fuga de investigados que possuem residência fora do país. Na decisão do processo nº 5054168-05.2016.404.7000, o juiz apontou que Mariano Marcondes Ferraz é residente no exterior, executivo de grupo empresarial estrangeiro, possui dupla nacionalidade e costumava retornar periodicamente ao Brasil desde 2008, situação que teria mudado após a deflagração da Operação Lava Jato. Destacou que o investigado havia retornado brevemente ao País e viajaria novamente na data em que foi proferida a decisão, de forma que seria necessária a efetivação da prisão para evitar que ele se refugiasse no exterior. Ao analisar o cabimento de outras medidas cautelares, o juiz aduziu que o recolhimento de passaporte e a proibição de sair do país "não são medidas cuja eficácia pode ser garantida,

423 BRASIL. Tribunal Regional Federal da 4ª Região. (Seção Judiciária do Paraná). **Decisão.** 5010964-71.2017.4.04.7000. 13ª Vara Federal de Curitiba. Juiz Federal: Sergio Fernando Moro. Curitiba, 08 de maio de 2017.

considerando a extensão das fronteiras brasileiras e o reduzido controle sobre o tráfego de pessoas nelas. No exterior, com dupla nacionalidade, nada impede que obtenha novo passaporte"[424].

Na decisão do processo nº 5042480-12.2017.4.04.7000, em que figura como investigado David Muino Suarez, estrangeiro não residente, o juiz concluiu que, caso ele deixasse o Brasil, a aplicação da lei penal estaria em risco, já que a investigação e a persecução seriam dificultadas, assim como eventual extradição. Interessante notar que, em aparente reconhecimento da desproporcionalidade da medida, o juiz fez ressalva de que, se efetivada a prisão preventiva, "poderá ser analisado, por iniciativa da Defesa, se a medida pode ser satisfatoriamente substituída por outras garantias, como o estabelecimento de residência no Brasil, proibição de que ele deixe o exterior e fiança significativa"[425]. E isso efetivamente aconteceu. Após o cumprimento do mandado de prisão, a defesa requereu a revogação, tendo o juiz substituído o cárcere cautelar por medidas diversas menos invasivas.

Menciona-se aqui também a decisão no processo nº 5031534-49.2015.404.7000, que, embora tenha fundamento de garantia da ordem pública, sua argumentação enfatizou a aplicação da lei penal, tal qual as duas outras mencionadas acima e diferentemente das decisões que estão nos modelos. Quanto à ordem pública, há apenas a singela frase: "Também vislumbro risco à ordem pública, considerando que as circunstâncias da prática dos crimes indicam que Raul Schmidt dedicar-se-ia profissionalmente à intermediação de propinas a agentes públicos e à lavagem de dinheiro"[426], inexistindo maiores considerações, o que destoa dos padrões apresentados. Acerca da aplicação da lei penal, foi aduzido que Raul Schmidt possuía residência na Suíça e estaria refugiado da ação da Justiça brasileira. Segundo o juiz, "[n]ão

---

424 BRASIL. Tribunal Regional Federal da 4ª Região. (Seção Judiciária do Paraná). **Decisão**. 505416805.2016.4.04.7000. 13ª Vara Federal de Curitiba. Juiz Federal: Sergio Fernando Moro. Curitiba, 26 de outubro de 2016.

425 BRASIL. Tribunal Regional Federal da 4ª Região. (Seção Judiciária do Paraná). **Decisão.** 5042480-12.2017.4.04.7000. 13ª Vara Federal de Curitiba. Juiz Federal: Sergio Fernando Moro. Curitiba, 03 de outubro de 2017.

426 BRASIL. Tribunal Regional Federal da 4ª Região. (Seção Judiciária do Paraná). **Decisão.** 5031534-49.2015.4.04.7000. 13ª Vara Federal de Curitiba. Juiz Federal: Sergio Fernando Moro. Curitiba, 21 de agosto de 2015.

houve qualquer movimentação da parte dele para vir ao Brasil e responder à ação penal"[427], o que revelaria ser imprescindível sua prisão para viabilizar pedido de extradição.

A primeira decisão de prisão preventiva de Paulo Roberto Costa (processo nº 5014901-94.2014.404.7000) se destacou por ser a única cujo fundamento é exclusivamente a conveniência da instrução. Apresentou-se episódio em que foram retirados materiais do escritório profissional do investigado, na data do cumprimento dos mandados de busca e apreensão, além de que teria havido superveniente esvaziamento das aplicações financeiras do investigado em bancos. Em razão disso, entendeu o juiz que havia risco concreto de novas obstruções à investigação pelo acusado.

A segunda decisão de prisão de Paulo Roberto Costa (processo nº 5040280-37.2014.404.7000), que se deu após o processamento de sua reclamação no STF (17.623/PR), também ficou fora dos modelos já expostos, porque, apesar de acrescentar as hipóteses de garantia da ordem pública e resguardo da aplicação da lei penal, em geral repete a mesma fundamentação apresentada na decisão anterior, focando na conveniência da instrução e apresentando estrutura argumentativa diferente dos modelos apresentados.

O abalo à ordem pública foi justificado na existência de indícios de que ocorreram "sucessivos desvios de recursos na construção da Refinaria Abreu e Lima, com posterior lavagem com auxílio de Alberto Youssef, e que teriam se prolongado mesmo depois dele ter deixado o cargo de Diretor de Abastecimento da Petrobras"[428]. Já o risco à aplicação da lei penal foi fundamentado na existência de contas secretas no exterior que, até então, estavam ocultas do juízo, o que indicaria "possibilidade do acusado evadir-se do país e ainda fruir do patrimônio ilícito mantido às ocultas no exterior e longe do alcance das autoridades brasileiras"[429]. O juiz explicitou que a en-

427 BRASIL. Tribunal Regional Federal da 4ª Região. (Seção Judiciária do Paraná). *Decisão*. 5031534-49.2015.4.04.7000. 13ª Vara Federal de Curitiba. Juiz Federal: Sergio Fernando Moro. Curitiba, 21 de agosto de 2015.

428 BRASIL. Tribunal Regional Federal da 4ª Região. (Seção Judiciária do Paraná). *Decisão*. 5040280-37.2014.404.7000. 13ª Vara Federal de Curitiba. Juiz Federal: Sergio Fernando Moro. Curitiba, 11 de junho de 2014.

429 BRASIL. Tribunal Regional Federal da 4ª Região. (Seção Judiciária do Paraná). *Decisão*. 5040280-37.2014.404.7000. 13ª Vara Federal de Curitiba. Juiz Federal: Sergio Fernando Moro. Curitiba, 11 de junho de 2014.

trega de passaportes não seria suficiente para prevenir a fuga, uma vez que acusado seria titular de contas secretas no exterior, além do pouco controle nas fronteiras brasileiras. Enfatizou que o fato de as contas terem sido descobertas pelas autoridades suíças não previne a fuga, "pois dependente a persistência do sequestro e do futuro confisco de uma série de circunstâncias ainda incertas, bem como de um usualmente longo procedimento de cooperação jurídica internacional"[430], para além da possibilidade de existência de outras contas em diferentes países.

A decisão no processo nº 5031491-49.2014.404.7000, relativa a João Procópio Junqueira Pacheco de Almeida Prado, é fundamentada apenas no risco à ordem pública, sendo que o juiz considerou relevante o papel desempenhado pelo acusado, que controlava as contas no exterior do grupo criminoso "ainda que eventualmente em posição subordinada"[431]. Essa decisão também não seguiu completamente os padrões decisórios verificados nos modelos anteriores, apresentando argumentação mais sucinta, sem maiores considerações sobre a gravidade do esquema de corrupção revelado na Operação Lava Jato ou citação de jurisprudência das instâncias revisoras ou de textos doutrinários. Merece destaque, neste caso, o alerta feito pelo juiz, ao decretar a custódia preventiva, que o investigado, após preso temporariamente, poderia ter prestado esclarecimentos, o que não teria sido aproveitado por sua defesa:

> Doutro lado, mesmo após sua prisão, oportunizada defesa ao investigado, tanto por oitiva, como por sua defesa constituída, não apresentou ele esclarecimentos sobre sua posição no grupo criminoso e sobre a natureza, origem e destino das contas e movimentações bancárias no exterior. Evidentemente, não se exige confissão e a prisão, por evidente, não tem por objetivo obtê-la, mas esclarecimentos pelo investigado poderiam eventualmente afastar as fundadas suspeitas de sua participação relevante no grupo criminoso e sobre o propósito criminoso das contas mantidas no exterior e da

430 BRASIL. Tribunal Regional Federal da 4ª Região. (Seção Judiciária do Paraná). **Decisão.** 5040280-37.2014.404.7000. 13ª Vara Federal de Curitiba. Juiz Federal: Sergio Fernando Moro. Curitiba, 11 de junho de 2014.

431 BRASIL. Tribunal Regional Federal da 4ª Região. (Seção Judiciária do Paraná). **Decisão.** 5031491-49.2014.404.7000. 13ª Vara Federal de Curitiba. Juiz Federal: Sergio Fernando Moro. Curitiba, 10 de julho de 2014.

> movimentação delas. O direito à audiência, de ser ouvido, não é um ônus, mas uma oportunidade do investigado de se defender, no caso não devidamente aproveitada.[432]

Diante disso, entendeu pela existência de risco à ordem pública, já que existiria um contexto de atividade criminal habitual e profissional, com possibilidade de reiteração delitiva.

Na decisão do processo nº 5024251-72.2015.404.7000, de 24/06/2015, relativa ao investigado Alexandrino de Salles Ramos de Alencar, estão presentes os fundamentos de garantia da ordem pública e conveniência da instrução. O juiz fez referência à decisão anterior no mesmo processo (15/06/2015), na qual já havia decretado a prisão dos demais dirigentes da Odebrecht, mas a de Alexandrino é particular porque o foco do conteúdo decisório recai sobre comunicado publicado pela empresa em jornais de grande circulação[433], no qual defendia a lisura dos procedimentos de sua contratação e criticava a condução das investigações da Operação Lava Jato. Ao decretar a prisão, o juiz respondeu ao comunicado da Odebrecht, rebatendo os apontamentos da construtora para demonstrar e enfatizar sua participação no "esquema criminoso de cartel, ajuste de licitações, e de corrupção"[434]. São arrolados e explicitados por ele os elementos probatórios que, em sua visão, indicariam o envolvimento da empresa nos ilícitos, incluindo documentação de corroboração de existência de cartel, como as tabelas de preferência das obras entre as empreiteiras que convergiam, em relação à Odebrecht, com o ganho de licitações na RNEST. Destacou, nesse sentido, que a negativa da empreiteira de qualquer ligação com as contas na Suíça dos colaboradores seria ilógica com a representação efetuada pela empresa ao ministro da Justiça para questionar exatamente a cooperação feita com a Suíça no caso.

O juiz também relacionou a ausência de colaboração da empresa com a necessidade de prisão. Conforme a decisão, a publicação

---

432 BRASIL. Tribunal Regional Federal da 4ª Região. (Seção Judiciária do Paraná). **Decisão.** 5031491-49.2014.404.7000. 13ª Vara Federal de Curitiba. Juiz Federal: Sergio Fernando Moro. Curitiba, 10 de julho de 2014.

433 EM comunicado, Odebrecht contesta pontos da investigação da PF. **G1 Globo, Jornal Nacional,** 22 jun. 2015. Disponível em: http://g1.globo.com/jornal-nacional/noticia/2015/06/em-comunicado-odebrecht-contesta-pontos-da-investigacao-da-pf.html. Acesso em: 20 mar. 2021.

434 BRASIL. Tribunal Regional Federal da 4ª Região. (Seção Judiciária do Paraná). **Decisão.** 5024251-72.2015.4.04.7000. 13ª Vara Federal de Curitiba. Juiz Federal: Sergio Fernando Moro. Curitiba, 24 de junho de 2015.

do comunicado em diversos jornais apenas reforçou a convicção do juízo, "pois a Odebrecht [...] não tem qualquer intenção de reconhecer a sua responsabilidade pelos fatos, o que seria um passo necessário para afastar o risco de reiteração das práticas criminosas"[435]. Ao final, concluiu que a única alternativa a prevenir a reiteração delitiva seria a suspensão de todos os contratos da empresa com o poder público, o que, segundo seu entendimento, seria mais gravoso do que a prisão preventiva dos dirigentes, por ter consequências danosas para o emprego e a economia, assim, "[s]em que empresa pretenda rever as suas práticas criminosas, [...]sem que tenha tomado qualquer iniciativa real para superá-las, como a de buscar alguma espécie de acordo de leniência junto ao Poder Público ou a de alterar de seu corpo dirigente"[436], haveria risco de reiteração delitiva.

A decisão é focada majoritariamente nas posturas da empresa, com pouco destaque a atos individuais do investigado cuja prisão se decretou. Especificamente sobre ele, o juiz ressaltou que o anterior indeferimento da prisão preventiva teve por base duas falsas premissas, que foram posteriormente bem esclarecidas. A primeira é a de que o vínculo do investigado com a empreiteira não era atual. Porém, seu pedido de demissão somente ocorreu após a prisão temporária, o que, na visão do juiz, "é um mero estratagema para evitar a preventiva"[437], sem demonstrar rompimento de fato com a prática criminosa da empresa. A segunda foi a de que seu papel na trama delitiva não seria relevante, o que teria sido afastado pelos depoimentos dos colaboradores de Youssef, Rafael Ângulo e Paulo Roberto Costa.

Haveria também risco à instrução processual, justificado por episódio no qual Bernardo Schiller Freiburghaus, operador de propinas da Odebrecht, teria destruído provas e se refugiado na Suíça.

---

435 BRASIL. Tribunal Regional Federal da 4ª Região. (Seção Judiciária do Paraná). **Decisão.** 5024251-72.2015.4.04.7000. 13ª Vara Federal de Curitiba. Juiz Federal: Sergio Fernando Moro. Curitiba, 24 de junho de 2015.

436 BRASIL. Tribunal Regional Federal da 4ª Região. (Seção Judiciária do Paraná). **Decisão.** 5024251-72.2015.4.04.7000. 13ª Vara Federal de Curitiba. Juiz Federal: Sergio Fernando Moro. Curitiba, 24 de junho de 2015.

437 BRASIL. Tribunal Regional Federal da 4ª Região. (Seção Judiciária do Paraná). **Decisão.** 5024251-72.2015.4.04.7000. 13ª Vara Federal de Curitiba. Juiz Federal: Sergio Fernando Moro. Curitiba, 24 de junho de 2015.

A decisão no processo nº 5004872-14.2016.404.7000 é referente a Ronan Maria Pinto e também ficou fora dos padrões decisórios apresentados, porque, a despeito de envolver a hipótese de garantia da ordem pública, a argumentação foi centrada no histórico do acusado, que já tinha sido condenado em operação diversa por "esquema de extorsão e de corrupção de empresas de transporte urbano na cidade de Santo André/SP"[438], sendo que não houve contextualização e considerações aprofundadas sobre a gravidade dos ilícitos na Operação Lava Jato ou a utilização de jurisprudência e doutrina nesse sentido.

A garantia da ordem pública foi justificada no risco de reiteração delitiva, em razão do "histórico criminal, com cinco ações penais e pelo menos uma delas com condenação por crimes graves, ainda que sem trânsito em julgado [...] máxime quando ele ainda remanesce como proprietário de empresas de transporte urbanos na mesma municipalidade"[439], o que causou estranheza, pois isso nem sequer está relacionado aos fatos apurados no seu processo perante a Justiça Federal do Paraná, mas, sim, a episódios pretéritos julgados em outro juízo. Foi apresentado igualmente risco à instrução a partir do *modus operandi* da prática dos crimes pelos quais o investigado já tinha sido condenado, que envolviam intimidações e ameaças a empresários, além de o crime em apuração nos autos envolver possível extorsão de agentes do PT, tudo a indicar o risco de que testemunhas importantes do processo poderiam ser vítimas de práticas semelhantes.

A custódia cautelar observada no processo nº 5014170-93.2017.4.04.7000 também se diferenciou das demais, em virtude da particularidade de ter sido a única decretada em sentença e abarcada pela pesquisa, porquanto efetivada na deflagração da 46ª fase da operação. A garantia da ordem pública foi justificada pela "elevada probabilidade de que o condenado mantenha [...] ativos milionários

---

438 BRASIL. Tribunal Regional Federal da 4ª Região. (Seção Judiciária do Paraná). **Decisão.** 5004872-14.2016.4.04.7000. 13ª Vara Federal de Curitiba. Juiz Federal: Sergio Fernando Moro. Curitiba, 05 de abril de 2016.

439 BRASIL. Tribunal Regional Federal da 4ª Região. (Seção Judiciária do Paraná). **Decisão.** 5004872-14.2016.4.04.7000. 13ª Vara Federal de Curitiba. Juiz Federal: Sergio Fernando Moro. Curitiba, 05 de abril de 2016.

escondidos em contas secretas no exterior e que foram formados por propinas recebidas nos dois contratos de fornecimento dos navios-sondas e ainda no contrato de aquisição da Refinaria de Pasadena"[440]. Tais ativos não teriam sido identificados em razão das dificuldades de rastreamento de valores em casos complexos de lavagem e das deficiências da cooperação jurídica internacional. Assim, haveria risco de reiteração delitiva até que fossem inteiramente identificados e imobilizados. Destacou-se que a situação do condenado não seria diferente de outros participantes dos mesmos crimes (Nestor Cuñat Cerveró e Fernando Antônio Falcão Soares) que tiveram suas prisões mantidas nas outras instâncias de julgamento.

A conveniência da instrução é justificada em episódio no qual o condenado teria apagado mensagens eletrônicas de seu *e-mail* na tentativa de destruição de provas. O juiz ainda explicitou que a finalização do processo com a prolação da sentença não mitigaria esse risco, já que persistiriam investigações para identificar a localização do produto do crime e das contas no exterior, de modo que provas aptas a elucidar a questão estariam em risco de destruição.

O risco à aplicação da lei penal foi relacionado à possibilidade de dissipação dos ativos e, consequentemente, de fuga. Realçou-se a circunstância de que o condenado não mais ocupar o cargo de gerente da Petrobras não esvaziaria os riscos mencionados de reiteração da lavagem, dissipação de ativos e fuga.

Na decisão no processo nº 5012300-47.2016.404.7000, relativa à segunda prisão do acusado José Adelmário Pinheiro Filho, há peculiaridade, porque o eixo da decisão está ligado à tentativa de obstrução de Comissão Parlamentar Mista de Inquérito da Petrobras instalada em 2014, ou seja, focada na conveniência de instrução criminal. Sobre o risco à ordem pública, foi colocado apenas que é reconhecido "pelas provas, em cognição sumária, do pagamento sistemático de propinas a agentes públicos, não só da Petrobras, mas também agentes políticos, um deles o ex-senador Jorge Afonso

440 BRASIL. Tribunal Regional Federal da 4ª Região. (Seção Judiciária do Paraná). **Decisão.** 5014170-93.2017.4.04.7000. 13ª Vara Federal de Curitiba. Juiz Federal: Sergio Fernando Moro. Curitiba, 19 de outubro de 2017.

Argello, a revelar um *modus operandi* que reclama medida enérgica para prevenir reiteração"[441].

A conveniência da instrução, principal fundamento da decisão, foi justificada em episódio de pagamento de propina a parlamentar para impedir funcionamento da CPI da Petrobras em 2014, além de apresentação de documentos falsos pela Construtora OAS em inquérito e de exclusão de endereço do *e-mail* do acusado. Na visão do juiz, os elementos novos demonstraram que "a investigação, a instrução dos inquéritos e ações penais pendentes perante este Juízo e quiçá perante o Egrégio Supremo Tribunal Federal, bem como a regular e eventual responsabilização do acusado pelos crimes em apuração no esquema criminoso que vitimou a Petrobras, encontram-se em risco"[442].

O juiz igualmente justificou que não estaria a desrespeitar a decisão do STF que havia substituído a primeira prisão do investigado, porquanto os fatos e provas que subsidiam a decisão seriam supervenientes, sendo que, se "[t]ivesse o Egrégio Supremo Tribunal Federal presentes esses fatos e provas supervenientes é bastante provável que não tivesse substituído a prisão preventiva de José Adelmário Pinheiro Filho por medidas alternativas em 28/04/2015"[443]. Ao final, esclareceu que, embora a instrução da ação penal nº 5022179-78.2016.4.04.7000 esteja concluída, havia pendente pelo menos mais duas ações penais contra o investigado, em clara demonstração de que a prisão preventiva estava inexplicavelmente vinculada a outros processos, o que já havia sido indicado lateralmente quando tratou de investigações "quiçá perante o Egrégio Supremo Tribunal Federal"[444].

A última decisão, exarada no processo nº 5011708-37.2015.4.04.7000, é a terceira prisão de Adir Assad. Foi construída a partir da decretação

441 BRASIL. Tribunal Regional Federal da 4ª Região. (Seção Judiciária do Paraná). **Decisão.** 501230047.2016.4.04.7000. 13ª Vara Federal de Curitiba. Juiz Federal: Sergio Fernando Moro. Curitiba, 02 de setembro de 2016.

442 BRASIL. Tribunal Regional Federal da 4ª Região. (Seção Judiciária do Paraná). **Decisão.** 501230047.2016.4.04.7000. 13ª Vara Federal de Curitiba. Juiz Federal: Sergio Fernando Moro. Curitiba, 02 de setembro de 2016.

443 BRASIL. Tribunal Regional Federal da 4ª Região. (Seção Judiciária do Paraná). **Decisão.** 501230047.2016.4.04.7000. 13ª Vara Federal de Curitiba. Juiz Federal: Sergio Fernando Moro. Curitiba, 02 de setembro de 2016.

444 BRASIL. Tribunal Regional Federal da 4ª Região. (Seção Judiciária do Paraná). **Decisão.** 501230047.2016.4.04.7000. 13ª Vara Federal de Curitiba. Juiz Federal: Sergio Fernando Moro. Curitiba, 02 de setembro de 2016.

de prisão preventiva por juízo diverso. Em virtude de acórdão do STF no HC nº 130.636, ele estava em recolhimento domiciliar, com tornozeleira eletrônica. Viu-se que a decretação de outra prisão preventiva, mesmo que por outro juízo, esvaziaria as cautelares mencionadas, pois seria "inconsistente com o recolhimento prisional"[445], de sorte que "a única alternativa consiste em restabelecer a preventiva"[446]. Assim, foi destacado que os fatos e as provas supervenientes teriam revelado envolvimento do acusado em outros esquemas criminosos, o que afastaria a argumentação do STF de que inexistiria prova de reiteração delitiva pelo condenado desde 2012. Dessarte, assim como na decisão descrita acima, fez previsão de que, se o STF, ao tempo da decisão, tivesse conhecimento dos fatos e provas em questão, teria decidido de forma diferente e mantido a prisão. Por fim, concluiu que ficam suspensas as cautelares diversas que estavam em curso e restabelecida a prisão preventiva, "em virtude dos fatos e provas supervenientes, incluindo preventiva decretada por outro Juízo, tornando inviável a continuidade do recolhimento domiciliar"[447].

9.9 Considerações parciais

A apresentação da síntese dos fundamentos utilizados por Sergio Moro para decretação da prisão preventiva dos investigados aqui relacionados demonstra alguns aspectos significativos para entender sua compreensão sobre a aplicabilidade da medida cautelar na Operação Lava Jato, sua interpretação dos requisitos legais e até mesmo sua compreensão geral sobre a função do Poder Judiciário no processo penal.

Um primeiro ponto acerca do cabimento da prisão preventiva e da utilização de argumentos sem qualquer nexo com o campo jurídico na fundamentação da decisão judicial deve ser examinado antes dos próprios fundamentos do artigo 312 do CPP.

445 BRASIL. Tribunal Regional Federal da 4ª Região. (Seção Judiciária do Paraná). **Decisão.** 5011708-37.2015.4.04.7000. 13ª Vara Federal de Curitiba. Juiz Federal: Sergio Fernando Moro. Curitiba, 05 de agosto de 2016.
446 BRASIL. Tribunal Regional Federal da 4ª Região. (Seção Judiciária do Paraná). **Decisão.** 5011708-37.2015.4.04.7000. 13ª Vara Federal de Curitiba. Juiz Federal: Sergio Fernando Moro. Curitiba, 05 de agosto de 2016.
447 BRASIL. Tribunal Regional Federal da 4ª Região. (Seção Judiciária do Paraná). **Decisão.** 5011708-37.2015.4.04.7000. 13ª Vara Federal de Curitiba. Juiz Federal: Sergio Fernando Moro. Curitiba, 05 de agosto de 2016.

O juiz desenvolveu, ao longo dos modelos, argumentação clara de que, no contexto da Operação Lava Jato, no qual haveria, em suas palavras, deterioração da coisa pública e crimes em série (corrupção sistêmica e profunda), a prisão preventiva não seria excepcional e decorreria da mera aplicação ortodoxa da lei processual penal. Igualmente constatou-se a utilização de decisões judiciais como instrumento para o juiz apresentar manifestações em defesa dos órgãos de investigação, dos resultados da operação e de sua própria atuação, as quais estavam correlacionadas, ademais de outros assuntos, aos discursos favoráveis de agentes políticos e até mesmo à resposta a uma nota publicada por uma empreiteira em jornais de grande circulação. Informação adicional a ser conectada com esse modo de agir é a grande cobertura midiática que todas as fases da operação passaram a ter, o que chegou a ser reconhecido pelo juiz em uma decisão[448]. O conteúdo das decisões ganhava notoriedade e ampla repercussão nos meios de comunicação[449].

Apesar de esses dados não aparentarem uma possível ligação, o cotejo deles com o artigo intitulado "Considerações sobre a operação *mani pulite*"[450], escrito por Sergio Moro em 2004, demonstra que há um claro diálogo. Na verdade, fazem parte de uma estratégia exposta pelo prolator das decisões quase dez anos antes do início da Operação Lava Jato, a qual foi compreendida por ele como indispensável ao sucesso das ações penais.

No ensaio em questão, Sergio Moro traçou alguns contornos sobre a operação italiana, apresentada por ele como um caso de

448 "A assim denominada Operação Lava Jato, fruto de um competente trabalho de investigação e de persecução da Polícia Federal e do Ministério Público Federal, tem recebido grande atenção da sociedade civil, inclusive com intensa exposição na mídia". BRASIL. Tribunal Regional Federal da 4ª Região. (Seção Judiciária do Paraná). *Decisão.* 5073475-13.2014.404.7000. 13ª Vara Federal de Curitiba. Juiz Federal: Sergio Fernando Moro. Curitiba, 18 de novembro de 2014.
449 A título de exemplo, alguns eventos citados anteriormente foram amplamente noticiados pela grande mídia: CARVALHO, Jailton de. Juiz da Lava-Jato agradece apoio de Aécio e Dilma às investigações. **G1 Globo**, 14 nov. 2014. Disponível em: https://oglobo.globo.com/brasil/juiz-da-lava-jato-agradece-apoio-de-aecio-dilma-as-investigacoes-14566805 Acesso em: 20 mar. 2021; ODEBRECHT não quer reconhecer sua responsabilidade, diz Moro. **Estadão**, 24 jun. 2015. Disponível em: https://politica.estadao.com.br/blogs/fausto-macedo/odebrecht-nao-quer-reconhecer-sua-responsabilidade-diz-moro/. Acesso em: 20 mar. 2021; JUIZ da Lava-Jato rebate argumentos apresentados por Odebrecht em comunicado publicado em jornais. **G1 Globo**, 24 jun. 2015. Disponível em: https://oglobo.globo.com/politica/juiz-da-lava-jato-rebate-argumentos-apresentados-por-odebrecht-em-comunicado-publicado-em-jornais-16546315. Acesso em: 20 mar. 2021; PARA Moro, inverte valores quem culpa investigação pela crise na Petrobras. **Estadão**, 21 maio 2015. Disponível em: https://politica.estadao.com.br/blogs/fausto-macedo/para-moro-inverte-valores-quem-culpa-investigacao-pela-crise-na-petrobras/. Acesso em: 20 mar. 2020.
450 MORO, Sergio Fernando. Considerações sobre a operação mani pulite. **R. CEJ**, Brasília, n. 26, jul./set. 2004. Disponível em: https://revistacej.cjf.jus.br/cej/index.php/revcej/article/view/625/805. Acesso em: 13 set. 2021.

sucesso[451], e destacou as condições que, no seu entender, viabilizaram o êxito daquelas ações judiciais: "as prisões, confissões e a publicidade conferida às informações obtidas geraram um círculo virtuoso, consistindo na única explicação possível para a magnitude dos resultados obtidos pela operação *mani pulite*"[452].

Especificamente sobre a publicidade, Sergio Moro pontuou que o aspecto mais importante foi garantir o "apoio da opinião pública às ações judiciais"[453], de sorte que, enquanto a ação judicial "contar com o apoio da opinião pública, tem condições de avançar e apresentar bons resultados"[454]. Por sua vez, "a opinião pública favorável também demanda que a ação judicial alcance bons resultados. Somente investigações e ações exitosas podem angariá-la"[455], sob pena de perda de credibilidade do órgão judicial.

Bem se vê, portanto, que a utilização de fundamentos e fatos sem qualquer relação com o aspecto jurídico discutido nos processos não era mero desprezo pela técnica, mas, sim, estratégia já anteriormente definida para dialogar com a opinião pública e defender publicamente os agentes estatais envolvidos, bem como os resultados obtidos até então. Em suma, os pronunciamentos judiciais eram também uma forma de o juiz se comunicar com a imprensa e, em um aspecto mais amplo, com a própria população, intentando obter e consolidar o apoio tido por indispensável, em uma inegável contradição com a imprescindível atuação contramajoritária do juiz.

Marcelo Semer analisa o artigo mencionado e, com base em texto de Antoine Garapon, aponta a representação do juiz que tem mentalidade cruzada, com reivindicação aberta de estratégia

---

451 "De todo modo, é impossível não reconhecer o brilho, com suas limitações, da operação mani pulite, não havendo registro de algo similar em outros países, mesmo no Brasil." MORO, Sergio Fernando. Considerações sobre a operação mani pulite. **R. CEJ**, Brasília, n. 26, jul./set. 2004, p. 61. Disponível em: https://revistacej.cjf.jus.br/cej/index.php/revcej/article/view/625/805. Acesso em: 13 set. 2021.

452 MORO, Sergio Fernando. Considerações sobre a operação mani pulite. **R. CEJ**, Brasília, n. 26, jul./set. 2004, p. 59. Disponível em: https://revistacej.cjf.jus.br/cej/index.php/revcej/article/view/625/805. Acesso em: 13 set. 2021.

453 MORO, Sergio Fernando. Considerações sobre a operação mani pulite. **R. CEJ**, Brasília, n. 26, jul./set. 2004, p. 59. Disponível em: https://revistacej.cjf.jus.br/cej/index.php/revcej/article/view/625/805. Acesso em: 13 set. 2021.

454 MORO, Sergio Fernando. Considerações sobre a operação mani pulite. **R. CEJ**, Brasília, n. 26, jul./set. 2004, p. 61. Disponível em: https://revistacej.cjf.jus.br/cej/index.php/revcej/article/view/625/805. Acesso em: 13 set. 2021.

455 MORO, Sergio Fernando. Considerações sobre a operação mani pulite. **R. CEJ**, Brasília, n. 26, jul./set. 2004, p. 61. Disponível em: https://revistacej.cjf.jus.br/cej/index.php/revcej/article/view/625/805. Acesso em: 13 set. 2021.

midiática, e o que se entrega à "deriva populista, em busca de acesso direito à população, por sobre leis, jurisprudências e até mesmo os políticos"[456]. Ao comentar o desvirtuamento da decisão judicial, conclui que, "[n]o que diz respeito à jurisdição propriamente dita, a incorporação da 'opinião pública' como aditivo de fundamentação, que permite sacramentar os fins que justifiquem meios, é basicamente um suicídio"[457].

Ao tratar das prisões antes do julgamento e do contexto brasileiro para realização de uma operação semelhante, Sergio Moro destacou que o principal problema seria uma "mentalidade consubstanciada em uma prática judicial pouco rigorosa contra a corrupção"[458]. Argumentou que a presunção de inocência, "no mais das vezes invocada como óbice a prisões pré-julgamento, não é absoluta, constituindo apenas instrumento pragmático destinado a prevenir a prisão de inocentes"[459], de modo que, se "[v]encida a carga probatória necessária para a demonstração da culpa, aqui, sim, cabendo rigor na avaliação, não deveria existir maior óbice moral para a decretação da prisão, especialmente em casos de grande magnitude e nos quais não tenha havido a devolução do dinheiro público"[460], principalmente em país de poucos recursos.

Para além da equivocada compreensão sobre o princípio constitucional da presunção de inocência, é intrigante a prisão antes do julgamento ser tratada como se somente estivesse vinculada a uma demonstração de culpa, olvidando-se o autor do texto dos requisitos próprios da medida, cuja natureza é cautelar, e da cognição limitada na etapa processual. Em verdade, outro trecho do artigo demonstra que Sergio Moro realmente não entende a prisão durante o processo como medida instrumental: "a prisão

456 SEMER, Marcelo. **Os paradoxos da justiça:** judiciário e política no Brasil. 1. ed. São Paulo; Editora Contracorrente, 2021, p. 125. *E-book.*

457 SEMER, Marcelo. **Os paradoxos da justiça**: judiciário e política no Brasil. 1. ed. São Paulo; Editora Contracorrente, 2021, p. 125. *E-book.*

458 MORO, Sergio Fernando. Considerações sobre a operação mani pulite. **R. CEJ,** Brasília, n. 26, jul./set. 2004, p. 61. Disponível em: https://revistacej.cjf.jus.br/cej/index.php/revcej/article/view/625/805. Acesso em: 13 set. 2021.

459 MORO, Sergio Fernando. Considerações sobre a operação mani pulite. **R. CEJ,** Brasília, n. 26, jul./set. 2004, p. 61. Disponível em: https://revistacej.cjf.jus.br/cej/index.php/revcej/article/view/625/805. Acesso em: 13 set. 2021.

460 MORO, Sergio Fernando. Considerações sobre a operação mani pulite. **R. CEJ,** Brasília, n. 26, jul./set. 2004, p. 61. Disponível em: https://revistacej.cjf.jus.br/cej/index.php/revcej/article/view/625/805. Acesso em: 13 set. 2021.

pré-julgamento é uma forma de se destacar a seriedade do crime e evidenciar a eficácia da ação judicial, especialmente em sistemas judiciais morosos"[461].

É possível concluir, então, que a adoção de um posicionamento alinhado à expansão do uso das prisões preventivas, inclusive desconsiderando o indispensável caráter cautelar da medida, constituiu também parte de uma estratégia previamente definida como imprescindível para o êxito das ações penais oriundas da Operação Lava Jato, o que se comunica diretamente com as confissões e as colaborações premiadas, tratadas em seção própria deste trabalho.

As decisões analisadas também fornecem um rico material sob o prisma jurídico, principalmente acerca dos requisitos do artigo 312 do CPP e da margem argumentativa que o juiz tem para justificá-los, haja vista a "anemia semântica"[462] desse dispositivo de lei.

Sobre a garantia da ordem pública, viu-se uma considerável mudança na última decisão do segundo modelo que acabou sendo replicada nos demais atos decisórios. Até aquele pronunciamento, o juiz adotava expressamente como argumento para risco à ordem pública o abalo à credibilidade das instituições e à confiança da sociedade no Estado de Direito quando são vislumbradas possíveis violações à lei penal, sem uma resposta imediata do sistema de justiça criminal. Embora tal justificativa tenha sido abandonada de forma relativamente rápida, o que faz sentido, pois a doutrina é amplamente contrária a essa fundamentação, sua utilização demonstra a problemática da indefinição da expressão ordem pública, conforme já exposto neste trabalho, bem como a percepção do juiz no sentido de atribuir uma função simbólica à prisão preventiva, para além da legalmente prevista, porquanto a tal resposta à sociedade não seria uma sentença condenatória, após o devido

---

461 MORO, Sergio Fernando. Considerações sobre a operação mani pulite. **R. CEJ,** Brasília, n. 26, jul./set. 2004, p. 59. Disponível em: https://revistacej.cjf.jus.br/cej/index.php/revcej/article/view/625/805. Acesso em: 13 set. 2021.

462 ROSA, Alexandre Morais da. **Decisão no processo penal como bricolage de significantes.** 2004. Tese (Doutorado em Direito) – Faculdade de Direito, Universidade Federal do Paraná, Curitiba, 2004. 430f., p. 149. Disponível em: https://acervodigital.ufpr.br/bitstream/handle/1884/1203/0%20-%202004%20Alexandre%20Rosa%204.pdf?sequence=1&isAllowed=y. Acesso em: 16 de out. de 2021.

processo legal, o que seria esperado, mas sim a decretação da custódia preventiva. Essa percepção simbólica da prisão preventiva é corroborada pelo trecho do artigo sobre a Operação Mãos Limpas em que Sergio Moro explica ser essa medida uma forma de evidenciar a eficácia da ação judicial.

Esse não é um fenômeno novo e nem restrito à Operação Lava Jato. Rogério Schietti Cruz aponta "que está havendo um cada vez mais frequente deslocamento da resposta penal para as prisões cautelares, ao invés do que seria natural, para a sentença condenatória"[463]. Para ele, esse fenômeno tem ligação direta com a excessiva duração dos processos e a necessidade de oferecer à população uma rápida resposta para os desvios criminais, com o intuito de que seja possível ter uma sensação de segurança e de funcionamento das instituições[464].

Posicionamento semelhante é defendido por Diogo Malan, para quem o "o culto judiciário à prisão preventiva (na expressão de Odone Sanguiné) pode decorrer de necessidades simbólicas, de prestação de contas aos meios de comunicação de massa e à opinião pública"[465], o que demonstraria uma evidente função punitiva e de aplicação antecipada de pena, notadamente ao substituir o pronunciamento ao final do processo judicial.

Ana Cláudia Bastos de Pinho e Thiago Miranda Minagé ressaltam que, embora equivocada, "é nítida a tendência de todos os envolvidos no processo penal (desde os órgãos públicos, passando pela vítima e até mesmo a sociedade) a enxergarem na prisão preventiva a principal resposta a ser dada, pelo Estado, no que se refere a um resultado mais rápido e perceptível no combate à 'criminalidade'"[466].

---

463 CRUZ, Rogério Schietti. **Prisão cautelar:** dramas, princípios e alternativas. 5. ed. rev. atual. e ampl. Salvador: Editora JusPodivm, 2020, p. 20.

464 CRUZ, Rogério Schietti. **Prisão cautelar:** dramas, princípios e alternativas. 5. ed. rev. atual. e ampl. Salvador: Editora JusPodivm, 2020, p. 21.

465 MALAN, Diogo Rudge. Prisão temporária. *In:* MALAN, Diogo Rudge; MIRZA, Flávio. **70 Anos do código de processo penal brasileiro:** balanço e perspectivas de reforma. Rio de Janeiro: Lumen Juris, 2011.

466 Prisão preventiva e a busca por um "DNA" de intolerabilidade. PINHO, Ana Cláudia Bastos de; MINAGÉ, Thiago Miranda. Prisão preventiva e a busca por um DNA de intolerabilidade. **In: Reflexiones brasileñas sobre la reforma procesal penal em URUGUAY:** hacia la justicia penal acusatoria en Brasil. Leonardo Costa de Paula. (coord.). Curitiba: Observatório da Mentalidade Inquisitória, Santiago: CEJA – JSCA, 2019. Disponível em: https://biblioteca.cejamericas.org/handle/2015/5636?show=full. Acesso em: 01 nov. 2021..

Após o abandono dessa argumentação, as decisões centraram-se basicamente em duas justificativas para embasar a garantia da ordem pública: gravidade em concreto da conduta e possibilidade de reiteração delitiva, principalmente em um quadro de habitualidade e profissionalismo na prática de ilícitos. Esses fundamentos são majoritariamente aceitos nos tribunais e, por isso, constituem aquilo que Rodrigo Capez, com base em Eduardo García de Enterría, chamou de zona de certeza positiva da estrutura do conceito jurídico indeterminado[467]. O mesmo autor ressalta, inclusive, que a credibilidade das instituições se encontra na zona de certeza negativa da expressão, ou seja, não é admitida.

Nessas hipóteses, uma possível discussão no âmbito judicial está atrelada à possibilidade de realização de um juízo sobre a probabilidade de reiteração delitiva, sem que haja violação da presunção de inocência, e quais seriam os parâmetros para tanto, bem como a relação entre a alegada gravidade concreta da conduta e a finalidade cautelar da prisão preventiva. Contudo, do ponto de vista garantista, já foi demonstrada a completa incompatibilidade desse raciocínio com os direitos fundamentais do acusado.

A ausência de um referencial semântico seguro sobre garantia da ordem pública viabilizou também que os argumentos encampados tradicionalmente pelos tribunais fossem mesclados com outros de natureza diversa e que provavelmente não subsistiriam se estivem de forma isolada, a se adotar uma concepção restritiva do conceito, nos termos apresentados no tópico 3. São algumas ilustrações disso as construções desenvolvidas nos modelos três e quatro com transcrição de decisão monocrática do Desembargador Convocado Newton Trissoto sobre indignação popular, repercussão danosa e prejudicial ao meio social para caracterizar abalo à ordem pública, assim como a alegação, no processo nº 5002763-61.2015.4.04.7000, de que a prisão preventiva teria como finalidade alertar os presos e as empresas das consequências das práticas

---

467 CAPEZ, Rodrigo. **Prisão e medidas cautelares diversas:** a individualização da medida cautelar no processo penal. São Paulo: Quartier Latin, 2017, p. 457.

delitivas contra a Administração Pública, o que não apresenta qualquer relação com a ideia de prevenir os danos ao processo ou mesmo à ordem pública, em sentido limitado.

Embora tal conclusão não abarque a integralidade das decisões, é possível constatar, após cotejo dos fundamentos expostos acima e do artigo escrito dez anos antes do início da operação, que a prisão preventiva com espeque na garantia da ordem pública foi também utilizada para finalidade diversa daquela usualmente aceita pelos tribunais. O entrelaçamento de argumentos com nítido viés de antecipação de pena, com indicação de interferência em pleitos eleitorais por meio da custódia cautelar e o entendimento doutrinário do juiz sobre o instituto são fortes indicativos disso.

Sobre a necessidade de assegurar a aplicação da lei penal, o juiz utilizou justificativas que são rechaçadas há bastante tempo pelos tribunais de revisão, como a existência de dupla nacionalidade e a mera existência de contas no exterior. Viu-se uma vinculação de argumentações amplas e genéricas sobre condutas atribuídas abstratamente às empreiteiras, sem descrição individualizada da pessoa física envolvida, a um conjunto de investigados que faziam parte da mesma empresa, o que também se repetiu para o fundamento de conveniência da instrução ou da investigação. Aliás, para os dois fundamentos, o juiz utilizava condutas de terceiros vinculados a uma determinada empresa para fazer um prognóstico da possível atuação dos demais investigados, cuja única ligação com o terceiro era pertencer a um quadro de funcionários e dirigentes da mesma empreiteira. Foi feita, de forma recorrente, alegação genérica do poderio econômico e da influência política das empresas para justificar uma possibilidade de fuga ou de interferência na instrução por parte de diversos investigados ligados a elas.

Destaque-se também, como adiantado no item 3.2, a tentativa de o juiz alargar a base fática legitimadora do risco à aplicação da lei penal para além das hipóteses de fuga. Em decisões citadas nesta seção, o juiz argumentou que assegurar a aplicação da lei penal estava relacionada também à garantia da efetivação do sequestro e do confisco. É dizer, argumentou expressamente ele que eventual frustração da recuperação de ativos ilícitos/produtos do crime poderia ensejar a prisão preventiva do investigado, desconsiderando a destinação e a razão de ser das cautelares patrimoniais.

O mesmo proceder ilegal foi vislumbrado no processo nº 5056390-43.2016.4.04.7000, oportunidade em que, além da menção à impossibilidade de rastreamento e de identificação das propinas alegadamente recebidas por Sérgio Cabral, o que supostamente ampliaria o risco de fuga, o juiz aduziu que a necessidade de decretação da prisão

> faz-se ainda mais presente diante da notória situação de ruína das contas públicas do Governo do Rio de Janeiro. Constituiria afronta permitir que os investigados persistissem fruindo em liberdade do produto milionário de seus crimes, inclusive com aquisição, mediante condutas de ocultação e dissimulação, de novo patrimônio, parte em bens de luxo, enquanto, por conta de gestão governamental aparentemente comprometida por corrupção e inépcia, impõe-se à população daquele Estado tamanhos sacrifícios, com aumentos de tributos e corte de salários e de investimentos públicos e sociais. Uma versão criminosa de governantes ricos e governados pobres.[468]

Uma vez mais, não estava o juiz a tratar de um efetivo perigo de fuga, nem mesmo objetivando tutelar os fins do processo penal. A existência de contas secretas no exterior não localizadas pelos órgãos de investigação consistiu em alegação bastante frequente para embasar a constrição preventiva. Porém, o que se percebe dessa construção é a verdadeira inversão do ônus da prova. E mais, a defesa passa a ter a incumbência de produzir uma prova diabólica sobre fato negativo: demonstrar a inexistência das tais contas que não foram encontradas, sob pena de manutenção da prisão preventiva por considerável período de tempo.

Por fim, acerca da necessidade da instrução, merece especial atenção as reiteradas fundamentações envolvendo possíveis condutas de investigados acontecidas há considerável período de

468 BRASIL. Tribunal Regional Federal da 4ª Região. (Seção Judiciária do Paraná). **Decisão.** 5056390-43.2016.4.04.7000. 13ª Vara Federal de Curitiba. Juiz Federal: Sergio Fernando Moro. Curitiba, 10 de novembro de 2016.

tempo e em procedimentos que tramitaram em outro juízo ou até mesmo em CPI para balizar o raciocínio de possibilidade de interferência na instrução criminal a ser desenvolvida perante a Justiça Federal do Paraná. Viu-se até mesmo a tentativa de utilizar essa hipótese legal quando da prolação de uma sentença penal condenatória, alegando-se a proteção de investigações diversas em curso, em franca desconsideração da referibilidade intrínseca aos provimentos cautelares.

10

AS REVOGAÇÕES E AS SUBSTITUIÇÕES DAS PRISÕES PREVENTIVAS PELA PRÓPRIA 13ª VARA FEDERAL DO PARANÁ. UMA ANÁLISE QUALITATIVA

Com a obtenção das decisões de revogação, de substituição ou de conversão da prisão preventiva em medidas cautelares diversas ou em prisão domiciliar proferidas pela 13ª Vara Federal da Seção Judiciária do Paraná, mostrou-se relevante verificar quais fundamentos conduziram à mudança de convencimento do próprio juiz. Dessa forma, procedeu-se à leitura integral de todas essas decisões, para compreensão do argumento jurídico utilizado. A partir disso, houve a separação das decisões em grupos, tomando-se como parâmetro o cerne da fundamentação utilizada pelo juízo de primeiro grau, o que ensejou a elaboração de uma tabela, com a divisão das decisões em cinco grupos distintos.

Como padrão da análise qualitativa, não se realizou contagem de frequência de palavras ou de expressões relacionadas ao assunto jurídico aqui tratado no corpo da fundamentação da decisão judicial, embora a constatação de um padrão argumentativo tenha sido indispensável para obtenção dos resultados, que se deu mediante a leitura integral e a comparação dos textos. Para análise do conteúdo dos atos decisórios, decidiu-se por adotar uma relação direta entre o pesquisador e o texto da decisão judicial, sem intermediação de outros métodos.

A abordagem qualitativa é indispensável para compreensão dos números indicados na seção quantitativa, tendo em conta que o motivo pelo qual foi revogada ou substituída a prisão preventiva joga luzes sobre a forma de utilização dessa modalidade de custódia cautelar no curso da Operação Lava Jato pelo juízo de primeiro grau.

A tabela 9, a seguir, possui a sistematização da classificação desses grupos de decisões.

TABELA 9 – Decisões de revogação ou de substituição da prisão preventiva oriundas da 13ª Vara Federal da Seção Judiciária do Paraná classificadas de acordo com o grupo de fundamentação.

Investigado	Nº do processo no qual houve a decisão	Classificação
Carlos Alexandre de Souza Rocha	5025695-77.2014.404.7000	Grupo 1
Raul Henrique Srour	5025692-25.2014.404.7000	Grupo 1
Paulo Roberto Dalmazzo	5024251-72.2015.4.04.7000	Grupo 1
Celso Araripe D'oliveira	5035888-20.2015.4.04.7000	Grupo 1
Mariano Marcondes Ferraz	5054168-05.2016.404.7000	Grupo 1
Marivaldo do Rozário Escalfoni	5032867-65.2017.4.04.7000	Grupo 1
Paulo Roberto Gomes Fernandes	5032867-65.2017.4.04.7000	Grupo 1
Antônio Carlos Vieira da Silva Júnior	5039281-79.2017.4.04.7000	Grupo 1
David Muino Suarez	5042480-12.2017.4.04.7000	Grupo 1
Luccas Pace Júnior	5026243-05.2014.404.7000	Grupo 2
Faiçal Mohamed Nacirdine	5026243-05.2014.404.7000	Grupo 2
André Catão de Miranda	5025687-03.2014.404.7000	Grupo 2
André Luís Paula dos Santos	5022397-77.2014.404.7000	Grupo 2
Guilherme Esteves de Jesus	5020227-98.2015.4.04.7000	Grupo 3
César Ramos Rocha	5036528-23.2015.4.04.7000	Grupo 4
João Procópio Junqueira Pacheco de Almeida Prado	5031491-49.2014.4.04.7000	Grupo 5
João Antônio Bernardi Filho	5051974-66.2015.404.7000	Grupo 5
Iara Galdino da Silva	5060408-44.2015.404.7000	Grupo 5
Nelma Mitsue Penasso Kodama	5060482-98.2015.404.7000	Grupo 5
João Cerqueira de Santana Filho	5035139-66.2016.4.04.7000	Grupo 5
Mônica Regina Cunha Moura	5035139-66.2016.4.04.7000	Grupo 5
Carlos Alberto Pereira da Costa	5026552-26.2014.404.7000	Grupo 5

Paulo Adalberto Alves Ferreira	5037800-18.2016.4.04.7000	Grupo 5
Apolo Santana Vieira	5004568-78.2017.4.04.7000	Grupo 5
André Gustavo Vieira da Silva	5035263-15.2017.4.04.7000	Grupo 5
Ediel Viana da Silva	506730440.2014.404.7000	Grupo 5
Adir Assad – 2ª prisão	5035144-88.2016.4.04.7000	Grupo 5

Fonte: Elaborada pelo autor, 2021

O primeiro grupo de decisões, no qual se enquadram 8 (oito) das analisadas e abarcam nove investigados, está relacionado à substituição da prisão preventiva em virtude de esclarecimentos processuais e fáticos realizados pela defesa com intuito de afastar alguma conclusão do decreto prisional, como a demonstração de ausência de vinculação trabalhista do investigado com determinada empresa envolvida nos crimes apontados ou de justificativa lícita plausível para recebimento de valores investigados; ou o desenrolar processual menos severo em desfavor do detido após a efetivação da prisão preventiva, principalmente quando há o oferecimento de denúncia por crimes com penas relativamente baixas, afastando-se corrupção e lavagem de ativos, bem como o avançar da marcha processual, com a realização de audiências de instrução, o que tem relevância acentuada a depender do fundamento utilizado para o cárcere preventivo.

Um segundo padrão de fundamentação para concessão de liberdade vincula-se ao aprofundamento das investigações e à constatação de que determinados investigados presos exerceram papel subordinado no suposto esquema criminoso[469], com menção, em

469 Na decisão de Lucas Pacce Júnior e Faiçal Mohamed Narcidine (BRASIL. Tribunal Regional Federal da 4ª Região. (Seção Judiciária do Paraná). **Decisão.** 5026243-05.2014.404.7000. 13ª Vara Federal de Curitiba. Juiz Federal: Sergio Fernando Moro. Curitiba, 09 de jul. de 2014.): "Recentemente, em 02/07/2014, sobreveio notícia da efetivação da prisão de Iara Galdino, tendo ela, ciente do processo, remanescido foragida desde pelo menos 17/03/2014. Embora hígidos os pressupostos e fundamentos da prisão cautelar, sendo a medida necessária para desmantelar as atividades do grupo criminoso dirigido por Nelma Kodama, prevenindo reiteração delitiva, além de necessária para resguardar a aplicação da lei penal e proteger a instrução, como já cumpridamente fundamentado nas decisões citadas, entendo que, nessa fase, com a superveniência da prisão cautelar de Iara Galdino que, segundo a denúncia, seria o 'braço direito' de Nelma Kodama, é viável, sem expor o processo e a sociedade a graves riscos, manter a prisão cautelar apenas sobre o suposta líder do grupo, Nelma Kodama, e sua principal auxiliar Iara Galdino. Pedidos de revogação das preventivas de Nelma e de Iara devem ser apresentados em apartado, a fim de não tumultuar o trâmite da ação penal.
Quanto a Luccas Pace Júnior e a Faiçal Mohamed Nacirdine, embora como adiantado, existam razões para a preventiva, entendo que, mantida as prisões dos líderes, podem ser colocados em liberdade, já que tiveram atuação subordinada a elas, substituindo a prisão por medidas cautelares alternativas".
Na decisão de André Luís Paula dos Santos (BRASIL. Tribunal Regional Federal da 4ª Região. (Seção Judiciária do Paraná). **Decisão.** 5022397-77.2014.404.7000. 13ª Vara Federal de Curitiba. Juiz Federal: Sergio Fernando Moro. Curitiba, 05

alguns casos, de que os líderes serão mantidos detidos cautelarmente. Causou estranheza apenas o fato de que o papel de subordinação dos investigados já era de conhecimento do juiz quando da decretação da prisão preventiva, havendo menção expressa sobre isso nas fundamentações dos respectivos decretos prisionais[470]. Na situação de André Catão de Miranda, o juiz também apontou que o investigado estava preso há aproximadamente sete meses. Inserem-se nesse contexto quatro concessões de liberdade.

No terceiro conjunto, composto de uma decisão, adotou-se a fundamentação relacionada à necessidade de continuação das investigações. A prisão preventiva foi substituída por medidas cautelares diversas da prisão em virtude de o juiz ter constatado que as investigações abarcando crimes fins supostamente praticados pelo grupo criminoso organizado não terminaram mesmo após o transcurso de quase cinquenta dias desde a custódia preventiva, que havia sido efetivada em 27/03/2015.

---

de dez. de 2014.): "De todo modo, observo que André Luis Paula dos Santos foi denunciado em apenas uma das ações penais, de nº 5026663-10.2014.404.7000, e basicamente por crimes financeiros dos arts. 16 e 22 da Lei no 7.492/1986 e ainda pelo crime de pertinência a grupo criminoso organizado (art. 2o da Lei no 12.850/2013).
Pode-se, no contexto, cogitar do envolvimento de André Luiz em crimes de lavagem, principalmente considerando suas atividades obscuras na Europa, mas não foi ele denunciado por esses fatos, nem parece ser provável que venha a ser em futuro próximo.
Por outro lado, apesar da aparente reprovabilidade da conduta do acusado, há prova, em cognição sumária, que sua atuação nos crimes teria se dado de maneira mais subordinada, especialmente transportando elevadas quantidades de dinheiro em espécie para Carlos Habib Chater ou Sleiman Nassim El Kobrossy.
Então, pelo menos aparentemente, não oferece o mesmo risco à ordem pública que esses dois outros acusados, que estariam, em cognição sumária, em posição de maior responsabilidade, como líderes das atividades criminais."
Sobre o investigado André Catão, assim consignou o juiz (BRASIL. Tribunal Regional Federal da 4ª Região. (Seção Judiciária do Paraná). **Decisão.** 5025687-03.2014.404.7000. 13ª Vara Federal de Curitiba. Juiz Federal: Sergio Fernando Moro. Curitiba, 20 de out. de 2014.): "Quanto à André Catão de Miranda, considerando cumulativamente a pena em concreto fixada, seu papel subordinado na empreitada criminosa e que já se encontra preso cautelarmente desde 17/03/2014, reputo viável substituir a prisão decretada por este Juíz no processo 5001438-85.2014.404.7000 (evento 24) por medidas cautelares substitutivas[...]".

470 Prisão de Luccas e Faiçal (BRASIL. Tribunal Regional Federal da 4ª Região. (Seção Judiciária do Paraná). **Decisão.** 5001461-31.2014.4.04.7000. 13ª Vara Federal de Curitiba. Juiz Federal: Sergio Fernando Moro. Curitiba, 17 de fev. de 2014) "Em suas atividades, Nelma contaria com o auxílio dos seguintes e principais subordinados: [...]Iara Galdino de Zouza [...] Lucas Pacce Júnior [...] Faiçal Mohamed Narcidine [...] No evento 14, anexo 17, consta a análise das mensagens eletrônicas de Lucas Pacce Júnior, confirmando que atua subordinado a Nelma Kodama e ainda a realização de diversas transferências internacionais fraudulentas. No evento 14, anexo 16, consta a análise das mensagens eletrônicas de Faiçal Mohamed Nacirdine, confirmando que atua subordinado a Nelma Kodama e ainda a realização de diversas transferências internacionais fraudulentas."
Decisão de prisão André Catão (BRASIL. Tribunal Regional Federal da 4ª Região. (Seção Judiciária do Paraná). **Decisão.** 5001438-85.2014.404.7000. 13ª Vara Federal de Curitiba. Juiz Federal: Sergio Fernando Moro. Curitiba, 17 de fev. de 2014): "No grupo criminoso, destacam-se, como subordinados a Carlos, André Catão de Miranda, responsável pela parte financeira das operações,"
Decisão de prisão de André Luís (BRASIL. Tribunal Regional Federal da 4ª Região. (Seção Judiciária do Paraná). **Decisão.** 5001438-85.2014.404.7000. 13ª Vara Federal de Curitiba. Juiz Federal: Sergio Fernando Moro. Curitiba, 11. mar. de 2014): "troca de mensagens entre 17/09/2013 e 20/09/2013 entre Carlos Habib e pessoa identificada como Lupa na qual Carlos refere-se a André como seu emissário em Amsterdã para alguma troca não determinada, aparentemente de câmbio."

Esse caso merece um estudo mais detalhado, em virtude das peculiaridades na sua tramitação. Em 29/04/2015, o Ministério Público Federal ofereceu denúncia contra Guilherme Esteves de Jesus, preso preventivamente desde 27/03/2015, e Lilia Loureiro Esteves de Jesus, imputando-lhes a prática do delito de "embaraço de investigação de infração penal, previsto no art. 2º, §1º e §4º, II, III, IV e V, da Lei nº 12.850/2013"[471]. No dia 05/05/2015, Sergio Moro intimou o MPF para "esclarecer seu posicionamento quanto aos supostos crimes fins praticados pelo grupo criminoso"[472], uma vez que, "[e]mbora o MPF tenha descrito esses crimes na denúncia, não houve imputação a esse respeito, gerando dúvidas quanto à materialidade"[473]. Na mesma oportunidade, ele destacou que a "questão é relevante para fins de prosseguimento do processo, inclusive quanto à manutenção ou não da prisão cautelar de Guilherme Esteves"[474]. No dia 13/05/2015, o MPF explicou que, "muito embora já existam indícios de autoria e materialidade de outros crimes por ele praticados, conforme descrito pormenorizadamente na denúncia dos presentes autos, tratam-se de delitos que ainda continuam sob investigação e demandam melhores esclarecimentos antes da adoção das medidas cabíveis"[475], sendo possível, porém, o recebimento da denúncia, nos termos do artigo 80 do CPP. Então, em 15/05/2015, o juiz recebeu a denúncia e determinou a substituição da prisão preventiva por medidas cautelares alternativas, ao argumento de que "já que não houve ainda a finalização da investigação em relação aos crimes fins praticados pelo grupo criminoso organizado – o que é realmente significativo – entendo que a postura mais prudente recomenda a substituição"[476].

471 BRASIL. Tribunal Regional Federal da 4ª Região. (Seção Judiciária do Paraná). **Denúncia.** 5020227-98.2015.4.04.7000. 13ª Vara Federal de Curitiba. Juiz Federal: Sergio Fernando Moro. Curitiba, 29 de abr. de 2015, p. 17.

472 BRASIL. Tribunal Regional Federal da 4ª Região. (Seção Judiciária do Paraná). **Decisão.** 5020227-98.2015.4.04.7000. 13ª Vara Federal de Curitiba. Juiz Federal: Sergio Fernando Moro. Curitiba, 05 de maio de 2015.

473 BRASIL. Tribunal Regional Federal da 4ª Região. (Seção Judiciária do Paraná). **Decisão.** 5020227-98.2015.4.04.7000. 13ª Vara Federal de Curitiba. Juiz Federal: Sergio Fernando Moro. Curitiba, 05 de maio de 2015.

474 BRASIL. Tribunal Regional Federal da 4ª Região. (Seção Judiciária do Paraná). **Decisão.** 5020227-98.2015.4.04.7000. 13ª Vara Federal de Curitiba. Juiz Federal: Sergio Fernando Moro. Curitiba, 05 de maio de 2015.

475 BRASIL. Tribunal Regional Federal da 4ª Região. (Seção Judiciária do Paraná). **Manifestação MPF.** 5020227-98.2015.4.04.7000. 13ª Vara Federal de Curitiba. Procurador Regional da República: Antônio Carlos Welter. Procurador da República: Roberson Henrique Pozzobon. Curitiba, 13 de maio de 2015.

476 BRASIL. Tribunal Regional Federal da 4ª Região. (Seção Judiciária do Paraná). **Decisão Recebimento Denúncia.** 5020227-98.2015.4.04.7000. 13ª Vara Federal de Curitiba. Juiz Federal: Sergio Fernando Moro. Curitiba, 13 de maio de 2015.

Na mesma oportunidade, Sergio Moro consignou que, "[q]uanto ao prosseguimento da presente ação penal após o recebimento da denúncia, deverá o MPF esclarecer se, com o acusado em liberdade, é o caso de aguardar o final da investigação em relação aos demais crimes ou se é o caso de prosseguir ainda assim"[477].

Tal cenário poderia, *a priori*, indicar que houve um controle mais rígido do tempo de investigação em processos envolvendo um preso preventivo. Contudo, ao que parece, esse caso corrobora algumas conclusões já apresentadas por Fabiana Alves Rodrigues em sua dissertação de mestrado. Ao tratar dos atores do sistema de Justiça, com o foco de sua pesquisa voltado para a atuação do Poder Judiciário, Fabiana destaca como o voluntarismo desses agentes estatais teve papel relevante na escolha de alvos e na gestão do tempo de tramitação dos processos na Operação Lava Jato, que demonstrava claro desinteresse em alguns casos[478]. Neste processo, a sucessão de andamentos processuais demonstrou diversos indicativos que vão ao encontro dessas constatações.

Conquanto tenha alegado, em 13/05/2015, que já existiam indícios de autoria e materialidade sobre os demais crimes supostamente praticados por Guilherme Esteves, bem como requerido o recebimento da denúncia, independentemente do término das demais investigações, diante de intimação do juiz logo depois do recebimento da denúncia, o MPF pleiteou, de forma contraditória, a suspensão da tramitação da ação penal até a conclusão das investigações que "apuram outros delitos cuja autoria é atribuída a GUILHERME ESTEVES DE JESUS [...] especialmente sua participação na organização criminosa que atuou em face da PETROBRAS, bem

477 BRASIL. Tribunal Regional Federal da 4ª Região. (Seção Judiciária do Paraná). **Decisão Recebimento Denúncia.** 5020227-98.2015.4.04.7000. 13ª Vara Federal de Curitiba. Juiz Federal: Sergio Fernando Moro. Curitiba, 13 de maio de 2015.

478 "No caso em que Chater foi acusado de participar de organização criminosa, crime cuja importância é reiteradamente destacada pela Força-Tarefa e nas decisões judiciais, a Justiça Federal em Curitiba praticamente excluiu o caso do ritmo acelerado de tramitação que os atores da Lava Jato defendem no debate público. Apesar de se tratar de caso com apenas quatro réus e duas testemunhas de acusação, a denúncia oferecida em 25/04/2014 foi julgada em primeira instância mais de quatro anos depois, em 27/09/2018 (1.616 dias). Como havia prisão preventiva decretada também nessa ação, a delonga na tramitação justificou inclusive a revogação da prisão pelo próprio juiz Sérgio Moro, em 07/08/2015". RODRIGUES, Fabiana Alves. **Operação lava jato:** aprendizado institucional e ação estratégica na justiça criminal. 2019. Dissertação (mestrado) – Departamento de Ciência Política, Universidade de São Paulo, 2019, p. 152.

como que os elementos colhidos naquele inquérito poderão interessar à instrução desta demanda"[479].

Em 19/06/2015, foi determinada a suspensão do processo por 30 (trinta) dias e, em 05/10/2015, por mais quarenta dias. Somente em 01/08/2018, foi proferido despacho determinando a retomada da tramitação do feito, pois aquelas investigações foram concluídas e geraram a propositura da ação penal nº 5050568-73.2016.4.04.7000, em trâmite perante o mesmo juízo. Sobre esse processo, a denúncia foi oferecida em 03/10/2016, oportunidade em que o MPF explicitou que apresentava tempestivamente a petição, pelo fato de o TRF-4 ter dado parcial provimento a uma apelação defensiva nos autos de um incidente de restituição de bens e estabelecido o prazo de 60 (sessenta) dias para o oferecimento da denúncia, sob pena de devolução ao investigado do numerário já bloqueado. O recebimento dessa denúncia só veio a ocorrer em 03/03/2017.

Houve claramente um desinteresse na tramitação da ação penal e das investigações envolvendo o acusado Guilherme Esteves de Jesus. A retomada da ação penal após mais de três anos do recebimento da denúncia é sintomática. Nesse sentido, pode-se cogitar que a revogação da prisão preventiva também decorreu desse mesmo motivo, pois o prolongamento das investigações e a suspensão da ação penal foram viabilizados por se tratar de réu solto. Tal proceder, inclusive, assemelha-se, em certa medida, àquele retratado por Fabiana nas ações penais envolvendo Carlos Chater e Raul Srour[480].

O quarto tipo de fundamentação está em apenas uma decisão e decorre da extensão da ordem concedida no *habeas corpus* nº 130.254 pelo ministro Teori Zavascki em favor de Alexandrino de Salles Ramos de Alencar, cuja prisão preventiva foi substituída por quatro medidas cautelares. Considerando a similitude fática e jurídica entre

479 BRASIL. Tribunal Regional Federal da 4ª Região. (Seção Judiciária do Paraná). **Manifestação MPF**. 5020227-98.2015.4.04.7000. 13ª Vara Federal de Curitiba. Procurador Regional da República: Antônio Carlos Welter. Procurador da República: Roberson Henrique Pozzobon. Curitiba, 28 de maio de 2015.

480 Dissertação de Fabiana. RODRIGUES, Fabiana Alves. **Operação lava jato:** aprendizado institucional e ação estratégica na justiça criminal. 2019. Dissertação (mestrado) – Departamento de Ciência Política, Universidade de São Paulo, 2019, p. 152.

os casos, entendeu o juiz que a substituição da custódia preventiva era extensível a César Ramos Rocha, fixando as mesmas cautelares impostas ao paciente do *habeas corpus*.

Por fim, o quinto grupo é composto por doze decisões. As fundamentações são vinculadas fundamentalmente a alguma atividade colaborativa do investigado e a consequente constatação por parte do juízo da desnecessidade da prisão preventiva anteriormente decretada. A atividade colaborativa não envolve somente a efetiva celebração e a homologação de acordo de colaboração premiada. Na verdade, a concepção tida pelo juiz é sensivelmente mais ampla e abarcou igualmente a confissão[481], depoimento parcialmente em concordância com a versão dos órgãos de investigação[482], assunção de compromissos para auxiliar na disponibilização de documentos[483], pendência de resolução de imbróglio envolvendo a validade de acordo já firmado[484], intenção manifestada de auxiliar nos esclarecimentos dos fatos[485] e

---

481 A título de exemplo, na decisão de evento 76 dos autos 5026552-26.2014.404.7000, referente ao acusado Carlos Alberto Pereira da Costa: "Há agora um quadro novo, tendo o acusado manifestado, aparentemente com sinceridade, real intenção de afastar-se do referido grupo e do mundo do crime.
Tal intenção encontra alguma concreção na aparente confissão e colaboração do acusado com as autoridades policiais, consubstanciadas nas declarações juntadas no evento 65". BRASIL. Tribunal Regional Federal da 4ª Região. (Seção Judiciária do Paraná). **Decisão.** 5026552-26.2014.404.7000. 13ª Vara Federal de Curitiba. Juiz Federal: Sergio Fernando Moro. Curitiba, 15 de set. de 2014.

482 Na decisão de evento 552 dos autos 5037800-18.2016.4.04.7000: "Não é momento aqui de avaliar as provas, mas reputo viável rever a prisão cautelar de Paulo Adalberto Alves Ferreira, em vista do término da instrução.
O término da instrução diminui riscos às provas e no presente caso, como ocorre em alguns outros casos, não há uma indicação de que o acusado oferece um risco às próprias fontes de provas, como as testemunhas ou colaboradores.
O próprio acusado confessou parte dos fatos narrados na denúncia, especificamente reconheceu o recebimento de valores significativos de Alexandre Correa de Oliveira Romano, embora tenha alegado, como álibi, que seriam contribuições de campanha, de origem por ele desconhecida, para a eleição de 2010, mesmo havendo, em princípio, pagamentos também em 2011, 2012 e 2013. Apesar da confissão parcial, cujo álibi será examinado no momento próprio, ela também representa um certo esvaziamento do risco às provas."
BRASIL. Tribunal Regional Federal da 4ª Região. (Seção Judiciária do Paraná). **Decisão.** 5037800-18.2016.4.04.7000. 13ª Vara Federal de Curitiba. Juiz Federal: Sergio Fernando Moro. Curitiba, 16 de dez. de 2016.

483 Ilustrativamente, na decisão de evento 166 dos autos 5031491-49.2014.4.04.7000, referente ao acusado João Procópio: "Diante, porém, dos compromissos assumidos recentemente pela Defesa e pelo acusado, não em colaboração premiada, mas apenas o compromisso de encerrar as contas e auxiliar na disponibilização dos extratos e repatriação dos ativos, entendo que é possível rever a prisão cautelar." BRASIL. Tribunal Regional Federal da 4ª Região. (Seção Judiciária do Paraná). **Decisão.** 5031491-49.2014.4.04.7000. 13ª Vara Federal de Curitiba. Juiz Federal: Sergio Fernando Moro. Curitiba, 20 de jan. de 2015.

484 Nos autos 5060482-98.2015.4.04.7000, referente à acusada Nelma Kodama: "Nesse contexto, enquanto não se resolve a controvérsia, considerando cumulativamente a aproximação da data em que teria direito a reclamar a progressão de regime, a colaboração já prestada, o imbróglio a respeito do acordo e que não é imputável à condenada e que o que a mantém presa ainda é a prisão preventiva decretada por esse Juízo, resolvo, a fim de não penalizá-la pela demora na resolução da questão acerca do acordo, converter a prisão preventiva em prisão domiciliar com tornozeleira eletrônica a partir de 20/06/2016". BRASIL. Tribunal Regional Federal da 4ª Região. (Seção Judiciária do Paraná). **Decisão.** 5060482-98.2015.4.04.7000. 13ª Vara Federal de Curitiba. Juiz Federal: Sergio Fernando Moro. Curitiba, 16 de jun. de 2016.

485 Decisão de evento 9 nos autos 5035139-66.2016.4.04.7000, referente aos acusados João Santana e Mônica Moura: "Nessa fase processual, após cinco meses de prisão cautelar, com a instrução das duas ações penais próximas ao fim e com a intenção manifestada por ambos os acusados de esclarecer os fatos, reputo não mais absolutamente necessária a manutenção da prisão preventiva, sendo viável substitui-la por medidas cautelares alternativas." BRASIL.

até mesmo a mera tratativa para celebração de acordo de colaboração premiada[486]. Todas essas hipóteses de comportamento colaborativo, cujos alguns exemplos concretos estão apontados em nota de rodapé, foram avaliadas positivamente pelo juiz e refletiram em sua fundamentação para substituir a prisão preventiva por cautelares diversas.

Sobre a mera negociação para celebrar acordo de colaboração, importante mencionar o caso de Apolo Santana Vieira, pois a prisão preventiva nem mesmo chegou a ser cumprida. A situação é *sui generis*. Sergio Moro havia deferido a custódia cautelar do investigado e a busca e apreensão em seu endereço. Logo após, o Ministério Público Federal informou que estava em tratativas para celebrar acordo de colaboração premiada com Apolo Santana Vieira e requereu a suspensão da decisão anterior. Diante da informação prestada pelo MPF nos autos, o juiz voltou atrás em sua decisão e revogou não somente a busca e apreensão, como também a prisão preventiva, com determinação de recolhimento dos mandados.

Para o juiz, as atitudes mencionadas anteriormente demonstravam real intenção de o acusado afastar-se do grupo criminoso investigado e, em suas palavras, do mundo do crime. Consequentemente, haveria minoração dos riscos ao processo ou à ordem pública que justificavam a prisão preventiva, de sorte que seria possível sua substituição por medidas cautelares menos restritivas[487] ou, como visto, até mesmo o recolhimento dos mandados.

Tribunal Regional Federal da 4ª Região. (Seção Judiciária do Paraná). **Decisão.** 5035139-66.2016.4.04.7000. 13ª Vara Federal de Curitiba. Juiz Federal: Sergio Fernando Moro. Curitiba, 01 de ago. de 2016.

486 Decisão de evento 17 dos autos 5004568-78.2017.4.04.7000: "Em vista da informação prestada pelo MPF de que estaria em tratativas para um acordo de colaboração com Apolo Santana Vieira revogo a decisão do evento 4 no que se refere à prisão preventiva dele e à busca e apreensão em seu endereço." BRASIL. Tribunal Regional Federal da 4ª Região. (Seção Judiciária do Paraná). **Decisão.** 5004568-78.2017.4.04.7000. 13ª Vara Federal de Curitiba. Juiz Federal: Sergio Fernando Moro. Curitiba, 21 de fev. de 2017.

487 Alguns trechos constantes nas decisões analisadas são característicos desse raciocínio do juízo de primeiro grau. A título de exemplo: "Diante, porém, da aparente confissão e colaboração, viável concluir, provisoriamente, que o acusado não mais deseja guardar lealdade para com o grupo criminoso, o que representa indício significativo de que sua liberdade no momento não oferece mais riscos à ordem pública ou à instrução" (Ediel Viana da Silva, Carlos Alberto Pereira da Costa) (BRASIL. Tribunal Regional Federal da 4ª Região. (Seção Judiciária do Paraná). **Decisão.** 5067304-40.2014.404.7000. 13ª Vara Federal de Curitiba. Juiz Federal: Sergio Fernando Moro. Curitiba, 23 de out. de 2014.); "Considerando [...] que a celebração do acordo afasta em princípio o risco de reiteração delitiva e de perturbação da instrução que a preventiva buscou afastar" (João Antônio Bernardi Filho) (BRASIL. Tribunal Regional Federal da 4ª Região. (Seção Judiciária do Paraná). **Decisão.** 5051974-66.2015.4.04.7000. 13ª Vara Federal de Curitiba. Juiz Federal: Sergio Fernando Moro. Curitiba, 26.10.2015.); "Considerando o reconhecimento da colaboração, há minoração de riscos ao processo, incluindo quanto a eventuais outras investigações" (André Gustavo Vieira da Silva) (BRASIL. Tribunal Regional Federal da 4ª Região. (Seção Judiciária do Paraná). **Decisão**. 5035263-15.2017.4.04.7000. 13ª Vara Federal de Curitiba. Juiz Federal: Sergio Fernando Moro. Curitiba, 07 de mar. de 2018.).

Em duas dessas decisões, consta também argumento para afastar críticas sobre a fundamentação utilizada, com destaque para o seguinte trecho: "fique muito claro que a prisão preventiva nunca teve por objetivo colher confissão ou colaboração. Foi ela decretada diante da presença de seus pressupostos e fundamentos, boa prova de materialidade e autoria de crimes e ricos à ordem pública e à instrução"[488].

Muito embora o juízo de primeiro grau tenha revogado ou substituído um número considerável de prisões preventivas, a análise qualitativa foi indispensável para constatar que boa parte das decisões está relacionada ao reconhecimento de uma postura colaborativa dos investigados, em graus variados, e o reflexo desse comportamento nos requisitos para manutenção ou para decretação da custódia preventiva.

Noutras palavras, foi estabelecida uma relação fática e jurídica entre a colaboração no curso das investigações ou do processo e o preenchimento ou não dos requisitos da prisão preventiva. Especificamente para os acordos de colaboração premiada, estatuiu-se um verdadeiro benefício prático, ainda que não formalizado e inexistente em lei. Não se verifica uma relação entre a celebração da avença premiada e a revogação ou a substituição da prisão preventiva, todavia, nos casos analisados, tornou-se possível esse raciocínio.

Esse quadro foi discutido pelo STF quando do julgamento do *habeas corpus* nº 138.207/PR[489], cujo paciente era Fernando Antônio Guimarães Hourneaux de Moura, investigado na Operação Lava Jato. Embora a prisão combatida nesse *writ* não se enquadre no objeto desta pesquisa, uma vez que foi decretada quando da prolação da sentença e não fez parte de uma fase ostensiva, o julgamento perante a Suprema Corte é paradigmático para o assunto, na medida em que analisa a relação entre a celebração ou o descumprimento

488 Decisão de evento 7 dos autos 506730440.2014.404.7000, referente a Ediel Viana da Silva. BRASIL. Tribunal Regional Federal da 4ª Região. (Seção Judiciária do Paraná). **Decisão.** 5067304-40.2014.404.7000. 13ª Vara Federal de Curitiba. Juiz Federal: Sergio Fernando Moro. Curitiba, 23 de out. de 2014. Decisão de evento 76 dos autos nº 5026552-26.2014.404.7000, referente a Carlos Alberto Pereira da Costa. BRASIL. Tribunal Regional Federal da 4ª Região. (Seção Judiciária do Paraná). **Decisão.** 5026552-26.2014.404.7000. 13ª Vara Federal de Curitiba. Juiz Federal: Sergio Fernando Moro. Curitiba, 15 de set. de 2014.

489 BRASIL. Supremo Tribunal Federal (Segunda Turma). **Parecer da PGR.** HC 138207. Relator(a): Edson Fachin. Brasília, 8 de fev. de 2017.

de acordo de colaboração premiada e o juízo de adequação de medidas cautelares pessoais gravosas.

No bojo da Operação Lava Jato, o paciente havia sido preso por decisão da 13ª Vara Federal da Seção Judiciária do Paraná em 27/07/2015. No início da instrução processual, celebrou acordo de colaboração premiada e foi posto em liberdade no dia 02/11/2015. Por sua vez, em sentença condenatória prolatada em 18/05/2016, o juiz decretou novamente a prisão preventiva do investigado, apontando como fundamento o descumprimento dos termos do acordo celebrado com o órgão de acusação.

O TRF-4 e o STJ denegaram respectivamente o *habeas corpus* e o recurso em *habeas corpus* manejados pela defesa do investigado, o que ensejou a impetração mencionada.

Ao defender a manutenção do decreto prisional perante o Supremo Tribunal Federal, a procuradoria-geral da República sustentou, em seu parecer juntado naquele processo, ser indubitável "a influência fática que um instituto [colaboração premiada] pode exercer no outro [prisão preventiva]"[490]. Argumentou, repetindo trechos da decisão do juiz de primeiro grau, que a colaboração premiada "'pode eventualmente esvaziar o risco, já que representa o rompimento pelo preso com a associação criminosa, esvaziando ou diminuindo as chances de reiteração'. Da mesma forma, o rompimento da colaboração premiada poderá, consoante as circunstâncias fáticas do caso, criar ou fazer ressurgir risco anteriormente adormecido"[491]. Apontou, assim, a existência de um alegado acoplamento estrutural entre os institutos da prisão preventiva e da colaboração premiada, de modo que esta medida produziria determinado efeito fático naquela, notadamente o esvaziamento dos riscos ao processo ou à ordem pública que a liberdade do investigado poderia criar.

Ao julgar o caso, em 25/04/2017, a Segunda Turma do Supremo Tribunal Federal, por unanimidade de votos, reconheceu que a tese

490 BRASIL. Supremo Tribunal Federal (Segunda Turma). **Parecer da PGR.** HC 138207. Relator(a): Edson Fachin. Brasília, 8 de fev. de 2017.
491 BRASIL. Supremo Tribunal Federal (Segunda Turma). **Parecer da PGR.** HC 138207. Relator(a): Edson Fachin. Brasília, 8 de fev. de 2017.

do acoplamento estrutural apresentada pela PGR não era correta. Em resumo, apontou que a celebração do acordo de colaboração premiada não é, por si só, motivo para revogação da prisão preventiva, de modo que não há, do ponto de vista jurídico, relação direta entre os institutos. No mesmo sentido, tampouco o posterior descumprimento da avença poderia ser utilizado como motivo para a decretação de nova custódia cautelar preventiva ou faria ressurgir a motivação de um primeiro decreto.

Ao acompanhar o ministro Edson Fachin, relator do feito, o ministro Gilmar Mendes teceu críticas mais diretas ao referido argumento do Ministério Público Federal. Segundo seu voto, se a tese pudesse ser acolhida, seria conferido ao Ministério Público um poder que sobrelevaria o próprio Judiciário, porque legitimaria a argumentação no sentido de que os investigados ficariam presos enquanto não firmarem acordo de colaboração premiada, o que seria uma desvirtuação da finalidade da prisão preventiva.

Comentando as razões de decidir desse caso, Rodrigo Capez destaca que, "ainda que o acórdão não tenha invocado expressamente a referibilidade como característica essencial da prisão preventiva, não resta dúvida de que essa foi a *ratio* inspiradora do julgamento"[492].

A linha condutora desse posicionamento do Supremo Tribunal Federal, em um grau de aprofundamento menor, já havia sido iniciada pelo ministro Teori Zavascki quando do julgamento do *habeas corpus* 127.186[493]. Em seu voto, acompanhado pela maioria dos ministros integrantes da Segunda Turma, ele, ao conceder parcialmente a ordem, comparou a situação do paciente com a dos investigados Eduardo Hermelino Leite e Dalton dos Santos Avancini, igualmente dirigentes de uma empreiteira e que, após firmarem acordo de colaboração premiada, tiveram suas prisões substituídas por medidas cautelares diversas pelo juízo de primeiro grau.

492 CAPEZ, Rodrigo. **Prisão e medidas cautelares diversas:** a individualização da medida cautelar no processo penal. São Paulo: Quartier Latin, 2017, p. 387.

493 BRASIL. Supremo Tribunal Federal (Segunda Turma). **Habeas Corpus.** HC 127186. Relator(a): Teori Zavascki. Brasília, 28 de abril de 2015. Processo Eletrônico DJe-151, divulgado em 31 jul. 2015, publicado em 03 ago. 2015.

Reconhecida a similitude dos fundamentos para prisão preventiva de todos eles e a suficiência da substituição para os colaboradores, o ministro Teori Zavascki destacou que não haveria razão jurídica para negar igual tratamento ao paciente do *habeas corpus*. Segundo seu posicionamento, o fato de ele não ter firmado acordo de colaboração premiada é absolutamente irrelevante no exame sobre o cabimento das medidas cautelares. Pelo contrário, qualquer argumentação nessa orientação conduziria à conclusão de que a manutenção da custódia preventiva serviria para extrair a colaboração do investigado preso, o que, em suas palavras, "além de atentatório aos mais fundamentais direitos consagrados na Constituição, constituiria medida medievalesca que cobriria de vergonha qualquer sociedade civilizada"[494].

Nesse contexto, vê-se que, para doze decisões de substituição da prisão preventiva por medidas cautelares menos gravosas, o juízo de primeiro grau utilizou argumento que foi essencialmente afastado pelo Supremo Tribunal Federal. Embora os julgados expostos façam referência a uma hipótese em que o acordo de colaboração já havia sido celebrado, a fundamentação também se aplica a situações em que o instrumento formal com o Ministério Público é inexistente e há colaboração do investigado, porquanto o raciocínio empregado é basicamente o mesmo, ou seja, uma relação direta entre a postura colaborativa do investigado, em graus diversos, e o exame de adequação da prisão preventiva, com indicação de que essas condutas minoram o risco ao processo ou à ordem pública.

O posicionamento jurídico explicitamente adotado no quinto grupo tem como consequência prática o estímulo à colaboração, ainda que sem formalização de acordo, e à confissão, uma vez que se criou uma hipótese de liberdade (substituição da prisão preventiva) vinculada diretamente a um comportamento cooperativo do custodiado no curso da investigação ou do processo. Vale ressaltar que a revogação da prisão cautelar nem mesmo poderia ser um benefício pactuado no acordo de colaboração premiada, por inexistir previsão legal para

494 BRASIL. Supremo Tribunal Federal (Segunda Turma). **Habeas Corpus**. HC 127186. Relator(a): Teori Zavascki. Brasília, 28 de abril de 2015. Processo Eletrônico DJe-151, divulgado em 31 jul. 2015, publicado em 03 ago. 2015.

tanto, para além de outros questionamentos de ordem moral, mas essa medida se consubstanciou em um verdadeiro prêmio informal para alguns casos, tendo o juiz de primeiro grau reconhecido expressamente a relação entre os institutos[495].

A conclusão sobre o agir do juiz com o intuito de fomentar colaborações ganha especial relevância ao se constatar que, em sua visão, a confissão foi um dos motivos do sucesso da chamada Operação Mãos Limpas, como destacado neste trabalho. Esse plano de atuação foi exposto em artigo publicado em 2004, no qual, ao tratar do planejamento adotado pelos juízes italianos naquela investigação, destacou que a "estratégia de ação adotada pelos magistrados incentivava os investigados a colaborar com a Justiça [...] levantando a perspectiva de permanência na prisão pelo menos pelo período da custódia preventiva no caso da manutenção do silêncio ou, vice-versa, de soltura imediata no caso de uma confissão"[496]. Ressaltou que "há quem possa ver com maus olhos tal estratégia de ação e a própria delação premiada"[497], mas, no seu entender, caso estejam presentes os "pressupostos de decretação de uma prisão antes do julgamento"[498], "não há qualquer óbice moral em tentar-se obter do investigado ou do acusado uma confissão ou colaboração premiada, evidentemente sem a utilização de qualquer método interrogatório repudiado pelo Direito"[499]. Em suma, a constatação apresentada nesse grupo de decisões está em consonância com o questionável posicionamento exposto pelo juiz quase dez anos antes do início da Operação Lava Jato.

Outra conclusão mais sensível também é extraída desse grupo. Se o Supremo Tribunal Federal já reconhecia no âmbito da Operação

495 "[...]a celebração do acordo afasta em princípio o risco de reiteração delitiva e de perturbação da instrução que a preventiva buscou afastar, acolho o requerimento do Ministério Público Federal e da Defesa, e revogo no momento a prisão preventiva do acusado". BRASIL. Tribunal Regional Federal da 4ª Região. (Seção Judiciária do Paraná). *Decisão*. 5051974-66.2015.4.04.7000. 13ª Vara Federal de Curitiba. Juiz Federal: Sergio Fernando Moro. Curitiba, 26 de out. de 2015.

496 MORO, Sergio Fernando. Considerações sobre a operação mani pulite. **R. CEJ**, Brasília, n. 26, jul./set. 2004, p. 58. Disponível em: https://revistacej.cjf.jus.br/cej/index.php/revcej/article/view/625/805. Acesso em: 13 set. 2021.

497 MORO, Sergio Fernando. Considerações sobre a operação mani pulite. **R. CEJ**, Brasília, n. 26, jul./set. 2004, p. 58. Disponível em: https://revistacej.cjf.jus.br/cej/index.php/revcej/article/view/625/805. Acesso em: 13 set. 2021.

498 MORO, Sergio Fernando. Considerações sobre a operação mani pulite. **R. CEJ**, Brasília, n. 26, jul./set. 2004, p. 58. Disponível em: https://revistacej.cjf.jus.br/cej/index.php/revcej/article/view/625/805. Acesso em: 13 set. 2021.

499 MORO, Sergio Fernando. Considerações sobre a operação mani pulite. **R. CEJ**, Brasília, n. 26, jul./set. 2004, p. 58. Disponível em: https://revistacej.cjf.jus.br/cej/index.php/revcej/article/view/625/805. Acesso em: 13 set. 2021.

Lava Jato, pelo menos desde o julgamento do *habeas corpus* 127.186, cujo acórdão foi publicado em 03/08/2015, que não há relação entre a celebração do acordo e o juízo de adequação da prisão preventiva, fica bastante claro que, após essa data, as prisões substituídas em virtude do comportamento colaborativo, da promessa de assim agir ou da celebração da avença formal nem mesmo deveriam ter sido decretadas. É que, se o alegado comportamento colaborativo já era tido como insuficiente pela Suprema Corte para influenciar nos requisitos da medida cautelar pessoal gravosa, a liberdade concedida a partir desse argumento nada mais é do que o reconhecimento implícito de que inexistia, antes mesmo disso, fundamento para a decretação da prisão preventiva.

O caso de Apolo Santana Vieira, que aconteceu após a publicação do acórdão mencionado acima, é sugestivo e reforça esse raciocínio. A mera existência de negociação foi suficiente para revogação da decisão de prisão preventiva, antes mesmo do cumprimento do mandado, sem que fosse indicado pelo juízo um único comportamento colaborativo efetivo, ademais de iniciar as tratativas para o acordo, nem mesmo como essas negociações com o Ministério Público Federal afetariam os fundamentos da medida cautelar (risco à ordem pública e à aplicação da lei penal), que, em sua visão, estavam preenchidos, conforme decisão proferida seis dias antes.

A mensagem de tal proceder é bastante clara para qualquer investigado, pois fica indene de dúvidas que um dos prêmios negociados – mesmo que informalmente – como contrapartida à colaboração (em sentido amplo) ou à confissão é a liberdade no curso do processo, ainda que ausente essa hipótese legal. O descumprimento do posicionamento do Supremo Tribunal Federal é apenas mais um elemento a indicar a real finalidade das revogações.

Partindo de análise distinta[500] e ausente a diferenciação da liberdade decorrente da progressão de regime prevista em cláusula do acordo de colaboração premiada, Fabiana Alves Rodrigues chegou a

500 Sobre a metodologia utilizada, ver: p. 165 e seguintes da dissertação. RODRIGUES, Fabiana Alves. **Operação lava jato:** aprendizado institucional e ação estratégica na justiça criminal. 2019. Dissertação (mestrado) – Departamento de Ciência Política, Universidade de São Paulo, 2019.

uma conclusão semelhante e que, por ser mais ampla, complementa o estudo aqui realizado.

Segundo a autora, "parece significativo que quase 60% dos réus que colaboraram (com ou sem acordo formal) tenham sido beneficiados quanto ao regime de prisão assim que decidiram colaborar com os investigadores, já que obtiveram a liberdade ou começaram a cumprir a pena prevista no acordo"[501]. Complementa:

> Esses dados sugerem que, mesmo que não tenha havido deliberado uso da prisão com finalidade de constranger determinados investigados a delatarem, a forma como a JF de Curitiba tratou a prisão dos investigados que colaboraram produziu a expectativa de que a delação era a via mais eficiente para sobreviver ao verdadeiro combate que se tornou a atividade de controle criminal da corrupção, ao menos quando associada ao nome Lava Jato.[502]

Os dados do quinto grupo aqui apresentados reforçam essa constatação e demonstram que a realização do vínculo argumentativo entre a cooperação do investigado em diversos níveis com os órgãos de investigação e a substituição da prisão cautelar – até mesmo de forma contrária aos pronunciamentos do Supremo Tribunal Federal – cumpria explicitamente a função de criar a expectativa mencionada por Fabiana Alves Rodrigues.

Por fim, as justificativas apresentadas pelo juiz em decisões já mencionadas para afastar a crítica de que as prisões intentavam obter confissão ou colaboração também não infirmam as conclusões aqui apresentadas. A mera alegação de que a custódia cautelar foi decretada diante dos seus pressupostos e fundamentos legais afigura-se simplória e até mesmo ingênua.

Para além de desconsiderar a problemática fundamentação utilizada posteriormente para a substituição da prisão preventiva por cautelares diversas, em desacordo com o posicionamento do STF, e os efeitos práticos daí decorrentes, vale rememorar que, na Alemanha, a doutrina e a jurisprudência se aprofundam, ao menos desde

501 RODRIGUES, Fabiana Alves. **Operação lava jato:** aprendizado institucional e ação estratégica na justiça criminal. 2019. Dissertação (mestrado) – Departamento de Ciência Política, Universidade de São Paulo, 2019, p. 178.
502 RODRIGUES, Fabiana Alves. **Operação lava jato:** aprendizado institucional e ação estratégica na justiça criminal. 2019. Dissertação (mestrado) – Departamento de Ciência Política, Universidade de São Paulo, 2019, p. 178.

o início da década de setenta, nos chamados motivos apócrifos ou ocultos da prisão preventiva[503]. Trata-se da estratégia de utilizar fundamentos não previstos em lei para decretação da prisão preventiva, porém valendo-se de argumentação aparentemente calcada naquelas hipóteses com previsão legal. Os fundamentos apócrifos "se escondem por trás dos fundamentos da prisão preventiva previstos em lei, para dar aparência de legalidade e, assim, legitimar a ordem de prisão"[504]. E, como destacado por Gilmar Mendes e Daniel Marchionatti, a custódia preventiva é área propícia para esse desvio de finalidade, em razão da ampla margem existente em lei para avaliação do cabimento da prisão[505].

Fabiana Alves Rodrigues, na conclusão do estudo citado, acentua haver razoáveis questionamentos sobre os fundamentos utilizados na Operação Lava Jato para decretação da prisão antes de definida a responsabilidade criminal do investigado. E, mesmo sem aprofundar nesses aspectos, assevera que "parece difícil negar que a ampla autonomia na interpretação dos fatos e na aplicação das regras sobre prisões cautelares aumenta sobremaneira a área cinzenta em que os atores do sistema de Justiça podem mover suas peças"[506], de sorte que isso "dificulta que as finalidades escusas sejam detectadas pelos órgãos de controle e até mesmos pelos Tribunais, onde o volume de casos possivelmente inviabiliza a análise de detalhes das investigações que não constam nas decisões judiciais"[507].

Assim, a simples alegação apresentada à época para afastar as críticas existentes naquele momento não é suficiente para fragilizar a constatação feita nesta oportunidade.

503 SANGUINÉ, Odone. A inconstitucionalidade da prisão cautelar como mecanismo para obter delação (colaboração) premiada. *In:* SANTORO, Antonio Eduardo Ramires; MALAN, Diogo Rudge; MADURO, Flávio Mirza. **Crise no processo penal contemporâneo:** escritos em homenagem aos 30 anos da Constituição de 1988. Rio de Janeiro: Editora D'Plácido. 2018, p. 341.
504 MACHADO, Luís Henrique Alves. A prisão preventiva sob a perspectiva do Direito alemão. **JOTA**, 24 fev. 2015. Disponível em: https://www.jota.info/opiniao-e-analise/artigos/prisao-preventiva-sob-perspectiva-direito-alemao-24022015. Acesso em: 15 set. 2021.
505 BRASIL. Supremo Tribunal Federal (Segunda Turma). **Habeas Corpus.** HC 156600. Relator(a): Gilmar Mendes. Relator do Acórdão: Ricardo Lewandowski. Brasília, 11 de maio de 2018. Processo Eletrônico DJe-093, divulgado em 14 maio 2018, publicado em 15 maio 2018.
506 RODRIGUES, Fabiana Alves. **Operação lava jato:** aprendizado institucional e ação estratégica na justiça criminal.2019. Dissertação (mestrado) – Departamento de Ciência Política, Universidade de São Paulo, 2019, p. 216.
507 RODRIGUES, Fabiana Alves. **Operação lava jato:** aprendizado institucional e ação estratégica na justiça criminal.2019. Dissertação (mestrado) – Departamento de Ciência Política, Universidade de São Paulo, 2019, p. 216.

11

AS REVOGAÇÕES E AS SUBSTITUIÇÕES DAS PRISÕES PREVENTIVAS DECRETADAS PELA 13ª VARA FEDERAL DO PARANÁ. UMA ANÁLISE QUALITATIVA A PARTIR DA ATUAÇÃO DAS INSTÂNCIAS REVISORAS

Os Tribunais de revisão tiveram considerável participação na revogação das prisões preventivas decretadas pela 13ª Vara Federal da Seção Judiciária do Paraná, com especial destaque para o STF. Apesar disso, somente o exame dos fundamentos utilizados por esses tribunais para cassar as decisões de primeiro grau fornece ao leitor uma explicação das ilegalidades encontradas.

A metodologia utilizada é a mesma descrita nos outros tópicos de análise qualitativa, envolvendo o contato direto do pesquisador com o texto, sem intermédio de outros mecanismos, com a leitura integral dos votos, decisões e acórdãos, bem como separação em grupos por meio de tabela.

Primeiramente, serão analisados os acórdãos e as decisões monocráticas de mérito oriundas do Supremo Tribunal Federal, uma vez que se trata do tribunal com maior índice de reformas de decisões e a última instância do Poder Judiciário no Brasil. Em seguida, analisar-se-ão os pronunciamentos do Superior Tribunal de Justiça e do Tribunal Regional Federal da 4ª Região.

Como já visto, o STF foi responsável pela revogação ou substituição da prisão preventiva de vinte e quatro investigados, o que se deu por meio de dezesseis decisões ou acórdãos. Neste tópico, serão escrutinados quinze desses, com a exclusão da reclamação nº 17.623/PR, porque a fundamentação do ato decisório nesse processo estava relacionada à usurpação de competência do STF e não especificamente à ilegalidade da motivação para decretação da custódia cautelar.

Os quinze atos decisórios foram divididos em 5 (cinco) grupos, cujo parâmetro para separação foi o ministro prolator da decisão monocrática ou redator do acórdão. Para os acórdãos, serão examinados os votos do relator do caso, quando for o vencedor, ou, caso o relator seja vencido, o do redator do acórdão, ministro que proferiu o primeiro voto vencedor, nos termos do artigo 135, §4º, do regimento interno do Supremo Tribunal Federal[508]. Nessas hipóteses, para viabilizar o estudo de todos os acórdãos dentro do espaço de tempo disponível para esta pesquisa, serão desconsiderados os votos dos demais ministros componentes da corrente vencedora, bem como eventuais votos divergentes vencidos, e o foco será exclusivo naquele responsável por redigir o acórdão. A escolha desse parâmetro para sistematização se deu também pela facilidade de agrupar argumentações de um mesmo ministro, pois, em regra, seguiam um padrão similar de justificativas jurídicas.

11.1 Grupo um – ministro Teori Zavascki

O primeiro grupo é formado por decisões monocráticas de mérito do ministro Teori Zavascki e por acórdãos dos quais ele foi redator, além de relator dos processos, os quais perfazem o total de sete atos decisórios. Em ordem cronológica de autuação da petição inicial no Supremo Tribunal Federal, são estes os casos: HC nº 125.555[509], HC

508 Art. 135, § 4: Se não houver Revisor, ou se este também ficar vencido, designar-se-á para redigir o acórdão o Ministro que houver proferido o primeiro voto prevalecente, ressalvado o disposto no art. 324, § 3º, deste Regimento. BRASIL. Supremo Tribunal Federal. **Regimento Interno do STF.** Brasília, 2020. Disponível em: http://www.stf.jus.br/arquivo/cms/legislacaoRegimentoInterno/anexo/RISTF.pdf. Acesso em: 10 jun. 2021.

509 BRASIL. Supremo Tribunal Federal (Segunda Turma). **Habeas Corpus.** HC 125555. Relator(a): Teori Zavascki.

nº 127.186[510], HC nº 127.823[511], HC nº 130.254[512], HC nº 130.636[513], HC nº 132.233[514] e HC nº 132.406[515].

No voto do HC nº 125.555, o ministro Teori Zavascki fixou, em um curto parágrafo, a premissa teórica de que a prisão preventiva não poderia constituir antecipação de pena, bem como indicou os requisitos para sua decretação. Em seguida, delimitou o fundamento que ensejou a prisão preventiva do paciente, tendo destacado o equívoco constante das decisões monocráticas proferidas no âmbito do STJ e do TRF-4, pois, diversamente do apontado por esses tribunais, "a fundamentação do decreto de prisão preventiva não está relacionada à conveniência da instrução criminal ou à garantia da ordem pública, mas única e exclusivamente à aplicação da lei penal"[516]. Como destacado no voto, tal fenômeno não era mero reforço argumentativo, mas sim inovação promovida pelas instâncias revisoras, em sede de *habeas corpus*, na causa determinante na manutenção da custódia preventiva, o que é rechaçado pela jurisprudência da Suprema Corte. A bem da verdade, os tribunais, ao incrementarem a fundamentação do decreto prisional, reconhecem implicitamente que o argumento original não era suficiente para a custódia cautelar, mas veem a necessidade de lançar mão desse artifício para denegar a ordem, postura essa injustificada na atual ordem jurídica.

Ao tratar da motivação relacionada à aplicação da lei penal, destacou o ministro que, para fins cautelares, "o magistrado de primeira instância restringiu-se a valorar a existência de indícios de que o

---

Brasília, 10 de janeiro de 2015. Processo Eletrônico DJe-069, divulgado em 13 abr. 2015, publicado em 14 abr. 2015.

510 BRASIL. Supremo Tribunal Federal (Segunda Turma). **Habeas Corpus.** HC 127186. Relator(a): Teori Zavascki. Brasília, 28 de abril de 2015. Processo Eletrônico DJe-151, divulgado em 31 jul. 2015, publicado em 03 ago. 2015.

511 BRASIL. Supremo Tribunal Federal (Segunda Turma). **Habeas Corpus.** HC 127823. Relator(a): Teori Zavascki. Brasília, 23 de junho de 2015. Processo Eletrônico DJe-164, divulgado em 20. ago. 2015, publicado em 21 ago. 2015.

512 BRASIL. Supremo Tribunal Federal (Segunda Turma). **Habeas Corpus.** HC 130254. Relator(a): Teori Zavascki. Brasília, 16 de out. de 2015. Processo Eletrônico DJe-209, divulgado em 19 out. 2015, publicado em 20 out. 2015.

513 BRASIL. Supremo Tribunal Federal (Segunda Turma). **Habeas Corpus.** HC 130636. Relator(a): Teori Zavascki. Brasília, 15 de dezembro de 2015. Processo Eletrônico DJe-095, divulgado em 11 de maio de 2015, publicado em 12 de maio de 2015.

514 BRASIL. Supremo Tribunal Federal (Segunda Turma). **Habeas Corpus.** HC 132233. Relator(a): Teori Zavascki. Brasília, 26 de abril de 2016. Processo Eletrônico DJe-095, divulgado em 17 de maio de 2016, publicado em 18 de maio de 2016.

515 BRASIL. Supremo Tribunal Federal (Segunda Turma). **Habeas Corpus.** HC 132406. Relator(a): Teori Zavascki. Brasília, 19 de fev. de 2016. Processo Eletrônico DJe-033, divulgado em 22 de fev. de 2016, publicado em 23 de fev. de 2016.

516 BRASIL. Supremo Tribunal Federal (Segunda Turma). **Habeas Corpus.** HC 125555. Relator(a): Teori Zavascki. Brasília, 10 de janeiro de 2015. Processo Eletrônico DJe-069, divulgado em 13 abr. 2015, publicado em 14 abr. 2015.

investigado manteria expressiva quantidade de dinheiro no exterior e poderia, em razão disso, fugir do país, subtraindo-se à jurisdição criminal"[517]. Reconheceu que, na decisão de prisão, "não houve, contudo, indicação de atos concretos atribuídos ao paciente que demonstrem sua intenção de furtar-se à aplicação da lei penal"[518].

Nesse cenário, o ministro entendeu pela inidoneidade dos fundamentos, tendo destacado que o "agente supostamente manter valores tidos por ilegais no exterior, por si só, não constitui motivo suficiente para a decretação da prisão preventiva, mesmo porque a decisão não relaciona medidas judiciais concretas de busca desses valores que, para sustentá-la, haveriam de ser certos e identificáveis"[519]. Pontuou, então, que a "custódia cautelar do paciente está calcada em uma presunção de fuga, o que é rechaçado categoricamente pela jurisprudência desta Corte"[520]. Ao final de seu voto, o ministro apontou que o próprio juiz havia aplicado "medidas cautelares diversas da prisão para outros investigados tão ou mais capazes de fazer uso, em tese, de sua condição econômica para evadir-se"[521], o que atesta a proporcionalidade da imposição de medidas cautelares diversas em substituição à prisão preventiva.

O HC nº 127.186 é um caso paradigmático na Operação Lava Jato, pois foi a primeira concessão em que o Supremo Tribunal Federal afastou justificativa relacionada a três hipóteses do artigo 312 do Código de Processo Penal, bem como promoveu a extensão da ordem para 8 (oito) investigados em situações semelhantes. Tratava-se do exame da prisão preventiva de Ricardo Ribeiro Pessoa, então presidente da UTC engenharia.

Diversamente do *habeas corpus* anterior, o ministro Teori Zavascki apresentou um tópico mais detalhado com premissas teóricas para

---

517 BRASIL. Supremo Tribunal Federal (Segunda Turma). **Habeas Corpus**. HC 125555. Relator(a): Teori Zavascki. Brasília, 10 de janeiro de 2015. Processo Eletrônico DJe-069, divulgado em 13 abr. 2015, publicado em 14 abr. 2015.
518 BRASIL. Supremo Tribunal Federal (Segunda Turma). **Habeas Corpus.** HC 125555. Relator(a): Teori Zavascki. Brasília, 10 de janeiro de 2015. Processo Eletrônico DJe-069, divulgado em 13 abr. 2015, publicado em 14 abr. 2015.
519 BRASIL. Supremo Tribunal Federal (Segunda Turma). **Habeas Corpus.** HC 125555. Relator(a): Teori Zavascki. Brasília, 10 de janeiro de 2015. Processo Eletrônico DJe-069, divulgado em 13 abr. 2015, publicado em 14 abr. 2015.
520 BRASIL. Supremo Tribunal Federal (Segunda Turma). **Habeas Corpus.** HC 125555. Relator(a): Teori Zavascki. Brasília, 10 de janeiro de 2015. Processo Eletrônico DJe-069, divulgado em 13 abr. 2015, publicado em 14 abr. 2015.
521 BRASIL. Supremo Tribunal Federal (Segunda Turma). **Habeas Corpus.** HC 125555. Relator(a): Teori Zavascki. Brasília, 10 de janeiro de 2015. Processo Eletrônico DJe-069, divulgado em 13 abr. 2015, publicado em 14 abr. 2015.

compreensão da prisão preventiva, as quais podem ser indicadas resumidamente da seguinte forma: a) é a medida cautelar mais grave do processo penal e só deve ser decretada quando absolutamente necessária; b) só se "legitima em situações em que ela for o único meio eficiente para preservar os valores jurídicos que a lei penal visa a proteger, segundo o artigo 312 do Código de Processo Penal"[522]; c) fora das hipóteses do artigo 312 do CPP, "a prisão preventiva representa simplesmente uma antecipação da pena, o que tem merecido censura pela jurisprudência desta Corte"[523]; d) por mais grave que seja o delito, prova da existência do crime e robustos indícios suficientes de autoria não autorizam, por si sós, o encarceramento preventivo; e) os pressupostos da prova da materialidade e indícios de autoria devem ser conjugados com um dos fundamentos do artigo 312 do CPP; f) "não deve antecipar juízo de culpa ou de inocência, nem, portanto, pode ser visto como antecipação de reprimenda ou como gesto de impunidade"[524]; e g) "é indispensável ficar evidenciado que o encarceramento do acusado é o único modo eficaz para afastar"[525] o risco à preservação dos valores jurídicos protegidos pelo artigo 312 do CPP, nos termos do artigo 282, § 6º, do CPP.

No tópico seguinte, ele reconheceu a presença dos pressupostos gerais do artigo 312 do CPP, prova da materialidade dos delitos e indícios suficientes de autoria, assim como passou à verificação dos fundamentos específicos.

O primeiro examinado foi o risco à aplicação da lei penal. O ministro destacou que "o decreto de prisão fez menção genérica a todos aqueles investigados que são dirigentes de empreiteiras envolvidas nos supostos crimes (e que tiveram a prisão cautelar decretada)"[526]. Em transcrição do decreto prisional, o voto ressaltou

522 BRASIL. Supremo Tribunal Federal (Segunda Turma). **Habeas Corpus.** HC 127186. Relator(a): Teori Zavascki. Brasília, 28 de abril de 2015. Processo Eletrônico DJe-151, divulgado em 31 jul. 2015, publicado em 03 ago. 2015.

523 BRASIL. Supremo Tribunal Federal (Segunda Turma). **Habeas Corpus.** HC 127186. Relator(a): Teori Zavascki. Brasília, 28 de abril de 2015. Processo Eletrônico DJe-151, divulgado em 31 jul. 2015, publicado em 03 ago. 2015.

524 BRASIL. Supremo Tribunal Federal (Segunda Turma). **Habeas Corpus.** HC 127186. Relator(a): Teori Zavascki. Brasília, 28 de abril de 2015. Processo Eletrônico DJe-151, divulgado em 31 jul. 2015, publicado em 03 ago. 2015.

525 BRASIL. Supremo Tribunal Federal (Segunda Turma). **Habeas Corpus.** HC 127186. Relator(a): Teori Zavascki. Brasília, 28 de abril de 2015. Processo Eletrônico DJe-151, divulgado em 31 jul. 2015, publicado em 03 ago. 2015.

526 BRASIL. Supremo Tribunal Federal (Segunda Turma). **Habeas Corpus.** HC 127186. Relator(a): Teori Zavascki. Brasília, 28 de abril de 2015. Processo Eletrônico DJe-151, divulgado em 31 jul. 2015, publicado em 03 ago. 2015.

as justificativas no sentido de que "várias das empreiteiras, senão todas, têm filiais no exterior, com recursos econômicos também mantidos no exterior, o que oportuniza aos investigados fácil refúgio alhures, onde podem furtar-se à jurisdição brasileira"[527], bem como, "igualmente sem fazer menção direta ao paciente"[528], "vários dos investigados têm feito frequentes viagens para fora do país"[529], o que representaria risco de fuga. Tais pontos foram rechaçados no voto com expressa referência aos argumentos apresentados no HC nº 125.555, assim como houve o reconhecimento da inexistência "de atos concretos e específicos atribuídos ao paciente que demonstrem sua efetiva intenção de furtar-se à aplicação da lei penal"[530]. De igual forma, o fato de o paciente ser "dirigente de empresa que possua filial no exterior, por si só, não constitui motivo suficiente para a decretação da prisão preventiva"[531], uma vez que seria indispensável "que a decisão indicasse condutas concretas aptas a formar um convencimento minimamente seguro sobre o risco de fuga, se não certo, ao menos provável"[532]. Diante disso, atestou que a custódia do paciente "está calcada em presunção de que o paciente, por poder fugir, o fará, presunção que, a rigor, sempre se pode considerar existente, seja qual for o acusado e seja qual for o ilícito, razão pela qual é fundamento rechaçado categoricamente pela jurisprudência desta Suprema Corte"[533].

O segundo fundamento avaliado foi a conveniência da instrução criminal, "tendo em vista que teria ocorrido ameaça a testemunhas, juntada de documentação fraudulenta em juízo e cooptação

527 BRASIL. Supremo Tribunal Federal (Segunda Turma). **Habeas Corpus.** HC 127186. Relator(a): Teori Zavascki. Brasília, 28 de abril de 2015. Processo Eletrônico DJe-151, divulgado em 31 jul. 2015, publicado em 03 ago. 2015.
528 BRASIL. Supremo Tribunal Federal (Segunda Turma). **Habeas Corpus.** HC 127186. Relator(a): Teori Zavascki. Brasília, 28 de abril de 2015. Processo Eletrônico DJe-151, divulgado em 31 jul. 2015, publicado em 03 ago. 2015.
529 BRASIL. Supremo Tribunal Federal (Segunda Turma). **Habeas Corpus.** HC 127186. Relator(a): Teori Zavascki. Brasília, 28 de abril de 2015. Processo Eletrônico DJe-151, divulgado em 31 jul. 2015, publicado em 03 ago. 2015.
530 BRASIL. Supremo Tribunal Federal (Segunda Turma). **Habeas Corpus.** HC 127186. Relator(a): Teori Zavascki. Brasília, 28 de abril de 2015. Processo Eletrônico DJe-151, divulgado em 31 jul. 2015, publicado em 03 ago. 2015.
531 BRASIL. Supremo Tribunal Federal (Segunda Turma). **Habeas Corpus**. HC 127186. Relator(a): Teori Zavascki. Brasília, 28 de abril de 2015. Processo Eletrônico DJe-151, divulgado em 31 jul. 2015, publicado em 03 ago. 2015.
532 BRASIL. Supremo Tribunal Federal (Segunda Turma). **Habeas Corpus.** HC 127186. Relator(a): Teori Zavascki. Brasília, 28 de abril de 2015. Processo Eletrônico DJe-151, divulgado em 31 jul. 2015, publicado em 03 ago. 2015.
533 BRASIL. Supremo Tribunal Federal (Segunda Turma). **Habeas Corpus.** HC 127186. Relator(a): Teori Zavascki. Brasília, 28 de abril de 2015. Processo Eletrônico DJe-151, divulgado em 31 jul. 2015, publicado em 03 ago. 2015.

de agentes públicos"[534]. Mais uma vez, o ministro Teori Zavascki pontuou que a "argumentação tem caráter genérico, sem individualizar a indispensabilidade da medida em face da situação específica de cada investigado"[535]. Em seu entender, embora as circunstâncias acerca da possibilidade de interferência no depoimento de testemunhas e na produção de provas autorizem, em tese, a decretação da custódia cautelar, indispensável "examinar, assim, se essas circunstâncias ainda persistem e ainda se revestem da gravidade de que então estavam revestidas"[536], quando da decretação da prisão preventiva, em novembro de 2014, ou seja, há aproximadamente seis meses, se considerada a data de julgamento do *habeas corpus*. Diante dessa consideração, o ministro aduziu que, de novembro de 2014 até a data do julgamento, "a instrução criminal foi praticamente concluída, tendo sido colhida toda a prova acusatória (interceptações telefônicas, buscas e apreensões, perícias e oitivas de testemunhas), restando apenas a tomada de alguns depoimentos de testemunhas de defesa"[537]. Arrematou, então, que "o panorama fático atual é inteiramente diferente. No que se refere à garantia da instrução, a prisão preventiva exauriu sua finalidade"[538].

O último fundamento foi a garantia da ordem pública, ante "a gravidade dos crimes imputados, a necessidade de 'resgatar a confiança da sociedade no regular funcionamento das instituições' e o receio de reiteração delitiva"[539]. Iniciou o ministro Teori Zavascki com a indicação de diversos julgados do STF no sentido de que, "por mais graves e reprováveis que sejam as condutas supostamente perpetradas, isso não justifica, por si só, a decretação da prisão cautelar"[540], bem como

534 BRASIL. Supremo Tribunal Federal (Segunda Turma). **Habeas Corpus.** HC 127186. Relator(a): Teori Zavascki. Brasília, 28 de abril de 2015. Processo Eletrônico DJe-151, divulgado em 31 jul. 2015, publicado em 03 ago. 2015.
535 BRASIL. Supremo Tribunal Federal (Segunda Turma). **Habeas Corpus.** HC 127186. Relator(a): Teori Zavascki. Brasília, 28 de abril de 2015. Processo Eletrônico DJe-151, divulgado em 31 jul. 2015, publicado em 03 ago. 2015.
536 BRASIL. Supremo Tribunal Federal (Segunda Turma). **Habeas Corpus.** HC 127186. Relator(a): Teori Zavascki. Brasília, 28 de abril de 2015. Processo Eletrônico DJe-151, divulgado em 31 jul. 2015, publicado em 03 ago. 2015.
537 BRASIL. Supremo Tribunal Federal (Segunda Turma). **Habeas Corpus.** HC 127186. Relator(a): Teori Zavascki. Brasília, 28 de abril de 2015. Processo Eletrônico DJe-151, divulgado em 31 jul. 2015, publicado em 03 ago. 2015.
538 BRASIL. Supremo Tribunal Federal (Segunda Turma). **Habeas Corpus.** HC 127186. Relator(a): Teori Zavascki. Brasília, 28 de abril de 2015. Processo Eletrônico DJe-151, divulgado em 31 jul. 2015, publicado em 03 ago. 2015.
539 BRASIL. Supremo Tribunal Federal (Segunda Turma). **Habeas Corpus.** HC 127186. Relator(a): Teori Zavascki. Brasília, 28 de abril de 2015. Processo Eletrônico DJe-151, divulgado em 31 jul. 2015, publicado em 03 ago. 2015.
540 BRASIL. Supremo Tribunal Federal (Segunda Turma). **Habeas Corpus.** HC 127186. Relator(a): Teori Zavascki. Brasília, 28 de abril de 2015. Processo Eletrônico DJe-151, divulgado em 31 jul. 2015, publicado em 03 ago. 2015.

"não se pode legitimar a decretação da prisão preventiva unicamente com argumento da credibilidade das instituições, 'nem a repercussão nacional de certo episódio, nem o sentimento de indignação da sociedade'"[541]. Ao tratar da relação entre a sociedade e a possível indignação decorrente dos fatos investigados, o voto detalhou que:

> Não se nega que a sociedade tem justificadas e sobradas razões para se indignar com notícias de cometimento de crimes como os aqui indicados e de esperar uma adequada resposta do Estado, no sentido de identificar e punir os responsáveis. Todavia, a sociedade saberá também compreender que a credibilidade das instituições, especialmente do Poder Judiciário, somente se fortalecerá na exata medida em que for capaz de manter o regime de estrito cumprimento da lei, seja na apuração e no julgamento desses graves delitos, seja na preservação dos princípios constitucionais da presunção de inocência, do direito à ampla defesa e do devido processo legal, no âmbito dos quais se insere também o da vedação de prisões provisórias fora dos estritos casos autorizados pelo legislador.[542]

Com relação à reiteração delitiva, o ministro explicou que, "embora não se negue que a prisão preventiva foi, de modo geral, apoiada em elementos idôneos – já que a restrição da liberdade do paciente e dos outros investigados buscava, em suma, evitar a reiteração criminosa e interromper o suposto ciclo delitivo –,"[543] no contexto presente quando do julgamento do *habeas corpus*, "considerado o decurso do tempo e a evolução dos fatos, a medida extrema já não se faz indispensável, podendo ser eficazmente substituída por medidas alternativas adiante indicadas"[544].

Concretamente, ele apresentou o seguinte panorama:

> A propósito, além de ser hoje bem diferente, se comparada com a de novembro de 2014, a situação processual da causa, é importante considerar ainda as seguintes e relevantes circunstâncias: (a) os fatos imputados teriam ocorrido entre o ano de 2006 e o início de 2014; (b)

541 BRASIL. Supremo Tribunal Federal (Segunda Turma). **Habeas Corpus.** HC 127186. Relator(a): Teori Zavascki. Brasília, 28 de abril de 2015. Processo Eletrônico DJe-151, divulgado em 31 jul. 2015, publicado em 03 ago. 2015.
542 BRASIL. Supremo Tribunal Federal (Segunda Turma). **Habeas Corpus.** HC 127186. Relator(a): Teori Zavascki. Brasília, 28 de abril de 2015. Processo Eletrônico DJe-151, divulgado em 31 jul. 2015, publicado em 03 ago. 2015.
543 BRASIL. Supremo Tribunal Federal (Segunda Turma). **Habeas Corpus.** HC 127186. Relator(a): Teori Zavascki. Brasília, 28 de abril de 2015. Processo Eletrônico DJe-151, divulgado em 31 jul. 2015, publicado em 03 ago. 2015.
544 BRASIL. Supremo Tribunal Federal (Segunda Turma). **Habeas Corpus.** HC 127186. Relator(a): Teori Zavascki. Brasília, 28 de abril de 2015. Processo Eletrônico DJe-151, divulgado em 31 jul. 2015, publicado em 03 ago. 2015.

a segregação preventiva do paciente perdura por aproximadamente 6 (seis) meses; (c) as empresas controladas pelo paciente estão impedidas de contratar com a Petrobras; e (d) houve o afastamento formal do paciente da direção dessas empresas, com o consequente afastamento do exercício de atividades empresariais.[545]

Entendeu, dessa forma, que a substancial alteração permite, nos termos do artigo 282, § 6º, do CPP, "a substituição do encarceramento por outras medidas cautelares diversas que se mostrem suficientes para prevenir eventuais perigos residuais que porventura subsistam. E se essa substituição é possível, sua adoção passa a ser um dever do magistrado"[546]. Com o intuito de corroborar a suficiência das medidas cautelares diversas da prisão, ressaltou que o próprio juiz de primeiro grau havia aplicado tais medidas aos investigados Eduardo Hermelino Leite e Dalton dos Santos Avancini, dirigentes da empresa Camargo Corrêa, os quais estavam situação processual análoga ao paciente do *habeas corpus*. Reconheceu que a distinção entre aqueles investigados e o paciente era a celebração do acordo de colaboração premiada, porém afastou a possibilidade de tratamento jurídico diferenciado quanto à prisão preventiva, nos seguintes termos:

> Esses corréus – com situação processual significativamente assemelhada à do ora paciente, tanto que foram denunciados conjuntamente na mesma ação penal –, após firmarem acordo de colaboração premiada, tiveram a prisão preventiva substituída por outras medidas cautelares. Tendo sido eficaz, nesses casos, a substituição da prisão preventiva por medidas alternativas, não há razão jurídica justificável para negar igual tratamento ao ora paciente.
>
> É certo que não consta ter o paciente se disposto a realizar colaboração premiada, como ocorreu em relação aos outros. Todavia, essa circunstância é aqui absolutamente irrelevante, até porque seria extrema arbitrariedade – que certamente passou longe da cogitação do juiz de primeiro grau e dos Tribunais que examinaram o presente caso, o TRF da 4ª Região e o Superior Tribunal de Justiça – manter a prisão preventiva como mecanismo para extrair do preso uma

545 BRASIL. Supremo Tribunal Federal (Segunda Turma). **Habeas Corpus.** HC 127186. Relator(a): Teori Zavascki. Brasília, 28 de abril de 2015. Processo Eletrônico DJe-151, divulgado em 31 jul. 2015, publicado em 03 ago. 2015.

546 BRASIL. Supremo Tribunal Federal (Segunda Turma). **Habeas Corpus.** HC 127186. Relator(a): Teori Zavascki. Brasília, 28 de abril de 2015. Processo Eletrônico DJe-151, divulgado em 31 jul. 2015, publicado em 03 ago. 2015.

colaboração premiada, que, segundo a Lei, deve ser voluntária (Lei 12.850/13, art. 4º, caput e § 6º).[547]

Dessa forma, o ministro Teori Zavascki manifestou-se, no que foi acompanhado pela maioria da turma, pela substituição da prisão preventiva por medidas cautelares diversas, nos termos dos artigos 282 e 319 do CPP, com o reconhecimento de que "a prisão preventiva, por mais justificada que tenha sido à época de sua decretação, atualmente pode (e, portanto, deve) ser substituída"[548].

Considerando que oito investigados estavam presos por decretos prisionais semelhantes e se encontravam em situações fáticas e processuais análogas, a ordem foi estendida a eles.

No HC nº 127.823, o ministro Teori Zavascki basicamente fez referência aos fundamentos já utilizados no HC nº 127.186, com o reconhecimento de que o decreto prisional era semelhante àquele dos beneficiados pelo anterior *habeas corpus*. O argumento diferencial foi apenas o de que, como o paciente permaneceu em liberdade durante as investigações e a colheita de toda a prova acusatória ao longo da instrução processual, deveria a decisão apresentar "fato superveniente que recomendasse a custódia de réu que já vinha respondendo a ação penal em liberdade"[549], o que não aconteceu. Na visão do ministro, o ato decisório "não apresentou justificativa plausível para o encarceramento cautelar, a não ser conjunto de elementos que reforçariam os indícios de materialidade e autoria, o que, por si só, como registrado, não é suficiente para decretação da prisão preventiva"[550], de sorte que foi confirmada a liminar concessiva da substituição da prisão preventiva por medidas cautelares diversas.

No HC nº 130.254, o ministro Teori Zavascki concedeu a ordem monocraticamente, ao argumento de que já havia número considerável de precedentes no mesmo sentido. No que tange ao objeto

547 BRASIL. Supremo Tribunal Federal (Segunda Turma). **Habeas Corpus.** HC 127186. Relator(a): Teori Zavascki. Brasília, 28 de abril de 2015. Processo Eletrônico DJe-151, divulgado em 31 jul. 2015, publicado em 03 ago. 2015.
548 BRASIL. Supremo Tribunal Federal (Segunda Turma). **Habeas Corpus.** HC 127186. Relator(a): Teori Zavascki. Brasília, 28 de abril de 2015. Processo Eletrônico DJe-151, divulgado em 31 jul. 2015, publicado em 03 ago. 2015.
549 BRASIL. Supremo Tribunal Federal (Segunda Turma). **Habeas Corpus.** HC 127823. Relator(a): Teori Zavascki. Brasília, 23 de junho de 2015. Processo Eletrônico DJe-164, divulgado em 20. ago. 2015, publicado em 21 ago. 2015.
550 BRASIL. Supremo Tribunal Federal (Segunda Turma). **Habeas Corpus.** HC 127823. Relator(a): Teori Zavascki. Brasília, 23 de junho de 2015. Processo Eletrônico DJe-164, divulgado em 20. ago. 2015, publicado em 21 ago. 2015.

desta pesquisa[551], a decisão traçou, mais uma vez, as mesmas premissas teóricas sobre o cabimento da prisão preventiva e das medidas cautelares diversas, bem como reconheceu a existência de indícios de autoria e prova de materialidade, os chamados pressupostos gerais do artigo 312 do CPP.

O primeiro fundamento averiguado foi a possibilidade de fuga do paciente, ou seja, o risco à aplicação da lei penal. Como destacado na decisão, o juiz de primeiro grau "faz menção genérica a todos aqueles investigados que são ou eram executivos da empresa Odebrecht"[552] e, a partir do caso de Bernardo Freiburghaus, que teria se refugiado no exterior, aduziu que "há risco de que os demais, com os recursos que dispõem, também se refugiem no exterior, colocando em risco a aplicação da lei penal"[553]. O ministro destacou que "o agente supostamente possuir recursos financeiros, por si só, não constitui motivo suficiente para a decretação da prisão preventiva"[554], de forma que "seria indispensável que as decisões indicassem condutas concretas e atuais aptas a formar um convencimento minimamente seguro sobre risco de fuga, se não certo, ao menos provável"[555]. Repetindo os fundamentos do HC nº 125.555 e do HC nº 127.186, a decisão confirmou que "a custódia cautelar do paciente está calcada em presunção, por poder fugir, o fará, presunção que, a rigor, sempre se pode considerar existente, seja qual for o acusado e seja qual for o ilícito"[556], motivo pelo qual é fundamento tido por inidôneo pela jurisprudência do Supremo Tribunal Federal.

---

551 A decisão abordou, preliminarmente, a discussão sobre a possível perda de objeto de *habeas corpus* em razão da superveniência de outro decreto prisional, mesmo sem a invocação de fundamentos diversos do decreto de prisão originário.

552 BRASIL. Supremo Tribunal Federal (Segunda Turma). **Decisão Monocrática.** HC 130254. Relator(a): Teori Zavascki. Brasília, 16 de outubro de 2015. Processo Eletrônico DJe-209, divulgado em 19 de out. de 2015, publicado em 20 de out. de 2015.

553 BRASIL. Supremo Tribunal Federal (Segunda Turma). **Decisão Monocrática.** HC 130254. Relator(a): Teori Zavascki. Brasília, 16 de outubro de 2015. Processo Eletrônico DJe-209, divulgado em 19 de out. de 2015, publicado em 20 de out. de 2015.

554 BRASIL. Supremo Tribunal Federal (Segunda Turma). **Decisão Monocrática.** HC 130254. Relator(a): Teori Zavascki. Brasília, 16 de outubro de 2015. Processo Eletrônico DJe-209, divulgado em 19 de out. de 2015, publicado em 20 de out. de 2015.

555 BRASIL. Supremo Tribunal Federal (Segunda Turma). **Decisão Monocrática.** HC 130254. Relator(a): Teori Zavascki. Brasília, 16 de outubro de 2015. Processo Eletrônico DJe-209, divulgado em 19 de out. de 2015, publicado em 20 de out. de 2015.

556 BRASIL. Supremo Tribunal Federal (Segunda Turma). **Decisão Monocrática**. HC 130254. Relator(a): Teori Zavascki. Brasília, 16 de outubro de 2015. Processo Eletrônico DJe-209, divulgado em 19 de out. de 2015, publicado em 20 de out. de 2015.

A conveniência foi invocada pelo juiz de primeiro grau ao argumento de que, "com o patrimônio e recursos de que dispõe, a Odebrecht tem condições de interferir de várias maneiras na colheita das provas, seja pressionando testemunhas, seja buscando interferência política, observando que os próprios crimes em apuração envolviam a cooptação de agentes públicos"[557]. Para o ministro Teori Zavascki, "a argumentação tem caráter genérico, sem individualizar a indispensabilidade da medida em face da situação específica do paciente, sendo que a maioria dos aspectos está relacionada aos outros investigados ligados à Odebrecht e não guardam pertinência direta com o paciente"[558].

Com relação à garantia da ordem pública, justificada pela "gravidade dos crimes imputados e o receio de reiteração delitiva"[559], a decisão repetiu a fundamentação já constante no HC nº 127.186 sobre a decretação da preventiva em razão da gravidade e da reprovabilidade da conduta e a ilegitimidade da alegação da credibilidade das instituições. Assentiu, noutro giro, que tem razão "o magistrado da causa quando afirma que sobejam elementos indicativos de materialidade e autoria de crimes graves e que haveria risco à ordem pública considerada a gravidade específica dos fatos e a habitualidade dos supostos delitos"[560]. Contudo, "considerando o que se afirmou em relação aos fundamentos adotados especificamente para a prisão do paciente, a medida extrema não se demonstra indispensável, podendo ser eficazmente substituída por medidas alternativas adiante indicadas"[561]. Sobre essa situação

---

557 BRASIL. Supremo Tribunal Federal (Segunda Turma). **Decisão Monocrática.** HC 130254. Relator(a): Teori Zavascki. Brasília, 16 de outubro de 2015. Processo Eletrônico DJe-209, divulgado em 19 de out. de 2015, publicado em 20 de out. de 2015.

558 BRASIL. Supremo Tribunal Federal (Segunda Turma). **Decisão Monocrática.** HC 130254. Relator(a): Teori Zavascki. Brasília, 16 de outubro de 2015. Processo Eletrônico DJe-209, divulgado em 19 de out. de 2015, publicado em 20 de out. de 2015.

559 BRASIL. Supremo Tribunal Federal (Segunda Turma). **Decisão Monocrática.** HC 130254. Relator(a): Teori Zavascki. Brasília, 16 de outubro de 2015. Processo Eletrônico DJe-209, divulgado em 19 de out. de 2015, publicado em 20 de out. de 2015.

560 BRASIL. Supremo Tribunal Federal (Segunda Turma). **Decisão Monocrática.** HC 130254. Relator(a): Teori Zavascki. Brasília, 16 de outubro de 2015. Processo Eletrônico DJe-209, divulgado em 19 de out. de 2015, publicado em 20 de out. de 2015.

561 BRASIL. Supremo Tribunal Federal (Segunda Turma). **Decisão Monocrática.** HC 130254. Relator(a): Teori Zavascki. Brasília, 16 de outubro de 2015. Processo Eletrônico DJe-209, divulgado em 19 de out. de 2015, publicado em 20 de out. de 2015.

específica, detalhou o ministro que "o próprio magistrado de primeiro grau, em um primeiro momento, indeferiu o pedido de prisão preventiva do paciente, em razão de considerar que sua participação nos supostos crimes não seria relevante e que não estaria demonstrado seu vínculo atual com a empresa"[562]. Elencou ainda circunstâncias significativas para o caso concreto que possibilitariam a substituição por medidas cautelares:

> É importante considerar, ainda, as seguintes e importantes circunstâncias: (a) as empresas nas quais o paciente era executivo estão impedidas de contratar com a Petrobras; e (b) houve pedido de demissão formal do paciente da empresa Odebrecht, com o consequente afastamento do exercício de atividades empresariais. O quadro demonstra que os riscos apresentados no decreto de prisão preventiva, no tocante ao paciente, são consideravelmente reduzidos, se comparados a outros investigados. Essa situação permite viabilizar, por força de lei (art. 282, § 6º, do Código de Processo Penal), a substituição do encarceramento por outras medidas cautelares diversas que se mostrem suficientes para prevenir eventuais perigos que porventura existam. E, se essa substituição é possível, sua adoção passa a ser um dever do magistrado.[563]

Uma vez mais, relembrou que outros investigados que apresentavam situação análoga à do paciente foram beneficiados por cautelares menos invasivas por decisão do juiz de primeiro grau, a demonstrar a suficiência dessas medidas também para esse caso, pois inexistia razão jurídica para negar igual tratamento a esses investigados em contextos parecidos.

No HC nº 130.636, quanto ao objeto deste trabalho, o ministro Teori Zavascki apresentou as mesmas premissas teóricas sobre o cabimento da prisão preventiva e sua substituição por medidas cautelares menos invasivas, bem como reconheceu a existência dos chamados pressupostos gerais do artigo 312 do CPP.

---

562 BRASIL. Supremo Tribunal Federal (Segunda Turma). **Decisão Monocrática.** HC 130254. Relator(a): Teori Zavascki. Brasília, 16 de outubro de 2015. Processo Eletrônico DJe-209, divulgado em 19 de out. de 2015, publicado em 20 de out. de 2015.

563 BRASIL. Supremo Tribunal Federal (Segunda Turma). **Decisão Monocrática.** HC 130254. Relator(a): Teori Zavascki. Brasília, 16 de outubro de 2015. Processo Eletrônico DJe-209, divulgado em 19 de out. de 2015, publicado em 20 de out. de 2015.

No que tange à conveniência da instrução, "tendo em vista que a fraude documental é inerente aos crimes imputados ao paciente"[564], o voto enfatizou que a "argumentação tem caráter genérico e não aponta qualquer conduta concreta do paciente direcionada à turbação da produção probatória no processo"[565] e, "como foi proferida sentença condenatória na ação penal a que o paciente responde em primeira instância, no que se refere à garantia da instrução, a finalidade da prisão preventiva já está exaurida"[566].

Sobre a garantia da ordem pública, "tendo em vista a gravidade dos crimes imputados e o fundado receio de reiteração delitiva por parte do paciente"[567], o ministro repetiu, para o primeiro fundamento, a jurisprudência do STF no sentido de que, "por mais graves e reprováveis que sejam as condutas supostamente perpetradas, isso não justifica, por si só, a decretação da prisão cautelar"[568], assim como evidenciou que seria imprescindível "a demonstração concreta do receio de reiteração delitiva, já que fundamentos dessa natureza, uma vez comprovados, têm sido admitidos como legitimadores da prisão cautelar"[569]. Realçou fundamento defensivo de que "os elementos aludidos pelo magistrado de primeira instância referem-se a fatos ocorridos há mais de três anos, não havendo circunstâncias concretas que pudessem justificar, atualmente, o *periculum libertatis*"[570] e atestou que os crimes imputados teriam ocorrido entre março

564 BRASIL. Supremo Tribunal Federal (Segunda Turma). **Habeas Corpus.** HC 130636. Relator(a): Teori Zavascki. Brasília, 15 de dezembro de 2015. Processo Eletrônico DJe-095, divulgado em 11 de maio de 2015, publicado em 12 de maio de 2015.

565 BRASIL. Supremo Tribunal Federal (Segunda Turma). **Habeas Corpus.** HC 130636. Relator(a): Teori Zavascki. Brasília, 15 de dezembro de 2015. Processo Eletrônico DJe-095, divulgado em 11 de maio de 2015, publicado em 12 de maio de 2015.

566 BRASIL. Supremo Tribunal Federal (Segunda Turma). **Habeas Corpus.** HC 130636. Relator(a): Teori Zavascki. Brasília, 15 de dezembro de 2015. Processo Eletrônico DJe-095, divulgado em 11 de maio de 2015, publicado em 12 de maio de 2015.

567 BRASIL. Supremo Tribunal Federal (Segunda Turma). **Habeas Corpus.** HC 130636. Relator(a): Teori Zavascki. Brasília, 15 de dezembro de 2015. Processo Eletrônico DJe-095, divulgado em 11 de maio de 2015, publicado em 12 de maio de 2015.

568 BRASIL. Supremo Tribunal Federal (Segunda Turma). **Habeas Corpus.** HC 130636. Relator(a): Teori Zavascki. Brasília, 15 de dezembro de 2015. Processo Eletrônico DJe-095, divulgado em 11 de maio de 2015, publicado em 12 de maio de 2015.

569 BRASIL. Supremo Tribunal Federal (Segunda Turma). **Habeas Corpus.** HC 130636. Relator(a): Teori Zavascki. Brasília, 15 de dezembro de 2015. Processo Eletrônico DJe-095, divulgado em 11 de maio de 2015, publicado em 12 de maio de 2015.

570 BRASIL. Supremo Tribunal Federal (Segunda Turma). **Habeas Corpus.** HC 130636. Relator(a): Teori Zavascki. Brasília, 15 de dezembro de 2015. Processo Eletrônico DJe-095, divulgado em 11 de maio de 2015, publicado em 12 de maio de 2015.

de 2009 e março de 2012, segundo o próprio decreto prisional, com a conclusão de que, muito embora "as instâncias de origem tenham buscado apontar diversos elementos atuais que indicariam o risco de reiteração delitiva de Adir Assad, as circunstâncias indicadas não são suficientes para a manutenção da prisão preventiva"[571].

Ao detalhar essa tentativa das instâncias inferiores, o voto exibiu as diversas inconsistências: a) "decreto prisional, todavia, não deixa claro qual seria o papel das pessoas jurídicas citadas nos fatos delitivos, nem o período em que Adir Assad teria integrado o quadro societário da Santa Sônia Empreendimentos Imobiliários"[572], b) "não há como inferir, da apreensão de fatura de conta telefônica e de boleto de pagamento referentes à Legend Suppliers Importação e Exportação, na residência de Adir Assad, que este continuava na prática crimes de lavagem de dinheiro até o momento da custódia cautelar"[573], c) "a sentença condenatória sequer faz referência à aludida pessoa jurídica [Legend Suppliers Importação e Exportação], não estando claro qual o seu papel nos fatos investigados"[574], d) conquanto o TRF-4 tenha feito referência a depoimentos de testemunhas que indicariam a permanência do paciente na prática delitiva, "essa alusão, além de se[r] feita de forma genérica, sequer consta do decreto prisional. Não foram indicados, ademais, exatamente quais fatos narrados nos depoimentos testemunhais embasariam o receio de reiteração delitiva"[575].

Em conclusão, o ministro Teori Zavascki acentuou que, "ainda que decreto prisional esteja calcado em elementos suficientes de

571 BRASIL. Supremo Tribunal Federal (Segunda Turma). **Habeas Corpus.** HC 130636. Relator(a): Teori Zavascki. Brasília, 15 de dezembro de 2015. Processo Eletrônico DJe-095, divulgado em 11 de maio de 2015, publicado em 12 de maio de 2015.

572 BRASIL. Supremo Tribunal Federal (Segunda Turma). **Habeas Corpus.** HC 130636. Relator(a): Teori Zavascki. Brasília, 15 de dezembro de 2015. Processo Eletrônico DJe-095, divulgado em 11 de maio de 2015, publicado em 12 de maio de 2015.

573 BRASIL. Supremo Tribunal Federal (Segunda Turma). **Habeas Corpus.** HC 130636. Relator(a): Teori Zavascki. Brasília, 15 de dezembro de 2015. Processo Eletrônico DJe-095, divulgado em 11 de maio de 2015, publicado em 12 de maio de 2015.

574 BRASIL. Supremo Tribunal Federal (Segunda Turma). **Habeas Corpus.** HC 130636. Relator(a): Teori Zavascki. Brasília, 15 de dezembro de 2015. Processo Eletrônico DJe-095, divulgado em 11 de maio de 2015, publicado em 12 de maio de 2015.

575 BRASIL. Supremo Tribunal Federal (Segunda Turma). **Habeas Corpus.** HC 130636. Relator(a): Teori Zavascki. Brasília, 15 de dezembro de 2015. Processo Eletrônico DJe-095, divulgado em 11 de maio de 2015, publicado em 12 de maio de 2015.

materialidade delitiva e indícios de autoria, os fatos indicados pelas instâncias de ordinárias não são suficientes para justificar a custódia preventiva do paciente"[576], uma vez que as únicas "condutas delituosas concretamente apontadas remontam ao período de março de 2009 a março de 2012"[577]. Assim, "há, na verdade, é presunção, sem fundamentação idônea, de que o paciente seguirá a cometer crimes, o que não é admitido pela jurisprudência desta Corte como fundamento para a decretação da custódia cautelar"[578].

Seguindo padrão dos casos anteriores, o ministro sintetizou as circunstâncias do caso concreto[579] que demonstravam que os riscos à garantia da ordem pública ou à conveniência da instrução foram consideravelmente reduzidos, se comparados quando da decretação da prisão preventiva, com o reconhecimento de que isso ensejava a sua substituição por "outras medidas cautelares diversas que se mostrem suficientes para prevenir eventuais perigos residuais que porventura subsistam. E se essa substituição é possível, sua adoção passa a ser um dever do magistrado"[580].

No HC nº 132.233, no que interessa a este trabalho, o ministro Teori Zavascki repetiu as premissas teóricas já indicadas anteriormente e reconheceu a existência de indícios de autoria e prova de materialidade.

Com relação à garantia da ordem pública, o decreto prisional indicou o risco de reiteração delitiva em razão de, a) apesar de a "Petrobras ter proibido as empreiteiras de celebrarem novos contratos,

---

576 BRASIL. Supremo Tribunal Federal (Segunda Turma). **Habeas Corpus.** HC 130636. Relator(a): Teori Zavascki. Brasília, 15 de dezembro de 2015. Processo Eletrônico DJe-095, divulgado em 11 de maio de 2015, publicado em 12 de maio de 2015.

577 BRASIL. Supremo Tribunal Federal (Segunda Turma). **Habeas Corpus.** HC 130636. Relator(a): Teori Zavascki. Brasília, 15 de dezembro de 2015. Processo Eletrônico DJe-095, divulgado em 11 de maio de 2015, publicado em 12 de maio de 2015.

578 BRASIL. Supremo Tribunal Federal (Segunda Turma). **Habeas Corpus.** HC 130636. Relator(a): Teori Zavascki. Brasília, 15 de dezembro de 2015. Processo Eletrônico DJe-095, divulgado em 11 de maio de 2015, publicado em 12 de maio de 2015.

579 "A propósito, é importante considerar ainda as seguintes e relevantes circunstâncias: (a) os crimes imputados teriam ocorrido entre março de 2009 e março de 2012; (b) Adir Assad encontra-se preso preventivamente há 9 (nove) meses; (c) o paciente afastou-se formalmente das empresas supostamente utilizadas para a prática de crimes de lavagem de dinheiro; e (d) a instrução criminal já foi concluída, tendo, inclusive, sido proferida sentença condenatória."

580 BRASIL. Supremo Tribunal Federal (Segunda Turma). **Habeas Corpus.** HC 130636. Relator(a): Teori Zavascki. Brasília, 15 de dezembro de 2015. Processo Eletrônico DJe-095, divulgado em 11 de maio de 2015, publicado em 12 de maio de 2015.

há diversos contratos em execução"[581], b) "permanecem igualmente vigentes os contratos entre a Braskem Petroquímica, essa controlada pela Odebrecht, e a Petrobras, que foi igualmente apontada como fonte de desvios e propinas"[582], c) "apesar da mudança da direção da Petrobras, não foram ainda totalmente identificados todos os empregados, ainda que não diretores, que se corromperam"[583] e d) o colaborador Dalton Avancini teria afirmado que, "em agosto de 2014, ou seja, quando as investigações da Operação Lava Jato já haviam se tornado públicas e notórias, as empreiteiras, entre elas a Odebrecht, reuniram-se para discutir, entre outros assuntos, o pagamento de propinas a dirigentes da Eletrobras"[584]. Para o ministro Teori Zavascki, essas circunstâncias, "embora relevantes, não se mostram suficientes para a manutenção da custódia cautelar"[585]. Isso, porque o "fato concreto mais atual apontado pela autoridade coatora para justificar a necessidade de garantia da ordem pública foi a suposta reunião ocorrida em agosto de 2014 acerca do pagamento de propinas a dirigentes da Eletrobras"[586], porém nem "sequer foram apresentados indícios de que o paciente tenha participado de tal encontro, uma vez que há apenas referência a 'empreiteiras, entre elas a Odebrecht'"[587]. De igual forma, a permanência de "contratos vigentes entre a Odebrecht e a Petrobras não basta para demonstrar a existência de risco concreto de reiteração delitiva por

581 BRASIL. Supremo Tribunal Federal (Segunda Turma). **Habeas Corpus.** HC 132233. Relator(a): Teori Zavascki. Brasília, 26 de abril de 2016. Processo Eletrônico DJe-095, divulgado em 17 de maio de 2016, publicado em 18 de maio de 2016.

582 BRASIL. Supremo Tribunal Federal (Segunda Turma). **Habeas Corpus.** HC 132233. Relator(a): Teori Zavascki. Brasília, 26 de abril de 2016. Processo Eletrônico DJe-095, divulgado em 17 de maio de 2016, publicado em 18 de maio de 2016.

583 BRASIL. Supremo Tribunal Federal (Segunda Turma). **Habeas Corpus.** HC 132233. Relator(a): Teori Zavascki. Brasília, 26 de abril de 2016. Processo Eletrônico DJe-095, divulgado em 17 de maio de 2016, publicado em 18 de maio de 2016.

584 BRASIL. Supremo Tribunal Federal (Segunda Turma). **Habeas Corpus.** HC 132233. Relator(a): Teori Zavascki. Brasília, 26 de abril de 2016. Processo Eletrônico DJe-095, divulgado em 17 de maio de 2016, publicado em 18 de maio de 2016.

585 BRASIL. Supremo Tribunal Federal (Segunda Turma). **Habeas Corpus.** HC 132233. Relator(a): Teori Zavascki. Brasília, 26 de abril de 2016. Processo Eletrônico DJe-095, divulgado em 17 de maio de 2016, publicado em 18 de maio de 2016.

586 BRASIL. Supremo Tribunal Federal (Segunda Turma). **Habeas Corpus.** HC 132233. Relator(a): Teori Zavascki. Brasília, 26 de abril de 2016. Processo Eletrônico DJe-095, divulgado em 17 de maio de 2016, publicado em 18 de maio de 2016.

587 BRASIL. Supremo Tribunal Federal (Segunda Turma). **Habeas Corpus.** HC 132233. Relator(a): Teori Zavascki. Brasília, 26 de abril de 2016. Processo Eletrônico DJe-095, divulgado em 17 de maio de 2016, publicado em 18 de maio de 2016.

parte do réu"[588], de sorte que "há, na verdade, é presunção, sem fundamentação idônea, de que o paciente seguirá a cometer crimes, o que não é admitido pela jurisprudência desta Corte como fundamento para a decretação da custódia cautelar"[589]. Essa argumentação foi especialmente interessante, pois a existência de contratos entre as empreiteiras e a Petrobras era recorrentemente utilizada para justificar um suposto risco de reiteração delitiva. Corroborou a ausência desse requisito o fato de o próprio juiz de primeiro grau ter afastado, "em razão do decidido no HC nº 130.254/PR, o fundamento da garantia da ordem pública, ao decretar a terceira prisão preventiva do paciente"[590].

Foi examinado também o fundamento de conveniência da instrução criminal e da investigação, pois há alegação de que, "no caso da Odebrecht, há registro de pontuais interferências na colheita de prova por pessoas a ela subordinadas ou ligadas"[591]. O ministro Teori Zavascki apresentou os fatos que sustentaram essa afirmação do juiz de primeiro grau:

> "Essa afirmação é sustentada em quatro fatos citados pelo magistrado: (a) Bernardo Schiller Freiburghaus 'destruía as provas das movimentações das contas no exterior tão logo efetuadas e, já no curso das investigações, deixou o Brasil, refugiando-se no exterior [...]'; (b) 'a *offshore* Constructora Internacional Del Sur, utilizada, como visto, pela Odebrecht na intermediação o repasse de propinas, foi dissolvida no curso das investigações, em 25/08/2014, o que configura tentativa aparente de apagar os rastros que poderiam relacioná-la à empreiteira'; (c) Alberto Youssef teria sido 'enviado como emissário pela Odebrecht, especificamente por Márcio Faria, para prevenir dirigentes da Galvão Engenharia 'a fim de que os mesmos parassem de furar os contratos, ou seja, oferecer preços bastante inferiores as demais a fim de ganhar

588 BRASIL. Supremo Tribunal Federal (Segunda Turma). **Habeas Corpus.** HC 132233. Relator(a): Teori Zavascki. Brasília, 26 de abril de 2016. Processo Eletrônico DJe-095, divulgado em 17 de maio de 2016, publicado em 18 de maio de 2016.

589 BRASIL. Supremo Tribunal Federal (Segunda Turma). **Habeas Corpus.** HC 132233. Relator(a): Teori Zavascki. Brasília, 26 de abril de 2016. Processo Eletrônico DJe-095, divulgado em 17 de maio de 2016, publicado em 18 de maio de 2016.

590 BRASIL. Supremo Tribunal Federal (Segunda Turma). **Habeas Corpus.** HC 132233. Relator(a): Teori Zavascki. Brasília, 26 de abril de 2016. Processo Eletrônico DJe-095, divulgado em 17 de maio de 2016, publicado em 18 de maio de 2016.

591 BRASIL. Supremo Tribunal Federal (Segunda Turma). **Habeas Corpus.** HC 132233. Relator(a): Teori Zavascki. Brasília, 26 de abril de 2016. Processo Eletrônico DJe-095, divulgado em 17 de maio de 2016, publicado em 18 de maio de 2016.

as licitações", o que 'evidenciaria a utilização pela empreiteira de estratégias de intimidação contra quem possa lhe prejudicar, no caso até mesmo, de forma surpreendente, outra grande empreiteira'; (d) 'anotações encontradas no celular de Marcelo Bahia Odebrecht [...] indicam sua atuação direta para proteger os subordinados Márcio de Faria e Rogério Araújo, mantendo-os dependentes da Odebrecht, para destruição de provas (com 'higienização' de aparelhos eletrônicos de Márcio de Faria e Rogério Araújo) [...]'.[592]

Destacou que, "dos quatro fatos invocados pelo juízo de primeiro grau, apenas um relaciona-se especificamente ao paciente"[593], uma vez que não foi apresentada "sua participação na destruição de provas por Bernardo Freiburghaus, na dissolução da Constructora Internacional Del Sur ou na suposta intimidação de dirigentes da Galvão Engenharia para que parassem de prejudicar o suposto cartel"[594]. Ainda, "embora o magistrado noticie tentativa de destruição de provas em aparelhos eletrônicos do paciente, aponta que tal conduta teria partido de Marcelo Odebrecht, e não de Rogério Araújo"[595]. É dizer, não há "conduta concreta do paciente para sustentar a existência de riscos à instrução criminal. Assim, constata-se que, no ponto, a prisão preventiva está fundada em mera presunção de que o paciente interferirá na investigação ou na instrução processual"[596], o que evidentemente merece ser afastado.

O decreto prisional também anotou possibilidade de fuga do paciente, com risco à aplicação da lei penal, tendo em vista que "um dos subordinados da Odebrecht, com a função de intermediar o pagamento de propinas, já se refugiou no exterior, no curso das

592 BRASIL. Supremo Tribunal Federal (Segunda Turma). **Habeas Corpus.** HC 132233. Relator(a): Teori Zavascki. Brasília, 26 de abril de 2016. Processo Eletrônico DJe-095, divulgado em 17 de maio de 2016, publicado em 18 de maio de 2016.

593 BRASIL. Supremo Tribunal Federal (Segunda Turma). **Habeas Corpus.** HC 132233. Relator(a): Teori Zavascki. Brasília, 26 de abril de 2016. Processo Eletrônico DJe-095, divulgado em 17 de maio de 2016, publicado em 18 de maio de 2016.

594 BRASIL. Supremo Tribunal Federal (Segunda Turma). **Habeas Corpus.** HC 132233. Relator(a): Teori Zavascki. Brasília, 26 de abril de 2016. Processo Eletrônico DJe-095, divulgado em 17 de maio de 2016, publicado em 18 de maio de 2016.

595 BRASIL. Supremo Tribunal Federal (Segunda Turma). **Habeas Corpus.** HC 132233. Relator(a): Teori Zavascki. Brasília, 26 de abril de 2016. Processo Eletrônico DJe-095, divulgado em 17 de maio de 2016, publicado em 18 de maio de 2016.

596 BRASIL. Supremo Tribunal Federal (Segunda Turma). **Habeas Corpus.** HC 132233. Relator(a): Teori Zavascki. Brasília, 26 de abril de 2016. Processo Eletrônico DJe-095, divulgado em 17 de maio de 2016, publicado em 18 de maio de 2016.

investigações, caso de Bernardo Freiburghaus"[597], a existir "risco de que os demais, com os recursos que dispõem, também se refugiem no exterior, colocando em risco a aplicação da lei penal"[598]. O ministro Teori reiterou o entendimento firmado no HC nº 125.555 e no HC nº 127.186 e enfatizou que "as circunstâncias de o paciente dispor de recursos financeiros e de um dos coinvestigados ter se refugiado no exterior, por si sós, não constituem motivos suficientes para a decretação da prisão preventiva"[599]. Em seu entendimento, "a custódia cautelar está calcada em presunção de que, por poder fugir, o fará, suposição que, a rigor, sempre poderá automaticamente ser invocada, seja qual for o acusado e seja qual for o ilícito, razão pela qual é fundamento igualmente inadmitido categoricamente"[600] pelo Supremo Tribunal Federal.

Ao final, reconheceu que as circunstâncias de a empresa na qual o paciente era executivo encontrar-se impedida de contratar com a Petrobras e de ele ter se demitido do cargo então ocupado, não mais desempenhando qualquer função nas empresas do Grupo Odebrecht, demonstram que "os riscos apresentados no decreto de prisão preventiva, no tocante ao paciente, são consideravelmente reduzidos, se comparados a outros investigados"[601], o que permite "a substituição do encarceramento por outras medidas cautelares diversas que se mostrem suficientes para prevenir eventuais perigos que porventura existam. E, se essa substituição é possível, sua adoção passa a ser um dever do magistrado"[602].

---

597 BRASIL. Supremo Tribunal Federal (Segunda Turma). **Habeas Corpus.** HC 132233. Relator(a): Teori Zavascki. Brasília, 26 de abril de 2016. Processo Eletrônico DJe-095, divulgado em 17 de maio de 2016, publicado em 18 de maio de 2016.

598 BRASIL. Supremo Tribunal Federal (Segunda Turma). **Habeas Corpus.** HC 132233. Relator(a): Teori Zavascki. Brasília, 26 de abril de 2016. Processo Eletrônico DJe-095, divulgado em 17 de maio de 2016, publicado em 18 de maio de 2016.

599 BRASIL. Supremo Tribunal Federal (Segunda Turma). **Habeas Corpus.** HC 132233. Relator(a): Teori Zavascki. Brasília, 26 de abril de 2016. Processo Eletrônico DJe-095, divulgado em 17 de maio de 2016, publicado em 18 de maio de 2016.

600 BRASIL. Supremo Tribunal Federal (Segunda Turma). **Habeas Corpus.** HC 132233. Relator(a): Teori Zavascki. Brasília, 26 de abril de 2016. Processo Eletrônico DJe-095, divulgado em 17 de maio de 2016, publicado em 18 de maio de 2016.

601 BRASIL. Supremo Tribunal Federal (Segunda Turma). **Habeas Corpus.** HC 132233. Relator(a): Teori Zavascki. Brasília, 26 de abril de 2016. Processo Eletrônico DJe-095, divulgado em 17 de maio de 2016, publicado em 18 de maio de 2016.

602 BRASIL. Supremo Tribunal Federal (Segunda Turma). **Habeas Corpus.** HC 132233. Relator(a): Teori Zavascki. Brasília, 26 de abril de 2016. Processo Eletrônico DJe-095, divulgado em 17 de maio de 2016, publicado em 18 de maio de 2016.

A concessão parcial da ordem do HC nº 132.406 deu-se por meio de decisão monocrática do ministro Teori Zavascki, com fundamento no artigo 192 do Regimento Interno do Supremo Tribunal Federal. Esse é o último *habeas corpus* analisado no primeiro grupo.

Novamente, houve o delineamento das premissas teóricas sobre as cautelares pessoais. Ao tratar dos fundamentos específicos, a decisão destacou que o juiz de origem "não apresentou justificativa plausível para o encarceramento cautelar, a não ser conjunto de elementos que reforçariam os indícios de materialidade e autoria, o que, por si só, não é suficiente para decretação da prisão preventiva"[603]. No mesmo sentido, "a mera suposição de reiteração delitiva, com base apenas no fato de o paciente ser proprietário de outra agência de publicidade, por meio da qual poderia dar sequência ao esquema criminoso, também não se revela idônea para manter a custódia cautelar"[604].

Para corroborar a desnecessidade da prisão preventiva, o ministro lembrou que, depois de encerrada a instrução em primeiro grau, a defesa do paciente havia formulado pedido de liberdade, tendo o Ministério Público Federal se manifestado pela substituição da prisão preventiva por outras medidas menos gravosas. Assim, "justifica-se a substituição do encarceramento por outras medidas cautelares diversas (art. 282, § 6º, do Código de Processo Penal) que se revelam suficientes para prevenir eventuais perigos residuais que porventura subsistam"[605].

Para reforçar o acerto da decisão, o ministro chamou atenção para o fato "de não haver notícia nos autos de que o paciente, depois de beneficiado com o deferimento da liminar neste *habeas*

603 BRASIL. Supremo Tribunal Federal (Segunda Turma). **Decisão monocrática.** HC 132406. Relator(a): Teori Zavascki. Brasília, 19 de fevereiro de 2016. Processo Eletrônico DJe-033, divulgado em 22 de fev. de 2016, publicado em 23 de fev. de 2016.

604 BRASIL. Supremo Tribunal Federal (Segunda Turma). **Decisão monocrática.** HC 132406. Relator(a): Teori Zavascki. Brasília, 19 de fevereiro de 2016. Processo Eletrônico DJe-033, divulgado em 22 de fev. de 2016, publicado em 23 de fev. de 2016.

605 BRASIL. Supremo Tribunal Federal (Segunda Turma). **Decisão monocrática.** HC 132406. Relator(a): Teori Zavascki. Brasília, 19 de fevereiro de 2016. Processo Eletrônico DJe-033, divulgado em 22 de fev. de 2016, publicado em 23 de fev. de 2016.

corpus, tenha praticado algum ato que justifique o restabelecimento da restrição corporal"[606].

Os acórdãos e decisões desse primeiro grupo tiveram expressivo papel na Operação Lava Jato, porque foram as primeiras revogações oriundas do Supremo Tribunal Federal e estabeleceram importantes parâmetros para o nível de fundamentação exigido no decreto prisional, para além de fixarem pressuposto limitador da custódia cautelar no sentido de que, "por mais graves e reprováveis que sejam as condutas supostamente perpetradas, isso não justifica, por si só, a decretação da prisão cautelar"[607].

Esses julgados delimitaram o que poderia ser compreendido como garantia da ordem pública, com ênfase para a impossibilidade de justificar esse fundamento legal a partir da credibilidade das instituições ou do sentimento de indignação da sociedade com os fatos apurados. Interessante notar que, para rebater essa fundamentação, que já havia sido afastada, de modo geral, pelo STF há considerável período de tempo, o ministro apresentou um contraponto no sentido de que a credibilidade das instituições somente é mantida se houver o estrito cumprimento da lei e da constituição, afastando, portanto, medidas que violam garantias ou princípios constitucionais, como a presunção de inocência, mas que serviriam para responder a um clamor da coletividade. O risco de reiteração delitiva e a gravidade concreta figuraram como argumentação capaz de caracterizar o abalo à ordem pública. O ministro Teori Zavascki fez constar a relevância do exame da proximidade temporal dos eventos ensejadores da prisão preventiva e o decreto prisional, sob pena de o risco de reiteração se transformar em mera presunção em desfavor do investigado.

O ministro asseverou a impossibilidade de tratamento diferenciado entre investigados colaboradores e não colaboradores no

606 BRASIL. Supremo Tribunal Federal (Segunda Turma). **Decisão monocrática.** HC 132406. Relator(a): Teori Zavascki. Brasília, 19 de fevereiro de 2016. Processo Eletrônico DJe-033, divulgado em 22 de fev. de 2016, publicado em 23 de fev. de 2016.

607 BRASIL. Supremo Tribunal Federal (Segunda Turma). **Habeas Corpus.** HC 127186. Relator(a): Teori Zavascki. Brasília, 28 de abril de 2015. Processo Eletrônico DJe-151, divulgado em 31 jul. 2015, publicado em 03 ago. 2015.

que tange aos requisitos da prisão preventiva, indicando categoricamente que um instituto não teria relação direta com o outro. Os acórdãos mencionaram o tratamento diferenciado promovido pelo juiz de primeiro grau, que havia, em alguns casos de investigados colaboradores, substituído a custódia preventiva por medidas cautelares diversas. Contudo, os pacientes dos *habeas corpus* se encontravam em situação processual bastante semelhante, com a única diferença do acordo firmado, e não foram beneficiados por tal medida em primeira instância.

Esses pronunciamentos do Supremo Tribunal Federal exigiram fundamentação específica, concreta e individualizada para cada investigado. Identificaram e rechaçaram a hipótese de que a descrição genérica de um contexto mais amplo de ilicitudes envolvendo uma determinada empreiteira poderia ser aproveitada para embasar a prisão de diversos dos seus diretores, sem apresentação de conduta especificada de cada um. A mesma exigência foi vista para os fundamentos de conveniência da instrução e da aplicação da lei de penal, de sorte que condutas de outros investigados – ainda que inseridos dentro da mesma empresa – não poderiam ser utilizadas para justificar um possível modo de agir dos demais. Do mesmo modo, atitudes imputadas genericamente à pessoa jurídica não poderiam ser utilizadas em desfavor do investigado se estivesse ausente descrição pormenorizada de sua atuação. As menções genéricas ao poder financeiro da empresa, à disponibilidade de valores – ainda que tidos por ilícitos – em território nacional ou fora dele ou à existência de filiais no exterior foram reconhecidas como ilegítimas para subsidiar a prisão preventiva.

O ministro pontuou, em cada caso concreto, a influência do transcurso do tempo nos fundamentos da prisão preventiva, notadamente da mudança do estágio processual para o fundamento da conveniência da instrução, com destaque para o término da colheita da prova acusatória como um marco para afastar a hipótese de conveniência da instrução criminal, e o enfraquecimento do risco de reiteração na ausência de fatos novos.

11.2 Grupo dois – ministro Dias Toffoli

O segundo grupo é formado pelos casos em que o redator do acórdão foi o ministro Dias Toffoli. Estão nesse agrupamento os seguintes *habeas corpus*: HC nº 136.223[608], HC nº 137.728[609] e HC nº 140.312[610].

No HC nº 136.223, na parte em que interessa a este trabalho, o ministro Dias Toffoli, após um relato da tramitação do processo e de mencionar o voto do ministro Edson Fachin, relator do caso, apresentou posicionamento divergente, apontando a inidoneidade dos fundamentos utilizados para decretação da prisão cautelar.

Em primeiro lugar, aduziu que, "decretada a prisão preventiva ou qualquer outra medida cautelar por necessidade da instrução, encerrada essa, desaparece o substrato fático que autoriza sua manutenção, razão pela qual, por esse fundamento, a medida adotada não mais pode subsistir"[611]. Ainda sobre o assunto, reconheceu que "é indevida a invocação, na sentença, da suposta necessidade de se resguardarem outras investigações policiais, bem como a instrução de procedimento penal que tramita em juízo diverso"[612], de sorte que "essa necessidade deverá ser demonstrada nos respectivos procedimentos e submetida à apreciação de seu juiz natural"[613].

Acerca do risco de reiteração delitiva, argumento utilizado para subsidiar a garantia da ordem pública, o voto transcreveu trecho eminentemente jurídico do julgamento do INQ nº 3.842 no sentido de que o transcurso do tempo pode ensejar alterações nas medidas constritivas decretadas, bem como que a referibilidade e o critério

---

608 BRASIL. Supremo Tribunal Federal (Segunda Turma). **Habeas Corpus.** HC 136223. Relator: Edson Fachin. Relator para Acórdão: Dias Toffoli. Brasília, 25 de abril de 2017. Processo Eletrônico DJe-289, divulgado em 14 de dez. de 2017, publicado em 15 de dez. de 2017.

609 BRASIL. Supremo Tribunal Federal (Segunda Turma). **Habeas Corpus.** HC 137728. Relator: Edson Fachin. Relator para Acórdão: Dias Toffoli. Brasília, 02 de maio de 2017. Processo Eletrônico DJe-250, divulgado em 30 de out. de 2017, publicado em 31 de out. de 2017.

610 BRASIL. Supremo Tribunal Federal (Segunda Turma). **Agravo Regimental no Habeas Corpus.** AgRg AgRg no HC 140312. Relator: Edson Fachin. Relator para Acórdão: Dias Toffoli. Brasília, 24 de abril de 2017. Processo Eletrônico DJe-018, divulgado em 31 de jan. de 2018, publicado em 01 de fev. de 2018.

611 BRASIL. Supremo Tribunal Federal (Segunda Turma). **Habeas Corpus.** HC 136223. Relator: Edson Fachin. Relator para Acórdão: Dias Toffoli. Brasília, 25 de abril de 2017. Processo Eletrônico DJe-289, divulgado em 14 de dez. de 2017, publicado em 15 de dez. de 2017.

612 BRASIL. Supremo Tribunal Federal (Segunda Turma). **Habeas Corpus.** HC 136223. Relator: Edson Fachin. Relator para Acórdão: Dias Toffoli. Brasília, 25 de abril de 2017. Processo Eletrônico DJe-289, divulgado em 14 de dez. de 2017, publicado em 15 de dez. de 2017.

613 BRASIL. Supremo Tribunal Federal (Segunda Turma). **Habeas Corpus.** HC 136223. Relator: Edson Fachin. Relator para Acórdão: Dias Toffoli. Brasília, 25 de abril de 2017. Processo Eletrônico DJe-289, divulgado em 14 de dez. de 2017, publicado em 15 de dez. de 2017.

da atualidade exigem que os "pressupostos que autorizam uma medida cautelar devem estar presentes não apenas no momento de sua imposição, como também necessitam se protrair no tempo, para legitimar sua subsistência"[614]. Apresentou excerto da dissertação de mestrado de Rodrigo Capez[615] sobre a prisão por ordem pública e a impossibilidade de decretação da custódia cautelar com esse fundamento após muito tempo da prática do fato ou do conhecimento da autoria, salvo se constatada a superveniência de fatos novos. Em seguida, fixou parâmetros concretos para a análise a ser desenvolvida: "a sentença condenatória, proferida em 15/09/16, manteve a prisão preventiva invocando pagamentos de propina realizados entre 13/01/11 e 11/06/13, bem como a quitação fraudulenta, consumada em 28/12/09, de um empréstimo, fato que se enquadrou como crime de gestão fraudulenta de instituição financeira"[616].

Diante desses dados, reconheceu que "os fatos que deram ensejo ao aventado risco de reiteração delitiva estavam longe de ser contemporâneos à manutenção do decreto prisional"[617], ou seja, o transcurso de aproximadamente três anos após a "última intercorrência ilícita noticiada"[618] faz com que o título prisional não subsista por esse fundamento. Além disso, fez referência e transcreveu fragmento do voto do ministro Teori Zavascki no HC nº 127.186 sobre a impossibilidade de decretação da prisão preventiva ao argumento de que os crimes são graves, reprováveis e de que deve ser preservada a credibilidade das instituições.

Foi apresentada fundamentação sobre a compatibilidade da presunção de inocência com a prisão preventiva, tendo destacado o

614 BRASIL. Supremo Tribunal Federal (Segunda Turma). **Habeas Corpus.** HC 136223. Relator: Edson Fachin. Relator para Acórdão: Dias Toffoli. Brasília, 25 de abril de 2017. Processo Eletrônico DJe-289, divulgado em 14 de dez. de 2017, publicado em 15 de dez. de 2017.

615 CAPEZ, Rodrigo. **A individualização da medida cautelar pessoal no processo penal brasileiro.** 2015. Dissertação (Mestrado em Direito) - Universidade de São Paulo, 2015.

616 BRASIL. Supremo Tribunal Federal (Segunda Turma). **Habeas Corpus.** HC 136223. Relator: Edson Fachin. Relator para Acórdão: Dias Toffoli. Brasília, 25 de abril de 2017. Processo Eletrônico DJe-289, divulgado em 14 de dez. de 2017, publicado em 15 de dez. de 2017.

617 BRASIL. Supremo Tribunal Federal (Segunda Turma). **Habeas Corpus.** HC 136223. Relator: Edson Fachin. Relator para Acórdão: Dias Toffoli. Brasília, 25 de abril de 2017. Processo Eletrônico DJe-289, divulgado em 14 de dez. de 2017, publicado em 15 de dez. de 2017.

618 BRASIL. Supremo Tribunal Federal (Segunda Turma). **Habeas Corpus.** HC 136223. Relator: Edson Fachin. Relator para Acórdão: Dias Toffoli. Brasília, 25 de abril de 2017. Processo Eletrônico DJe-289, divulgado em 14 de dez. de 2017, publicado em 15 de dez. de 2017.

ministro que "a presunção de inocência implica a vedação de medidas cautelares pessoais automáticas ou obrigatórias, isto é, que decorram, por si sós, da existência de uma imputação e, por essa razão, importem em verdadeira antecipação de pena"[619]. Ao tratar da antecipação de pena, o ministro Dias Toffoli fez paralelo com a execução provisória após esgotamento dos recursos ordinários, que havia sido autorizada pelo STF, e realçou que é descabida a utilização da prisão preventiva como antecipação de pena, sob pena de ser criada uma execução provisória em primeiro grau e restaurado o instituto de prisão preventiva obrigatória, presente na primeira redação do artigo 312 do CPP, "a qual estabelecia essa modalidade odiosa de constrição nos crimes cuja pena máxima cominada fosse igual ou superior a dez anos, tendo sido acertadamente revogada pela Lei nº 5.349/73"[620].

Por fim, pontuou que a revogação da prisão preventiva obstaria a imposição, como medida cautelar dela diversa, da prisão domiciliar, cerne da discussão envolvendo outros votos proferidos no julgamento. Assim, foi revogada, "sem prejuízo de que o juízo de primeiro grau venha a fixar eventuais medidas cautelares dela diversas (art. 319, CPP)"[621].

O segundo caso é o HC nº 137.728. O ministro Dias Toffoli foi o primeiro a divergir do ministro relator, Edson Fachin, com apresentação de apanhado teórico acerca da excepcionalidade da prisão cautelar, que somente deve ocorrer quando "as outras medidas cautelares dela diversas não se mostrarem adequadas ou suficientes para a contenção do *periculum libertatis*"[622]. Enfatizou que, embora não possa ser ignorada a gravidade da conduta imputada ao paciente, a Suprema Corte já havia decidido, no HC nº 127.186/PR,

619 BRASIL. Supremo Tribunal Federal (Segunda Turma). **Habeas Corpus.** HC 136223. Relator: Edson Fachin. Relator para Acórdão: Dias Toffoli. Brasília, 25 de abril de 2017. Processo Eletrônico DJe-289, divulgado em 14 de dez. de 2017, publicado em 15 de dez. de 2017.

620 BRASIL. Supremo Tribunal Federal (Segunda Turma). **Habeas Corpus.** HC 136223. Relator: Edson Fachin. Relator para Acórdão: Dias Toffoli. Brasília, 25 de abril de 2017. Processo Eletrônico DJe-289, divulgado em 14 de dez. de 2017, publicado em 15 de dez. de 2017.

621 BRASIL. Supremo Tribunal Federal (Segunda Turma). **Habeas Corpus.** HC 136223. Relator: Edson Fachin. Relator para Acórdão: Dias Toffoli. Brasília, 25 de abril de 2017. Processo Eletrônico DJe-289, divulgado em 14 de dez. de 2017, publicado em 15 de dez. de 2017.

622 BRASIL. Supremo Tribunal Federal (Segunda Turma). **Habeas Corpus.** HC 137728. Relator: Edson Fachin. Relator para Acórdão: Dias Toffoli. Brasília, 02 de maio de 2017. Processo Eletrônico DJe-250, divulgado em 30 de out. de 2017, publicado em 31 de out. de 2017.

que, "por mais graves e reprováveis que sejam as condutas supostamente perpetradas, isso não justifica, por si só, a decretação da prisão cautelar"[623], com repetição de excerto do voto do ministro Teori Zavascki naquele julgamento sobre a impossibilidade de fundamentação do decreto prisional a partir da repercussão social do caso e da credibilidade das instituições.

Diante desse quadro, entendeu que, no caso concreto, subsistia o *periculum libertatis*, porém "ele pode ser obviado com medidas cautelares diversas e menos gravosas que a prisão, o que também repercutirá significativamente no direito de liberdade do réu"[624].

Sobre o "risco concreto de reiteração delitiva, invocado para garantir a ordem pública"[625], o voto repetiu linha teórica já apresentada quando do julgamento do HC nº 136.233 acerca da imprescindibilidade de atualidade dos pressupostos que autorizam a medida cautelar, o que também está relacionado com o transcurso do tempo desde a imposição da medida, assim como da desnecessidade da prisão por ordem pública quando houver um lapso temporal considerável entre a decretação e o fato ensejador, valendo-se de trecho já mencionado da dissertação de mestrado de Rodrigo Capez. Na situação dos autos, apontou que a prisão do paciente foi decidida e efetivada em agosto de 2015, ou seja, "10 (dez) meses após o último pagamento atribuído a ele pelo juízo de origem, datado de outubro de 2014"[626], de sorte que a "decisão daquela autoridade judiciária lastreou-se em argumentos frágeis, pois, ainda que amparada em elementos concretos de materialidade, os fatos que deram ensejo ao aventado risco de reiteração delitiva estão longe de ser contemporâneos do decreto prisional"[627].

623 BRASIL. Supremo Tribunal Federal (Segunda Turma). **Habeas Corpus.** HC 137728. Relator: Edson Fachin. Relator para Acórdão: Dias Toffoli. Brasília, 02 de maio de 2017. Processo Eletrônico DJe-250, divulgado em 30 de out. de 2017, publicado em 31 de out. de 2017.

624 BRASIL. Supremo Tribunal Federal (Segunda Turma). **Habeas Corpus.** HC 137728. Relator: Edson Fachin. Relator para Acórdão: Dias Toffoli. Brasília, 02 de maio de 2017. Processo Eletrônico DJe-250, divulgado em 30 de out. de 2017, publicado em 31 de out. de 2017.

625 BRASIL. Supremo Tribunal Federal (Segunda Turma). **Habeas Corpus.** HC 137728. Relator: Edson Fachin. Relator para Acórdão: Dias Toffoli. Brasília, 02 de maio de 2017. Processo Eletrônico DJe-250, divulgado em 30 de out. de 2017, publicado em 31 de out. de 2017.

626 BRASIL. Supremo Tribunal Federal (Segunda Turma). **Habeas Corpus.** HC 137728. Relator: Edson Fachin. Relator para Acórdão: Dias Toffoli. Brasília, 02 de maio de 2017. Processo Eletrônico DJe-250, divulgado em 30 de out. de 2017, publicado em 31 de out. de 2017.

627 BRASIL. Supremo Tribunal Federal (Segunda Turma). **Habeas Corpus.** HC 137728. Relator: Edson Fachin. Relator para Acórdão: Dias Toffoli. Brasília, 02 de maio de 2017. Processo Eletrônico DJe-250, divulgado em 30 de out. de 2017, publicado em 31 de out. de 2017.

Sintetizou o ministro que, "por ter sido decretada muito tempo após a última intercorrência ilícita noticiada, o título não deve subsistir por esse fundamento"[628].

Em seguida, o voto repetiu a fundamentação do HC nº 136.223 sobre a compatibilidade da prisão preventiva com a presunção de inocência e destacou a impossibilidade de o cárcere cautelar ser utilizado para antecipação de cumprimento de pena, o que também contrariaria o pronunciamento do STF que, à época, autorizava a execução da pena confirmada em segundo grau. Foi exposto novamente que "entendimento diverso importaria na restauração do instituto da prisão preventiva obrigatória, *ratio* da primeira redação do art. 312 do Código de Processo Penal"[629], que foi acertadamente revogada pela Lei nº 5.349/73. Em conclusão, concedeu a ordem para substituir a prisão preventiva por cautelares diversas, delegando o estabelecimento dessas medidas ao juízo de origem.

No HC nº 140.312, o ministro Dias Toffoli repetiu a mesma fundamentação teórica sobre o cabimento da prisão cautelar como última opção do ordenamento jurídico para contenção do *periculum libertatis*. Logo depois, afastou a possibilidade de utilização da condenação do paciente na Ação Penal nº 470, o famoso caso Mensalão, como argumento na decretação da prisão preventiva, uma vez que, embora condenado, "foi extinta a punibilidade do paciente pela prescrição da pretensão punitiva, tornando essa imputação um nada jurídico"[630], de forma que "não se poderia fazer remissão àquela imputação para se justificar sua prisão preventiva, a pretexto de maus antecedentes ou de risco de reiteração delitiva"[631].

---

628 BRASIL. Supremo Tribunal Federal (Segunda Turma). **Habeas Corpus.** HC 137728. Relator: Edson Fachin. Relator para Acórdão: Dias Toffoli. Brasília, 02 de maio de 2017. Processo Eletrônico DJe-250, divulgado em 30 de out. de 2017, publicado em 31 de out. de 2017.

629 BRASIL. Supremo Tribunal Federal (Segunda Turma). **Habeas Corpus.** HC 137728. Relator: Edson Fachin. Relator para Acórdão: Dias Toffoli. Brasília, 02 de maio de 2017. Processo Eletrônico DJe-250, divulgado em 30 de out. de 2017, publicado em 31 de out. de 2017.

630 BRASIL. Supremo Tribunal Federal (Segunda Turma). **Habeas Corpus.** HC 137728. Relator: Edson Fachin. Relator para Acórdão: Dias Toffoli. Brasília, 02 de maio de 2017. Processo Eletrônico DJe-250, divulgado em 30 de out. de 2017, publicado em 31 de out. de 2017.

631 BRASIL. Supremo Tribunal Federal (Segunda Turma). **Agravo Regimental no Habeas Corpus.** AgRg AgRg no HC 140312. Relator: Edson Fachin. Relator para Acórdão: Dias Toffoli. Brasília, 24 de abril de 2017. Processo Eletrônico DJe-018, divulgado em 31 de jan. de 2018, publicado em 01 de fev. de 2018.

Apresentou outra vez a fundamentação sobre referibilidade e atualidade dos requisitos da prisão preventiva, bem como a indispensabilidade de a prisão por ordem pública, ditada por razões materiais, ocorrer pouco tempo após o fato ensejador ou o conhecimento de sua autoria, sob pena de desnecessidade. A partir desse prisma, o voto registrou que a prisão preventiva foi mantida por meio de sentença proferida em 02/12/2016, argumentando-se que haveria "prova material de que recebeu propina pelo menos até 07/2013"[632]. A conclusão foi a de que "os fatos que deram ensejo ao aventado risco de reiteração delitiva estavam longe de ser contemporâneos à manutenção do decreto prisional"[633]. Em outras palavras, "por ter sido decretada muito tempo após a última intercorrência ilícita noticiada, o título não deve subsistir por esse fundamento"[634].

Em seguida, houve repetição das explicações já apresentadas sobre a incompatibilidade da prisão preventiva com os fundamentos de gravidade da conduta, de repercussão social e de credibilidade das instituições, mediante a transcrição do voto do ministro Teori Zavascki no HC nº 127.186. Foram repisados os demais trechos referentes à presunção de inocência, à impossibilidade de utilização da prisão cautelar como antecipação de pena nem sequer confirmada em segundo grau e à inviável restauração do instituto da prisão preventiva obrigatória. Por fim, concedeu a ordem de *habeas corpus* para revogar a prisão do paciente, "sem prejuízo de que o juízo de primeiro grau venha a fixar eventuais medidas cautelares diversas da prisão (art. 319, CPP)"[635].

Como principal contribuição, esses acórdãos fixaram, com mais profundidade, a importância do requisito da contemporaneidade

---

632 BRASIL. Supremo Tribunal Federal (Segunda Turma). **Agravo Regimental no Habeas Corpus.** AgRg AgRg no HC 140312. Relator: Edson Fachin. Relator para Acórdão: Dias Toffoli. Brasília, 24 de abril de 2017. Processo Eletrônico DJe-018, divulgado em 31 de jan. de 2018, publicado em 01 de fev. de 2018.
633 BRASIL. Supremo Tribunal Federal (Segunda Turma). **Agravo Regimental no Habeas Corpus.** AgRg AgRg no HC 140312. Relator: Edson Fachin. Relator para Acórdão: Dias Toffoli. Brasília, 24 de abril de 2017. Processo Eletrônico DJe-018, divulgado em 31 de jan. de 2018, publicado em 01 de fev. de 2018.
634 BRASIL. Supremo Tribunal Federal (Segunda Turma). **Agravo Regimental no Habeas Corpus.** AgRg AgRg no HC 140312. Relator: Edson Fachin. Relator para Acórdão: Dias Toffoli. Brasília, 24 de abril de 2017. Processo Eletrônico DJe-018, divulgado em 31 de jan. de 2018, publicado em 01 de fev. de 2018.
635 BRASIL. Supremo Tribunal Federal (Segunda Turma). **Agravo Regimental no Habeas Corpus.** AgRg AgRg no HC 140312. Relator: Edson Fachin. Relator para Acórdão: Dias Toffoli. Brasília, 24 de abril de 2017. Processo Eletrônico DJe-018, divulgado em 31 de jan. de 2018, publicado em 01 de fev. de 2018.

para a decretação da prisão preventiva. O ministro Dias Toffoli apresentou apanhado teórico e jurisprudencial para estabelecer a relação entre o transcurso do tempo e a desnecessidade da prisão preventiva para garantia da ordem pública, que é ditada por razões materiais. Em seus votos, deixou claro que tal requisito deveria estar presente não só quando da decretação da custódia cautelar, como também nas posteriores decisões de manutenção. Outro aspecto importante sobre a garantia da ordem pública foi a identificação da impossibilidade da utilização de uma condenação em que houve posterior extinção da punibilidade do agente pela prescrição da pretensão punitiva com desiderato de justificar probabilidade de reiteração delitiva.

Acerca da conveniência da instrução, o ministro Dias Toffoli fez notável delimitação ao destacar que, se for encerrada a instrução, a prisão preventiva a esse título não poderá subsistir, pois teria desaparecido o substrato fático autorizador. De igual forma, afirmou ser inviável apontar a necessidade de se acautelar outras investigações no mesmo juízo ou processo criminal que tramita em juízo diverso. Argumentações nesse sentido devem ser expostas ao respectivo juízo natural em cada procedimento, materialização da referibilidade das medidas cautelares pessoais.

11.3 Grupo três – ministro Gilmar Mendes

O terceiro conjunto é formado pelos *habeas corpus* cujo redator do acórdão foi o ministro Gilmar Mendes. Nesta pesquisa, foram localizados o HC nº 132.229 e o HC nº 152.676.

No primeiro, ele entendeu que as razões apresentadas pelo ministro Teori Zavascki, relator do caso, não justificavam a manutenção da custódia preventiva. Seriam aplicados ao caso os precedentes "no sentido de que a disponibilidade de recursos não é justificativa para prisão preventiva"[636], o que "envolve inclusive ter disponibilidade de recursos aqui ou, eventualmente, no exterior"[637].

636 BRASIL. Supremo Tribunal Federal (Segunda Turma). **Habeas Corpus.** HC 132229. Relator: Teori Zavascki. Relator para Acórdão: Gilmar Mendes. Brasília, 24 de abril de 2016. Processo Eletrônico DJe-218, divulgado em 11 de out. de 2016, publicado em 13 de out. de 2016.

637 BRASIL. Supremo Tribunal Federal (Segunda Turma). **Habeas Corpus.** HC 132229. Relator: Teori Zavascki. Relator para Acórdão: Gilmar Mendes. Brasília, 24 de abril de 2016. Processo Eletrônico DJe-218, divulgado em 11 de out. de 2016, publicado em 13 de out. de 2016.

Argumentou que "o fato de ter dupla nacionalidade, a meu ver, não poderia ser fundamento autônomo para a prisão preventiva, sobretudo tendo em vista – aquilo que, parece-me, não se discute – o fato de ter, essa pessoa, se dirigido ao exterior e ter voltado"[638]. Com isso, entendeu pela concessão da ordem, com a substituição da prisão pelas mesmas medidas cautelares fixadas no HC nº 132.233.

No segundo, o ministro Gilmar Mendes, na parte em que interessa a esta pesquisa, apresentou pressuposto teórico sobre o cabimento da prisão preventiva, com apontamento de que "não basta a mera explicitação textual dos requisitos previstos, sendo necessário que a alegação abstrata ceda à demonstração concreta e firme de que tais condições realizam-se na espécie"[639]. Ao analisar o decreto prisional e a sentença, o voto destacou que "a imposição da medida pauta-se exclusivamente em presunções, sem embasamento em elementos concretos e compatíveis com os preceitos constitucionais e a jurisprudência deste Supremo Tribunal Federal"[640].

Inicialmente, assevera que houve presunção de risco de fuga em virtude de viagem ao exterior, "que, contudo, tinha sido agendada em data anterior à decretação da prisão preventiva. Não houve nenhum elemento concreto que indicasse a intenção do paciente de não retornar ao Brasil"[641].

Ademais, apontou a existência de mera presunção do risco de reiteração delitiva, uma vez que, concretamente, está afastado "a partir do fato de que o paciente não ocupa mais a função que, alegadamente, possibilitava a prática dos delitos imputados"[642].

638 BRASIL. Supremo Tribunal Federal (Segunda Turma). **Habeas Corpus.** HC 132229. Relator: Teori Zavascki. Relator para Acórdão: Gilmar Mendes. Brasília, 24 de abril de 2016. Processo Eletrônico DJe-218, divulgado em 11 de out. de 2016, publicado em 13 de out. de 2016.

639 BRASIL. Supremo Tribunal Federal (Segunda Turma). **Agravo Regimental no Habeas Corpus.** AgRg no HC 152676. Relator: Teori Zavascki. Relator para Acórdão: Gilmar Mendes. Brasília, 09 de abril de 2019. Processo Eletrônico DJe-192, divulgado em 31 de jul. de 2020, publicado em 03 de ago. de 2020.

640 BRASIL. Supremo Tribunal Federal (Segunda Turma). **Agravo Regimental no Habeas Corpus.** AgRg no HC 152676. Relator: Teori Zavascki. Relator para Acórdão: Gilmar Mendes. Brasília, 09 de abril de 2019. Processo Eletrônico DJe-192, divulgado em 31 de jul. de 2020, publicado em 03 de ago. de 2020.

641 BRASIL. Supremo Tribunal Federal (Segunda Turma). **Agravo Regimental no Habeas Corpus.** AgRg no HC 152676. Relator: Teori Zavascki. Relator para Acórdão: Gilmar Mendes. Brasília, 09 de abril de 2019. Processo Eletrônico DJe-192, divulgado em 31 de jul. de 2020, publicado em 03 de ago. de 2020.

642 BRASIL. Supremo Tribunal Federal (Segunda Turma). **Agravo Regimental no Habeas Corpus.** AgRg no HC 152676. Relator: Teori Zavascki. Relator para Acórdão: Gilmar Mendes. Brasília, 09 de abril de 2019. Processo Eletrônico DJe-192, divulgado em 31 de jul. de 2020, publicado em 03 de ago. de 2020.

A título de conclusão, aduziu que, "em um processo penal orientado pelos preceitos democráticos e em conformidade com as disposições constitucionais, não se pode aceitar que a liberdade seja restringida sem a devida fundamentação em elementos concretos, que justifiquem claramente os riscos apontados"[643].

Além desses fundamentos, o ministro acrescentou que "é assente na jurisprudência que fatos antigos não autorizam a prisão preventiva, sob pena de esvaziamento da presunção de inocência"[644] e alertou que a "contemporaneidade assegurada pela imputação de lavagem de dinheiro precisa ser vista com cautelas. Não podemos aceitar que uma acusação por ocultação de valores oriundos de delitos possa autorizar, *ad aeternum*, a imposição de prisão cautelar"[645]. Esse ponto se mostra relevante em razão de precedentes[646] e do entendimento de parte da doutrina[647] no sentido de que a lavagem de dinheiro, na modalidade típica de ocultar, seria um delito permanente, o que, em tese, viabilizaria o preenchimento do requisito da contemporaneidade de maneira muito mais fácil.

Diante desse contexto, o ministro relembrou que o artigo 319 do CPP possibilita ao juiz a imposição de outras medidas pessoais restritivas de liberdade, de sorte que, com base nas circunstâncias do caso concreto, possa ser "escolhida a medida mais ajustada às peculiaridades da espécie, permitindo, assim, a tutela do meio social, mas também servindo, mesmo que cautelarmente, de resposta justa

643 BRASIL. Supremo Tribunal Federal (Segunda Turma). **Agravo Regimental no Habeas Corpus.** AgRg no HC 152676. Relator: Teori Zavascki. Relator para Acórdão: Gilmar Mendes. Brasília, 09 de abril de 2019. Processo Eletrônico DJe-192, divulgado em 31 de jul. de 2020, publicado em 03 de ago. de 2020.

644 BRASIL. Supremo Tribunal Federal (Segunda Turma). **Agravo Regimental no Habeas Corpus.** AgRg no HC 152676. Relator: Teori Zavascki. Relator para Acórdão: Gilmar Mendes. Brasília, 09 de abril de 2019. Processo Eletrônico DJe-192, divulgado em 31 de jul. de 2020, publicado em 03 de ago. de 2020.

645 BRASIL. Supremo Tribunal Federal (Segunda Turma). **Agravo Regimental no Habeas Corpus.** AgRg no HC 152676. Relator: Teori Zavascki. Relator para Acórdão: Gilmar Mendes. Brasília, 09 de abril de 2019. Processo Eletrônico DJe-192, divulgado em 31 de jul. de 2020, publicado em 03 de ago. de 2020.

646 "O crime de lavagem de bens, direitos ou valores, quando praticado na modalidade típica de 'ocultar', é permanente, protraindo-se sua execução até que os objetos materiais do branqueamento se tornem conhecidos, razão pela qual o início da contagem do prazo prescricional tem por termo inicial o dia da cessação da permanência, nos termos do art. 111, III, do Código Penal." BRASIL. Supremo Tribunal Federal (Primeira Turma). **Acórdão.** AP 863. Relator: Edson Fachin. Brasília, 23 de maio de 2017. Processo Eletrônico DJe-191, divulgado em 28 de ago. de 2017, publicado em 29 de ago. de 2017.

647 A título de exemplo: NUCCI, Guilherme de Souza. **Leis Penais e processuais penais comentadas.** 5. ed., São Paulo: Revista dos Tribunais, 2010, p. 872; MENDRONI. Marcelo Batlouni. **Crime de lavagem de dinheiro**. São Paulo: Atlas, 2006, p. 106-107.

e proporcional ao delito supostamente causado pelo acusado"[648]. Assim, concedeu a ordem para revogar a prisão preventiva e fixou quatro medidas cautelares diversas.

Esse conjunto de acórdãos redigidos pelo ministro Gilmar Mendes ajudou, em maior grau, a delimitar as hipóteses de prisão preventiva envolvendo a garantia de ordem pública e a aplicação da lei penal. Sobre o primeiro fundamento, apresentou algumas balizas para o juízo de possível reiteração delitiva, que fica mitigado se o investigado deixou o cargo que ocupava anteriormente, o qual viabilizava a prática dos ilícitos. Reiterou a necessidade de atualidade dos fatos ensejadores da prisão preventiva e fez chamamento importante envolvendo o delito de lavagem de ativos, porque sua hipotética natureza permanente, na figura típica ocultar, não deve possibilitar a contemporaneidade eternamente, situação que ocasionaria o esvaziamento desse requisito. Acerca do segundo, o ministro ressaltou que a disponibilidade de recursos no Brasil ou no exterior não é suficiente para subsidiar um alegado risco à aplicação da lei penal.

11.4 Grupo quatro – ministro Edson Fachin

O quarto grupo é formado pela decisão monocrática do ministro Edson Fachin nos autos do *habeas corpus* nº 150.558. O ministro já havia indeferido a medida liminar e não conhecido o *writ* monocraticamente, o que ensejou a interposição de agravo regimental pela defesa, posteriormente incluído no julgamento virtual, que não chegou a ser concluído em virtude de pedido de destaque[649] do ministro Gilmar Mendes. Um pouco depois, o ministro Edson Fachin incluiu o agravo regimental na lista de julgamento presencial, mas, antes mesmo de sua realização, concedeu a ordem monocraticamente de ofício e julgou prejudicado o agravo regimental.

Em sua decisão, o ministro inicialmente rememorou a deliberação tomada, por maioria, pelo plenário do Supremo Tribunal

648 BRASIL. Supremo Tribunal Federal (Segunda Turma). **Agravo Regimental no Habeas Corpus.** AgRg no HC 152676. Relator: Teori Zavascki. Relator para Acórdão: Gilmar Mendes. Brasília, 09 de abril de 2019. Processo Eletrônico DJe-192, divulgado em 31 de jul. de 2020, publicado em 03 de ago. de 2020.

649 Pedido de destaque é quando um ministro retira o julgamento da modalidade virtual e leva para a sessão presencial ou por videoconferência.

Federal, nos autos do *habeas corpus* nº 166.373, de "anulação da sentença condenatória proferida em face do paciente"[650] e destacou a necessidade de retomada do andamento processual no juízo de origem, com a renovação parcial de alegações finais e prolação de nova sentença. Nesse contexto, registrou que "as especificidades do caso concreto desvelam a superveniente desproporcionalidade da prisão preventiva"[651], tendo revogado o cárcere cautelar e delegado ao juiz de primeiro grau "a eventual aplicação de medidas cautelares alternativas à prisão"[652]. Essa decisão demonstrou como a mudança da situação processual, mesmo que decorrente de um fato superveniente, impacta diretamente o juízo sobre a manutenção da prisão preventiva.

11.5 Grupo cinco – ministro Ricardo Lewandowski

Compõem o quinto conjunto os *habeas corpus* cujo redator do acórdão foi o ministro Ricardo Lewandowski. São estes: HC nº 138.850 e o HC nº 141.431, ambos concedidos em razão de empate na votação colegiada[653].

No primeiro deles, o ministro Ricardo Lewandowski recordou que a manutenção da prisão do paciente ocorreu na mesma sentença que já havia sido examinada por aquele órgão colegiado quando do julgamento do HC nº 137.728, cuja ordem foi concedida, embora o paciente fosse outro. Especificamente sobre os fundamentos, o voto destacou que, "com a prolação da sentença, a prisão preventiva já exauriu todos os seus efeitos no tocante ao requisito da conveniência da instrução criminal (art. 312 do Código de Processo Penal), não mais subsistindo risco de interferência na produção probatória"[654], e está "ancorada, exclusivamente,

650 BRASIL. Supremo Tribunal Federal (Segunda Turma). **Habeas Corpus.** HC 150558. Relator: Edson Fachin. Brasília, 02 de outubro de 2019. Processo Eletrônico DJe-216, divulgado em 03 de out. de 2019, publicado em 04 de out. de 2019.

651 BRASIL. Supremo Tribunal Federal (Segunda Turma). **Habeas Corpus.** HC 150558. Relator: Edson Fachin. Brasília, 02 de outubro de 2019. Processo Eletrônico DJe-216, divulgado em 03 de out. de 2019, publicado em 04 de out. de 2019.

652 BRASIL. Supremo Tribunal Federal (Segunda Turma). **Habeas Corpus.** HC 150558. Relator: Edson Fachin. Brasília, 02 de outubro de 2019. Processo Eletrônico DJe-216, divulgado em 03 de out. de 2019, publicado em 04 de out. de 2019.

653 Artigo 146, parágrafo único, do Regimento Interno do Supremo Tribunal Federal: No julgamento de *habeas corpus* e de recursos de *habeas corpus* proclamar-se-á, na hipótese de empate, a decisão mais favorável ao paciente. BRASIL. Supremo Tribunal Federal. **Regimento Interno do STF.** Brasília, 2020. Disponível em: http://www.stf.jus.br/arquivo/cms/legislacaoRegimentoInterno/anexo/RISTF.pdf. Acesso em: 10 de jun. de 2021.

654 BRASIL. Supremo Tribunal Federal (Segunda Turma). **Habeas Corpus.** HC 138850. Relator: Edson Fachin. Relator

na garantia da ordem pública, que se consubstancia, *in casu*, na possiblidade de reiteração delitiva"[655].

Rememorando trecho do voto do ministro Dias Toffoli no HC nº 137.728 sobre a ausência de contemporaneidade, o ministro Ricardo Lewandowski reconheceu que, no caso, a argumentação de reiteração delitiva mostrava-se ainda mais frágil, porque a possível prática criminosa teria acontecido entre início de 2009 e 15.07.2013, "havendo, portanto, um lapso temporal de mais de 3 anos entre a data da última prática criminosa e o encarceramento do paciente, tudo a indicar a ausência de contemporaneidade entre os fatos a ele imputados e a data em que foi decretada a sua prisão preventiva"[656]. Em sua visão, a prisão preventiva, na forma como mantida pelo juiz de primeiro grau – "por simples remição ao decreto prisional e sem verticalização de fundamentos"[657] –, "está ancorada em presunções tiradas da gravidade abstrata dos crimes em tese praticados e não em elementos concretos dos autos, o que, por si só, não evidencia o risco de reiteração criminosa"[658]. Além disso, ressaltou o ministro que o "bloqueio das bancárias e dos demais investimentos do paciente e da empresa Credencial, da qual é sócio,"[659] é circunstância objetiva que "subtrai da hipótese qualquer fundamento válido no sentido de que possa, potencialmente, abalar a ordem pública pela prática de novos crimes da mesma natureza"[660].

---

para Acórdão: Ricardo Lewandowski. Brasília, 03 de outubro de 2017. Processo Eletrônico DJe-45, divulgado em 08 de mar. de 2018, publicado em 09 de mar. de 2018.

655 BRASIL. Supremo Tribunal Federal (Segunda Turma). **Habeas Corpus.** HC 138850. Relator: Edson Fachin. Relator para Acórdão: Ricardo Lewandowski. Brasília, 03 de outubro de 2017. Processo Eletrônico DJe-45, divulgado em 08 de mar. de 2018, publicado em 09 de mar. de 2018.

656 BRASIL. Supremo Tribunal Federal (Segunda Turma). **Habeas Corpus.** HC 138850. Relator: Edson Fachin. Relator para Acórdão: Ricardo Lewandowski. Brasília, 03 de outubro de 2017. Processo Eletrônico DJe-45, divulgado em 08 de mar. de 2018, publicado em 09 de mar. de 2018.

657 BRASIL. Supremo Tribunal Federal (Segunda Turma). **Habeas Corpus.** HC 138850. Relator: Edson Fachin. Relator para Acórdão: Ricardo Lewandowski. Brasília, 03 de outubro de 2017. Processo Eletrônico DJe-45, divulgado em 08 de mar. de 2018, publicado em 09 de mar. de 2018.

658 BRASIL. Supremo Tribunal Federal (Segunda Turma). **Habeas Corpus.** HC 138850. Relator: Edson Fachin. Relator para Acórdão: Ricardo Lewandowski. Brasília, 03 de outubro de 2017. Processo Eletrônico DJe-45, divulgado em 08 de mar. de 2018, publicado em 09 de mar. de 2018.

659 BRASIL. Supremo Tribunal Federal (Segunda Turma). **Habeas Corpus.** HC 138850. Relator: Edson Fachin. Relator para Acórdão: Ricardo Lewandowski. Brasília, 03 de outubro de 2017. Processo Eletrônico DJe-45, divulgado em 08 de mar. de 2018, publicado em 09 de mar. de 2018.

660 BRASIL. Supremo Tribunal Federal (Segunda Turma). **Habeas Corpus.** HC 138850. Relator: Edson Fachin. Relator para Acórdão: Ricardo Lewandowski. Brasília, 03 de outubro de 2017. Processo Eletrônico DJe-45, divulgado em 08 de mar. de 2018, publicado em 09 de mar. de 2018.

Finalizou a argumentação com a indicação de que não vislumbrava os requisitos necessários à manutenção da custódia preventiva, principalmente após a prolação de sentença, "não havendo, ainda, nenhum dado de ordem subjetiva que aponte para a necessidade de manutenção da custódia cautelar do paciente"[661], de sorte que "a utilização das medidas alternativas descritas no art. 319 do CPP é adequada e suficiente para, a um só tempo, garantir-se que o paciente não voltará a delinquir e preservar-se a presunção de inocência descrita no artigo 5º, inciso LVII, da Constituição Federal, sem o cumprimento antecipado da pena"[662].

Alegou que entendimento diverso reconheceria que a prisão, no presente caso, seria uma "punição antecipada, [s]em a observância do devido processo e em desrespeito ao que foi determinado pelo Supremo Tribunal Federal no julgamento das Ações Declaratórias de Constitucionalidade 43 e 44"[663]. Dessa forma, concedeu a ordem para colocar o paciente em liberdade, "com a ressalva de que fica o juízo competente autorizado a impor, considerando as circunstâncias de fato e as condições pessoais do paciente, as medidas diversas da prisão (art. 319 do CPP)"[664].

No segundo processo, que também envolvia paciente no mesmo contexto fático e também sócio da empresa Credencial, a argumentação do ministro Ricardo Lewandowski foi exatamente a mesma, com a repetição dos fundamentos já apresentados.

Nesses votos, o ministro Lewandowski reforçou, na linha já exposta neste tópico, a relevância do requisito da contemporaneidade para pautar o juízo sobre a reiteração delitiva, apontando que o transcurso do tempo mitiga essa probabilidade, bem como

661 BRASIL. Supremo Tribunal Federal (Segunda Turma). **Habeas Corpus.** HC 138850. Relator: Edson Fachin. Relator para Acórdão: Ricardo Lewandowski. Brasília, 03 de outubro de 2017. Processo Eletrônico DJe-45, divulgado em 08 de mar. de 2018, publicado em 09 de mar. de 2018.

662 BRASIL. Supremo Tribunal Federal (Segunda Turma). **Habeas Corpus.** HC 138850. Relator: Edson Fachin. Relator para Acórdão: Ricardo Lewandowski. Brasília, 03 de outubro de 2017. Processo Eletrônico DJe-45, divulgado em 08 de mar. de 2018, publicado em 09 de mar. de 2018.

663 BRASIL. Supremo Tribunal Federal (Segunda Turma). **Habeas Corpus.** HC 138850. Relator: Edson Fachin. Relator para Acórdão: Ricardo Lewandowski. Brasília, 03 de outubro de 2017. Processo Eletrônico DJe-45, divulgado em 08 de mar. de 2018, publicado em 09 de mar. de 2018.

664 BRASIL. Supremo Tribunal Federal (Segunda Turma). **Habeas Corpus.** HC 138850. Relator: Edson Fachin. Relator para Acórdão: Ricardo Lewandowski. Brasília, 03 de outubro de 2017. Processo Eletrônico DJe-45, divulgado em 08 de mar. de 2018, publicado em 09 de mar. de 2018.

acrescentou que o deferimento de cautelares patrimoniais também reduz os riscos de prática de delitos daquela mesma natureza e, consequentemente, corrobora a desnecessidade de manutenção da prisão preventiva.

11.6 A atuação do Superior Tribunal de Justiça e do Tribunal Regional Federal da 4ª Região

Superado o estudo dos julgados do STF, há, ainda, a atuação revisional do STJ e do TRF-4.

Como exposto, o STJ foi responsável pela revogação de uma única prisão preventiva, por meio de decisão monocrática de mérito do ministro Felix Fischer, relator do caso. Trata-se do HC nº 568.950, cuja decisão concessiva é datada de 14/04/2020.

Nessa oportunidade, o ministro estabeleceu os fundamentos utilizados para decretação da prisão preventiva no caso concreto, quais sejam, garantia da ordem pública e risco à efetividade da lei penal, assim como destacou que a jurisprudência do STJ tem orientação consolidada no seguinte sentido:

> [...] a realização de operações financeiras ilícitas no curso das investigações, com o fim de dissimular ou ocultar o produto do crime, indica concretamente o risco de reiteração delitiva e de dissipação de valores necessários à satisfação de eventuais obrigações pecuniárias a serem fixadas na sentença condenatória, como a reparação dos danos e a multa penal. Igualmente, entende esta Corte que a permanência de valores ilícitos ocultos no exterior preenche o requisito de contemporaneidade da prisão da prisão preventiva.[665]

A partir disso, atestou que os valores bloqueados e os imóveis acautelados em juízo são provavelmente suficientes para assegurar a reparação dos danos e a multa penal. Realçou que, a despeito das operações financeiras sobre "o produto do crime já no curso da fase ostensiva das investigações ter demonstrado o intuito de ocultar e dissimular o paradeiro das verbas de propina recebida"[666], não

665 BRASIL. Superior Tribunal de Justiça (Quinta Turma). **Decisão.** HC 568950. Relator: Felix Fischer. Brasília, 14 de abril de 2020. Processo Eletrônico DJe-45, divulgado em 15 de abr. de 2020, publicado em 16 de abr. de 2020.

666 BRASIL. Superior Tribunal de Justiça (Quinta Turma). **Decisão.** HC 568950. Relator: Felix Fischer. Brasília, 14 de abril de 2020. Processo Eletrônico DJe-45, divulgado em 15 de abr. de 2020, publicado em 16 de abr. de 2020.

houve notícias, desde a decretação da prisão preventiva, "de outros atos, novos ou antigos, que evidenciam o risco à ordem pública ou à aplicação da lei penal em virtude da liberdade do paciente"[667].

Acentuou também que a prisão preventiva já durava quase três anos, sem que existissem novos elementos concretos que indicassem a necessidade de sua manutenção. "Nesse período, não foram instaurados outros procedimentos investigativos ou ações penais contra o paciente. Todos os seus bens conhecidos foram constritos judicialmente. Não se comprovou a existência de outras contas no exterior além daquelas que já eram conhecidas ao tempo da prisão"[668].

Ao final, observou que "os motivos que subsidiariam a decretação da segregação cautelar, se ainda estão presentes, após esse triênio, já foram mitigados e perderam força com o decurso do tempo"[669], de modo que:

> os fins visados pela prisão preventiva podem ser satisfatoriamente tutelados por medidas cautelares alternativas, ainda necessárias, todavia, para garantir a efetividade da lei penal no caso de eventual confirmação da condenação nas instâncias superiores e evitar o risco de reiteração delitiva, bem como adequadas à gravidade dos crimes – corrupção passiva e lavagem de capitais transnacional – e às circunstâncias do fato – *modus operandi* complexo e sofisticado e elevados valores objeto dos crimes.[670]

Assim, o ministro não conheceu do *habeas corpus*, por ser substitutivo de recurso ordinário, e concedeu a ordem de ofício para "substituir a prisão preventiva pelas medidas cautelares pessoais previstas nos incisos II, III e IX do art. 319 do Código de Processo Penal"[671], sem prejuízo de o juiz de origem adotar outras medidas.

Esse caso jogou luzes sobre o tempo demasiadamente longo que o investigado ficou preso preventivamente. O ministro

667 BRASIL. Superior Tribunal de Justiça (Quinta Turma). **Decisão.** HC 568950. Relator: Felix Fischer. Brasília, 14 de abril de 2020. Processo Eletrônico DJe-45, divulgado em 15 de abr. de 2020, publicado em 16 de abr. de 2020.
668 BRASIL. Superior Tribunal de Justiça (Quinta Turma). **Decisão.** HC 568950. Relator: Felix Fischer. Brasília, 14 de abril de 2020. Processo Eletrônico DJe-45, divulgado em 15 de abr. de 2020, publicado em 16 de abr. de 2020.
669 BRASIL. Superior Tribunal de Justiça (Quinta Turma). **Decisão.** HC 568950. Relator: Felix Fischer. Brasília, 14 de abril de 2020. Processo Eletrônico DJe-45, divulgado em 15 de abr. de 2020, publicado em 16 de abr. de 2020.
670 BRASIL. Superior Tribunal de Justiça (Quinta Turma). **Decisão.** HC 568950. Relator: Felix Fischer. Brasília, 14 de abril de 2020. Processo Eletrônico DJe-45, divulgado em 15 de abr. de 2020, publicado em 16 de abr. de 2020.
671 BRASIL. Superior Tribunal de Justiça (Quinta Turma). **Decisão.** HC 568950. Relator: Felix Fischer. Brasília, 14 de abril de 2020. Processo Eletrônico DJe-45, divulgado em 15 de abr. de 2020, publicado em 16 de abr. de 2020.

destacou que o transcurso de quase três anos impactou diretamente os motivos da decretação da custódia preventiva, de sorte que atualmente não se faziam presentes ou estavam bem diminuídos. Nesse contexto, destacou que, no interregno em questão, não houve fatos novos aptos a reforçar a necessidade da custódia cautelar. Para além disso, o cotejo dos bens já atingidos por cautelares patrimoniais também esvaziou o requisito de aplicação da lei penal, afastando a necessidade da manutenção da prisão preventiva. Nesse último ponto, a decisão é indicativa de que o STJ deu guarida a uma interpretação ampliada do fundamento de risco à aplicação da lei penal, pois a hipótese fática não era de perigo de fuga e sim de dissipação de valores para satisfação das obrigações pecuniárias decorrentes de possível condenação.

No âmbito do Tribunal Regional Federal da 4ª Região, foram revogadas ou substituídas nove prisões preventivas. Esses acórdãos, nesta perquirição, serão divididos em quatro grupos, tendo como parâmetro de agrupamento os fundamentos utilizados para concessão, nos termos do voto do desembargador federal responsável pela redação do acórdão, ou seja, quem proferiu o primeiro voto da corrente vencedora.

O primeiro conjunto é composto pelos *habeas corpus* nº 5021307-14.2016.4.04.0000 e nº 5045444-60.2016.4.04.0000, cujos acórdãos apresentaram como fundamento central para concessão da ordem o reconhecimento de que o paciente ocupava posição subordinada ou não fazia parte do esquema principal de corrupção e lavagem de ativos no âmbito da Petrobras.

No primeiro processo, o desembargador João Pedro Gebran Neto, relator prevento para a Operação Lava Jato naquela corte, foi o responsável por redigir o acórdão. Ele apresentou um contexto geral da operação, com destaque para os valores envolvidos nas investigações, bem como para manifestações de ministros dos tribunais superiores que demonstravam perplexidade com os fatos apurados. Arrematou o tópico com a seguinte conclusão:

> As dimensões do ciclo criminoso e a capacidade do grupo de adentrar nas esferas públicas vêm causando perplexidade não só nos Poderes da República, mas também em toda a sociedade brasileira e na comunidade internacional. Resumindo: antes limitada a apurar crimes financeiros, a investigação ampliou seus rumos, chegando, agora, à apuração de crimes contra a Administração Pública.[672]

Em seguida, transcreveu trecho repetido pelo juiz de primeiro grau de que "crimes qualificados como 'crimes de colarinho branco'"[673] não excluem o risco à ordem pública, pois "podem ser tão ou mais danosos à sociedade ou a terceiros que os crimes praticados nas ruas, com violência"[674], o que estava acompanhado de citação da obra *White-Collar Criminality* de Edwin Sutherland sobre o elevado custo do crime financeiro. Pontuou que o entendimento doutrinário e jurisprudencial sobre prisão preventiva era pautado pelo "sentimento de vulneração e violação individual, associado ao risco pessoal (ou de pessoas próximas) de vir a ser vítima de crime contra a pessoa"[675]. Especificou que a "escalada da violência e da criminalidade organizada deu ensejo ao terrível sentimento geral de insegurança; latrocínio, homicídios, roubos, estupros, tráfico de drogas, são exemplos de fatos que crimes orientaram a formação do pensamento sobre prisão preventiva e medidas cautelares"[676].

No seu entender, a singularidade da Operação Lava Jato "está a exigir que se estabeleça um novo *standard* quanto à aplicação do instituto da prisão preventiva e das demais medidas cautelares"[677], porque "[n]ada do que foi dito ou escrito sobre estas medidas foi pensado a partir de fatos como os que são objeto de apuração nos

---

672 BRASIL. Tribunal Regional Federal da 4ª Região. (8ª Turma). **Habeas Corpus.** 5021307-14.2016.4.04.0000. Relator: Desembargador Federal João Pedro Gebran Neto. Porto Alegre, 06 de julho de 2016.

673 BRASIL. Tribunal Regional Federal da 4ª Região. (8ª Turma). **Habeas Corpus.** 5021307-14.2016.4.04.0000. Relator: Desembargador Federal João Pedro Gebran Neto. Porto Alegre, 06 de julho de 2016.

674 BRASIL. Tribunal Regional Federal da 4ª Região. (8ª Turma). **Habeas Corpus.** 5021307-14.2016.4.04.0000. Relator: Desembargador Federal João Pedro Gebran Neto. Porto Alegre, 06 de julho de 2016.

675 BRASIL. Tribunal Regional Federal da 4ª Região. (8ª Turma). **Habeas Corpus.** 5021307-14.2016.4.04.0000. Relator: Desembargador Federal João Pedro Gebran Neto. Porto Alegre, 06 de julho de 2016.

676 BRASIL. Tribunal Regional Federal da 4ª Região. (8ª Turma). **Habeas Corpus.** 5021307-14.2016.4.04.0000. Relator: Desembargador Federal João Pedro Gebran Neto. Porto Alegre, 06 de julho de 2016.

677 BRASIL. Tribunal Regional Federal da 4ª Região. (8ª Turma). **Habeas Corpus.** 5021307-14.2016.4.04.0000. Relator: Desembargador Federal João Pedro Gebran Neto. Porto Alegre, 06 de julho de 2016.

diversos inquéritos policiais e processos penais"[678] oriundos da operação. Seu raciocínio pode ser sintetizado neste excerto:

> A originalidade e dimensão do caso impõem que todos os operadores do direito – e de um modo especial os julgadores – passem para uma compreensão singular, sem olvidar dos direitos fundamentais.
>
> A advertência de Sutherland é muito apropriada. É inevitável que se ultrapasse aquela compreensão individualista dos requisitos da prisão preventiva, para uma inteligência mais consentânea com a segurança jurídica, com a ordem e com os nefastos efeitos, pretéritos, presentes e futuros, que condutas como as investigadas encerram.[679]

A fim de justificar tal compreensão e sua aplicabilidade no atual momento, o desembargador fez um paralelo com o caso Mensalão, destacando que a Operação Lava Jato "não pode ser analisada com olhos comuns e com o foco apenas em parâmetros interpretativos regulares e aplicáveis a qualquer processo"[680]. Destacou que, na Ação Penal nº 470, "o próprio Supremo Tribunal Federal releu sua tradicional jurisprudência a fim de adaptá-la à excepcionalidade dos fatos"[681].

Concluiu, então, que "o mesmo caminho deverá ser seguido neste caso"[682], tendo frisado que, do "Direito Penal, como de resto das ciências jurídicas, exige-se que se adapte aos tempos, aos fatos e à sociedade"[683] e que "a função básica do Direito Penal é a defesa social e que os interesses que o direito tutela correspondem sempre às exigências da cultura de determinada época e de determinado povo"[684], citando obra de Heleno Cláudio Fragoso.

Ao final do tópico, tratou de pontuar que:

---

678 BRASIL. Tribunal Regional Federal da 4ª Região. (8ª Turma). **Habeas Corpus.** 5021307-14.2016.4.04.0000. Relator: Desembargador Federal João Pedro Gebran Neto. Porto Alegre, 06 de julho de 2016.

679 BRASIL. Tribunal Regional Federal da 4ª Região. (8ª Turma). **Habeas Corpus.** 5021307-14.2016.4.04.0000. Relator: Desembargador Federal João Pedro Gebran Neto. Porto Alegre, 06 de julho de 2016.

680 BRASIL. Tribunal Regional Federal da 4ª Região. (8ª Turma). **Habeas Corpus.** 5021307-14.2016.4.04.0000. Relator: Desembargador Federal João Pedro Gebran Neto. Porto Alegre, 06 de julho de 2016.

681 BRASIL. Tribunal Regional Federal da 4ª Região. (8ª Turma). **Habeas Corpus.** 5021307-14.2016.4.04.0000. Relator: Desembargador Federal João Pedro Gebran Neto. Porto Alegre, 06 de julho de 2016.

682 BRASIL. Tribunal Regional Federal da 4ª Região. (8ª Turma). **Habeas Corpus.** 5021307-14.2016.4.04.0000. Relator: Desembargador Federal João Pedro Gebran Neto. Porto Alegre, 06 de julho de 2016.

683 BRASIL. Tribunal Regional Federal da 4ª Região. (8ª Turma). **Habeas Corpus.** 5021307-14.2016.4.04.0000. Relator: Desembargador Federal João Pedro Gebran Neto. Porto Alegre, 06 de julho de 2016.

684 BRASIL. Tribunal Regional Federal da 4ª Região. (8ª Turma). **Habeas Corpus.** 5021307-14.2016.4.04.0000. Relator: Desembargador Federal João Pedro Gebran Neto. Porto Alegre, 06 de julho de 2016.

> Por óbvio, a tarefa não é fácil, quer para o juízo de origem, quer para os juízos recursais. A complexidade dos fatos está a exigir dedicação plena e, acima de tudo, uma condução do processo serena, como, até o momento, se viu do juízo da causa.
>
> Em que pese as constantes críticas que o Judiciário tem recebido das defesas, muitas das vezes fora dos meios processuais regulares e buscando disseminar a tese de que o processo vem sendo levado de modo tendencioso, autoritário e à margem do devido processo legal e das garantias constitucionais, verifico que os diversos agentes que atuam nas investigações e nos processos judiciais têm tomado o cuidado de diferenciar a atuação de cada um dos investigados, de sorte que muitos deles permanecem em liberdade, outros tiveram apenas a condução coercitiva para depor determinada, alguns estiveram presos temporariamente e poucos tiveram suas prisões preventivas decretadas.[685]

O tópico seguinte do voto foi destinado a traçar considerações gerais teóricas sobre a prisão preventiva. Ressaltou sua excepcionalidade, a necessidade de indícios de autoria e provas de materialidade, bem como se tratar de um juízo de cognição sumária, sem guardar relação com "juízo antecipatório de culpabilidade ou de pena"[686].

Após a constatação de "boa prova da materialidade e indícios de autoria, com relação aos crimes imputados ao paciente"[687], o voto passou a discorrer sobre a necessidade da custódia preventiva, com o reconhecimento de que o caso em questão "distancia-se dos demais já examinados no âmbito da 'Operação Lava Jato'"[688]. Realçou que é posição pacífica na 8ª Turma "que, num quadro de corrupção sistêmica infiltrado no seio da Petrobras e associado à cartelização de contatos, as prisões preventivas se mostram extremamente eficazes como forma de desarticular o grupo criminoso"[689], havendo, contudo, alguns balizamentos para imposição da segregação cautelar:

---

685 BRASIL. Tribunal Regional Federal da 4ª Região. (8ª Turma). **Habeas Corpus.** 5021307-14.2016.4.04.0000. Relator: Desembargador Federal João Pedro Gebran Neto. Porto Alegre, 06 de julho de 2016.

686 BRASIL. Tribunal Regional Federal da 4ª Região. (8ª Turma). **Habeas Corpus.** 5021307-14.2016.4.04.0000. Relator: Desembargador Federal João Pedro Gebran Neto. Porto Alegre, 06 de julho de 2016.

687 BRASIL. Tribunal Regional Federal da 4ª Região. (8ª Turma). **Habeas Corpus.** 5021307-14.2016.4.04.0000. Relator: Desembargador Federal João Pedro Gebran Neto. Porto Alegre, 06 de julho de 2016.

688 BRASIL. Tribunal Regional Federal da 4ª Região. (8ª Turma). **Habeas Corpus.** 5021307-14.2016.4.04.0000. Relator: Desembargador Federal João Pedro Gebran Neto. Porto Alegre, 06 de julho de 2016.

689 BRASIL. Tribunal Regional Federal da 4ª Região. (8ª Turma). **Habeas Corpus.** 5021307-14.2016.4.04.0000. Relator: Desembargador Federal João Pedro Gebran Neto. Porto Alegre, 06 de julho de 2016.

> Contudo, algumas premissas são importantes para justificar a cautela processual: (a) em grupo criminoso complexo e de grandes dimensões, a prisão cautelar deve ser reservada aos investigados que, pelos indícios colhidos, possuam o domínio do fato, como os representantes das empresas envolvidas no esquema de cartelização, ou que exerçam papel importante na engrenagem criminosa; (b) havendo fortes indícios da participação em 'organização criminosa', em crimes de 'lavagem de capitais' e 'contra o sistema financeiro nacional', todos relacionados com fraudes em contratos públicos dos quais resultaram vultosos prejuízos à sociedade de economia mista e, na mesma proporção, em seu enriquecimento ilícito e de terceiros, justifica-se a decretação da prisão preventiva, para a garantia da ordem pública (nesse sentido, HC no 5034542-82.2015.404.0000, 8ª Turma, minha relatoria, por unanimidade, juntado aos autos em 15/10/2015).[690]

Diante disso, reconheceu, mais uma vez, que o "caso dos autos, contudo, destoa do *standard* de julgamento até então adotado"[691]. O paciente havia sido denunciado apenas por lavagem de ativos e o desembargador asseverou ser "possível ver que o delito imputado ao paciente não teria como origem a sua participação no grupo criminoso encarregado da corrupção e da cartelização de contratos da Petrobras"[692]. Ganhou realce a inexistência de elementos "na ação penal correlata que indiquem a participação do paciente diretamente no esquema de corrupção"[693]. Com o intuito de mitigar a gravidade das imputações contra o paciente, o desembargador relator reconheceu que não se pode, "neste estágio do processo, afirmar com exatidão que ele conhecia toda a triangulação de operações financeiras e comerciais que culminaram com a quitação do mútuo contraído junto ao Banco Schahin que, sabe-se, nunca foi de fato quitado"[694]. A conclusão do voto foi a de que:

690 BRASIL. Tribunal Regional Federal da 4ª Região. (8ª Turma). **Habeas Corpus.** 5021307-14.2016.4.04.0000. Relator: Desembargador Federal João Pedro Gebran Neto. Porto Alegre, 06 de julho de 2016.
691 BRASIL. Tribunal Regional Federal da 4ª Região. (8ª Turma). **Habeas Corpus.** 5021307-14.2016.4.04.0000. Relator: Desembargador Federal João Pedro Gebran Neto. Porto Alegre, 06 de julho de 2016.
692 BRASIL. Tribunal Regional Federal da 4ª Região. (8ª Turma). **Habeas Corpus.** 5021307-14.2016.4.04.0000. Relator: Desembargador Federal João Pedro Gebran Neto. Porto Alegre, 06 de julho de 2016.
693 BRASIL. Tribunal Regional Federal da 4ª Região. (8ª Turma). **Habeas Corpus.** 5021307-14.2016.4.04.0000. Relator: Desembargador Federal João Pedro Gebran Neto. Porto Alegre, 06 de julho de 2016.
694 BRASIL. Tribunal Regional Federal da 4ª Região. (8ª Turma). **Habeas Corpus.** 5021307-14.2016.4.04.0000. Relator: Desembargador Federal João Pedro Gebran Neto. Porto Alegre, 06 de julho de 2016.

> Diante da natureza do crime imputado ao paciente – lavagem de dinheiro –, sem que se possa extrair da inicial qualquer função essencial à continuidade das atividades criminosas ou preponderante, a solução da causa afasta-se da jurisprudência da Turma em casos similares da 'Operação Lava Jato'.[695]

Assim, a prisão preventiva do paciente foi substituída por uma série de medidas cautelares alternativas.

No HC nº 5045444-60.2016.4.04.0000, o desembargador João Pedro Gebran, relator e redator do acórdão, basicamente repetiu o início do voto analisado nos parágrafos anteriores, especificamente as partes do contexto amplo da Operação Lava Jato, da necessidade de atualização e releitura do cabimento da prisão preventiva, bem como as considerações gerais teóricas sobre essa modalidade de custódia cautelar.

Em seguida, o relator, após o exame de diversos elementos, reconheceu que, pelo menos em um juízo superficial, "há boa prova de materialidade e indícios de autoria de autoria de que ANTÔNIO PALOCCI FILHO, auxiliado por BRANISLAV KONTIC, [...] praticaram crimes de corrupção passiva e de lavagem de dinheiro, revelando a presença dos pressupostos para a decretação da prisão preventiva"[696].

Sobre a necessidade da prisão preventiva, destacou que os fundamentos eram os riscos à ordem pública, à investigação e à instrução. O voto apontou que o "apelo à ordem pública, seja para prevenir novos crimes, seja em decorrência de gravidade em concreta dos praticados, já seria suficiente para justificar a decretação da preventiva"[697]. A esse respeito, adicionou um detalhe jurisprudencial de que, em casos análogos, a custódia cautelar "deve ser reservada aos investigados que, pelos indícios colhidos, possuem o domínio do fato, como agentes políticos e representantes das empresas envolvidas no esque-

695 BRASIL. Tribunal Regional Federal da 4ª Região. (8ª Turma). **Habeas Corpus.** 5021307-14.2016.4.04.0000. Relator: Desembargador Federal João Pedro Gebran Neto. Porto Alegre, 06 de julho de 2016.

696 BRASIL. Tribunal Regional Federal da 4ª Região. (8ª Turma). **Habeas Corpus.** 5045444-60.2016.4.04.0000. Relator: Desembargador Federal João Pedro Gebran Neto. Porto Alegre, 14 de dezembro de 2016

697 BRASIL. Tribunal Regional Federal da 4ª Região. (8ª Turma). **Habeas Corpus.** 5045444-60.2016.4.04.0000. Relator: Desembargador Federal João Pedro Gebran Neto. Porto Alegre, 14 de dezembro de 2016.

ma de cartelização, ou que exercem papel importante na engrenagem criminosa, seja do núcleo operacional"[698] ou político. Detalhou que a medida, "além de prevenir o envolvimento do investigado em outros esquemas criminosos, também terá o salutar efeito de impedir ou dificultar novas condutas de ocultação e dissimulação do produto do crime, já que este ainda não foi integralmente rastreado e recuperado"[699]. Igualmente ressaltou, citando precedente do STF, que a "gravidade concreta dos fatos delitivos – jamais abstrata – pode ser invocada como fundamento para a decretação da prisão preventiva"[700].

Ao se manifestar sobre o caso concreto, assumiu que há provas da ligação entre Antônio Palocci e Branislav Kontic, porém inexistem elementos que indiquem uma relação societária entre eles. Segundo o voto, o papel de Branislav Kontic é "essencialmente de subordinação"[701], com conclusão de que a "situação do paciente é diversa daquele envolvido que possui posição preponderante da engenharia criminosa e completa ingerência sobre os demais agentes"[702].

Acerca da conveniência da instrução e do risco à aplicação da lei penal, o voto ressaltou que "pelo material até então amealhado não é possível identificar qual seria o risco a instrução criminal caso o paciente permaneça em liberdade ou com medidas cautelares diversas"[703], bem como, a *priori*, "não existe correlação entre as atividades do paciente na empresa Projeto Consultoria e a manutenção de contas no exterior"[704].

A título de conclusão, o desembargador João Pedro Gebran entendeu que "[e]m que pese boa prova de materialidade e indícios de autoria com relação a BRANISLAV KONTIC, entendo que o caso

698 BRASIL. Tribunal Regional Federal da 4ª Região. (8ª Turma). **Habeas Corpus.** 5045444-60.2016.4.04.0000. Relator: Desembargador Federal João Pedro Gebran Neto. Porto Alegre, 14 de dezembro de 2016.
699 BRASIL. Tribunal Regional Federal da 4ª Região. (8ª Turma). **Habeas Corpus.** 5045444-60.2016.4.04.0000. Relator: Desembargador Federal João Pedro Gebran Neto. Porto Alegre, 14 de dezembro de 2016.
700 BRASIL. Tribunal Regional Federal da 4ª Região. (8ª Turma). **Habeas Corpus.** 5045444-60.2016.4.04.0000. Relator: Desembargador Federal João Pedro Gebran Neto. Porto Alegre, 14 de dezembro de 2016.
701 BRASIL. Tribunal Regional Federal da 4ª Região. (8ª Turma). **Habeas Corpus.** 5045444-60.2016.4.04.0000. Relator: Desembargador Federal João Pedro Gebran Neto. Porto Alegre, 14 de dezembro de 2016.
702 BRASIL. Tribunal Regional Federal da 4ª Região. (8ª Turma). **Habeas Corpus.** 5045444-60.2016.4.04.0000. Relator: Desembargador Federal João Pedro Gebran Neto. Porto Alegre, 14 de dezembro de 2016.
703 BRASIL. Tribunal Regional Federal da 4ª Região. (8ª Turma). **Habeas Corpus.** 5045444-60.2016.4.04.0000. Relator: Desembargador Federal João Pedro Gebran Neto. Porto Alegre, 14 de dezembro de 2016.
704 BRASIL. Tribunal Regional Federal da 4ª Região. (8ª Turma). **Habeas Corpus.** 5045444-60.2016.4.04.0000. Relator: Desembargador Federal João Pedro Gebran Neto. Porto Alegre, 14 de dezembro de 2016.

conclama a substituição da prisão preventiva por medidas cautelares diversas, como previsto no art. 319"[705].

Esse primeiro grupo de acórdãos revogou as prisões preventivas basicamente em virtude da situação fática em que o paciente estava inserido. Em outras palavras, a argumentação desenvolvida para conceder parcialmente a ordem partiu da diferenciação da posição ocupada por eles na narrativa exposta e o parâmetro fixado pela 8ª Turma do TRF-4 para manutenção da prisão preventiva, voltado principalmente àqueles que possuem o "domínio do fato, como os representantes das empresas envolvidas no esquema de cartelização, ou que exerçam papel importante na engrenagem criminosa"[706].

Não obstante a centralidade da argumentação fática, os votos trouxeram excertos jurídicos que ajudam a identificar a compreensão do desembargador relator sobre a utilização da prisão preventiva e os próprios requisitos.

A garantia da ordem pública estaria presente para evitar a reiteração delitiva, isso é, prevenção de crimes, e em virtude da gravidade em concreto da conduta, argumentos que são reiteradamente aceitos pelos tribunais. Porém, o ponto mais chamativo da parte jurídica encontra-se nas considerações iniciais do voto, oportunidade em que o desembargador João Pedro Gebran Neto traçou um panorama da Operação Lava Jato, alertando para a possibilidade de que crimes de colarinho branco podem abalar a ordem pública, e caracterizou-a como singular, com o registro da perplexidade de diversos Poderes da República, de modo que seria exigível um "novo *standard* quanto à aplicação do instituto da prisão preventiva e das demais medidas cautelares"[707], uma vez que ela não poderia ser vista com "olhos comuns e com foco apenas em parâmetros interpretativos regulares e aplicáveis a qualquer processo"[708].

705 BRASIL. Tribunal Regional Federal da 4ª Região. (8ª Turma). **Habeas Corpus.** 5045444-60.2016.4.04.0000. Relator: Desembargador Federal João Pedro Gebran Neto. Porto Alegre, 14 de dezembro de 2016.
706 BRASIL. Tribunal Regional Federal da 4ª Região. (8ª Turma). **Habeas Corpus.** 5045444-60.2016.4.04.0000. Relator: Desembargador Federal João Pedro Gebran Neto. Porto Alegre, 14 de dezembro de 2016.
707 BRASIL. Tribunal Regional Federal da 4ª Região. (8ª Turma). **Habeas Corpus.** 5045444-60.2016.4.04.0000. Relator: Desembargador Federal João Pedro Gebran Neto. Porto Alegre, 14 de dezembro de 2016.
708 BRASIL. Tribunal Regional Federal da 4ª Região. (8ª Turma). **Habeas Corpus.** 5045444-60.2016.4.04.0000. Relator: Desembargador Federal João Pedro Gebran Neto. Porto Alegre, 14 de dezembro de 2016.

O relator entendeu que toda a produção doutrinária e jurisprudencial sobre a prisão preventiva e as medidas cautelares estava orientada para a possibilidade de o indivíduo se tornar vítima de crimes contra a pessoa, em uma concepção individualista. Contudo, a Operação Lava Jato trouxe ao conhecimento de todos fatos e delitos de naturezas diversas, os quais não serviram de referência para a formação do entendimento existente sobre as medidas cautelares pessoais. Dessa forma, no seu entender, a singularidade, a originalidade e a dimensão dos eventos investigados demandam que os operadores do direito passem a ter uma compreensão ímpar sobre os requisitos da prisão preventiva, a qual seria mais "consentânea com a segurança jurídica, com a ordem e com os nefastos efeitos, pretéritos, presentes e futuros, que condutas como as investigadas encerram"[709].

De início, chamou atenção a contradição dessa argumentação com aquela amplamente repetida por Sergio Moro de que, no caso da Operação Lava Jato, a decretação da prisão preventiva seria uma aplicação ortodoxa da legislação processual penal. Aparentemente, há uma profunda divergência entre o juiz de primeiro grau e o relator da Operação Lava Jato em segundo grau, uma vez que a aplicação ortodoxa não seria compatível com a necessidade de um entendimento singular especificamente voltado para a Operação Lava Jato.

Uma segunda inferência também parece ser possível, porém sua confirmação demandaria um estudo mais aprofundado dos acórdãos que mantiveram as prisões preventivas, o que não constitui o objeto desta pesquisa. A apontada flexibilização dos requisitos poderia justificar um índice não tão alto de reformas das decisões de primeiro grau pelo TRF-4 e uma posterior atuação mais incisiva do Supremo Tribunal Federal. Todavia, os acórdãos concessivos não tratam concretamente de como seria essa flexibilização, quais fundamentos seriam abarcados e de qual forma isso incidiria nos casos em si.

---

709 BRASIL. Tribunal Regional Federal da 4ª Região. (8ª Turma). **Habeas Corpus.** 5045444-60.2016.4.04.0000. Relator: Desembargador Federal João Pedro Gebran Neto. Porto Alegre, 14 de dezembro de 2016.

De todo modo, a necessidade de apresentar justificativa sobre esse aspecto até mesmo nos votos concessivos não deve ser desprezada. A explicação sobre como deveria ser a inteligência dessa nova interpretação dos requisitos demonstra uma visão bem peculiar sobre as medidas cautelares pessoais, uma vez que as orientações apresentadas não indicam qualquer relação de cautelaridade e ultrapassam até mesmo o questionável fundamento de evitar reiteração delitiva, admitido amplamente pelos tribunais e por parte da doutrina que vê a necessidade de restrição do conceito de ordem pública. Menções abstratas à segurança jurídica ou à ordem, sem qualquer especificação, não servem como balizas para as medidas cautelares pessoais, pois são expressões que, da forma como colocadas, não indicam concretamente nenhuma proximidade com as finalidades do instituto. A bem da verdade, a segurança jurídica vai exatamente na contramão da argumentação sobre a criação de requisitos próprios para a Operação Lava Jato, desconsiderando aqueles que poderiam ser aplicados a qualquer processo. A indicação dos "nefastos efeitos, pretéritos, presentes e futuros, que condutas como as investigadas encerram"[710] mostra o desapego com as funções de uma medida cautelar pessoal. Embora seja questionável do ponto de vista teórico, a probabilidade de reiteração delitiva é amplamente acolhida pelos tribunais e a prisão preventiva passa a ser justificada como meio de evitar novas infrações penais. O desembargador relator, contudo, superou essa linha de raciocínio e passou a tratar de possíveis efeitos das condutas investigadas, em clara demonstração de que a prisão preventiva é vista, na verdade, como uma antecipação de responsabilização. Não há como falar em efeitos pretéritos, presentes e futuros das condutas que estão em apuração e principalmente em um momento processual cujo âmbito de cognição é consideravelmente reduzido.

Toda essa argumentação ganhou mais sentido ao se constatar que o desembargador claramente adotou posição no sentido de

710 BRASIL. Tribunal Regional Federal da 4ª Região. (8ª Turma). **Habeas Corpus.** 5045444-60.2016.4.04.0000. Relator: Desembargador Federal João Pedro Gebran Neto. Porto Alegre, 14 de dezembro de 2016.

que a função básica do Direito Penal é a defesa social e isso justificaria o tratamento excepcional nos casos envolvendo a Operação Lava Jato. É dizer, a necessidade de proteger a sociedade contra os "novos" crimes descobertos pelas investigações autorizaria o indicado tratamento excepcional, com flexibilização dos institutos jurídicos, principalmente a prisão preventiva. Essa construção apresenta evidente relação com a ideologia da defesa social defendida pela escola positivista, cujo traço marcante é "a proteção da sociedade contra os criminosos mediante a repressão eficaz dos indivíduos perigosos"[711] e, consequentemente, a justificação do aumento do poder punitivo estatal, para viabilizar essas medidas.

Assumir esse posicionamento é negar a adoção da teoria do garantismo penal, notadamente sua dúplice fundamentação sobre as finalidades do direito penal, como explicado no início desta pesquisa, oportunidade em que foi exposta, segundo a construção do professor italiano, a necessidade de evidenciar aquela relacionada à prevenção das penas arbitrárias e das garantias dos imputados. Ferrajoli destaca que "a finalidade do direito penal não pode se reduzir à mera defesa social dos interesses constituídos contra a ameaça representada pelos crimes"[712]. As funções preventivas, a defesa social diante dos delitos e os direitos individuais ante o sistema punitivo, estão interligados em um plano axiológico para a mesma finalidade, a saber, a defesa social e a garantia dos direitos fundamentais de todos, envolvendo os possíveis atingidos pelos delitos e os acusados ou condenados[713]. Indica o professor italiano que, ao contrário do que é normalmente pensado, inexiste oposição entre essas funções:

711 SANTOS, Bartira Macedo de Miranda. **As ideias de defesa social no sistema penal brasileiro:** entre o garantismo e a repressão (de 1890 a 1940). 2010. 166 f. Tese (Doutorado em História da Ciência) - Pontifícia Universidade Católica de São Paulo, São Paulo, 2010, p. 57.

712 FERRAJOLI, Luigi. **Principia iuris:** teoría del derecho y de la democracia. 2. Teoría de la democracia. ProQuest Ebook Central: Editorial Trotta, S.A., 2013, p. 57. Disponível em: http://ebookcentral.proquest.com/lib/univbrasilia-ebooks/detail.action?docID=3209069. Created from univbrasilia-ebooks on 2021-10-16 21:51:35. Tradução nossa. *E-book.* No original: "el fin del derecho penal no puede reducir-se a la mera defensa social de los interesses constituídos contra la amenaza representada por los delitos.".

713 FERRAJOLI, Luigi. **Principia iuris:** teoría del derecho y de la democracia. 2. Teoría de la democracia. *ProQuest Ebook Central:* Editorial Trotta, S.A., 2013, p. 349. Disponível em: http://ebookcentral.proquest.com/lib/univbrasilia-ebooks/detail.action?docID=3209069. Created from univbrasilia-ebooks on 2021-10-16 21:51:35. *E-book.*

> Tanto as funções de defesa social através da prevenção de crime como a garantia individual mediante a prevenção de penas arbitrárias e excessivas servem para garantir a mesma segurança que os direitos fundamentais, dos prejudicados, que são as vítimas dos delitos, e dos imputados, que, por sua vez, podem ser vítimas da arbitragem punitiva.[714]

É nesse contexto que Ferrajoli indica que o paradigma de direito penal mínimo, chamado de um utilitarismo mediado, possui como papel a lei dos mais fracos, em alternativa à lei dos mais fortes, rechaçando, portanto, a hipótese de defesa social genericamente, centrando-se "na defesa do mais fraco, que na hora do crime é a parte ofendida, na hora do processo é o imputado e na hora da execução criminal é o condenado"[715].

Salo de Carvalho conclui, então, que a proposta do jusfilósofo italiano está em clara oposição às teses da ideologia da defesa social, na qual os interesses da sociedade serão resguardados pelo sistema penal, sacrificando o infrator em benefício do bem comum[716].

Formam o segundo grupo os *habeas corpus* números 5035227-55.2016.4.04.0000, 5035362-67.2016.4.04.0000 e 5059991-71.2017.4.04.0000. A fundamentação central nesses casos é a inexistência de fatos novos aptos a ensejar a decretação da prisão preventiva ou inovar na limitação de liberdade.

No primeiro processo, o desembargador João Pedro Gebran iniciou seu voto com considerações teóricas gerais sobre a prisão preventiva, pontuando sua excepcionalidade, os requisitos e pressupostos, bem como ser um juízo de cognição sumária. Posteriormente, reconheceu que os delitos imputados ao paciente "estão no mesmo contexto de outros tantos praticados por agentes públicos, agentes políticos e dirigentes de grandes empreiteiras já identifica-

714 Tanto las funciones de defensa social a través de la prevención de los delitos como las de garantía individual mediante la prevención de las penas arbitrarias y excesivas sirven para garantizar lo mismo la seguridad que los derechos fundamentales, de los perjudicados, que son víctimas de los delitos, y de los imputados, que, a su vez, pueden ser víctimas del arbitrio punitivo. FERRAJOLI, Luigi. **Principia iuris:** teoría del derecho y de la democracia. 2. Teoría de la democracia. ProQuest Ebook Central: Editorial Trotta, S.A., 2013, p. 349, tradução nossa. Disponível em: Disponível em: http://ebookcentral.proquest.com/lib/univbrasilia-ebooks/detail.action?docID=3209069. Created from univbrasilia-ebooks on 2021-10-16 21:51:35. *E-book.*

715 Ferrajoli, Luigi. **Democracia y garantismo**. ProQuest Ebook Central: Editorial Trotta, S.A., 2008, p. 194. Disponível em: http://ebookcentral.proquest.com/lib/univbrasilia-ebooks/detail.action?docID=3209463. Created from univbrasilia-ebooks on 2021-10-16 22:04:53. *E-book.*

716 CARVALHO, Salo de. **Pena e garantias.** 3. ed. Rio de Janeiro: Editora Lumen Juris, 2008, p. 96.

das no curso da 'Operação Lava Jato'"[717] e que estão presentes os pressupostos para decretação da prisão preventiva.

Ao tratar da necessidade da custódia preventiva, o desembargador relator realçou a posição de subordinação do paciente na construtora Queiroz Galvão, a inexistência de indício de sua possível participação nos fatos praticados em 2009, bem como a impossibilidade de utilização em desfavor do paciente o fato de outro diretor da mesma empresa "encontrar-se refugiado no exterior, ainda que em certa medida isso possa gerar um cenário de movimentação ou eliminação de provas pelo grupo, diante da circunstância de não ter sido rastreada toda a movimentação bancária da empresa no pagamento de propinas"[718]. Agregou à essa fundamentação a circunstância de "anteriormente terem sido fixadas medidas alternativas à prisão na decisão proferida no Pedido de Busca e Apreensão Criminal nº 5073475-13.2014.4.04.7000/PR e que, segundo a defesa, se mostraram seguras como forma de garantia à ordem pública e para preservação da instrução processual"[719].

Dessa forma, concedeu a ordem para manter as cautelares anteriormente fixadas pelo juízo de primeiro grau. Contudo, ficou vencido apenas nesse ponto do dispositivo, pois os desembargadores Victor Laus e Leandro Paulsen, embora tenham corroborado a fundamentação do voto do relator, entenderam por bem adicionar a monitoração eletrônica como nova medida cautelar a ser cumprida pelo paciente.

Vale mencionar que os dois desembargadores vencedores na determinação da imposição do monitoramento eletrônico reconheceram expressamente que não há fato novo ensejador da prisão preventiva, porém entenderam, de forma contraditória, que robustecimento do arcabouço probatório sobre a materialidade do delito e autoria por parte do paciente deveria ensejar agravamento das medidas alternativas, notadamente para assegurar a

717 BRASIL. Tribunal Regional Federal da 4ª Região. (8ª Turma). **Habeas Corpus.** 5035227-55.2016.4.04.0000. Relator: Desembargador Federal João Pedro Gebran Neto. Porto Alegre, 28 de setembro de 2016.

718 BRASIL. Tribunal Regional Federal da 4ª Região. (8ª Turma). **Habeas Corpus.** 5035227-55.2016.4.04.0000. Relator: Desembargador Federal João Pedro Gebran Neto. Porto Alegre, 28 de setembro de 2016.

719 BRASIL. Tribunal Regional Federal da 4ª Região. (8ª Turma). **Habeas Corpus.** 5035227-55.2016.4.04.0000. Relator: Desembargador Federal João Pedro Gebran Neto. Porto Alegre, 28 de setembro de 2016.

aplicação da lei penal, pois esse novo panorama das provas em seu desfavor poderia provocar a fuga.

No processo nº 5035362-67.2016.4.04.0000, cujo paciente era presidente da Queiroz Galvão à época dos fatos, o voto condutor da corrente vencedora foi do desembargador Leandro Paulsen, que, em manifestação sucinta, pontuou que o paciente teve cautelares pessoais fixadas em 2014 e, desde então, "não sobreveio elemento no sentido de que tenha havido uma quebra na confiança depositada pelo juízo nestes pacientes que indicasse por razões atuais a necessidade efetiva de se retomar, digamos assim, medidas mais severas e restritivas da liberdade em relação a ambos os pacientes"[720]. Conforme consta do acórdão por ele elaborado, "o incremento das provas de autoria e materialidade obtidas ao longo da instrução não justifica, por si só, a decretação da prisão preventiva. Reforçam seus requisitos, mas não tocam seus fundamentos"[721].

Ao conceder a ordem, porém, o desembargador determinou o reforço das cautelares anteriormente fixadas, com o acréscimo de monitoramento eletrônico e de fiança, justificada em razão de sua posição na empresa.

O último caso é *habeas corpus* nº 5059991-71.2017.4.04.0000. A liminar foi deferida pelo desembargador João Pedro Gebran e sua fundamentação foi inteiramente colacionada no voto condutor do julgamento de mérito, com a adição de alguns outros trechos. Para além dos tópicos já amplamente mencionados neste trabalho sobre o cabimento da prisão preventiva, o contexto fático da Operação Lava Jato e a constatação de indícios de autoria e prova da materialidade, o voto, ao reproduzir a decisão liminar, atesta que o paciente permaneceu em liberdade durante a instrução criminal e

> não surgiram fatos capazes de indicar que sua liberdade represente efetiva ameaça à aplicação da lei penal ou à instrução processual. Ao contrário, todos os fatos apontados como fundamentos na sentença já

---

720 BRASIL. Tribunal Regional Federal da 4ª Região. (8ª Turma). **Habeas Corpus.** 5035362-67.2016.4.04.0000. Relator: Desembargador Federal João Pedro Gebran Neto. Porto Alegre, 28 de setembro de 2016.

721 BRASIL. Tribunal Regional Federal da 4ª Região. (8ª Turma). **Habeas Corpus.** 5035362-67.2016.4.04.0000. Relator: Desembargador Federal João Pedro Gebran Neto. Porto Alegre, 28 de setembro de 2016.

existiam desde o início do processo, e a condenação do acusado, embora reforce a prova de materialidade e autoria, não pressupõe, por si só, os riscos sugeridos na sentença.[722]

O desembargador ressaltou que as alegações sobre a existência de ativos em contas ainda não localizadas e a eventual possibilidade de fuga, considerando a existência de numerário no exterior, não poderiam ser utilizadas para decretação da prisão preventiva, porque "não há fatos concretos a demonstrar o apontado risco"[723]. Ao tratar das provas indicadas pelo juízo de primeiro grau em suas informações, o voto destacou que elas "não são novas, e, apesar disso, deixaram de ser consideradas pelo juízo e pelo Ministério Público Federal para eventual prisão preventiva"[724] em momento anterior.

Ao final, transcreveu trecho do parecer do Ministério Público Federal favorável ao pedido da defesa do paciente e concluiu que, "tratando-se de réu que respondeu o processo em liberdade, sem que existam fatos concretos indicando a necessidade da prisão preventiva decretada na sentença, mantenho, na íntegra, a decisão que deferiu o pedido liminar"[725].

Os acórdãos desse grupo fizeram importante filtro para indicar que a mera obtenção ou o reforço de provas de autoria ou de materialidade do delito não seriam suficientes para decretação da prisão preventiva, principalmente quando o investigado já está respondendo ao processo em liberdade. Contudo, causou estranhamento que, nesse mesmo contexto, entenderam por robustecer as medidas cautelares diversas da prisão impostas ao investigado, como se elas também não exigissem fato novo apto a alterar o juízo do *periculum libertatis*. Viu-se também a impossibilidade de utilização de condutas de terceiros integrantes de uma mesma empresa para justificar a prisão do investigado.

722 BRASIL. Tribunal Regional Federal da 4ª Região. (8ª Turma). **Habeas Corpus.** 5035362-67.2016.4.04.0000. Relator: Desembargador Federal João Pedro Gebran Neto. Porto Alegre, 28 de setembro de 2016.
723 BRASIL. Tribunal Regional Federal da 4ª Região. (8ª Turma). **Habeas Corpus.** 5059991-71.2017.4.04.0000. Relator: Desembargador Federal João Pedro Gebran Neto. Porto Alegre, 28 de novembro de 2017.
724 BRASIL. Tribunal Regional Federal da 4ª Região. (8ª Turma). **Habeas Corpus.** 5059991-71.2017.4.04.0000. Relator: Desembargador Federal João Pedro Gebran Neto. Porto Alegre, 28 de novembro de 2017.
725 BRASIL. Tribunal Regional Federal da 4ª Região. (8ª Turma). **Habeas Corpus.** 5059991-71.2017.4.04.0000. Relator: Desembargador Federal João Pedro Gebran Neto. Porto Alegre, 28 de novembro de 2017.

O terceiro grupo é integrado pelos *habeas corpus* nº 5040970-07.2020.4.04.0000 e nº 5051272-32.2019.4.04.0000. O principal argumento dessas concessões é o período de tempo que paciente permaneceu preso preventivamente e a consequente alteração fático-jurídica decorrente desse transcurso.

No primeiro caso, o desembargador João Pedro Gebran fez um breve histórico da prisão preventiva do paciente e as anteriores denegações de *habeas corpus* naquele mesmo órgão colegiado. Realçou o julgamento da apelação criminal em que a pena do paciente foi majorada e dos embargos infringentes e de nulidade opostos pela defesa, quando foi determinada a execução provisória da pena. Com a superveniência do julgamento de mérito das ações declaratórias de constitucionalidade 43, 44 e 54 pelo Supremo Tribunal Federal, o qual obstou a possibilidade de execução provisória da pena após o esgotamento dos recursos ordinários, apontou que a prisão do paciente foi mantida a título cautelar (prisão preventiva) pelo juiz de primeiro grau, ao argumento de que "fundamentos para a manutenção da prisão preventiva de José Antônio de Jesus apresentados na sentença, acima transcritos, permanecem hígidos e atuais"[726]. Com o início da pandemia de COVID-19, o juízo de primeiro chegou a conceder o regime domiciliar, porque o paciente está inserido no grupo de risco, conforme a Recomendação do Conselho Nacional de Justiça nº 62/2020.

Contudo, em sua visão, houve sensível alteração do quadro fático após a manutenção da segregação por quase 3 (três) anos. Segundo o voto, inexistem "elementos que permitam apontar para a necessidade de proteção à ordem pública e à instrução criminal. Vale recordar que o paciente já foi julgado e condenado, não se mostrando adequada ao caso a proteção de processos já concluídos"[727]. De igual forma, muito embora haja indicação por parte do Ministério Público da existência de contas no exterior ainda não localizadas,

---

726 BRASIL. Tribunal Regional Federal da 4ª Região. (8ª Turma). **Habeas Corpus.** 5040970-07.2020.4.04.0000. Relator: Desembargador Federal João Pedro Gebran Neto. Porto Alegre, 25 de novembro de 2020.

727 BRASIL. Tribunal Regional Federal da 4ª Região. (8ª Turma). **Habeas Corpus.** 5040970-07.2020.4.04.0000. Relator: Desembargador Federal João Pedro Gebran Neto. Porto Alegre, 25 de novembro de 2020.

"não há elementos nos autos que corroborem tal conclusão"[728]. No ponto de vista do desembargador relator, essa alegação seria compatível com os "estágios iniciais da investigação ou da persecução penal"[729], de sorte que, nesse julgamento, "há que se conferir certa deferência ao argumento defensivo no sentido da impossibilidade de realizar prova negativa a respeito de tais ativos, supostamente existentes no exterior"[730]. Além disso, apontou que os valores bloqueados e os imóveis constritos e já avaliados minimizariam o risco à aplicação da lei penal. Assim, "[d]ada a situação fática e jurídica do paciente, tenho como pertinente a adoção de medidas outras, também compatíveis e tendentes a acautelar a aplicação da lei penal"[731].

No segundo processo, a corrente vencedora foi inaugurada pelo voto do desembargador Leandro Paulsen, que iniciou sua manifestação com referência à alteração promovida pela Lei nº 13.964/19 no artigo 315 do Código de Processo Penal, cuja redação passou a exigir que "o juiz, para fins de manutenção da prisão preventiva, indique concretamente a existência de fatos novos ou contemporâneos que justifiquem a aplicação da medida adotada"[732].

Sobre os fundamentos utilizados para manutenção da custódia cautelar, o mencionado desembargador, divergindo do relator, entendeu que "o argumento envolvendo o montante da pena já imposta ao acusado se presta para demonstrar a existência de provas já consolidadas no sentido da autoria e materialidade. Todavia, tal constatação não robustece os pressupostos atinentes à cautelaridade da prisão preventiva imposta"[733].

---

728 BRASIL. Tribunal Regional Federal da 4ª Região. (8ª Turma). **Habeas Corpus.** 5040970-07.2020.4.04.0000. Relator: Desembargador Federal João Pedro Gebran Neto. Porto Alegre, 25 de novembro de 2020.

729 BRASIL. Tribunal Regional Federal da 4ª Região. (8ª Turma). **Habeas Corpus.** 5040970-07.2020.4.04.0000. Relator: Desembargador Federal João Pedro Gebran Neto. Porto Alegre, 25 de novembro de 2020.

730 BRASIL. Tribunal Regional Federal da 4ª Região. (8ª Turma). **Habeas Corpus.** 5040970-07.2020.4.04.0000. Relator: Desembargador Federal João Pedro Gebran Neto. Porto Alegre, 25 de novembro de 2020.

731 BRASIL. Tribunal Regional Federal da 4ª Região. (8ª Turma). **Habeas Corpus.** 5040970-07.2020.4.04.0000. Relator: Desembargador Federal João Pedro Gebran Neto. Porto Alegre, 25 de novembro de 2020.

732 BRASIL. Tribunal Regional Federal da 4ª Região. (8ª Turma). **Habeas Corpus.** 5051272-32.2019.4.04.0000. Relator: Desembargador Federal João Pedro Gebran Neto. Relator do Acórdão: Desembargador Federal Leandro Paulsen. Porto Alegre, 11 de março de 2020.

733 BRASIL. Tribunal Regional Federal da 4ª Região. (8ª Turma). **Habeas Corpus.** 5051272-32.2019.4.04.0000. Relator: Desembargador Federal João Pedro Gebran Neto. Relator do Acórdão: Desembargador Federal Leandro Paulsen. Porto Alegre, 11 de março de 2020.

Em segundo lugar, apresentou que, embora a celebração de acordo de colaboração esteja inserida "na esfera de disponibilidade das autoridades responsáveis pela investigação criminal"[734], isso "não afasta a necessidade de que o Poder Judiciário, à luz das informações trazidas pelo réu, bem como da postura adotada frente ao processo criminal, realize o devido juízo acerca da necessidade de manutenção da gravosa medida cautelar consistente no encarceramento do indivíduo"[735].

Reconheceu que o terceiro argumento utilizado para manutenção da custódia é o fato de que "Pedro Barusco, ex-gerente da PETROBRAS e hierarquicamente subordinado a RENATO DE SOUZA DUQUE, restituiu aos cofres públicos quantias muito superiores àquelas apreendidas na posse do paciente"[736], o que poderia sugerir que "ainda existiriam valores ocultos em nome do ora paciente"[737]. Contudo, destacou que o próprio Pedro Barusco prestou diversos depoimentos afirmando que a ele incumbia a guarda de valores pertencentes aos dois, ou seja, ele atuava "como uma espécie de 'gestor de negócios' de Renato de Souza Duque, razão pela qual parcela significativa destes recursos também diziam respeito ao ora paciente"[738]. Arrematou que "a premissa de que o superior hierárquico deveria manter escondidas quantias maiores do que o subordinado restou, portanto, superada"[739].

O último argumento utilizado era a movimentação de duas contas no exterior já no curso da Operação Lava Jato, em 2014, as

734 BRASIL. Tribunal Regional Federal da 4ª Região. (8ª Turma). **Habeas Corpus.** 5051272-32.2019.4.04.0000. Relator: Desembargador Federal João Pedro Gebran Neto. Relator do Acórdão: Desembargador Federal Leandro Paulsen. Porto Alegre, 11 de março de 2020.

735 BRASIL. Tribunal Regional Federal da 4ª Região. (8ª Turma). **Habeas Corpus.** 5051272-32.2019.4.04.0000. Relator: Desembargador Federal João Pedro Gebran Neto. Relator do Acórdão: Desembargador Federal Leandro Paulsen. Porto Alegre, 11 de março de 2020

736 BRASIL. Tribunal Regional Federal da 4ª Região. (8ª Turma). **Habeas Corpus.** 5051272-32.2019.4.04.0000. Relator: Desembargador Federal João Pedro Gebran Neto. Relator do Acórdão: Desembargador Federal Leandro Paulsen. Porto Alegre, 11 de março de 2020.

737 BRASIL. Tribunal Regional Federal da 4ª Região. (8ª Turma). **Habeas Corpus.** 5051272-32.2019.4.04.0000. Relator: Desembargador Federal João Pedro Gebran Neto. Relator do Acórdão: Desembargador Federal Leandro Paulsen. Porto Alegre, 11 de março de 2020.

738 BRASIL. Tribunal Regional Federal da 4ª Região. (8ª Turma). **Habeas Corpus.** 5051272-32.2019.4.04.0000. Relator: Desembargador Federal João Pedro Gebran Neto. Relator do Acórdão: Desembargador Federal Leandro Paulsen. Porto Alegre, 11 de março de 2020.

739 BRASIL. Tribunal Regional Federal da 4ª Região. (8ª Turma). **Habeas Corpus.** 5051272-32.2019.4.04.0000. Relator: Desembargador Federal João Pedro Gebran Neto. Relator do Acórdão: Desembargador Federal Leandro Paulsen. Porto Alegre, 11 de março de 2020.

quais teriam recebidos valores ilícitos. O paciente era beneficiário e controlador de ambas. Porém, na visão do desembargador, tendo transcorrido mais de cinco anos desde esse fato, "a atualidade do fundamento reclamada pelo art. 315, do CPP, não resta mais presente no caso concreto"[740]. Agregou que o argumento de que o paciente "poderia ter contas ocultas no exterior"[741], no atual estágio dos processos, "implica indevida inversão do ônus da prova"[742]. Ele poderia ser utilizado "quando a coleta de dados ainda estava em etapa inicial"[743], pois seria preciso "acautelar o sucesso da apuração ainda incipiente"[744]. No presente caso, prosseguiu o desembargador, as "movimentações financeiras foram integralmente escrutinadas pelas autoridades estatais ao longo dos últimos 06 anos. Se houvesse indícios de que RENATO DE SOUZA DUQUE permanece mantendo valores ocultos no exterior, caberia ao Ministério Público Federal ou à Polícia Federal apontar quais seriam os indícios que amparam tal afirmação"[745], o que não aconteceu.

Registrou que o paciente, "há aproximadamente 01 ano, decidiu colaborar com as autoridades e passou a relatar tudo o que era de seu conhecimento acerca dos esquemas criminosos que se formaram no âmbito da PETROBRAS"[746], para além de, em audiência, ter renunciado a qualquer tipo de direito "sobre as contas secretas que mantinha no exterior com produto de crime, bem como sobre as contas específi-

740 BRASIL. Tribunal Regional Federal da 4ª Região. (8ª Turma). **Habeas Corpus.** 5051272-32.2019.4.04.0000. Relator: Desembargador Federal João Pedro Gebran Neto. Relator do Acórdão: Desembargador Federal Leandro Paulsen. Porto Alegre, 11 de março de 2020.

741 BRASIL. Tribunal Regional Federal da 4ª Região. (8ª Turma). **Habeas Corpus.** 5051272-32.2019.4.04.0000. Relator: Desembargador Federal João Pedro Gebran Neto. Relator do Acórdão: Desembargador Federal Leandro Paulsen. Porto Alegre, 11 de março de 2020.

742 BRASIL. Tribunal Regional Federal da 4ª Região. (8ª Turma). **Habeas Corpus.** 5051272-32.2019.4.04.0000. Relator: Desembargador Federal João Pedro Gebran Neto. Relator do Acórdão: Desembargador Federal Leandro Paulsen. Porto Alegre, 11 de março de 2020.

743 BRASIL. Tribunal Regional Federal da 4ª Região. (8ª Turma). **Habeas Corpus.** 5051272-32.2019.4.04.0000. Relator: Desembargador Federal João Pedro Gebran Neto. Relator do Acórdão: Desembargador Federal Leandro Paulsen. Porto Alegre, 11 de março de 2020.

744 BRASIL. Tribunal Regional Federal da 4ª Região. (8ª Turma). **Habeas Corpus.** 5051272-32.2019.4.04.0000. Relator: Desembargador Federal João Pedro Gebran Neto. Relator do Acórdão: Desembargador Federal Leandro Paulsen. Porto Alegre, 11 de março de 2020.

745 BRASIL. Tribunal Regional Federal da 4ª Região. (8ª Turma). **Habeas Corpus.** 5051272-32.2019.4.04.0000. Relator: Desembargador Federal João Pedro Gebran Neto. Relator do Acórdão: Desembargador Federal Leandro Paulsen. Porto Alegre, 11 de março de 2020.

746 BRASIL. Tribunal Regional Federal da 4ª Região. (8ª Turma). **Habeas Corpus.** 5051272-32.2019.4.04.0000. Relator: Desembargador Federal João Pedro Gebran Neto. Relator do Acórdão: Desembargador Federal Leandro Paulsen. Porto Alegre, 11 de março de 2020.

cas em nome das *offshores* Milzart Overseas e Pamore Assets, no banco Julius Baes, no Principado de Mônaco e nas contas Sátiras Stiftung e Drenos Corporation, no Banco Crames, localizado na Suíça"[747].

Acrescentou que os "líderes da empreitada criminosa que vitimou a PETROBRAS estão, sem exceção, afastados da companhia e, assim, não possuem qualquer condição de rearticular o esquema criminoso"[748], de sorte que o paciente "não possui qualquer poder de ingerência sobre a estatal"[749].

Ao final, assim sintetizou seu raciocínio para concessão parcial da ordem:

> Considero, portanto, que o réu passou a colaborar de modo significativo com as autoridades e que o decurso do prazo de quase cinco anos desde a sua prisão foi, aos poucos, tornando menos intensos os fundamentos para a manutenção dessa cautelar, de modo que, atualmente, já não restam mais presentes fundamentos para a prisão preventiva do paciente, seja no que diz respeito ao risco para a ordem pública (o esquema de corrupção na Petrobras, na forma e com as pessoas que o mantinham, foi debelado e não há elemento concreto no sentido de que haja outras contas do réu no exterior ainda possam se prestar a atos de lavagem ou ao aproveitamento de produto dos crimes), para a instrução criminal (dezenas de ações já foram instruídas e julgadas, estando, atualmente, em grau de recurso especial ou extraordinário) ou para a aplicação da lei penal (a notoriedade do réu e seu monitoramento eletrônico deverão ser suficientes para mantê-lo sob o controle das autoridades).[750]

Antes, porém, de determinar a substituição da prisão preventiva do paciente por medidas cautelares diversas da prisão, o desembargador teceu comentários sobre a impossibilidade de execução provisória da pena e a liberdade do paciente:

---

747 BRASIL. Tribunal Regional Federal da 4ª Região. (8ª Turma). **Habeas Corpus.** 5051272-32.2019.4.04.0000. Relator: Desembargador Federal João Pedro Gebran Neto. Relator do Acórdão: Desembargador Federal Leandro Paulsen. Porto Alegre, 11 de março de 2020.

748 BRASIL. Tribunal Regional Federal da 4ª Região. (8ª Turma). **Habeas Corpus.** 5051272-32.2019.4.04.0000. Relator: Desembargador Federal João Pedro Gebran Neto. Relator do Acórdão: Desembargador Federal Leandro Paulsen. Porto Alegre, 11 de março de 2020.

749 BRASIL. Tribunal Regional Federal da 4ª Região. (8ª Turma). **Habeas Corpus.** 5051272-32.2019.4.04.0000. Relator: Desembargador Federal João Pedro Gebran Neto. Relator do Acórdão: Desembargador Federal Leandro Paulsen. Porto Alegre, 11 de março de 2020.

750 BRASIL. Tribunal Regional Federal da 4ª Região. (8ª Turma). **Habeas Corpus.** 5051272-32.2019.4.04.0000. Relator: Desembargador Federal João Pedro Gebran Neto. Relator do Acórdão: Desembargador Federal Leandro Paulsen. Porto Alegre, 11 de março de 2020.

> Seria o caso, isso sim, de se prosseguir ou inicial o cumprimento das penas a que já restou o réu condenado, confirmadas em segunda instância. Mas o Supremo Tribunal Federal o impede, entendendo que se tem de esperar o julgamento de todos os recursos, ainda que sejam excepcionais e que não admitam o revolvimento do material probatório. Com esse entendimento, aquela Corte dá ensejo à soltura do paciente, na medida em que razões cautelares já não persistem.[751]

Esses acórdãos refletiram o entendimento de que os fundamentos da prisão preventiva devem estar presentes não só quando da decretação, como também ao longo do tempo, sob pena de revogação ou substituição da custódia. Porém, merecem destaques os longos períodos que as prisões preventivas perduraram nos dois casos integrantes desse grupo, aspecto esse bastante criticado por Ferrajoli e até mesmo incompatível com uma alegada natureza instrumental da medida. Foi igualmente importante a distinção feita com relação às supostas contas não localizadas e o estágio da investigação, principalmente por ser recorrente a utilização desse argumento para justificar a manutenção da prisão preventiva. Mesmo após vários anos de investigação, o juiz de primeiro grau manteve alegação de possíveis contas ocultas ainda não localizadas, o que evidentemente faria com que a defesa tivesse que produzir uma impossível prova negativa. Com relação à aplicação da lei penal, ficou clara a percepção de que o tribunal também alberga a compreensão ampliada do fundamento, superando a ideia de perigo de fuga.

No segundo caso, o desembargador Leandro Paulsen fez ressalva para explicar que o montante de pena imposto ao acusado em uma sentença condenatória não poderia ensejar o reconhecimento dos pressupostos de cautelaridade da prisão preventiva e aduziu expressamente a ausência de contemporaneidade dos fatos ensejadores. Contudo, para reforçar sua fundamentação, fez menção ao comportamento cooperativo do investigado, que havia decidido colaborar com as autoridades, como circunstância mitigadora do perigo da liberdade, afrontando diretamente posicionamento já consolidado do STF.

---

751 BRASIL. Tribunal Regional Federal da 4ª Região. (8ª Turma). **Habeas Corpus.** 5051272-32.2019.4.04.0000. Relator: Desembargador Federal João Pedro Gebran Neto. Relator do Acórdão: Desembargador Federal Leandro Paulsen. Porto Alegre, 11 de março de 2020.

O quarto grupo é composto pelos *habeas corpus* nº 5006708-07.2015.404.0000 e nº 5006206-68.2015.404.0000, cujos objetivos foram revogar, respetivamente, a segunda prisão preventiva de João Ricardo Auler e de Ricardo Ribeiro Pessoa. O argumento central para a concessão da ordem foi a inexistência de fatos novos aptos a justificar um novo decreto prisional.

Embora tenham sido julgamentos distintos, trato de ambos os processos conjuntamente, pois o ato coator foi o mesmo e a fundamentação utilizada pelo TRF-4 foi semelhante. Em um primeiro momento de seu voto, o desembargador João Pedro Gebran Neto, relator do caso e responsável pela redação do acórdão, fez um breve esclarecimento sobre a natureza excepcional da prisão preventiva e os requisitos para sua decretação. Logo após, transcreveu a íntegra da decisão de decretação, destacando que ela estava dividida em dois blocos: no primeiro, o juiz indeferiu o pedido de revogação da prisão preventiva formulado por diversos investigados e, no segundo, decretou, de ofício, nova prisão preventiva contra essas mesmas partes.

Com o esclarecimento de que o *habeas corpus* impugnava o novo decreto prisional, apontou o relator que não havia óbice à decretação da prisão preventiva de ofício pelo juiz, "a quem cumpre zelar pela legalidade da ação penal e, nessa linha, a quem incumbe decretar medidas cautelares, dentre elas a prisão, sempre que presentes os requisitos exigidos pela lei"[752]. No mesmo sentido, "embora não prime pela técnica, não há óbice legal quanto a prisão ser decretada pelo magistrado no pedido de liberdade provisória, como se deu na espécie"[753].

Superados esses pontos, o desembargador relator passou a analisar o mérito do decreto prisional. Em primeiro lugar, destacou que, diferentemente da decisão impugnada, não vislumbrou fatos novos, mas "apenas detalhamento e reforço quanto a provas de fatos que já existiam quando do primeiro de decreto de prisão, e que nele foram

752 BRASIL. Tribunal Regional Federal da 4ª Região. (8ª Turma). **Habeas Corpus.** 5006708-07.2015.404.0000. Relator: Desembargador Federal João Pedro Gebran Neto. Porto Alegre, 08 de abril de 2015.
753 BRASIL. Tribunal Regional Federal da 4ª Região. (8ª Turma). **Habeas Corpus.** 5006708-07.2015.404.0000. Relator: Desembargador Federal João Pedro Gebran Neto. Porto Alegre, 08 de abril de 2015.

ponderados"[754]. Em segundo lugar, acerca do argumento relacionado ao "fato dos advogados dos acusados e das empreiteiras terem tentado obter influência política em favor de seus clientes, sendo necessária a decretação da medida como forma de garantia à aplicação da lei penal"[755], explicitou o relator que a mera realização de reunião entre os referidos advogados e o Ministro da Justiça não seria suficiente para justificar a imposição da medida cautelar. Ao afastar essa fundamentação, ele ressaltou que, embora possa parecer "moralmente questionável a tática"[756] da reunião, "não há ilegalidade quanto a isso. Do encontro, não há narrativa de nenhuma interferência efetiva no processo, de modo a colocar em risco as investigações"[757], bem como "é inviável supor que há claro risco à autonomia e independência constitucional dos órgãos jurisdicionais"[758].

Dessa forma, foi afastada a segunda prisão preventiva dos investigados, tendo o relator consignado que estava mantido o decreto prisional anterior.

Nesses processos, o momento da decretação da segunda prisão dos investigados foi fator de estranhamento, pois o juiz determinou de ofício e a partir de um pedido de revogação formulado pelos investigados. O desembargador relator reconheceu que não haveria óbice a esse proceder de ofício do juiz, o que posteriormente foi inviabilizado pelas alterações no CPP promovidas pela lei chamada de anticrime (Lei nº 13.964/2019).

Sobre a fundamentação do encontro dos advogados dos investigados e o então ministro da Justiça, o desembargador demonstrou o desacerto do juiz de primeiro grau ao tentar vincular esse episódio à necessidade de prisão preventiva dos pacientes, embora também tenha criticado a estratégia defensiva do ponto de vista moral.

---

754 BRASIL. Tribunal Regional Federal da 4ª Região. (8ª Turma). **Habeas Corpus.** 5006708-07.2015.404.0000. Relator: Desembargador Federal João Pedro Gebran Neto. Porto Alegre, 08 de abril de 2015.

755 BRASIL. Tribunal Regional Federal da 4ª Região. (8ª Turma). **Habeas Corpus.** 5006708-07.2015.404.0000. Relator: Desembargador Federal João Pedro Gebran Neto. Porto Alegre, 08 de abril de 2015.

756 BRASIL. Tribunal Regional Federal da 4ª Região. (8ª Turma). **Habeas Corpus.** 5006708-07.2015.404.0000. Relator: Desembargador Federal João Pedro Gebran Neto. Porto Alegre, 08 de abril de 2015.

757 BRASIL. Tribunal Regional Federal da 4ª Região. (8ª Turma). **Habeas Corpus.** 5006708-07.2015.404.0000. Relator: Desembargador Federal João Pedro Gebran Neto. Porto Alegre, 08 de abril de 2015.

758 BRASIL. Tribunal Regional Federal da 4ª Região. (8ª Turma). **Habeas Corpus.** 5006708-07.2015.404.0000. Relator: Desembargador Federal João Pedro Gebran Neto. Porto Alegre, 08 de abril de 2015.

12

A FUNDAMENTAÇÃO PARA REVOGAÇÃO DO RECOLHIMENTO DOMICILIAR IMPOSTO A ALGUNS INVESTIGADOS E O RECONHECIMENTO DO CUMPRIMENTO ANTECIPADO DA PENA

Várias das prisões preventivas analisadas neste livro foram substituídas por medidas cautelares menos restritivas. Porém, não foram vislumbradas referências claras ou estáveis nos pronunciamentos judiciais sobre a motivação para suas escolhas. Basicamente, foram encontradas quatro hipóteses de atuação dos tribunais.

Na primeira, o tribunal revoga a prisão preventiva, mas ressalta que tal medida não impede a fixação de medidas cautelares diversas da prisão por parte do juiz de primeiro grau. Na segunda, o tribunal já faz a substituição da prisão preventiva por determinadas medidas cautelares, fixando-as expressamente. Na terceira, com a concessão do *habeas corpus*, a prisão preventiva é substituída por medidas cautelares diversas, mas há delegação ao juízo de primeiro grau para estipulá-las. Por fim, na quarta, a prisão é revogada pelo tribunal, com fixação de determinadas medidas, havendo, contudo, expressa menção à possibilidade de o juiz de primeiro grau acrescentar outras cautelares.

Ao já fixar as medidas quando do exame do *habeas corpus*, a Segunda Turma do STF estabeleceu um parâmetro do nível de restrição de liberdade a ser imposto aos pacientes, o que, em certa medida, passou a balizar os demais julgamentos naquele tribunal de pessoas envolvidas em contextos fáticos e jurídicos parecidos.

Como já descrito, o *habeas corpus* nº 127.186/PR foi paradigmático nesse ponto. A extensão desse pronunciamento a outros oito investigados e a referência expressa a ele ao delimitar a fundamentação e as cautelàres de diversos outros casos, por exemplo o *habeas corpus* nº 127.823/PR, são dados corroborativos desse aspecto.

Dentre as medidas cautelares fixadas pela Segunda Turma, o "recolhimento domiciliar integral até que demonstre ocupação lícita, quando fará jus ao recolhimento domiciliar apenas em período noturno e nos dias de folga"[759], é a mais restritiva de liberdade. Trata-se da imposição, ao menos em um primeiro momento, de verdadeira prisão domiciliar, que, em conjunto com outras medidas cautelares, seria suficiente, na visão daquele órgão colegiado, para resguardar o *periculum libertatis* apontado nos contextos fáticos. Houve a fixação dessa medida cautelar nos seguintes casos: HC nº 127.186/PR, HC nº 127.823/PR, HC nº 130.636/PR, HC nº 132.233/PR e HC nº 132.229/PR, conforme detalhado na tabela 10, abaixo.

TABELA 10 – *Habeas Corpus* julgados pelo STF nos quais houve a substituição da prisão preventiva por cautelar de recolhimento domiciliar, sem prejuízo de outras.

Número do HC no STF	**Data da decisão**	**Beneficiados**
HC 127.186	28/04/2015	Ricardo Ribeiro Pessoa José Adelmário Pinheiro Filho João Ricardo Auler Agenor Franklin Magalhães Medeiros José Ricardo Breghirolli Sergio Cunha Mendes Gerson de Mello Almada Erton Medeiros Fonseca Mateus Coutinho de Sá Oliveira
HC 127.823	23/06/2015	Dario de Queiroz Galvão Filho
HC 130.636	15/12/2015	Adir Assad
HC 132.233	26/04/2016	Rogério Santos de Araújo
HC 132.229	26/04/2016	Márcio Faria da Silva

Fonte: Elaborada pelo autor, 2021

759 BRASIL. Supremo Tribunal Federal (Segunda Turma). **Habeas Corpus.** HC 127186. Relator(a): Teori Zavascki. Brasília, 28 de abril de 2015. Processo Eletrônico DJe-151, divulgado em 31 jul. 2015, publicado em 03 ago. 2015.

Após a implementação das medidas, despertou o interesse deste pesquisador um ponto comum constante nos casos envolvendo acusados não colaboradores (ao menos até o momento do ato judicial examinado): as reanálises sobre as cautelares feitas pelo juiz quando da prolação de sentença condenatória nas ações penais, principalmente ao argumento de "alteração da situação processual e o que era imperativo naquele momento, no presente é passível de algumas alterações. Trata-se, aliás, de previsão expressa do art. 387, § 1º, do CPP"[760].

Seguindo a organização das demais partes da pesquisa, procedeu-se à sistematização de um modelo de fundamentação do juiz sobre o assunto, em razão da enorme semelhança de todas as decisões que serão mencionadas. Essa apuração, assim como explicado anteriormente, não pode ser tida por exaustiva, pois há procedimentos sigilosos. Não obstante, os dados públicos localizados foram relevantes.

Foram analisadas as sentenças proferidas nos autos das ações penais de números 5083401-18.2014.4.04.7000, relacionada ao réu Sérgio Cunha Mendes; 5083360-51.2014.4.04.7000, cujo polo passivo é ocupado, entre outros, por Dario de Queiroz Galvão Filho e por Erton Medeiros Fonseca; 5083376-05.2014.4.04.7000, vinculada a José Adelmário Pinheiro Filho, Agenor Franklin Magalhães Medeiros, Mateus Coutinho de Sá Oliveira e José Ricardo Nogueira Breghirolli; e 5083258-29.2014.4.04.7000, referente a João Ricardo Auler.

A partir da leitura das fundamentações utilizadas pelo então juiz Sergio Moro nesses casos, as quais são praticamente idênticas, chegou-se ao seguinte padrão argumentativo:

> A posição deste Juízo remanesce sendo da necessidade da prisão preventiva dos dirigentes das empreiteiras envolvidas, considerando o quadro sistêmico de crimes e a necessidade de interromper de maneira eficaz o ciclo delitivo. Não obstante, o Egrégio Supremo Tribunal Federal, no HC 127.186, entendeu diferente, no sentido que a prisão cautelar naquele momento não era mais necessária. O julgado, que deve, por evidente, ser respeitado, impôs as seguintes medidas cautelares alternativas:

760 Trecho repetido em todas as sentenças analisadas.

a) afastamento da direção e da administração das empresas envolvidas nas investigações, ficando proibido de ingressar em quaisquer de seus estabelecimentos, e suspensão do exercício profissional de atividade de natureza empresarial, financeira e econômica;

b) recolhimento domiciliar integral até que demonstre ocupação lícita, quando fará jus ao recolhimento domiciliar apenas em período noturno e nos dias de folga;

c) comparecimento quinzenal em Juízo, para informar e justificar atividades, com proibição de mudar de endereço sem autorização;

d) obrigação de comparecimento a todos os atos do processo, sempre que intimado;

e) proibição de manter contato com os demais investigados, por qualquer meio;

f) proibição de deixar o país, devendo entregar passaporte em até 48 (quarenta e oito) horas; e

g) monitoração por meio da utilização de tornozeleira eletrônica.

Tendo o caso sido julgado, propicia-se nova apreciação das medidas cautelares, já que há alteração da situação processual do caso e o que era imperativo naquele momento, no presente é passível de algumas alterações. Trata-se, aliás, de previsão expressa do art. 387, §1º, do CPP.

Resolvo alterar parcialmente as medidas cautelares, especificamente o recolhimento domiciliar com tornozeleira eletrônica. Apesar da medida ser imprescindível antes do julgamento, como entendeu o Egrégio Supremo Tribunal Federal, entendo que no presente momento, prolatada a sentença, não se faz ela mais conveniente.

É que tem ela o efeito colateral negativo de propiciar a futura detração da pena, ou seja, cada dia de recolhimento domiciliar equivale a um dia na prisão. A manutenção do recolhimento domiciliar por período recursal ainda incerto pode levar na prática a que o condenado cumpra toda a pena privativa de liberdade em recolhimento domiciliar.

Considerando a gravidade dos crimes que constituem objeto do feito e a elevada culpabilidade dos condenados, entende este Juízo que, por este efeito colateral negativo, a medida deve ser revogada, sem prejuízo deste julgador reconhecer a sua relevância e pertinência até o presente momento.

Assim e com base na letra expressa do art. 387, § 1º, do CPP e com todo o respeito ao Supremo Tribunal Federal, revogo, das medidas cautelares, o dever de recolhimento domiciliar pelos condenados.[761]

761 BRASIL. Tribunal Regional Federal da 4ª Região. (Seção Judiciária do Paraná). **Decisão.** 5083401-18.2014.4.04.7000. 13ª Vara Federal de Curitiba. Juiz Federal: Sergio Fernando Moro. Curitiba, 03 de novembro de 2015.

Muito embora com relação a Gerson Almada o pronunciamento não tenha ocorrido em sentença, mas, sim, no pedido de busca e apreensão criminal nº 5073475-13.2014.4.04.7000, a fundamentação foi substancialmente semelhante e, por ser consideravelmente menor, acabou abarcada pelo padrão transcrito acima.

Como se vê, a argumentação do juiz de primeiro grau é permeada de contradição e de uma demonstração explícita de desconsideração dos objetivos das medidas cautelares pessoais, com indicativo de clara subversão de sua utilização.

É que a premissa no sentido de que ainda entende ser cabível a prisão preventiva dos dirigentes das empresas deveria conduzir à conclusão de que o juiz é favorável à manutenção do maior grau de constrição de liberdade possível, tendo em vista aquele parâmetro fixado pelo STF. Melhor dizendo, entender pelo abrandamento das medidas cautelares, com a retirada do recolhimento domiciliar, contradiz a premissa de que ainda seria cabível a prisão preventiva para resguardar as hipóteses previstas no artigo 312 do CPP.

A justificativa para revogar o recolhimento domiciliar aponta para mais uma compreensão equivocada e deturpada das medidas cautelares pessoais. A conveniência indicada pelo juiz está relacionada ao denominado efeito colateral negativo, qual seja, a detração penal[762], instituto regulado no artigo 42 do Código Penal, por meio do qual é computado, na pena privativa de liberdade e na medida de segurança, o tempo de prisão provisória, no Brasil ou no estrangeiro, descontando-se da pena imposta ao final do processo, portanto, o período de cumprimento do recolhimento domiciliar a título de medida cautelar. É evidente que esse juízo de conveniência acerca da detração penal apresenta ligação com a percepção de que as medidas fixadas se revestiam de caráter de cumprimento antecipado de pena. Ao decidir modificá-las, o juiz

762 "Através da detração penal permite-se descontar, na pena ou na medida de segurança, o tempo de prisão ou de internação que o condenado cumpriu antes da condenação. Esse período anterior à sentença penal condenatória é tido como de pena ou medida de segurança efetivamente cumpridas." (BITENCOURT, Cezar Roberto. **Tratado de direito penal:** parte geral. 26. ed. São Paulo: Saraiva Educação, 2020. v.1, p. 664-665)

não fez qualquer argumentação sobre como a prolação de sentença condenatória poderia afetar o *periculum libertatis*.

Revogar o recolhimento domiciliar a partir exclusivamente da possibilidade de detração penal é desconsiderar a sistemática ínsita às medidas cautelares pessoais e utilizá-las para além de suas hipóteses de cabimento.

Essa argumentação foi igualmente constatada quando, por determinação do Supremo Tribunal Federal, coube ao juiz a fixação das medidas cautelares diversas da prisão. Embora tal previsão tenha acontecido expressamente em vários julgados e inclusive implicitamente naqueles em que houve a revogação da prisão, sem prejuízo da fixação da medida cautelar pelo juízo de primeiro grau, um caso específico merece estudo mais detalhado.

Após receber a ordem expedida no *habeas corpus* nº 137.728/PR, cujo paciente era José Dirceu de Oliveira e Silva, o juiz de primeiro grau procedeu à fixação das medidas cautelares nos autos nº 5031859-24.2015.4.04.7000. Ao fundamentar a desnecessidade do recolhimento domiciliar, deixou de apontar, mais uma vez, qualquer argumentação relacionada às finalidades e aos requisitos das medidas cautelares pessoais:

> Não fixo prisão domiciliar por entender que a gravidade em concreto dos crimes pelos quais foi condenado, e que incluem o recebimento de vantagem indevida, propina de cerca de R$ 4.977.337,00 que teria lhe sido repassada diretamente, isso somente na ação penal 5045241-84.2015.4.04.7000, e isso mesmo no período em que era julgado pelo Plenário do Egrégio Supremo Tribunal Federal na Ação Penal 470, não autorizam que cumpra a pena em casa, o que seria o efeito prático do recolhimento domiciliar, considerando a detração.[763]

Reconheceu-se uma clara natureza de antecipação de pena ao apontar que a gravidade dos crimes pelos quais o acusado havia sido condenado em primeiro grau não autorizaria o cumprimento da pena em casa, considerando a hipótese de detração penal. Uma vez mais, a desnecessidade da medida nem sequer é relacionada

763 BRASIL. Tribunal Regional Federal da 4ª Região. (Seção Judiciária do Paraná). **Decisão.** 5031859-24.2015.4.04.7000. 13ª Vara Federal de Curitiba. Juiz Federal: Sergio Fernando Moro. Curitiba, 03 de maio de 2017

aos riscos que o investigado poderia oferecer ao processo ou à ordem pública caso permanecesse em liberdade plena, o que seria regularmente esperado por se tratar de uma medida cautelar.

Por outro lado, nas decisões de substituição da prisão preventiva de Nelma Kodama[764] e Iara Galdino da Silva[765], cujas fundamentações estão relacionadas principalmente ao comportamento colaborativo das investigadas, à pendência de imbróglio acerca da validade do acordo de colaboração premiada já firmado e à aproximação de uma possível data que viabilizaria a progressão de regime, o juiz fez constar expressamente a frase "o período de prisão domiciliar contará como cumprimento de pena"[766]. Nesses casos, a fundamentação não indicou qualquer argumento relacionado aos requisitos das medidas cautelares, mas aparentaram verdadeira antecipação de benefício decorrente de acordo de colaboração ainda não homologado, notadamente ao juiz explicar que a decisão tomada era "a fim de não penalizá-la pela demora na resolução da questão acerca do acordo"[767].

O cotejo das informações demonstra que a prisão domiciliar, o recolhimento domiciliar e a hipótese de detração penal foram manejados de formas bem distintas quando se tratava de investigado que objetivava colaborar ou não, inexistindo, em qualquer das hipóteses, efetiva argumentação sobre requisitos das medidas cautelares pessoais. A análise mais ampla das decisões mencionadas fornece uma conclusão importante sobre a percepção do juízo de primeiro grau acerca da finalidade das medidas cautelares pessoais no processo penal e a sua utilização como antecipação de pena.

---

764 BRASIL. Tribunal Regional Federal da 4ª Região. (Seção Judiciária do Paraná). **Decisão.** 5060482-98.2015.4.04.7000. 13ª Vara Federal de Curitiba. Juiz Federal: Sergio Fernando Moro. Curitiba, 16 de junho de 2016.

765 BRASIL. Tribunal Regional Federal da 4ª Região. (Seção Judiciária do Paraná). **Decisão.** 5060408-44.2015.4.04.7000. 13ª Vara Federal de Curitiba. Juiz Federal: Sergio Fernando Moro. Curitiba, 9 de junho de 2016.

766 BRASIL. Tribunal Regional Federal da 4ª Região. (Seção Judiciária do Paraná). **Decisão.** 5060482-98.2015.4.04.7000. 13ª Vara Federal de Curitiba. Juiz Federal: Sergio Fernando Moro. Curitiba, 16 de junho de 2016.

767 BRASIL. Tribunal Regional Federal da 4ª Região. (Seção Judiciária do Paraná). **Decisão.** 5060408-44.2015.4.04.7000. 13ª Vara Federal de Curitiba. Juiz Federal: Sergio Fernando Moro. Curitiba, 9 de junho de 2016.

13

CONCLUSÃO

O garantismo de Luigi Ferrajoli tem ampla repercussão no cenário jurídico brasileiro, principalmente nos campos penal e processual penal, e sua aplicação tem gerado algumas controvérsias, inclusive com relação à interpretação dos textos do professor italiano. Isso se intensificou com a deflagração da Operação Lava Jato, em 2014. O debate sobre decisões e práticas judiciais garantistas ou não foi largamente difundido e as prisões preventivas ocuparam lugar central nas críticas formuladas à condução da operação.

O garantismo penal é teoria legitimadora do direito penal, mas fixa sua base na proposta de contenção e de racionalização do poder punitivo estatal, por meio de garantias penais e processuais penais, cujo caráter é eminentemente negativo, de modo que estão relacionadas à expectativa de não lesão, para maior satisfação dos direitos individuais. A presunção de inocência assume especial relevância no sistema garantista e se encontra na base do processo penal moderno. É vista como uma escolha garantista para tutelar os inocentes.

Por essa perspectiva, ficou demonstrada a íntima relação desse princípio com a possível ilegitimidade da prisão durante o processo. Luigi Ferrajoli apresenta-se como crítico ferrenho da prisão preventiva, até mesmo daqueles fundamentos de índole cautelar, admitindo, quando muito, restrição de liberdade sensivelmente menor por necessidade da instrução ou da investigação em casos complexos. Assim, faz defesa de um processo penal sem prisão preventiva ao menos até o primeiro grau de jurisdição. Todavia, reconhece ser tal proposta uma quimera e, em situação mais prática e imediata relacionada às reformas da legislação italiana, sustenta sua gradual restrição, a começar pela limitação das fundamentações, que deveriam ser somente as processuais.

Na conjuntura brasileira, a previsão legal da prisão preventiva recebe várias críticas por manter uma redação basicamente idêntica àquela de 1941, caracterizada por uma abertura semântica dos fundamentos do artigo 312 do CPP, em clara afronta a um traço marcante da teoria garantista destinado a diminuir o grau de discricionariedade do juiz. Além disso, a garantia da ordem da pública e a garantia da ordem econômica afiguram-se claramente antigarantistas e inconstitucionais, por violação ao princípio da presunção de inocência. Nem mesmo as restrições aos conceitos de ordem pública e de ordem econômica sugeridas por parte considerável da doutrina nacional viabilizam a legitimidade desse fundamento sob uma perspectiva garantista.

As hipóteses de prisão preventiva para assegurar a aplicação da lei penal e por necessidade da instrução apresentam natureza instrumental, mas isso, por si só, não as legitima *a priori*. A visão garantista impõe a adoção de uma premissa no sentido de que o *periculum libertatis* deve ser mitigado inicialmente por meio das medidas que apresentem menor restrição de liberdade. A custódia preventiva com base nesses fundamentos só estaria legitimada após justificativa concreta sobre a insuficiência das medidas cautelares diversas da prisão, ainda que cumulativamente aplicadas. Em uma perspectiva garantista, as cautelares diversas da prisão devem ocupar efetivamente a centralidade do raciocínio judicial como opção para mitigar os riscos ao processo.

Os resultados obtidos a partir da análise quantitativa demonstram que, apesar das críticas doutrinárias, a garantia da ordem pública é o argumento central no espaço amostral obtido, dado indicador da importância desse fundamento na prática judicial. Viu-se também uma postura antigarantista e flagrantemente violadora do artigo 282, § 6º, do CPP em 26 (vinte e seis) decisões, pois não houve qualquer exame por parte do juiz sobre o cabimento da substituição da prisão preventiva por medidas cautelares diversas.

Os tribunais de revisão tiveram relevante papel no controle de legalidade das prisões preventivas estudadas. Foram revogados aproximadamente 32% dos decretos prisionais do espaço amostral e ganhou especial relevância a atuação do STF, responsável pela cassação de vinte e quatro, enquanto TRF-4 de nove e o STJ de um. Esse contexto demonstra a importância da competência do Supremo Tribunal Federal para processar e julgar *habeas corpus*, pois, na maioria dos casos examinados, a presunção de inocência somente foi resguardada na última instância do Poder Judiciário. Vê-se também uma clara a divergência interpretativa sobre o cabimento da prisão preventiva nos casos concretos entre STF e STJ.

Além disso, tal panorama desperta o interesse em uma possível comparação desses números com outras operações envolvendo crimes econômicos ou até mesmo outros tipos penais, ante a grande quantidade de presos provisórios atualmente no Brasil.

Causou inicial surpresa ao pesquisador o número de revogações e substituições oriundas do juízo da 13ª Vara Federal da Seção Judiciária do Paraná, pois vinte e sete decisões foram reformadas pelo próprio juiz que as prolatou, quantidade essa superior até mesmo àquela do Supremo Tribunal Federal. Vale rememorar que não foram contabilizadas aquelas concessões de liberdade decorrentes de progressão de regime a partir de critérios diferenciados estabelecidos em acordos de colaboração premiada. Esse ponto, aliás, merece um aprofundamento em outros estudos, pois, em um primeiro olhar, pareceu-me uma forma de negociar indiretamente a revogação da custódia cautelar, benefício esse que não estaria previsto em lei.

A abordagem qualitativa trouxe informações cruciais sobre esse cenário.

Especificamente sobre os fundamentos manejados pelo juízo prolator das decisões de prisão preventiva, constatou-se uma considerável utilização de argumentos desvinculados de qualquer relação com o *periculum libertatis* dos investigados e até mesmo despidos de relevância jurídica, como discursos de políticos expressivos no cenário nacional e defesa dos resultados das investigações. Esse proceder ganhou uma explicação plausível com a leitura do artigo "Considerações sobre a operação *mani pulite*", oportunidade em que Sergio Moro registrou que o apoio da opinião pública seria indispensável para efetividade das ações judiciais. Aquelas argumentações, amplamente difundidas pela mídia, somente poderiam ser destinadas à população e aos meios de comunicação, porquanto ausente pertinência jurídica. Faziam parte de estratégia para angariar o apoio popular.

O texto publicado na revista CEJ também revelou a antiga percepção de Sergio Moro sobre o cabimento da custódia antes do julgamento e delineou seu modo de atuação: decretação para demonstrar eficácia da atividade judicial e expansão do uso das prisões preventivas.

A indeterminação do conceito de ordem pública e o problema prático daí decorrente também foram evidenciados. Viu-se a utilização de justificativas sensivelmente diversas, perpassando a credibilidade das instituições, a confiança da sociedade no Estado de Direito, o risco de reiteração delitiva, a possibilidade de o investigado voltar a assumir mandato parlamentar e a gravidade em concreto das condutas, para caracterizar o fundamento de garantia da ordem pública. Em alguns casos, ainda quando expostos argumentos usualmente autorizados pelos tribunais, houve uma mescla com fundamentações problemáticas que não subsistiriam sozinhas.

Para assegurar a aplicação da lei penal, utilizaram-se fundamentações há muito rechaçadas pelos tribunais e pela doutrina, conforme detalhamento no tópico próprio. Houve igualmente tentativa de vincular a probabilidade de fuga do investigado em razão de condutas de terceiros, apenas porque ambos eram pertencentes ao mesmo grupo empresarial, ou de suposto modo de agir da pessoa jurídica à qual o investigado era vinculado, sem especificação da conduta da própria pessoa física. Constatou-se a ampliação da base fática legitimadora para além das hipóteses de perigo de fuga. A existência de contas secretas no exterior não localizadas foi amplamente mencionada para justificar o decreto prisional, em clara demonstração de inversão do ônus da prova, tendo a defesa que produzir prova sobre fato negativo.

A necessidade da instrução foi pautada, em diversas oportunidades, por alegado risco decorrente de supostas práticas de terceiros e até mesmo de condições relacionadas à pessoa jurídica envolvida na investigação, como poderio econômico e influência política, características essas reiteradamente mencionadas também para justificar risco à aplicação da lei penal. Ademais, o fundamento em questão foi utilizado até mesmo para decretação de prisão preventiva quando da prolação de sentença condenatória, com objetivo de resguardar investigações diversas ainda em tramitação.

As decisões de substituição da custódia preventiva por cautelares diversas proferidas pela 13ª Vara Federal da Seção Judiciária do Paraná jogaram luzes em uma estratégia de atuação bem definida.

Há argumentações para afastar a necessidade da cautelar extrema abarcando posteriores esclarecimentos da defesa, o desenrolar processual menos severo em desfavor de determinado investigado, o papel de subordinação do custodiado no âmbito da organização criminosa e a extensão de *habeas corpus* concedido a outro investigado pelo Supremo Tribunal Federal.

Dois tipos de fundamentação demandam um olhar mais apurado.

O primeiro está presente na decisão de Guilherme Esteves, pois, como detalhado, a demora na tramitação do processo após a substituição da preventiva por cautelares diversas evidenciou o desinteresse do juízo e dos órgãos de investigação com aquele caso. Na minha visão, foi um indicativo a corroborar a constatação de Fabiana Alves Rodrigues sobre a gestão temporal dos processos em casos de pouco interesse para os responsáveis pela Operação Lava Jato.

O segundo é composto pelas decisões embasadas na cooperação do investigado. Nesses casos, o juiz estabeleceu um vínculo direto entre comportamentos colaborativos dos investigados – em graus diversos – e o esvaziamento dos fundamentos da prisão preventiva, notadamente a minoração do *periculum libertatis*. Mesmo após o STF afastar esse raciocínio, Sergio Moro continuou a utilizá-lo para promover as substituições. Percebe-se, portanto, um claro agir do juiz no intuito de fomentar as colaborações dos investigados como medida apta a viabilizar a liberdade no curso do processo e de uma forma bastante célere. Essa conclusão também está amparada no cotejo desses dados com o mencionado artigo do ex-juiz sobre a Operação Mãos Limpas e nos dados apresentados por Fabiana Alves Rodrigues.

As revogações e substituições dos tribunais de revisão foram importantes para fixação de limites argumentativos para decretação da prisão preventiva.

O Supremo Tribunal Federal reafirmou a impossibilidade de decretação da prisão preventiva para garantia da ordem pública com fundamento na credibilidade das instituições ou no clamor social, assim como deixou bastante clara a aceitação da gravidade em concreto da conduta e da utilização da custódia cautelar para evitar reiteração delitiva. Foi destacada a indispensabilidade de uma fundamentação concreta e individualizada, afastando-se juízos de possibilidade com base em condutas de terceiros ou atribuídas abstratamente a pessoas jurídicas. Houve uma delimitação mais restrita sobre elementos que poderiam indicar perigo de fuga, afastando-se várias alegações das decisões de primeiro grau. Em tema bastante sensível na operação, também estabeleceu a impossibilidade de tratamento diferenciado entre investigados colaboradores e não colaboradores quanto aos requisitos da prisão preventiva. As influências do transcurso do tempo, da alteração do contexto fático e do avanço de determinadas fases do processo originário na mitigação dos fundamentos da prisão preventiva foram igualmente realçadas. A contemporaneidade dos motivos da prisão ganhou bastante relevância por ter sido fundamento decisivo em diversos casos. Aliás, interessante notar que o requisito da atualidade teve ainda mais destaque ao ser inserido expressamente na redação dos artigos 312, § 2º, e 315, § 1º, ambos do CPP, pela Lei nº 13.964/2019, ou seja, após os julgados analisados.

A substituição proveniente do STJ expôs o longo tempo de prisão preventiva do investigado, bem como a admissão de um entendimento mais amplo para a hipótese de risco à aplicação da lei penal. Os acórdãos do TRF-4 demonstraram a premissa fundante nos votos do desembargador João Pedro Gebran Neto no sentido de tratar excepcionalmente os casos da Operação Lava Jato, principalmente com uma compreensão ímpar sobre os requisitos da prisão preventiva, e de negar uma concepção garantista de Direito Penal. Apesar disso, fixaram parâmetros relevantes para diferenciar a posição de cada investigado na esfera da alegada organização criminosa, relacionando-a ao cabimento da custódia cautelar, e estabeleceram a necessidade de fatos novos para justificar a prisão de quem já estava solto no curso do processo, embora, mesmo com o reconhecimento de inexistência de novas circunstâncias fáticas, tenham incrementado o nível de restrição de liberdade do investigado mediante a fixação de novas cautelares diversas. A alteração fática e jurídica decorrente do longo tempo da prisão preventiva e o requisito da atualidade, com menção expressa à alteração legislativa de 2019, tiveram evidência quando dos julgamentos de investigados detidos há quase três e cinco anos.

As revogações do recolhimento domiciliar para diversos investigados e a negativa de sua imposição para José Dirceu de Oliveira e Silva reforçaram a percepção de que o juiz não detinha uma visão efetivamente instrumental das medidas cautelares pessoais, mas, sim, aproximada de um cumprimento antecipado de pena. Sua argumentação nesses casos estava desvinculada de um perigo decorrente da liberdade do investigado para o processo ou mesmo para a ordem pública – em sentido restritivo.

Por fim, ressalto que este trabalho objetivou examinar uma parcela considerável dos elementos obtidos pela pesquisa empírica empreendida, com os recortes teóricos e metodológicos já indicados durante o seu desenvolvimento. Não obstante, vê-se, desde já, a possibilidade de incursões mais aprofundadas sobre o garantismo penal em pontos já expostos neste livro. Além disso, percebe-se que foram indicados elementos que podem ser explorados e analisados em futuras pesquisas, tais como o índice de revogação das prisões preventivas, a pena fixada em acordos de colaboração premiada para viabilizar rapidamente a progressão de regime e a criação de regimes prisionais não previstos em lei, tudo isso com o possível intuito de negociar indiretamente a revogação da custódia cautelar, ademais de outros aspectos já mencionados ao longo do texto. Foi igualmente vislumbrada a viabilidade de estudo das fundamentações das decisões judiciais indicadas nesta pesquisa sob outros prismas teóricos, inclusive a teoria da argumentação, o que poderá ser posteriormente realizado por pesquisadores diversos.

criminosa, relacionando o acontecimento da conduta [illegible] e esta[illegible] estabeleceram a necessidade de fatos novos para justificar a prisão [illegible] de [illegible] pela [illegible] percurso do processo [illegible] mesmo com [illegible] acompanhamento [illegible] circunstâncias fáticas, [illegible] o término do [illegible] de liberdade [illegible] gado [illegible] de todos os candidatos [illegible] [illegible] decorrente do [illegible] que pode [illegible] e o [illegible] da [illegible] espera até alcançar [illegible] [illegible] dos julgadores [illegible] detalhes [illegible] três [illegible] anos.

[illegible] negativa de sua [illegible]

[illegible] aplicação [illegible] [illegible] desses [illegible] [illegible] aprofundado [illegible] de um comportamento [illegible] de [illegible] Seu [illegible] decorrer [illegible] [illegible] investigado para [illegible] do mesmo [illegible] [illegible] sentido [illegible]

Por fim, ressalto que este trabalho [illegible] combinar uma par[illegible] dos elementos obtidos pela pesquisa empírica [illegible] [illegible] durante [illegible] [illegible] observado [illegible] de [illegible] a possibilidade de [illegible] mais aprofundados sobre o garantismo [illegible] pontos já expostos neste livro. Além disso [illegible] e que [illegible] que podem ser explorados e analisados [illegible] tais como o índice de [illegible] das [illegible] [illegible] elaboração [illegible] [illegible] e [illegible] [illegible] de [illegible] caso com o [illegible] [illegible] de [illegible] ao longo do texto [illegible] a viabilidade de estudo das fundamentações [illegible] nesta pesquisa sob outros prismas teóricos, [illegible] a teoria da argumentação, o que poderá ser posteriormente [illegible] [illegible]

REFERÊNCIAS

BADARÓ, Gustavo Henrique. **Processo penal.** 8. ed. rev. atual. e ampl. São Paulo: Thomson Reuters, 2020.

BITENCOURT, Cezar Roberto. **Tratado de direito penal:** parte geral. 26. ed. São Paulo: Saraiva Educação, 2020. v. 1.

BONFIM, Edilson Mougenot. **Curso de processo penal.** 5. ed. rev. e atual. São Paulo: Saraiva, 2010.

BRASIL. Supremo Tribunal Federal (Primeira Turma). **Acórdão.** AP 863. EMENTA: PENAL E PROCESSUAL PENAL. AÇÃO PENAL ORIGINÁRIA. [...] CRIME DE LAVAGEM DE DINHEIRO. MODALIDADE OCULTAR. NATUREZA PERMANENTE DO CRIME RECONHECIDA. PRESCRIÇÃO QUE NÃO TERIA OCORRIDO AINDA QUE O CRIME FOSSE INSTANTÂNEO DE EFEITOS PERMANENTES. IMPROCEDÊNCIA DA ALEGAÇÃO DE RETROATIVIDADE "IN MALAM PARTEM" DA LEI PENAL. ATOS DE LAVAGEM PRATICADOS QUANDO JÁ ESTAVA EM VIGOR A LEI 9.613/98 A DESPEITO DE O CRIME ANTECEDENTE TER SIDO PRATICADO ANTERIORMENTE. MATERIALIDADE, AUTORIA, TIPICIDADE OBJETIVA E SUBJETIVA PROVADAS. CONDENAÇÃO DECRETADA. [...] 3. O crime de lavagem de bens, direitos ou valores, quando praticado na modalidade típica de "ocultar", é permanente, protraindo-se sua execução até que os objetos materiais do branqueamento se tornem conhecidos, razão pela qual o início da contagem do prazo prescricional tem por termo inicial o dia da cessação da permanência, nos termos do art. 111, III, do Código Penal. [...]. Relator: Edson Fachin. Brasília, 23 de maio de 2017. Processo Eletrônico DJe-191, divulgado em 28 de ago. de 2017, publicado em 29 de ago. de 2017.

BRASIL. Supremo Tribunal Federal (Segunda Turma). **Agravo Regimental no Habeas Corpus.** AgRgAgRg no HC 140312. Habeas corpus. Impetração manejada originariamente contra decisão indeferitória de liminar emanada do Superior Tribunal de Justiça. Súmula nº 691. [...] Peculiaridades do caso que afastam, excepcionalmente, a prejudicialidade da ação e autorizam seu conhecimento, apesar do superveniente julgamento colegiado pela Corte Superior. [...] Prisão preventiva [...]. Pretendida revogação. Superveniência de sentença penal condenatória em que se mantém segregação cautelar com remissão a fundamentos do decreto originário. Prejudicialidade do writ. Não ocorrência. Precedentes. Constrição assentada na garantia da ordem pública. Aventados risco de reiteração delitiva e gravidade concreta da infração. Insubsistência. Invocação de anterior condenação alcançada pela prescrição da pretensão punitiva. Inadmissibilidade. Ausência de contemporaneidade do decreto prisional nesse aspecto. Invocação de gravidade em abstrato das condutas. Inadmissibilidade. Precedentes. Impossibilidade de utilização da prisão preventiva como instrumento de antecipação de pena. Ordem concedida para revogar a prisão preventiva do paciente, sem prejuízo de que o juízo de primeiro grau venha a fixar eventuais medidas cautelares dela diversas (art. 319, CPP). [...] 4. Embora o paciente tenha sido condenado na AP nº 470, foi extinta sua punibilidade pela prescrição da pretensão punitiva, tornando essa imputação um nada jurídico. 5. Logo, não se poderia fazer remissão àquela imputação para justificar sua prisão preventiva, a pretexto de maus antecedentes ou de risco de reiteração delitiva. 6. Os fatos que deram ensejo ao aventado risco de reiteração delitiva estavam longe de ser contemporâneos à manutenção do decreto prisional. [...] 9. O princípio constitucional da presunção de inocência (CF, art. 5º, LVII), como norma de tratamento, significa que, diante do estado de inocência que lhe é assegurado, o imputado, no curso da persecução penal, não pode ser tratado como culpado nem ser a esse equiparado. 10. Descabe a utilização da prisão preventiva como antecipação de uma pena que nem sequer foi confirmada em segundo grau, pois, do contrário, estar-se-ia implementando verdadeira execução provisória em primeiro grau, contrariando o entendimento fixado pela Corte no julgamento do HC nº 126.292/SP, Relator o Ministro Teori Zavascki, DJe de 17/5/16. [...] 12. Ordem de habeas corpus concedida para se revogar a prisão preventiva do paciente, sem prejuízo de que o juízo de primeiro grau venha a fixar eventuais medidas cautelares dela diversas (art. 319, CPP). Relator: Edson Fachin. Relator para Acórdão: Edson Fachin. Brasília, 24 de abril de 2017. Processo Eletrônico DJe-018, divulgado em 31 de janeiro de 2018, publicado em 01 de fev. de 2018.

BRASIL. Supremo Tribunal Federal (Segunda Turma). **Agravo Regimental no Habeas Corpus.** AgRg no HC 152676. Penal e Processual Penal. 2. A sentença condenatória superveniente não acarreta, automaticamente, o prejuízo de impetração de habeas corpus anterior direcionada ao decreto prisional original. [...]. 3. A privação cautelar da liberdade individual reveste-se de caráter excepcional, somente devendo ser decretada em situações de absoluta necessidade. [...]. 4. Prisão preventiva sem fundamentação em elementos concretos. [...] 5. Ilegitimidade da justificação do periculum libertatis. Riscos presumidos de reiteração e de fuga não amparados em elementos concretos. Ilegitimidade de decreto prisional motivado em presunções, sem embasamento em elementos concretos. Violação à presunção de inocência. [...] 6. Ausência de contemporaneidade. 7. Suficiência das medidas cautelares diversas. 8. Ordem de habeas corpus concedida para revogar a prisão preventiva e impor medidas cautelares diversas. Relator: Teori Zavascki. Relator para Acórdão: Gilmar Mendes. Brasília, 09 de abril de 2019. Processo Eletrônico DJe-192, divulgado em 31 de jul. de 2020, publicado em 03 de ago. de 2020.

BRASIL. [Constituição (1988)]. **Constituição da República Federativa do Brasil de 1988.** Brasília, DF: Presidência da República, [2016]. Disponível em: http://www.planalto.gov.br/ccivil_03/constituicao/constituicao.htm. Acesso em: 15 de outubro de 2021.

BRASIL. **Decreto-Lei Nº 3.689, de 3 de outubro de 1941.** Código de Processo Penal. Brasília, DF: Presidência da República, [1941]. Disponível em: http://www.planalto.gov.br/ccivil_03/decreto-lei/del3689.htm. Acesso em: 10 jun. 2021.

BRASIL. Tribunal Regional Federal da 4ª Região. (Seção Judiciária do Paraná). **Decisão.** 5073475-13.2014.404.7000. 13ª Vara Federal de Curitiba. Juiz Federal: Sergio Fernando Moro. Curitiba, 10 de novembro de 2014.

BRASIL. Tribunal Regional Federal da 4ª Região. (Seção Judiciária do Paraná). **Decisão.** 5001446-62.2014.404.7000. 13ª Vara Federal de Curitiba. Juiz Federal: Sergio Fernando Moro. Curitiba, 24 de fevereiro de 2014.

BRASIL. Tribunal Regional Federal da 4ª Região. (Seção Judiciária do Paraná). **Decisão.** 5001461-31.2014.404.7000. 13ª Vara Federal de Curitiba. Juiz Federal: Sergio Fernando Moro. Curitiba, 17 de fevereiro de 2014.

BRASIL. Tribunal Regional Federal da 4ª Região. (Seção Judiciária do Paraná). **Decisão.** 5073475-13.2014.404.7000. 13ª Vara Federal de Curitiba. Juiz Federal: Sergio Fernando Moro. Curitiba, 18 de novembro de 2014.

BRASIL. Tribunal Regional Federal da 4ª Região. (Seção Judiciária do Paraná). **Decisão.** 5086273-06.2014.404.7000. 13ª Vara Federal de Curitiba. Juiz Federal: Sergio Fernando Moro. Curitiba, 22 de janeiro de 2014.

BRASIL. Tribunal Regional Federal da 4ª Região. (Seção Judiciária do Paraná). **Decisão.** 5040280-37.2014.404.7000. 13ª Vara Federal de Curitiba. Juiz Federal: Sergio Fernando Moro. Curitiba, 11 de junho de 2014.

BRASIL. Tribunal Regional Federal da 4ª Região. (Seção Judiciária do Paraná). **Decisão.** 5031491-49.2014.404.7000. 13ª Vara Federal de Curitiba. Juiz Federal: Sergio Fernando Moro. Curitiba, 10 de julho de 2014.

BRASIL. Tribunal Regional Federal da 4ª Região. (Seção Judiciária do Paraná). **Decisão.** 5073475-13.2014.404.7000. 13ª Vara Federal de Curitiba. Juiz Federal: Sergio Fernando Moro. Curitiba, 18 de novembro de 2014.

BRASIL. Tribunal Regional Federal da 4ª Região. (Seção Judiciária do Paraná). **Decisão.** 506730440.2014.404.7000. 13ª Vara Federal de Curitiba. Juiz Federal: Sergio Fernando Moro. Curitiba, 23 de out. de 2014.

BRASIL. Tribunal Regional Federal da 4ª Região. (Seção Judiciária do Paraná). **Decisão.** 5026552-26.2014.404.7000. 13ª Vara Federal de Curitiba. Juiz Federal: Sergio Fernando Moro. Curitiba, 15 de set. de 2014.

BRASIL. Tribunal Regional Federal da 4ª Região. (Seção Judiciária do Paraná). **Decisão.** 5026243-05.2014.404.7000. 13ª Vara Federal de Curitiba. Juiz Federal: Sergio Fernando Moro. Curitiba, 09 de jul. de 2014.

BRASIL. Tribunal Regional Federal da 4ª Região. (Seção Judiciária do Paraná). **Decisão.** 5022397-77.2014.404.7000. 13ª Vara Federal de Curitiba. Juiz Federal: Sergio Fernando Moro. Curitiba, 05 de dez. de 2014.

BRASIL. Tribunal Regional Federal da 4ª Região. (Seção Judiciária do Paraná). **Decisão.** 5025687-03.2014.404.7000. 13ª Vara Federal de Curitiba. Juiz Federal: Sergio Fernando Moro. Curitiba, 20 de out. de 2014.

BRASIL. Tribunal Regional Federal da 4ª Região. (Seção Judiciária do Paraná). **Decisão.** 5001461-31.2014.4.04.7000. 13ª Vara Federal de Curitiba. Juiz Federal: Sergio Fernando Moro. Curitiba, 17 de fev. de 2014.

BRASIL. Tribunal Regional Federal da 4ª Região. (Seção Judiciária do Paraná). **Decisão.** 5001438-85.2014.404.7000. 13ª Vara Federal de Curitiba. Juiz Federal: Sergio Fernando Moro. Curitiba, 17 de fev. de 2014.

BRASIL. Tribunal Regional Federal da 4ª Região. (Seção Judiciária do Paraná). **Decisão.** 5001438-85.2014.404.7000. 13ª Vara Federal de Curitiba. Juiz Federal: Sergio Fernando Moro. Curitiba, 11. mar. de 2014.

BRASIL. Tribunal Regional Federal da 4ª Região. (Seção Judiciária do Paraná). **Decisão.** 5067304-40.2014.404.7000. 13ª Vara Federal de Curitiba. Juiz Federal: Sergio Fernando Moro. Curitiba, 23 de out. de 2014.

BRASIL. Tribunal Regional Federal da 4ª Região. (Seção Judiciária do Paraná). **Decisão.** 5086273-06.2014.404.7000. 13ª Vara Federal de Curitiba. Juiz Federal: Sergio Fernando Moro. Curitiba, 22 de janeiro de 2014.

BRASIL. Tribunal Regional Federal da 4ª Região. (Seção Judiciária do Paraná). **Decisão.** 5002763-61.2015.4.04.7000. 13ª Vara Federal de Curitiba. Juiz Federal: Sergio Fernando Moro. Curitiba, 18 de fevereiro de 2015.

BRASIL. Tribunal Regional Federal da 4ª Região. (Seção Judiciária do Paraná). **Decisão.** 5004259-28.2015.404.7000. 13ª Vara Federal de Curitiba. Juiz Federal: Sergio Fernando Moro. Curitiba, 03 de fevereiro de 2015.

BRASIL. Tribunal Regional Federal da 4ª Região. (Seção Judiciária do Paraná). **Decisão.** 5011708-37.2015.4.04.7000. 13ª Vara Federal de Curitiba. Juiz Federal: Sergio Fernando Moro. Curitiba, 13 de março de 2015.

BRASIL. Tribunal Regional Federal da 4ª Região. (Seção Judiciária do Paraná). **Decisão.** 5004257-58.2015.4.04.7000. 13ª Vara Federal de Curitiba. Juiz Federal: Sergio Fernando Moro. Curitiba, 19 de maio de 2015.

BRASIL. Tribunal Regional Federal da 4ª Região. (Seção Judiciária do Paraná). **Decisão.** 5011926-65.2015.4.04.7000. 13ª Vara Federal de Curitiba. Juiz Federal: Sergio Fernando Moro. Curitiba, 25 de março de 2015.

BRASIL. Tribunal Regional Federal da 4ª Região. (Seção Judiciária do Paraná). **Decisão.** 5009384-74.2015.404.7000. 13ª Vara Federal de Curitiba. Juiz Federal: Sergio Fernando Moro. Curitiba, 26 de março de 2015.

BRASIL. Tribunal Regional Federal da 4ª Região. (Seção Judiciária do Paraná). **Decisão.** 5014455-57.2015.404.7000. 13ª Vara Federal de Curitiba. Juiz Federal: Sergio Fernando Moro. Curitiba, 1º de abril de 2015.

BRASIL. Tribunal Regional Federal da 4ª Região. (Seção Judiciária do Paraná). **Decisão.** 5027771-40.2015.404.7000. 13ª Vara Federal de Curitiba. Juiz Federal: Sergio Fernando Moro. Curitiba, 23 de junho de 2015.

BRASIL. Tribunal Regional Federal da 4ª Região. (Seção Judiciária do Paraná). **Decisão.** 5028308-36.2015.4.04.7000. 13ª Vara Federal de Curitiba. Juiz Federal: Sergio Fernando Moro. Curitiba, 23 de julho de 2015.

BRASIL. Tribunal Regional Federal da 4ª Região. (Seção Judiciária do Paraná). **Decisão.** 5044088-16.2015.404.7000. 13ª Vara Federal de Curitiba. Juiz Federal: Sergio Fernando Moro. Curitiba, 14 de setembro de 2015.

BRASIL. Tribunal Regional Federal da 4ª Região. (Seção Judiciária do Paraná). **Decisão.** 5056156-95.2015.404.7000. 13ª Vara Federal de Curitiba. Juiz Federal: Sergio Fernando Moro. Curitiba, 19 de novembro de 2015.

BRASIL. Tribunal Regional Federal da 4ª Região. (Seção Judiciária do Paraná). **Decisão.** 5044443-26.2015.4.04.7000. 13ª Vara Federal de Curitiba. Juiz Federal: Sergio Fernando Moro. Curitiba, 25 de setembro de 2015.

BRASIL. Tribunal Regional Federal da 4ª Região. (Seção Judiciária do Paraná). **Decisão.** 5014455-57.2015.4.04.7000. 13ª Vara Federal de Curitiba. Juiz Federal: Sergio Fernando Moro. Curitiba, 01 de abril de 2015.

BRASIL. Tribunal Regional Federal da 4ª Região. (Seção Judiciária do Paraná). **Decisão.** 5051974-66.2015.4.04.7000. 13ª Vara Federal de Curitiba. Juiz Federal: Sergio Fernando Moro. Curitiba, 26.10. 2015.

BRASIL. Tribunal Regional Federal da 4ª Região. (Seção Judiciária do Paraná). **Decisão.** 5051974-66.2015.4.04.7000. 13ª Vara Federal de Curitiba. Juiz Federal: Sergio Fernando Moro. Curitiba, 26 de out. de 2015.

BRASIL. Tribunal Regional Federal da 4ª Região. (Seção Judiciária do Paraná). **Decisão.** 5031534-49.2015.4.04.7000. 13ª Vara Federal de Curitiba. Juiz Federal: Sergio Fernando Moro. Curitiba, 21 de agosto de 2015.

BRASIL. Tribunal Regional Federal da 4ª Região. (Seção Judiciária do Paraná). **Decisão.** 5024251-72.2015.4.04.7000. 13ª Vara Federal de Curitiba. Juiz Federal: Sergio Fernando Moro. Curitiba, 24 de junho de 2015.

BRASIL. Tribunal Regional Federal da 4ª Região. (Seção Judiciária do Paraná). **Denúncia.** 5020227-98.2015.4.04.7000. 13ª Vara Federal de Curitiba. Juiz Federal: Sergio Fernando Moro. Curitiba, 29 de abr. de 2015.

BRASIL. Tribunal Regional Federal da 4ª Região. (Seção Judiciária do Paraná). **Decisão.** 5020227-98.2015.4.04.7000. 13ª Vara Federal de Curitiba. Juiz Federal: Sergio Fernando Moro. Curitiba, 05 de maio de 2015.

BRASIL. Tribunal Regional Federal da 4ª Região. (Seção Judiciária do Paraná). **Decisão Recebimento Denúncia.** 5020227-98.2015.4.04.7000. 13ª Vara Federal de Curitiba. Juiz Federal: Sergio Fernando Moro. Curitiba, 13 de maio de 2015.

BRASIL. Tribunal Regional Federal da 4ª Região. (Seção Judiciária do Paraná). **Decisão.** 5031491-49.2014.4.04.7000. 13ª Vara Federal de Curitiba. Juiz Federal: Sergio Fernando Moro. Curitiba, 20 de jan. de 2015.

BRASIL. Tribunal Regional Federal da 4ª Região. (Seção Judiciária do Paraná). **Decisão.** 5086273-06.2014.404.7000. 13ª Vara Federal de Curitiba. Juiz Federal: Sergio Fernando Moro. Curitiba, 18 de fevereiro de 2015.

BRASIL. Tribunal Regional Federal da 4ª Região. (Seção Judiciária do Paraná). **Decisão.** 500425758.2015.4.04.7000. 13ª Vara Federal de Curitiba. Juiz Federal: Sergio Fernando Moro. Curitiba, 19 de maio de 2015.

BRASIL. Tribunal Regional Federal da 4ª Região. (Seção Judiciária do Paraná). **Decisão.** 5024251-72.2015.4.04.7000. 13ª Vara Federal de Curitiba. Juiz Federal: Sergio Fernando Moro. Curitiba, 24 de julho de 2015.

BRASIL. Tribunal Regional Federal da 4ª Região. (Seção Judiciária do Paraná). **Decisão.** 5024251-72.2015.4.04.7000. 13ª Vara Federal de Curitiba. Juiz Federal: Sergio Fernando Moro. Curitiba, 24 de junho de 2015.

BRASIL. Tribunal Regional Federal da 4ª Região. (Seção Judiciária do Paraná). **Decisão.** 5004257¬-58.2015.4.04.7000. 13ª Vara Federal de Curitiba. Juiz Federal: Sergio Fernando Moro. Curitiba, 19 de maio de 2015.

BRASIL. Tribunal Regional Federal da 4ª Região. (Seção Judiciária do Paraná). **Decisão.** 5028308-36.2015.4.04.7000. 13ª Vara Federal de Curitiba. Juiz Federal: Sergio Fernando Moro. Curitiba, 06 de agosto de 2015.

BRASIL. Tribunal Regional Federal da 4ª Região. (Seção Judiciária do Paraná). **Decisão.** 5028308-36.2015.4.04.7000. 13ª Vara Federal de Curitiba. Juiz Federal: Sergio Fernando Moro. Curitiba, 23 de julho de 2015.

BRASIL. Tribunal Regional Federal da 4ª Região. (Seção Judiciária do Paraná). **Decisão.** 5040249-80.2015.404.7000. 13ª Vara Federal de Curitiba. Juiz Federal: Sergio Fernando Moro. Curitiba, 17 de agosto de 2015.

BRASIL. Tribunal Regional Federal da 4ª Região. (Seção Judiciária do Paraná). **Decisão.** 5056156-95.2015.4.04.7000. 13ª Vara Federal de Curitiba. Juiz Federal: Sergio Fernando Moro. Curitiba, 19 de novembro de 2015.

BRASIL. Tribunal Regional Federal da 4ª Região. (Seção Judiciária do Paraná). **Decisão.** 5083401-18.2014.4.04.7000. 13ª Vara Federal de Curitiba. Juiz Federal: Sergio Fernando Moro. Curitiba, 03 de novembro de 2015.

BRASIL. Supremo Tribunal Federal (Segunda Turma). **Decisão Monocrática.** HC 130254. Relator(a): Teori Zavascki. Brasília, 16 de outubro de 2015. Processo Eletrônico DJe-209, divulgado em 19 de out. de 2015, publicado em 20 de out. de 2015.

BRASIL. Supremo Tribunal Federal (Segunda Turma). **Decisão Monocrática.** HC 130254. Relator(a): Teori Zavascki. Brasília, 16 de outubro de 2015. Processo Eletrônico DJe-209, divulgado em 19 de out. de 2015, publicado em 20 de out. de 2015.

BRASIL. Tribunal Regional Federal da 4ª Região. (Seção Judiciária do Paraná). **Manifestação MPF.** 5020227-98.2015.4.04.7000. 13ª Vara Federal de Curitiba. Procurador Regional da República: Antônio Carlos Welter. Procurador da República: Roberson Henrique Pozzobon. Curitiba, 13 de maio de 2015.

BRASIL. Tribunal Regional Federal da 4ª Região. (Seção Judiciária do Paraná). **Manifestação MPF.** 5020227-98.2015.4.04.7000. 13ª Vara Federal de Curitiba. Procurador Regional da República: Antônio Carlos Welter. Procurador da República: Roberson Henrique Pozzobon. Curitiba, 28 de maio de 2015.

BRASIL. Tribunal Regional Federal da 4ª Região. (Seção Judiciária do Paraná). **Decisão.** 5035144-88.2016.4.04.7000. 13ª Vara Federal de Curitiba. Juiz Federal: Sergio Fernando Moro. Curitiba, 05 de julho de 2016.

BRASIL. Tribunal Regional Federal da 4ª Região. (Seção Judiciária do Paraná). **Decisão.** 503059195.2016.4.04.7000. 13ª Vara Federal de Curitiba. Juiz Federal: Sergio Fernando Moro. Curitiba, 08 de julho de 2016.

BRASIL. Tribunal Regional Federal da 4ª Região. (Seção Judiciária do Paraná). **Decisão.** 504355960.2016.4.04.7000. 13ª Vara Federal de Curitiba. Juiz Federal: Sergio Fernando Moro. Curitiba, 30 de setembro de 2016.

BRASIL. Tribunal Regional Federal da 4ª Região. (Seção Judiciária do Paraná). **Decisão.** 505221166.2016.4.04.7000. 13ª Vara Federal de Curitiba. Juiz Federal: Sergio Fernando Moro. Curitiba, 17 de outubro de 2016.

BRASIL. Tribunal Regional Federal da 4ª Região. (Seção Judiciária do Paraná). **Decisão.** 5035144 88.2016.4.04.7000. 13ª Vara Federal de Curitiba. Juiz Federal: Sergio Fernando Moro. Curitiba, 05 de julho de 2016.

BRASIL. Tribunal Regional Federal da 4ª Região. (Seção Judiciária do Paraná). **Decisão.** 505221166.2016.4.04.7000. 13ª Vara Federal de Curitiba. Juiz Federal: Sergio Fernando Moro. Curitiba, 17 de outubro de 2016.

BRASIL. Tribunal Regional Federal da 4ª Região. (Seção Judiciária do Paraná). **Decisão.** 504355960.2016.4.04.7000. 13ª Vara Federal de Curitiba. Juiz Federal: Sergio Fernando Moro. Curitiba, 30 de setembro de 2016.

BRASIL. Tribunal Regional Federal da 4ª Região. (Seção Judiciária do Paraná). **Decisão.** 505221166.2016.4.04.7000. 13ª Vara Federal de Curitiba. Juiz Federal: Sergio Fernando Moro. Curitiba, 17 de outubro de 2016.

BRASIL. Tribunal Regional Federal da 4ª Região. (Seção Judiciária do Paraná). **Decisão.** 505416805.2016.4.04.7000. 13ª Vara Federal de Curitiba. Juiz Federal: Sergio Fernando Moro. Curitiba, 26 de outubro de 2016.

BRASIL. Tribunal Regional Federal da 4ª Região. (Seção Judiciária do Paraná). **Decisão.** 501230047.2016.4.04.7000. 13ª Vara Federal de Curitiba. Juiz Federal: Sergio Fernando Moro. Curitiba, 02 de setembro de 2016.

BRASIL. Tribunal Regional Federal da 4ª Região. (Seção Judiciária do Paraná). **Decisão.** 5056390-43.2016.4.04.7000. 13ª Vara Federal de Curitiba. Juiz Federal: Sergio Fernando Moro. Curitiba, 10 de novembro de 2016.

BRASIL. Tribunal Regional Federal da 4ª Região. (Seção Judiciária do Paraná). **Decisão.** 5078542-56.2014.404.7000. 13ª Vara Federal de Curitiba. Juiz Federal: Sergio Fernando Moro. Curitiba, 11 de fevereiro de 2016.

BRASIL. Tribunal Regional Federal da 4ª Região. (Seção Judiciária do Paraná). **Decisão.** 5003682-16.2016.4.04.7000. 13ª Vara Federal de Curitiba. Juiz Federal: Sergio Fernando Moro. Curitiba, 05 de fevereiro de 2016.

BRASIL. Tribunal Regional Federal da 4ª Região. (Seção Judiciária do Paraná). **Decisão.** 5012298-77.2016.4.04.7000. 13ª Vara Federal de Curitiba. Juiz Federal: Sergio Fernando Moro. Curitiba, 01 de abril de 2016.

BRASIL. Tribunal Regional Federal da 4ª Região. (Seção Judiciária do Paraná). **Decisão.** 5026980-37.2016.4.04.7000. 13ª Vara Federal de Curitiba. Juiz Federal: Sergio Fernando Moro. Curitiba, 7 de junho de 2016.

BRASIL. Tribunal Regional Federal da 4ª Região. (Seção Judiciária do Paraná). **Decisão.** 5022999-97.2016.4.04.7000. 13ª Vara Federal de Curitiba. Juiz Federal: Sergio Fernando Moro. Curitiba, 20 de maio de 2016.

BRASIL. Tribunal Regional Federal da 4ª Região. (Seção Judiciária do Paraná). **Decisão.** 5030591-95.2016.4.04.7000. 13ª Vara Federal de Curitiba. Juiz Federal: Sergio Fernando Moro. Curitiba, 08 de julho de 2016.

BRASIL. Tribunal Regional Federal da 4ª Região. (Seção Judiciária do Paraná). **Decisão.** 5052211-66.2016.4.04.7000. 13ª Vara Federal de Curitiba. Juiz Federal: Sergio Fernando Moro. Curitiba, 17 de outubro de 2016.

BRASIL. Tribunal Regional Federal da 4ª Região. (Seção Judiciária do Paraná). **Decisão.** 5043559-60.2016.4.04.7000. 13ª Vara Federal de Curitiba. Juiz Federal: Sergio Fernando Moro. Curitiba, 30 de setembro de 2016.

BRASIL. Tribunal Regional Federal da 4ª Região. (Seção Judiciária do Paraná). **Decisão.** 5052211-66.2016.4.04.7000. 13ª Vara Federal de Curitiba. Juiz Federal: Sergio Fernando Moro. Curitiba, 17 de outubro de 2016.

BRASIL. Tribunal Regional Federal da 4ª Região. (Seção Judiciária do Paraná). **Decisão.** 5010479-08.2016.4.04.7000. 13ª Vara Federal de Curitiba. Juiz Federal: Sergio Fernando Moro. Curitiba, 15 de março de 2016.

BRASIL. Tribunal Regional Federal da 4ª Região. (Seção Judiciária do Paraná). **Decisão.** 505416805.2016.4.04.7000. 13ª Vara Federal de Curitiba. Juiz Federal: Sergio Fernando Moro. Curitiba, 26 de outubro de 2016.

BRASIL. Tribunal Regional Federal da 4ª Região. (Seção Judiciária do Paraná). **Decisão.** 5060482-98.2015.4.04.7000. 13ª Vara Federal de Curitiba. Juiz Federal: Sergio Fernando Moro. Curitiba, 16 de junho de 2016.

BRASIL. Tribunal Regional Federal da 4ª Região. (Seção Judiciária do Paraná). **Decisão.** 5060408-44.2015.4.04.7000. 13ª Vara Federal de Curitiba. Juiz Federal: Sergio Fernando Moro. Curitiba, 9 de junho de 2016.

BRASIL. Tribunal Regional Federal da 4ª Região. (Seção Judiciária do Paraná). **Decisão.** 5004872-14.2016.4.04.7000. 13ª Vara Federal de Curitiba. Juiz Federal: Sergio Fernando Moro. Curitiba, 05 de abril de 2016.

BRASIL. Tribunal Regional Federal da 4ª Região. (Seção Judiciária do Paraná). **Decisão.** 501230047.2016.4.04.7000. 13ª Vara Federal de Curitiba. Juiz Federal: Sergio Fernando Moro. Curitiba, 02 de setembro de 2016.

BRASIL. Tribunal Regional Federal da 4ª Região. (Seção Judiciária do Paraná). **Decisão.** 5011708-37.2015.4.04.7000. 13ª Vara Federal de Curitiba. Juiz Federal: Sergio Fernando Moro. Curitiba, 05 de agosto de 2016.

BRASIL. Tribunal Regional Federal da 4ª Região. (Seção Judiciária do Paraná). **Decisão.** 5037800-18.2016.4.04.7000. 13ª Vara Federal de Curitiba. Juiz Federal: Sergio Fernando Moro. Curitiba, 16 de dez. de 2016.

BRASIL. Tribunal Regional Federal da 4ª Região. (Seção Judiciária do Paraná). **Decisão.** 5035139-66.2016.4.04.7000. 13ª Vara Federal de Curitiba. Juiz Federal: Sergio Fernando Moro. Curitiba, 01 de ago. de 2016.

BRASIL. Tribunal Regional Federal da 4ª Região. (Seção Judiciária do Paraná). **Decisão.** 5060482-98.2015.4.04.7000. 13ª Vara Federal de Curitiba. Juiz Federal: Sergio Fernando Moro. Curitiba, 16 de jun. de 2016.

BRASIL. Supremo Tribunal Federal (Segunda Turma). **Decisão monocrática.** HC 132406. Relator(a): Teori Zavascki. Brasília, 19 de fevereiro de 2016. Processo Eletrônico DJe-033, divulgado em 22 de fev. de 2016, publicado em 23 de fev. de 2016.

BRASIL. Tribunal Regional Federal da 4ª Região. (Seção Judiciária do Paraná). **Decisão.** 5004568-78.2017.4.04.7000. 13ª Vara Federal de Curitiba. Juiz Federal: Sergio Fernando Moro. Curitiba, 15 de fevereiro de 2017.

BRASIL. Tribunal Regional Federal da 4ª Região. (Seção Judiciária do Paraná). **Decisão.** 5043865-92.2017.4.04.7000. 13ª Vara Federal de Curitiba. Juiz Federal: Sergio Fernando Moro. Curitiba, 24 de novembro de 2017.

BRASIL. Tribunal Regional Federal da 4ª Região. (Seção Judiciária do Paraná). **Decisão.** 501096471.2017.4.04.7000. 13ª Vara Federal de Curitiba. Juiz Federal: Sergio Fernando Moro. Curitiba, 24 de novembro de 2017.

BRASIL. Tribunal Regional Federal da 4ª Região. (Seção Judiciária do Paraná). **Decisão.** 5030176-78.2017.4.04.7000. 13ª Vara Federal de Curitiba. Juiz Federal: Sergio Fernando Moro. Curitiba, 31 de julho de 2017.

BRASIL. Tribunal Regional Federal da 4ª Região. (Seção Judiciária do Paraná). **Decisão.** 5017394-39.2017.4.04.7000. 13ª Vara Federal de Curitiba. Juiz Federal: Sergio Fernando Moro. Curitiba, 19 de maio de 2017.

BRASIL. Tribunal Regional Federal da 4ª Região. (Seção Judiciária do Paraná). **Decisão.** 5011206-30.2017.4.04.7000. 13ª Vara Federal de Curitiba. Juiz Federal: Sergio Fernando Moro. Curitiba, 24 de março de 2017.

BRASIL. Tribunal Regional Federal da 4ª Região. (Seção Judiciária do Paraná). **Decisão.** 5010964-71.2017.4.04.7000. 13ª Vara Federal de Curitiba. Juiz Federal: Sergio Fernando Moro. Curitiba, 08 de maio de 2017.

BRASIL. Tribunal Regional Federal da 4ª Região. (Seção Judiciária do Paraná). **Decisão.** 5042480-12.2017.4.04.7000. 13ª Vara Federal de Curitiba. Juiz Federal: Sergio Fernando Moro. Curitiba, 03 de outubro de 2017.

BRASIL. Tribunal Regional Federal da 4ª Região. (Seção Judiciária do Paraná). **Decisão.** 5004568-78.2017.4.04.7000. 13ª Vara Federal de Curitiba. Juiz Federal: Sergio Fernando Moro. Curitiba, 21 de fev. de 2017.

BRASIL. Tribunal Regional Federal da 4ª Região. (Seção Judiciária do Paraná). **Decisão.** 5014170-93.2017.4.04.7000. 13ª Vara Federal de Curitiba. Juiz Federal: Sergio Fernando Moro. Curitiba, 19 de outubro de 2017.

BRASIL. Tribunal Regional Federal da 4ª Região. (Seção Judiciária do Paraná). **Decisão.** 501096471.2017.4.04.7000. 13ª Vara Federal de Curitiba. Juiz Federal: Sergio Fernando Moro. Curitiba, 24 de novembro de 2017.

BRASIL. Tribunal Regional Federal da 4ª Região. (Seção Judiciária do Paraná). **Decisão.** 5031859-24.2015.4.04.7000. 13ª Vara Federal de Curitiba. Juiz Federal: Sergio Fernando Moro. Curitiba, 03 de maio de 2017.

BRASIL. Tribunal Regional Federal da 4ª Região. (Seção Judiciária do Paraná). **Decisão.** 5035263-15.2017.4.04.7000. 13ª Vara Federal de Curitiba. Juiz Federal: Sergio Fernando Moro. Curitiba, 07 de mar. de 2018.

BRASIL. Superior Tribunal de Justiça (Quinta Turma). **Decisão.** HC 568950. Relator: Felix Fischer. Brasília, 14 de abril de 2020. Processo Eletrônico DJe-45, divulgado em 15 de abril de 2020, publicado em 16 de abr. de 2020.

BRASIL. Supremo Tribunal Federal. **Decisão Monocrática.** Medida Cautelar na Reclamação 24506. São Paulo. Relator: Ministro Dias Toffoli. Brasília, 29 de junho de 2016. Disponível em: https://www.conjur.com.br/dl/toffoli-manda-soltar-paulo-bernardo.pdf. Acesso em: 16 out. 2021.

BRASIL. Superior Tribunal de Justiça. Súmula nº 691. Não compete ao Supremo Tribunal Federal conhecer de habeas corpus impetrado contra decisão do Relator que, em habeas corpus requerido a tribunal superior, indefere a liminar. **Diário da Justiça:** Brasília, DF, 13 de outubro de 2003. Disponível em: https://jurisprudencia.stf.jus.br/pages/search/seq-sumula691/false. Acesso em: 10 jul. 2021.

BRASIL. Supremo Tribunal Federal (Segunda Turma). **Habeas Corpus.** HC 127186. HABEAS CORPUS. PROCESSUAL PENAL. PRISÃO PREVENTIVA. FUNDAMENTAÇÃO. RISCO À APLICAÇÃO DA LEI PENAL. INEXISTÊNCIA DE INDICAÇÃO DE ELEMENTOS CONCRETOS. PRESUNÇÃO DE FUGA. IMPOSSIBILIDADE. CONVENIÊNCIA DA INSTRUÇÃO CRIMINAL. ENCERRAMENTO DE COLHEITA DA PROVA ACUSATÓRIA. ALTERAÇÃO DO QUADRO FÁTICO. POSSIBILIDADE DE FIXAÇÃO DE MEDIDAS CAUTELARES DIVERSAS COM A MESMA EFICIÊNCIA. PRESCINDIBILIDADE DE MANUTENÇÃO DA CUSTÓDIA CAUTELAR. [...] 3. No caso, o decreto prisional não indicou atos concretos e específicos atribuídos ao paciente que demonstrem sua efetiva intenção de furtar-se à aplicação da lei penal. O fato de o agente ser dirigente de empresa que possua filial no exterior, por si só, não constitui motivo suficiente para a decretação da prisão preventiva. A jurisprudência desta Corte é firme no sentido da impossibilidade de decretação da prisão preventiva com base apenas em presunção de fuga. Precedentes. 4. No que se refere à garantia da instrução criminal, a prisão preventiva exauriu sua finalidade. Não mais subsistindo risco de interferência na produção probatória requerida pelo titular da ação penal, não se justifica, sob esse fundamento, a manutenção da custódia cautelar. Precedentes. [...] 7. O tempo decorrido desde o decreto de prisão e a significativa mudança do estado do processo e das circunstâncias de fato estão a indicar que a prisão preventiva, por mais justificada que tenha sido à época de sua decretação, atualmente pode (e, portanto, deve) ser substituída por medidas cautelares que podem igualmente resguardar a ordem pública, nos termos dos arts. 282 e 319 do Código de Processo Penal. 8. Ordem parcialmente concedida, para substituir a prisão preventiva do paciente por medidas cautelares específicas, estendida por força do art. 580 do Código de Processo Penal. Relator(a): Teori Zavascki. Brasília, 28 de abril de 2015. Processo Eletrônico DJe-151, divulgado em 31 jul. 2015, publicado em 03 de ago. de 2015.

BRASIL. Supremo Tribunal Federal (Segunda Turma). **Habeas Corpus.** HC 156600. HABEAS CORPUS. PROCESSO PENAL. IMPETRAÇÃO CONTRA DECISÃO DO SUPERIOR TRIBUNAL DE JUSTIÇA. SÚMULA 691/STF. PRINCÍPIO DA PROTEÇÃO JUDICIAL EFETIVA. SITUAÇÃO DE FATO QUE PERMITE A SUPERAÇÃO DO VERBETE. PRISÃO PREVENTIVA. ART. 312 DO CÓDIGO DE PROCESSO PENAL. PRETENDIDA REVOGAÇÃO DA PRISÃO OU SUBSTITUIÇÃO POR MEDIDAS CAUTELARES DIVERSAS. ART. 319 DO CÓDIGO DE PROCESSO PENAL. CONSTRIÇÃO FUNDADA NA CONVENIÊNCIA DA INSTRUÇÃO PENAL. INSUBSISTÊNCIA. AUSÊNCIA DE CONTEMPORANEIDADE DO DECRETO PRISIONAL NESSE ASPECTO. GRAVIDADE EM ABSTRATO DAS CONDUTAS INVOCADAS. INADMISSIBILIDADE. HIPÓTESE EM QUE AS MEDIDAS CAUTELARES DIVERSAS DA PRISÃO MOSTRAM-SE SUFICIENTES PARA OBVIAR O PERICULUM LIBERTATIS RECONHECIDO NA ESPÉCIE. [...] II – No caso concreto , o fundamento da manutenção da custódia cautelar mostra-se frágil, porquanto, de acordo com o que se colhe dos autos, as 3 ameaças, em tese praticadas pelo paciente, teriam ocorrido entre os anos de 2015 e 2016, cumprindo-se salientar que a segregação em exame foi decretada em abril de 2018, havendo, portanto, um lapso temporal de cerca de 2 anos entre a data da suposta prática criminosa e o encarceramento do paciente, tudo a indicar a ausência de contemporaneidade entre os fatos a ele imputados e a data em que foi decretada a sua prisão preventiva. [...] IV - Assim, em verdade, o decreto prisional objeto destes autos está ancorado em presunções tiradas da gravidade abstrata dos crimes em tese praticados e não em elementos concretos dos autos. [...] VI - Habeas corpus concedido para substituir a prisão preventiva do paciente por medidas cautelares dela diversas (CPP, art. 319). Relator(a): Gilmar Mendes. Relator do Acórdão: Ricardo Lewandowski. Brasília, 11 de maio de 2018. Processo Eletrônico DJe-093, divulgado em 14 maio 2018, publicado em 15 maio 2018.

BRASIL. Supremo Tribunal Federal (Segunda Turma). **Habeas Corpus.** HC 125555. HABEAS CORPUS. PROCESSUAL PENAL. IMPETRAÇÃO CONTRA DECISÃO MONOCRÁTICA DE MINISTRO DO STJ. INVIABILIDADE. COMPETÊNCIA DO JUÍZO DE PRIMEIRA INSTÂNCIA. SUPRESSÃO DE INSTÂNCIA. REVOLVIMENTO DE FATOS E PROVAS. PRISÃO PREVENTIVA. MANIFESTA ILEGALIDADE. SUPERAÇÃO DA SÚMULA 691 DO STF. AUSÊNCIA DE FUNDAMENTAÇÃO VÁLIDA PARA A CUSTÓDIA CAUTELAR DO PACIENTE. RISCO À APLICAÇÃO DA LEI PENAL. INEXISTÊNCIA DE

INDICAÇÃO DE ELEMENTOS CONCRETOS. PRESUNÇÃO DE FUGA. PRECEDENTES. [...] 4. Segundo o art. 312 do Código de Processo Penal, a preventiva poderá ser decretada quando houver prova da existência do crime (materialidade) e indício suficiente de autoria, mais a demonstração de um elemento variável: (a) garantia da ordem pública; ou (b) garantia da ordem econômica; ou (c) por conveniência da instrução criminal; ou (d) para assegurar a aplicação da lei penal. Para qualquer dessas hipóteses, é imperiosa a demonstração concreta e objetiva de que tais pressupostos incidem na espécie, assim como deve ser insuficiente o cabimento de outras medidas cautelares, nos termos do art. 282, § 6º, do Código de Processo Penal. 5. No caso, o decreto prisional restringiu-se a valorar a existência de indícios de que o investigado manteria expressiva quantidade de dinheiro no exterior e poderia, em razão disso, fugir do país, subtraindo-se à jurisdição criminal [...] 7. Ordem parcialmente concedida, nos termos da liminar deferida.Relator(a): Teori Zavascki. Brasília, 10 de janeiro de 2015. Processo Eletrônico DJe-069, divulgado em 13 abr. 2015, publicado em 14 de abr. de 2015.

BRASIL. Supremo Tribunal Federal (Segunda Turma). **Habeas Corpus.** HC 127823. HABEAS CORPUS. PROCESSUAL PENAL. IMPETRAÇÃO CONTRA DECISÃO MONOCRÁTICA DE MINISTRO DO STJ. INVIABILIDADE. SUPRESSÃO DE INSTÂNCIA. PRISÃO PREVENTIVA. MANIFESTA ILEGALIDADE. SUPERAÇÃO DA SÚMULA 691 DO STF. PACIENTE PERMANECEU EM LIBERDADE DURANTE TODA INVESTIGAÇÃO E COLHEITA DA PROVA ACUSATÓRIA NA INSTRUÇÃO CRIMINAL. AUSÊNCIA DE FATOS SUPERVENIENTES QUE RECOMENDASSEM A SEGREGAÇÃO. POSSIBILIDADE DE FIXAÇÃO DE MEDIDAS CAUTELARES DIVERSAS COM A MESMA EFICIÊNCIA. PRESCINDIBILIDADE DE MANUTENÇÃO DA CUSTÓDIA CAUTELAR. [...] 4. No caso, o paciente permaneceu em liberdade durante as investigações e colheita de toda a prova acusatória ao longo da instrução processual. A decisão que decretou a prisão preventiva não apresentou justificativa plausível para o encarceramento neste momento, a não ser provas que reforçariam indícios de materialidade e autoria já delineados, o que, por si só, não é suficiente para decretação da prisão preventiva, na esteira da jurisprudência do Supremo Tribunal Federal. [...] 6. Os mesmos argumentos utilizados para garantia da ordem pública também foram afastados pela Segunda Turma desta Corte no julgamento do HC 127186, já que o decurso do tempo e a evolução dos fatos revelam que a medida extrema já não se faz indispensável, podendo ser eficazmente substituída por medidas alternativas, nos termos dos arts. 282 e 319 do Código de Processo Penal. 7. Ordem parcialmente concedida, nos termos da liminar deferida. Relator(a): Teori Zavascki. Brasília, 23 de junho de 2015. Processo Eletrônico DJe-164, divulgado em 20 ago. 2015, publicado em 21 de ago. de 2015.

BRASIL. Supremo Tribunal Federal (Segunda Turma). **Habeas Corpus.** HC 130254. Relator(a): Teori Zavascki. Brasília, 16 de out. de 2015. Processo Eletrônico DJe-209, divulgado em 19 out. 2015, publicado em 20 de out. de 2015.

BRASIL. Supremo Tribunal Federal (Segunda Turma). **Habeas Corpus.** HC 130636. HABEAS CORPUS SUBSTITUTIVO DE RECURSO ORDINÁRIO. POSSIBILIDADE. PRECEDENTES. PRISÃO PREVENTIVA. SUPERVENIÊNCIA DE NOVO DECRETO DE PRISÃO QUE MANTÉM BASICAMENTE OS FUNDAMENTOS DA CUSTÓDIA CAUTELAR

ANTERIOR. PRESERVAÇÃO DA COMPETÊNCIA DO SUPREMO TRIBUNAL FEDERAL. RISCOS À ORDEM PÚBLICA, À INVESTIGAÇÃO E À INSTRUÇÃO CRIMINAL E À APLICAÇÃO DA LEI PENAL. INEXISTÊNCIA. POSSIBILIDADE DE FIXAÇÃO DE MEDIDAS CAUTELARES DIVERSAS COM A MESMA EFICIÊNCIA. PRESCINDIBILIDADE DE MANUTENÇÃO DA CUSTÓDIA CAUTELAR. [...] 4. Os fundamentos utilizados não se revelam idôneos para manter a segregação cautelar, porquanto os supostos riscos à ordem pública, à investigação e à instrução criminal e à aplicação da lei penal não estão baseados em circunstâncias concretas relacionadas ao paciente. As únicas condutas delituosas concretamente apontadas remontam ao período de março de 2009 a março de 2012. O que há, na verdade, é presunção, sem fundamentação idônea, de que o paciente seguirá a cometer crimes, o que não é admitido pela jurisprudência desta Corte como fundamento para a decretação da custódia cautelar. 5. [...] Impõe-se ao julgador, assim, não perder de vista a proporcionalidade da medida cautelar a ser aplicada no caso, levando em conta, conforme reiteradamente enfatizado pela jurisprudência desta Corte, que a prisão preventiva é medida extrema que somente se legitima quando ineficazes todas as demais [...]. No caso dos autos, como já afirmado, o longo tempo decorrido desde o decreto de prisão e a significativa mudança do estado do processo e das circunstâncias de fato estão a indicar que a prisão preventiva atualmente pode (e, portanto, deve) ser substituída nos termos dos arts. 282 e 319 do Código de Processo Penal, por medidas cautelares diversas. 6. Ordem parcialmente concedida, para substituir a prisão preventiva do paciente por medidas cautelares específicas. Relator(a): Teori Zavascki. Brasília, 15 de dezembro de 2015. Processo Eletrônico DJe-095, divulgado em 11 de mai. de 2015, publicado em 12 de maio de 2015.

BRASIL. Tribunal Regional Federal da 4ª Região (8ª Turma). **Habeas Corpus.** 5006708-07.2015.404.0000. PROCESSUAL PENAL. 'OPERAÇÃO LAVA JATO'. HABEAS CORPUS. PRISÃO DECRETADA DE OFÍCIO PELO MAGISTRADO. CABIMENTO. REQUISITOS DO ARTIGO 312 DO CÓDIGO DE PROCESSO PENAL. NÃO PREENCHIMENTO. CONCESSÃO DA ORDEM. 1. Não há óbice à decretação da prisão de ofício pelo magistrado, a quem cumpre zelar pela legalidade da ação penal e, nessa linha, a quem incumbe decretar medidas cautelares, dentre elas a prisão, sempre que presentes os requisitos exigidos pela lei, quais sejam o risco à ordem pública, à aplicação da lei penal ou à instrução do processo. 2. Não havendo nenhum ato concreto capaz, efetivamente, de prejudicar a aplicação da lei penal, o novo decreto de prisão preventiva deve ser revogado, mantendo-se, porém, íntegro o decreto anterior. 3. Ordem de habeas corpus concedida. Relator: Desembargador Federal João Pedro Gebran Neto. Porto Alegre, 08 de abril de 2015.

BRASIL. Supremo Tribunal Federal (Segunda Turma). **Habeas Corpus.** HABEAS CORPUS SUBSTITUTIVO DE RECURSO ORDINÁRIO. POSSIBILIDADE. PRECEDENTES. PRISÃO PREVENTIVA. SUPERVENIÊNCIA DE NOVO DECRETO DE PRISÃO QUE MANTÉM BASICAMENTE OS FUNDAMENTOS DA CUSTÓDIA CAUTELAR ANTERIOR. PRESERVAÇÃO DA COMPETÊNCIA DO SUPREMO TRIBUNAL FEDERAL. RISCOS À ORDEM PÚBLICA, À INVESTIGAÇÃO E À INSTRUÇÃO CRIMINAL E À APLICAÇÃO DA LEI PENAL. INEXISTÊNCIA. POSSIBILIDADE DE FIXAÇÃO DE MEDIDAS CAUTELARES DIVERSAS COM A MESMA EFICIÊNCIA. PRESCINDIBILIDADE DE

MANUTENÇÃO DA CUSTÓDIA CAUTELAR. [...] 4. Os fundamentos utilizados não se revelam idôneos para manter a segregação cautelar, porquanto os supostos riscos à ordem pública, à investigação e à instrução criminal e à aplicação da lei penal não estão baseados em circunstâncias concretas relacionadas ao paciente, mas sim em meras presunções fundadas em fatos relativos a outros acusados, o que é rechaçado pela jurisprudência desta Corte. 5. [...] Impõe-se ao julgador, assim, não perder de vista a proporcionalidade da medida cautelar a ser aplicada no caso, levando em conta, conforme reiteradamente enfatizado pela jurisprudência desta Corte, que a prisão preventiva é medida extrema que somente se legitima quando ineficazes todas as demais [...]. 6. Ordem parcialmente concedida, para substituir a prisão preventiva do paciente por medidas cautelares específicas.Relator(a): Teori Zavascki. Brasília, 26 de abril de 2016. Processo Eletrônico DJe-095, divulgado em 17 de mai. de 2016, publicado em 18 de maio de 2016.

BRASIL. Supremo Tribunal Federal (Segunda Turma). **Habeas Corpus.** HC 132233. Relator(a): Teori Zavascki. Brasília, 26 de abril de 2016. Processo Eletrônico DJe-095, divulgado em 17 de maio de 2016, publicado em 18 de maio de 2016.

BRASIL. Supremo Tribunal Federal (Segunda Turma). **Habeas Corpus.** HC 132233. Relator(a): Teori Zavascki. Brasília, 26 de abril de 2016. Processo Eletrônico DJe-095, divulgado em 17 de maio de 2016, publicado em 18 de maio de 2016.

BRASIL. Supremo Tribunal Federal (Segunda Turma). **Habeas Corpus.** HC 132406. Relator(a): Teori Zavascki. Brasília, 19 de fev. de 2016. Processo Eletrônico DJe-033, divulgado em 22 de fev. de 2016, publicado em 23 de fev. de 2016.

BRASIL. Supremo Tribunal Federal (Segunda Turma). **Habeas Corpus.** HC 132229. Habeas corpus. Penal. Processual Penal. 2. Prisão preventiva. Substituição por medidas cautelares diversas da prisão. Adequação às condições pessoais do acusado. Possibilidade. 3. Ordem concedida em parte, para substituir a prisão preventiva por medidas cautelares diversas, na forma do art. 319 do CPP. Relator: Teori Zavascki. Relator para Acórdão: Gilmar Mendes. Brasília, 24 de abril de 2016. Processo Eletrônico DJe-218, divulgado em 11 de out. de 2016, publicado em 13 de out. de 2016.

BRASIL. Tribunal Regional Federal da 4ª Região (8ª Turma). **Habeas Corpus.** 5021307-14.2016.4.04.0000. HABEAS CORPUS. CÓDIGO DE PROCESSO PENAL. OPERAÇÃO 'LAVAJATO'. PRISÃO PREVENTIVA. REQUISITOS. NOVOS FATOS. REITERAÇÃO DELITIVA. RISCO À INSTRUÇÃO DO PROCESSO. MEDIDAS ALTERNATIVAS. ART. 319 DO CPP. FIANÇA. CUMULAÇÃO DE MEDIDAS. POSSIBILIDADE. [...] 2. Para a decretação da prisão preventiva é imprescindível a presença do fumus commissi delicti, ou seja, prova da existência do crime e indícios suficientes de autoria, bem como do periculum libertatis, risco à ordem pública, à instrução ou à aplicação da lei penal. [...] A complexidade e as dimensões das investigações relacionadas com a denominada 'Operação Lava-Jato', os reflexos extremamente nocivos decorrentes da infiltração de grande grupo criminoso em sociedade de economia mista federal, bem como o desvio de quantias nunca antes percebidas, revela a necessidade de releitura da jurisprudência até então intocada, de modo a estabelecer novos parâmetros interpretativos para a prisão preventiva, adequados às circunstâncias do caso e ao meio social contemporâneo aos fatos. [...] 10. Ordem de habeas corpus parcialmente concedida Relator: Desembargador Federal João Pedro Gebran Neto. Porto Alegre, 06 de julho de 2016.

BRASIL. Tribunal Regional Federal da 4ª Região (8ª Turma). **Habeas Corpus.** 5045444-60.2016.4.04.0000. 'OPERAÇÃO LAVA-JATO'. HABEAS CORPUS. CÓDIGO DE PROCESSO PENAL. PRISÃO PREVENTIVA. MATERIALIDADE E INDÍCIOS DE AUTORIA. PRESENÇA DOS REQUISITOS. CORRUPÇÃO. CARTEL DE LICITAÇÕES. SOCIEDADE DE ECONOMIA MISTA. LAVAGEM DE DINHEIRO. COMPLEXO ENVOLVIMENTO DO CRIMINOSO. NOVOS PARADIGMAS. EXCESSO DE PRAZO. QUESTÃO PREJUDICADA. [...] 2. Para a decretação da prisão preventiva é imprescindível a presença do fumus commissi delicti, ou seja, prova da existência do crime e indícios suficientes de autoria, bem como do periculum libertatis, risco à ordem pública, à instrução ou à aplicação da lei penal. 3. A complexidade e as dimensões das investigações relacionadas com a denominada 'Operação Lava-Jato', os reflexos extremamente nocivos decorrentes da infiltração de grande grupo criminoso em sociedade de economia mista federal, bem como o desvio de quantias nunca antes percebidas, revela a necessidade de releitura da jurisprudência até então intocada, de modo a estabelecer novos parâmetros interpretativos para a prisão preventiva, adequados às circunstâncias do caso e ao meio social contemporâneo aos fatos. [...] 9. Ordem de habeas corpus parcialmente concedida. Relator: Desembargador Federal João Pedro Gebran Neto. Porto Alegre, 14 de dezembro de 2016.

BRASIL. Tribunal Regional Federal da 4ª Região (8ª Turma). **Habeas Corpus.** 5035227-55.2016.4.04.0000. DIREITO PROCESSUAL PENAL. PRISÃO PREVENTIVA E MEDIDAS CAUTELARES ALTERNATIVAS. REFORÇO DE PROVAS ACERCA DE AUTORIA E MATERIALIDADE. REQUISITOS E FUNDAMENTOS PARA RESTRIÇÃO DA LIBERDADE. [...] 2. O incremento das provas de autoria e materialidade obtidas ao longo da instrução não justificam, por si só, a decretação da prisão preventiva. Reforçam seus requisitos, mas não tocam seus fundamentos. 3. A decretação de prisão preventiva no curso da ação penal só se justifica quando tenham sobrevindo fatos novos ou o conhecimento de fatos anteriores mas que evidenciem riscos atuais à ordem pública ou econômica, à instrução ou à aplicação da lei penal. 4. Sendo necessário reforçar o vínculo do paciente com o processo, cabe reforçar as medidas cautelares alternativas. Relator: Desembargador Federal João Pedro Gebran Neto. Porto Alegre, 28 de setembro de 2016.

BRASIL. Tribunal Regional Federal da 4ª Região (8ª Turma). **Habeas Corpus.** 5035362-67.2016.4.04.0000. DIREITO PROCESSUAL PENAL. PRISÃO PREVENTIVA E MEDIDAS CAUTELARES ALTERNATIVAS. REFORÇO DE PROVAS ACERCA DE AUTORIA E MATERIALIDADE. REQUISITOS E FUNDAMENTOS PARA RESTRIÇÃO DA LIBERDADE. [...] 2. O incremento das provas de autoria e materialidade obtidas ao longo da instrução não justificam, por si só, a decretação da prisão preventiva. Reforçam seus requisitos, mas não tocam seus fundamentos. 3. A decretação de prisão preventiva no curso da ação penal só se justifica quando tenham sobrevindo fatos novos ou o conhecimento de fatos anteriores mas que evidenciem riscos atuais à ordem pública ou econômica, à instrução ou à aplicação da lei penal. 4. Sendo necessário reforçar o vínculo do paciente com o processo, cabe reforçar as medidas cautelares alternativas. Relator: Desembargador Federal João Pedro Gebran Neto. Porto Alegre, 28 de setembro de 2016.

BRASIL. Supremo Tribunal Federal (Segunda Turma). **Habeas Corpus.** HC 136223. Habeas corpus. Processual Penal. Prisão preventiva (art. 312, CPP). Pretendida revogação. Superveniência de sentença penal condenatória em que se mantém segregação cautelar com remissão a fundamentos do decreto originário. Prejudicialidade do writ. Não ocorrência. Precedentes. Constrição assentada na garantia da instrução e da ordem pública. Hipótese em que a instrução já havia se encerrado. Aventada necessidade de se resguardarem outras investigações policiais, bem como a instrução de procedimento penal que tramita em juízo diverso. Inadmissibilidade. Risco de reiteração delitiva. Insubsistência. Ausência de contemporaneidade do decreto prisional nesse aspecto. Gravidade em abstrato das condutas invocada. Inadmissibilidade. Precedentes. Impossibilidade de utilização da prisão preventiva como instrumento de antecipação de pena. Ordem concedida para revogar a prisão preventiva do paciente, sem prejuízo de que o juízo de primeiro grau venha a fixar eventuais medidas cautelares dela diversas (art. 319, CPP) [...]. 8. Quanto à garantia da ordem pública, os fatos que deram ensejo ao aventado risco de reiteração delitiva estavam longe de ser contemporâneos à manutenção do decreto prisional. 9. Em consequência, por ter sido decretada muito tempo após a última intercorrência ilícita noticiada, o título não deve subsistir por esse fundamento. [...] 12. Descabe a utilização da prisão preventiva como antecipação de uma pena que nem sequer foi confirmada em segundo grau, pois, do contrário, estar-se-ia implementando verdadeira execução provisória em primeiro grau, contrariando o entendimento fixado pela Corte no julgamento do HC nº 126.292/SP, Relator o Ministro Teori Zavascki, DJe de 17/5/16. 13. [...] Ordem de habeas corpus concedida para se revogar a prisão preventiva do paciente, sem prejuízo de que o juízo de primeiro grau venha a fixar eventuais medidas cautelares dela diversas (art. 319, CPP). Relator: Edson Fachin. Relator para Acórdão: Edson Fachin. Brasília, 25 de abril de 2017. Processo Eletrônico DJe-289, divulgado em 14 de dez. de 2017, publicado em 15 de dez. de 2017.

BRASIL. Supremo Tribunal Federal (Segunda Turma). **Habeas Corpus.** HC 137728. Habeas corpus. Processual Penal. Prisão preventiva. Artigo 312 do Código de Processo Penal. Pretendida revogação da prisão ou da substituição por medidas cautelares diversas. Artigo 319 do Código de Processo Penal. Superveniência de sentença penal condenatória em que se mantém segregação cautelar com remissão a fundamentos do decreto originário. Cogitada prejudicialidade. Hipótese que não se configura nessas circunstâncias. [...] Constrição assentada na garantia da ordem pública. Aventado risco de reiteração delitiva. Insubsistência. Ausência de contemporaneidade do decreto prisional nesse aspecto. Gravidade em abstrato das condutas invocada. Inadmissibilidade. Precedentes. Hipótese em que as medidas cautelares diversas da prisão, se mostram suficientes para obviar o periculum libertatis reconhecido na espécie. Ordem concedida para substituir a prisão preventiva do paciente por outras medidas cautelares, a serem estabelecidas pelo juízo de origem. [...] 4. Não há como se ignorar a gravidade das condutas supostamente praticadas. Porém, como já destacado por esse Colegiado no julgamento do HC nº 127.186/PR (Relator o Ministro Teori

Zavascki, DJe de 3/8/15), por mais graves e reprováveis que sejam as condutas supostamente perpetradas, isso não justifica, por si só, a decretação da prisão cautelar. 5. Descaracterizada a necessidade da prisão, em face da gravidade das condutas, não obstante subsista o periculum libertatis do paciente na espécie, esse pode ser obviado com medidas cautelares diversas e menos gravosas, o que também repercutirá significativamente no direito de liberdade do réu. 6. No que se refere ao risco concreto da reiteração delitiva, invocado para garantir a ordem pública, destaca-se que a constrição cautelar do paciente somente foi decidida e efetivada no mês de agosto de 2015, ou seja, 10 (dez) meses após o último pagamento atribuído a ele pelo juízo de origem, datado de outubro de 2014. 7. Portanto, a decisão daquela autoridade judiciária lastreou-se em argumentos frágeis, pois, ainda que amparada em elementos concretos de materialidade, os fatos que deram ensejo ao aventado risco de reiteração delitiva estão longe de ser contemporâneos do decreto prisional. Em consequência, por ter sido decretada muito tempo após a última intercorrência ilícita noticiada, o título não deve subsistir por esse fundamento. [...] 11. Habeas corpus concedido para substituir a prisão preventiva do paciente por medidas cautelares dela diversas (CPP, art. 319), a serem estabelecidas pelo juízo de origem.Relator: Edson Fachin. Relator para Acórdão: Edson Fachin. Brasília, 02 de maio de 2017. Processo Eletrônico DJe-250, divulgado em 30 de out. de 2017, publicado em 31 de out. de 2017.

BRASIL. Tribunal Regional Federal da 4ª Região (8ª Turma). **Habeas Corpus.** 5059991-71.2017.4.04.0000. 'OPERAÇÃO LAVA-JATO'. HABEAS CORPUS. CÓDIGO DE PROCESSO PENAL. MATERIALIDADE E INDÍCIOS DE AUTORIA. PROLAÇÃO DE SENTENÇA CONDENATÓRIA. RÉU QUE RESPONDEU SOLTO AO PROCESSO. INEXISTÊNCIA DE FATOS NOVOS. PRISÃO PREVENTIVA. NÃO DEMONSTRAÇÃO DA NECESSIDADE. [...] 2. Para a decretação da prisão preventiva é imprescindível a presença do fumus commissi delicti, ou seja, prova da existência do crime e indícios suficientes de autoria, bem como do periculum libertatis, risco à ordem pública, à instrução ou à aplicação da lei penal. [...] 5. A necessidade ou não da prisão preventiva conclama o exame do contexto de fato e de direito que orientou a decisão segregatória, pois, tratando-se de réu que respondeu solto a todo o processo, sem fatos concretos indicando riscos ao processo, à ordem pública ou à aplicação da lei penal, é desnecessária em tese a segregação. 6. Ordem de habeas corpus concedida. Relator: Desembargador Federal João Pedro Gebran Neto. Porto Alegre, 28 de novembro de 2017.

BRASIL. Supremo Tribunal Federal (Segunda Turma). **Habeas Corpus.** HC 138850. HABEAS CORPUS. PROCESSUAL PENAL. PRISÃO PREVENTIVA. ARTIGO 312 DO CÓDIGO DE PROCESSO PENAL. PRETENDIDA REVOGAÇÃO DA PRISÃO OU DA SUBSTITUIÇÃO POR MEDIDAS CAUTELARES DIVERSAS. ARTIGO 319 DO CÓDIGO DE PROCESSO PENAL. SUPERVENIÊNCIA DE SENTENÇA PENAL CONDENATÓRIA EM QUE SE MANTÉM SEGREGAÇÃO CAUTELAR COM REMISSÃO A FUNDAMENTOS DO DECRETO ORIGINÁRIO. CONSTRIÇÃO FUNDADA EXCLUSIVAMENTE NA GARANTIA DA ORDEM PÚBLICA. AVENTADO RISCO DE REITERAÇÃO DELITIVA. INSUBSISTÊNCIA. AUSÊNCIA DE CONTEMPORANEIDADE DO DECRETO PRISIONAL NESSE ASPECTO. GRAVIDADE EM ABSTRATO DAS CONDUTAS INVOCADA. INADMISSIBILIDADE. PRECEDENTE ESPECÍFICO DE CORREU NA MESMA AÇÃO PENAL. [...] VIII -

Não sendo assim, a prisão acaba representando, na prática, uma punição antecipada, sem a observância do devido processo e em desrespeito ao que foi determinado pelo Supremo Tribunal Federal no julgamento das Ações Declaratórias de Constitucionalidade 43 e 44. IX - Habeas corpus concedido para substituir a prisão preventiva do paciente por medidas cautelares dela diversas (CPP, art. 319), a serem estabelecidas pelo juízo de origem. Relator: Edson Fachin. Relator para Acórdão: Ricardo Lewandowski. Brasília, 03 de outubro de 2017. Processo Eletrônico DJe-45, divulgado em 08 de mar. de 2018, publicado em 09 de mar. de 2018.

BRASIL. Supremo Tribunal Federal (Segunda Turma). **Habeas Corpus.** HC 150558. Relator: Edson Fachin. Brasília, 02 de outubro de 2019. Processo Eletrônico DJe-216, divulgado em 03 de out. de 2019, publicado em 04 de out. de 2019.

BRASIL. Tribunal Regional Federal da 4ª Região (8ª Turma). **Habeas Corpus.** 5040970-07.2020.4.04.0000. PENAL. PROCESSO PENAL. "OPERAÇÃO LAVA-JATO". HABEAS CORPUS. CORRUPÇÃO. LAVAGEM DE DINHEIRO. PRISÃO PREVENTIVA. SUBSTITUÍDA POR PRISÃO DOMICILIAR. MANTIDA. DENEGAÇÃO DA ORDEM. APLICAÇÃO DA LEI PENA. SEGURANÇA DO JUÍZO. BLOQUEIOS PATRIMONIAIS. [...] 2. Para a decretação da prisão preventiva é imprescindível a presença do fumus commissi delicti, ou seja, prova da existência do crime e indícios suficientes de autoria, bem como do periculum libertatis, risco à ordem pública, à instrução ou à aplicação da lei penal. [...] 6. É compatível com a necessidade de assegurar a aplicação da lei penal, além da segurança do juízo sob a ótica da reparação do dano e da decretação do perdimento do produto do crime, a fixação de outras medidas cautelas, como proibição de deixar o país, com entrega de passaportes, de qualquer nacionalidade, em nome do paciente e a obrigação de comunicar ao juízo qualquer alteração de domicílio. [...] 8. Ordem de habeas corpus concedida. Relator: Desembargador Federal João Pedro Gebran Neto. Porto Alegre, 25 de novembro de 2020.

BRASIL. Tribunal Regional Federal da 4ª Região (8ª Turma). **Habeas Corpus.** 5051272-32.2019.4.04.0000. DIREITO PROCESSUAL PENAL. PRISÃO PREVENTIVA. REQUISITOS. RELAXAMENTO. 1. Na atual redação do art. 312, do CPP, a prisão preventiva poderá ser decretada como garantia da ordem pública, da ordem econômica, por conveniência da instrução criminal ou para assegurar a aplicação da lei penal, quando houver prova da existência do crime e indício suficiente de autoria e de perigo gerado pelo estado de liberdade do imputado. 2. O Réu já se encontra preso há quase cinco anos e tem assumido postura colaborativa [...] 5. A notoriedade do réu, o monitoramento eletrônico e outras medidas cautelares restritivas de direitos menos gravosas podem ser suficientes para assegurar a sua vinculação ao processo. [...] 7. Tendo restado superados, pelo tempo e pelos fatos, os fundamentos da prisão cautelar e não sendo autorizada a execução imediata da pena, é o caso de relaxamento da prisão, substituída pelo uso de tornozeleira eletrônica e de outras medidas cautelares menos gravosas. Relator: Desembargador Federal João Pedro Gebran Neto. Relator do Acórdão: Desembargador Federal Leandro Paulsen. Porto Alegre, 11 de março de 2020.

BRASIL. Tribunal Regional Federal da 4ª Região (8ª Turma). **Habeas Corpus.** 5021307-14.2016.4.04.0000. Relator: Desembargador Federal João Pedro Gebran Neto.HABEAS

CORPUS. CÓDIGO DE PROCESSO PENAL. OPERAÇÃO 'LAVAJATO'. PRISÃO PREVENTIVA. REQUISITOS. NOVOS FATOS. REITERAÇÃO DELITIVA. RISCO À INSTRUÇÃO DO PROCESSO. MEDIDAS ALTERNATIVAS. ART. 319 DO CPP. FIANÇA. CUMULAÇÃO DE MEDIDAS. POSSIBILIDADE. [...] 2. Para a decretação da prisão preventiva é imprescindível a presença do fumus commissi delicti, ou seja, prova da existência do crime e indícios suficientes de autoria, bem como do periculum libertatis, risco à ordem pública, à instrução ou à aplicação da lei penal. [...] A complexidade e as dimensões das investigações relacionadas com a denominada 'Operação Lava-Jato', os reflexos extremamente nocivos decorrentes da infiltração de grande grupo criminoso em sociedade de economia mista federal, bem como o desvio de quantias nunca antes percebidas, revela a necessidade de releitura da jurisprudência até então intocada, de modo a estabelecer novos parâmetros interpretativos para a prisão preventiva, adequados às circunstâncias do caso e ao meio social contemporâneo aos fatos. [...] 10. Ordem de habeas corpus parcialmente concedida.Porto Alegre, 06 de julho de 2016.

BRASIL. Supremo Tribunal Federal (Segunda Turma). **Parecer da PGR.** HC 138207. HABEAS CORPUS. PROCESSO PENAL. PRISÃO PREVENTIVA. ACORDO DE COLABORAÇÃO PREMIADA. DESCUMPRIMENTO. CAUSA DE IMPOSIÇÃO DE PRISÃO PROCESSUAL. DESCABIMENTO. ORDEM CONCEDIDA. 1. A prisão processual desafia a presença de algum dos requisitos previstos no art. 312 do CPP. 2. Inexiste relação necessária entre a celebração e/ou descumprimento de acordo de colaboração premiada e o juízo de adequação de medidas cautelares gravosas. 3. A teor do art. 316, CPP, a imposição de nova prisão preventiva desafia a indicação de base empírica idônea e superveniente à realidade ponderada no momento da anterior revogação da medida prisional. 4. Ordem parcialmente concedida, com confirmação da liminar deferida. Relator(a): Edson Fachin. Brasília, 8 de fev. de 2017.

BRASIL. Supremo Tribunal Federal. **Regimento Interno do STF.** Brasília, 2020. Disponível em: http://www.stf.jus.br/arquivo/cms/legislacaoRegimentoInterno/anexo/RISTF.pdf. Acesso em: 10 jun. 2021.

BRASIL. Tribunal Regional Federal da 4ª Região. (Seção Judiciária do Paraná). **Termo de Colaboração Premiada.** Execução Penal 5011546-08.2016.4.04.7000. 13ª Vara Federal de Curitiba. Juiz Federal: Sergio Fernando Moro. Curitiba, 27 de fev. de 2015.

CALGARO, Fernanda. Câmara dos deputados instala CPI para investigar a Petrobras. **G1 Globo,** Brasília, 26 fev. 2015. Disponível em: http://g1.globo.com/politica/noticia/2015/02/camara-dos-deputados-instala-cpi-para-investigar-petrobras.html. Acesso em: 10 out. 2021.

CAPEZ, Rodrigo. **A individualização da medida cautelar pessoal no processo penal brasileiro.** 2015. Dissertação (Mestrado em Direito) - Universidade de São Paulo, 2015.

CAPEZ, Rodrigo. **Prisão e medidas cautelares diversas:** a individualização da medida cautelar no processo penal. São Paulo: Quartier Latin, 2017.

CARVALHO, Amilton Bueno de; CARVALHO, Salo de. **Aplicação da pena e garantismo.** 2. ed. ampl. Rio de Janeiro: Lumen Iuris, 2002.

CARVALHO, Jailton de. Juiz da lava-jato agradece apoio de Aécio e Dilma às investigações. **G1 Globo,** 14 nov. 2014. Disponível em: https://oglobo.globo.com/brasil/juiz-da-lava-jato-agradece-apoio-de-aecio-dilma-as-investigacoes-14566805 Acesso em: 20 mar. 2021.

CARVALHO, Luiz Maklouf. 'É preciso um garantismo integral', diz procurador Deltan Dallagnol. **Estadão,** São Paulo, fev. 2017. Disponível em: https://politica.estadao.com.br/noticias/geral,e-preciso-um-garantismo-integral-diz-procurador-deltan-dallagnol,70001653476. Acesso em: 06 nov. 2021.

CARVALHO, Salo de. **Pena e garantias.** 3. ed. Rio de Janeiro: Editora Lumen Juris, 2008.

CASTILHO, Ela Wiecko Volkmer de. A ilusória democratização do (pelo) controle penal. *In*: **Construindo as criminologias críticas:** a contribuição de Vera Andrade. Camila Cardoso de Mello Prando, Mariana Dutra de Oliveira Garcia, Marcelo Mayora Alves (org.). Rio de Janeiro: Lumen Juris, 2018.

CASTRO, Fernanda. Há um ano, empreiteiros eram presos na 7ª fase da operação lava jato. **G1 Globo,** 14 nov. 2015. Disponível em: http://g1.globo.com/pr/parana/noticia/2015/11/ha-um-ano-empreiteiros-eram-presos-na-7-fase-da-operacao-lava-jato.html. Acesso em: 10 out. 2021.

CORDEIRO, Pedro Ivo Rodrigues Velloso. **A prisão provisória em crimes de colarinho branco:** redução da desigualdade do sistema penal? 2013. 136 f. Dissertação (Mestrado em Direito) - Universidade de Brasília, Brasília, 2013.

CPI da Petrobras é instalada no Senado. **Agência Câmara de Notícias,** 14 maio 2014. Disponível em: https://www.camara.leg.br/noticias/433697-cpi-da-petrobras-e-instalada-no-senado/; http://g1.globo.com/politica/noticia/2014/05/cpi-mista-sera-comandada-pelo-mesmo-presidente-da-cpi-do-senado.html. Acesso em: 10 out. 2021.

CRUZ, Rogério Schietti. **Prisão cautelar:** dramas, princípios e alternativas. 5. ed. rev. atual. e ampl. Salvador: Editora JusPodivm, 2020.

DEPOIS de ser considerada foragida, cunhada de Vaccari se entrega à PF. **G1 Globo,** 17 abr. 2015. Disponível em: http://g1.globo.com/pr/parana/noticia/2015/04/depois-de-ser-considerada-foragida-cunhada-de-vaccari-se-entrega-pf.html. Acesso em: 10 out. 2021.

DIRETOR da Camargo Corrêa volta para casa de tornozeleira eletrônica. **Isto é Dinheiro,** 30 mar.2015. Disponível em: https://www.istoedinheiro.com.br/diretor-da-camargo-correa-volta-para-casa-de-tornozeleira-eletronica/. Acesso em: 10 jun. 2021.

DEZEM, Guilherme Madeira. **Curso de processo penal.** 6. ed. rev. atual. e ampl. São Paulo: Thomson Reuters, 2020.

EM comunicado, Odebrecht contesta pontos da investigação da PF. **G1 Globo, Jornal Nacional,** 22 jun. 2015. Disponível em: http://g1.globo.com/jornal-nacional/noticia/2015/06/em-comunicado-odebrecht-contesta-pontos-da-investigacao-da-pf.html. Acesso em: 20 mar. 2021.

45ª FASE da lava jato aprofunda investigação sobre corrupção em contratos da Petrobras com empresas estrangeiras. **Ministério Público Federal no Paraná,** 23 ago. 2017. Disponível em: http://www.mpf.mp.br/pr/sala-de-imprensa/noticias-pr/45a-fase-da-lava-jato-aprofunda-investigacao-sobre-corrupcao-em-contratos-da-petrobras-com-empresas-estrangeiras. Acesso em: 23 de ago. de 2017.

FASES da operação lava jato. **Agência da Polícia Federal,** [2021?]. Disponível em: http://www.pf.gov.br/imprensa/lava-jato/fases-da-operacao-lava-jato-1/copy_of_fases-da-lava-jato-2017. Acesso em: 07 maio 2021.

FASES operação lava jato. **Estadão,** [2021] Disponível em: https://infograficos.estadao.com.br/public/politica/operacao-lava-jato/fases/. Acesso em: 07 maio 2021.

FERNANDES, Antonio Scarance. **Processo penal constitucional.** 7. ed. rev. atual. e ampl. São Paulo: Editora Revista dos Tribunais, 2012.

FERNANDES, Og. (coord.). **Medidas cautelares no processo penal.** Prisões e suas alternativas. Comentários à Lei 12.403, de 04.05.2011. São Paulo: Editora RT, 2011.

FERRAJOLI, Luigi. Constitucionalismo principialista e constitucionalismo garantista. *In*: FERRAJOLI, Luigi; STRECK, Lenio Luiz; TRINDADE, André Karam (org.). **Garantismo, hermenêutica e (neo)constitu-cionalismo:** um debate com Luigi Ferrajoli. Porto Alegre: Livraria do Advogado, 2012.

FERRAJOLI, Luigi. **Direito e razão:** a teoria do garantismo penal. 4. ed. rev. São Paulo: Editora dos Tribunais, 2014.

FERRAJOLI, Luigi. **El paradigma garantista:** filosofía crítica del derecho penal. Madrid: Editorial Trotta, 2018.

FERRAJOLI, Luigi. **Garantismo:** Uma discussão sobre direito e democracia. Rio de Janeiro: Lumen Juris, 2012.

FERRAJOLI, Luigi. **Democracia y garantismo.** ProQuest Ebook Central: Editorial Trotta S.A., 2008. Disponível em: http://ebookcentral.proquest.com/lib/univbrasilia-ebooks/detail.action?docID=3209463. Created from univbrasilia-ebooks on 2021-10-10 14:35:15. *E-book.*

FERRAJOLI, Luigi. **Principia iuris:** teoria del derecho y de la democracia. 1. Teoría Del derecho. ProQuest Ebook Central: Editorial Trotta S.A., 2011. Disponível em: http://ebookcentral.proquest.com/lib/univbrasilia-ebooks/detail.action?docID=3209339. Created from univbrasilia-ebooks on 2021-10-10 16:32:35. *E-book.*

FERRAJOLI, Luigi. **Principia iuris:** teoria del derecho y de la democracia. 2. Teoría de la democracia. ProQuest Ebook Central: Editorial Trotta S.A., 2013. Disponível em: http://ebookcentral.proquest.com/lib/univbrasilia-ebooks/detail.action?docID=3209069. Created from univbrasilia-ebooks on 2021-10-16 21:51:35. *E-book.*

FISCHER, Douglas. O que é garantismo (penal) integral? In: CALABRICH, Bruno; FISCHER, Douglas; PELELLA, Eduardo. (orgs.) **Garantismo penal integral: questões penais e processuais, criminalidade moderna e aplicação do modelo garantista no Brasil.** 4ª Edição. Porto Alegre: Verbo Jurídico, 2017, p. 61-95.

GIAMBERNARDINO, André Ribeiro. **Crítica aos obstáculos epistemológicos da prisão cautelar.** 2008. f. 201. Dissertação (Mestrado em Direito). Faculdade de Direito, Universidade Federal do Paraná, Curitiba, 2008. Disponível em: https://acervodigital.ufpr.br/bitstream/handle/1884/16982/ANDRE%20GIAMBE;jsessionid=17ED39DADCC6990F4EAC14DD470C4EB1?sequence=1. Acesso em: 16 out. 2021.

GLOECKNER, Ricardo Jacobsen. **Autoritarismo e processo penal:** uma genealogia das ideias autoritárias no processo penal brasileiro.1. ed. Florianópolis: Tirant Lo Blanch, 2018. v.1.

GOMES FILHO, Antônio Magalhães. **Presunção de inocência e prisão cautelar.** São Paulo: Saraiva, 1991.

GOMES, Patrick Mariano. **Discursos sobre a ordem:** uma análise do discurso do Supremo Tribunal Federal nas decisões de prisão para garantia da ordem pública. 2013. 210 f. Dissertação (Mestrado em Direito) – Universidade de Brasília, Brasília, 2013.

IPPOLITO, Dario. O garantismo de Luigi Ferrajoli. **Revista de Estudos Constitucionais, Hermenêutica e Teoria do Direito (RECHTD),** São Leopoldo, v.3, n. 1, p. 34-41, jan./jun. 2011.

JUIZ da Lava-Jato rebate argumentos apresentados por Odebrecht em comunicado publicado em jornais. **G1 Globo,** 24 jun. 2015. Disponível em: https://oglobo.globo.com/politica/juiz-da-lava-jato-rebate-argumentos-apresentados-por-odebrecht-em-comunicado-publicado-em-jornais-16546315. Acesso em: 20 mar. 2021.

JUSTI, Adriana. Polícia federal prende dois em etapa da lava jato em SP e no RJ. **G1 Globo,** Paraná, 27 mar. 2015. Disponível em: http://g1.globo.com/pr/parana/noticia/2015/03/pf-cumpre-tres-mandados-judiciais-da-lava-jato-em-sp-e-no-rj.html. Acesso em: 10 out. 2021.

KARAM, Maria Lúcia. **Liberdade, presunção de inocência e prisões provisórias.** Rio de Janeiro: Lumen Juris, 2009.

LAVA jato: 46ª fase leva operação à corrupção no âmbito da petroquisa. **Assessoria de Comunicação Procuradoria da República no Paraná,** 20 out. 2017. Disponível em: http://www.mpf.mp.br/pr/sala-de-imprensa/noticias-pr/lava-jato-46a-fase-leva-operacao-a-corrupcao-no-ambito-da-petroquisa. Acesso em: 17 jul. 2021.

LINHA do tempo – caso lava jato. **Ministério Público Federal,** [2021?]. Disponível em: http://www.mpf.mp.br/grandes-casos/lava-jato/linha-do-tempo. Acesso em: 10 out. 2021.

LINHA do tempo – caso lava jato. **Ministério Público Federal,** [2021?]. Disponível em: http://www.mpf.mp.br/grandes-casos/lava-jato/linha-do-tempo. Acesso em: 10 out. 2021.

LINHA do tempo da lava jato. **G1 Globo,** 04 set. 2015. Disponível em: https://especiais.g1.globo.com/politica/2015/lava-jato/linha-do-tempo-da-lava-jato/. Acesso em: 07 maio 2021.

LOPES JR. Aury. **Fundamentos do processo penal:** introdução crítica. 6. ed. São Paulo: Saraiva, 2020.

LOPES JR. Aury. **Prisões cautelares.** 5. ed. rev. atual. e ampl. São Paulo: Saraiva, 2017.

MACEDO, Fausto. Etapa da operação lava jato mira negócio de R$ 443 milhões na Petrobrás. **Estadão,** 11 abr. 2014. Disponível em: https://politica.estadao.com.br/blogs/fausto-macedo/lava-jato-2-mira-negocio-de-r-443-milhoes-na-petrobras/. Acesso em: 10 out. 2021.

MACHADO, Luís Henrique Alves. A prisão preventiva sob a perspectiva do direito alemão. **JOTA,** 24 fev. 2015. Disponível em: https://www.jota.info/opiniao-e-analise/artigos/prisao-preventiva-sob-perspectiva-direito-alemao-24022015. Acesso em: 15 set. 2021.

MALAN, Diogo Rudge. Prisão temporária. *In*: MALAN, Diogo Rudge; MIRZA, Flávio. **70 Anos do código de processo penal brasileiro:** balanço e perspectivas de reforma. Rio de Janeiro: Lumen Juris, 2011.

MENDONÇA, Andrey Borges de. **Prisão preventiva na lei 12.403/2011:** análise de acordo com modelos estrangeiros e com a convenção americana de direitos humanos. 2. ed. rev. ampl. e atual. Salvador: Editora JusPodivm, 2017.

MINISTRO do STF autoriza investigação de 47 políticos na lava jato. **G1 Globo,** Brasília, 06 mar. 2015. Disponível em: http://g1.globo.com/politica/noticia/2015/03/ministro-do-stf-autoriza-investigacao-de-politicos-na-lava-jato.html. Acesso em: 10 out. 2021.

MIRABETE, Julio Fabbrini. **Processo penal.** 5. ed. rev. e atual. São Paulo: Atlas, 1996.

MORAES, Maurício Zanoide de. **Presunção de inocência no processo penal brasileiro:** análise de sua estrutura normativa para a elaboração legislativa e para a decisão judicial. Rio de Janeiro: Lumen Juris, 2010.

MORO, Sergio Fernando. Considerações sobre a operação mani pulite. **R. CEJ,** Brasília, n. 26, jul./set. 2004. Disponível em: https://revistacej.cjf.jus.br/cej/index.php/revcej/article/view/625/805. Acesso em: 13 set. 2021.

MORO: "Talvez eu deveria ter decretado mais prisões do que decretei". **O Antagonista,** São Paulo, fev. 2020. Disponível em: https://www.oantagonista.com/brasil/moro-talvez-eu-deveria-ter-decretado-mais-prisoes-do-que-decretei/. Acesso em: 06 nov. 2021.

NOVAS fases da lava jato apuram corrupção em contratos da Petrobras com empresas estrangeiras. **Assessoria de Comunicação da Procuradoria da República no Paraná,** 18 ago. 2017. Disponível em: http://www.mpf.mp.br/pr/sala-de-imprensa/noticias-pr/novas-fases-da-lava-jato-apuram-corrupcao-em-contratos-da-petrobras-com-empresas-estrangeiras. Acesso em: 17 jul. 2021.

NUCCI, Guilherme de Souza. **Leis penais e processuais penais comentadas.** 5. ed. São Paulo: Revista dos Tribunais, 2010.

MENDRONI. Marcelo Batlouni. **Crime de lavagem de dinheiro.** São Paulo: Atlas, 2006.

NÚMEROS da Operação lava jato. **Agência da Polícia Federal,** [2021?]. Disponível em: http://www.pf.gov.br/imprensa/lava-jato/numeros-da-operacao-lava-jato. Acesso em: 07 maio 2021.

ODEBRECHT não quer reconhecer sua responsabilidade, diz Moro. **Estadão,** 24 jun. 2015. Disponível em: https://politica.estadao.com.br/blogs/fausto-macedo/odebrecht-nao-quer-reconhecer-sua-responsabilidade-diz-moro/. Acesso em: 20 mar. 2021

OLIVEIRA, Eugênio Pacelli de. **Curso de processo penal.**18. ed. rev. e ampl. atual. São Paulo: Atlas, 2014.

OLIVEIRA, Mariana. Deveria ter decretado mais prisões preventivas na "lava jato", diz Moro. **Consultor Jurídico,** São Paulo, ago. 2018. Disponível em: https://www.conjur.com.br/2018-ago-24/deveria-decretado-preventivas-lava-jato-moro. Acesso em: 06 nov. 2021.

PARA Moro, inverte valores quem culpa investigação pela crise na Petrobrás. **Estadão,** 21 maio 2015. Disponível em: https://politica.estadao.com.br/blogs/fausto-macedo/para-moro-inverte-valores-quem-culpa-investigacao-pela-crise-na-petrobras/. Acesso em: 20 mar. 2021.

PF deflagra 15ª fase da operação lava jato - conexão Mônaco. **Agência Polícia Federal,** Curitiba, 02 jul. 2015. Disponível em: http://www.pf.gov.br/agencia/noticias/2015/07/pf-deflagra-15a-fase-da-operacao-lava-jato-conexao-monaco. Acesso em: 10 out. 2021.

PF deflagra 24ª fase da operação lava jato – aletheia. **Agência Polícia Federal,** Curitiba, 04 mar. 2016. Disponível em: http://www.pf.gov.br/agencia/noticias/2016/03/pf-deflagra-24a-fasa-da-operacao-lava-jato-aletheia. Acesso em: 17 jul. 2021.

PF deflagra 25ª Fase da operação lava jato em Portugal - operação polimento. **Agência Polícia Federal,** 21 ago. 2016. Disponível em: http://www.pf.gov.br/agencia/noticias/2016/03/pf-deflagra-25a-fase-da-operacao-lava-jato-em-portugal?-searchterm=lava+jato. Acesso em: 17 jul. 2021.

PF deflagra sexta fase da operação lava jato. **Agência Polícia Federal,** 28 ago. 2014. Disponível em: http://www.pf.gov.br/agencia/noticias/2014/08/pf-deflagra-sexta-fase-da-operacao-lava-jato. Acesso em: 10 out. 2021.

PF prende em SP dois acusados de envolvimento com doleiro Youssef. **G1 Globo,** São Paulo, 01 set. 2014. Disponível em: http://g1.globo.com/sao-paulo/noticia/2014/07/pf-prende-em-sp-dois-acusados-de-envolvimento-com-doleiro-youssef.html. Acesso em: 10 out. 2021.

PF prende Nestor Cerveró e cumpre mandados no Rio. **Agência Polícia Federal,** 10 jan, 2015. Disponível em: http://www.pf.gov.br/agencia/noticias/2015/01/pf-prende-nestor-cervero-e-cumpre-mandados-no-rio. Acesso em: 10 out. 2021.

PINHO, Ana Claudia Bastos de. Garantismo penal: Ferrajoli por Ferrajoli, colocando os pingos nos is. **Revista Consultor Jurídico,** São Paulo, 29 jul. 2020. Disponível em: https://www.conjur.com.br/2020-jul-29/ana-claudia-pinho-garantismo-penal-ferrajoli-ferrajoli. Acesso em: 16 out. 2021.

PINHO, Ana Cláudia Bastos de; ALBUQUERQUE, Fernando da Silva; SALES, José Edvaldo Pereira. O garantismo (penal) de Luigi Ferrajoli: apontamentos (des)necessários a certas "críticas" Made in Brazil. *In*: **Revista do Instituto de Hermenêutica Jurídica,** Belo Horizonte, ano 17, n. 26, p. 155-186. jul./dez. 2019.

PINHO, Ana Cláudia de. ALBUQUERQUE, Fernando da Silva. **Precisamos falar sobre garantismo:** limites e resistência ao poder de punir. 2. ed. São Paulo: Tirant Lo Blanch, 2019.

PINHO, Ana Cláudia de. **Para além do garantismo:** uma proposta hermenêutica de controle da decisão penal. Porto Alegre: Livraria do Advogado Editora, 2013.

PINHO, Ana Cláudia Bastos de; MINAGÉ, Thiago Miranda. Prisão preventiva e a busca por um DNA de intolerabilidade. *In:* **Reflexiones brasileñas sobre la reforma procesal penal em URUGUAY**: hacia la justicia penal acusatoria en Brasil. Leonardo Costa de Paula. (coord.). Curitiba: Observatório da Mentalidade Inquisitória, Santiago: CEJA – JSCA, 2019. Disponível em: https://biblioteca.cejamericas.org/handle/2015/5636?show=full. Acesso em: 01 nov. 2021.

POLÍCIA federal deflagra 80ª fase da operação lava jato - operação pseudeia. **Ministério da Justiça e Segurança - Comunicação Social da Polícia Federal em Curitiba,** Curitiba, 11 fev. 2021. Disponível em: https://www.gov.br/pf/pt-br/assuntos/noticias/2021/02/policia-federal-deflagra-80a-fase-da-operacao-lava-jato-operacao-pseudeia#:~:text=Curitiba%2FPR%20%2D%20A%20Pol%C3%ADcia%20Federal,capital%20e%202%20em%20Pindamonhangaba. Acesso em: 10 out. 2021.

PRADO, Geraldo. **Sistema acusatório:** a conformidade constitucional das leis processuais penais. Rio de Janeiro: Lumen Juris, 2001.

PRESO pela 2ª vez, ex-presidente da OAS chega à sede da PF em Curitiba. **G1 Globo,** 05 set. 2016. Disponível em: http://g1.globo.com/pr/parana/noticia/2016/09/preso-pela-2-vez-ex-presidente-da-oas-chega-sede-da-pf-em-curitiba.html. Acesso em: 17 jul. 2021.

QUANTIDADE de prisões preventivas expedidas na primeira instância da lava jato. **Conjur,** [2021]. Disponível em: https://www.conjur.com.br/dl/prisoes-preventivas-decretadas-lava-jato.pdf. Acesso em: 10 jul. 2021.

QUEIROZ, Paulo. A justificação do direito de punir na obra de Luigi Ferrajoli: algumas considerações críticas. *In*: SANTOS, Rogério Dultra dos. **Introdução crítica ao estudo do sistema penal.** Florianópolis: Diploma Legal, 2001.

QUEIROZ, Paulo. **Direito processual penal - introdução.** 2. ed. rev. atual. e ampl. Salvador: Editora JusPodivm, 2020.

RAMOS, Beatriz Vargas; CHAVES, Álvaro Guilherme de Oliveira. O garantismo penal integral e suas contradições com o garantismo penal de Luigi Ferrajoli. **Direito.UnB Revista de Direito da Universidade de Brasília,** [S. l.], v. 4, n. 1, p. 102–126, jan./abr. 2020. Disponível em: https://www.periodicos.unb.br/index.php/revistadedireitounb/article/view/30097. Acesso em: 10 nov. 2021.

REZENDE, Beatriz Vargas Ramos Gonçalves de. **A ilusão do proibicionismo:** estudo sobre a criminalização secundária do tráfico de drogas no Distrito Federal. 2011. 143 f. Tese (Doutorado em Direito) - Universidade de Brasília, Faculdade de Direito, 2011.

RODRIGUES, Fabiana Alves. **Operação lava jato:** aprendizado institucional e ação estratégica na justiça criminal. 2019. Dissertação (mestrado) – Departamento de Ciência Política, Universidade de São Paulo, 2019.

ROSA, Alexandre Morais da. **Decisão no processo penal como bricolage de significantes.** 2004.Tese (Doutorado em Direito) – Faculdade de Direito, Universidade Federal do Paraná, Curitiba, 2004. 430 f. Disponível em: https://acervodigital.ufpr.br/bitstream/handle/1884/1203/0%20-%202004%20Alexandre%20Rosa%204.pdf?sequence=1&isAllowed=y. Acesso em: 16 out. 2021.

SALES, José Edvaldo Pereira. **Autoritarismo e garantismo:** tensões na tradição brasileira. 1. ed. São Paulo: Tirantlo Blanch, 2021.

SANGUINÉ, Odone. A inconstitucionalidade da prisão cautelar como mecanismo para obter delação (colaboração) premiada. *In*: SANTORO, Antonio Eduardo Ramires; MALAN, Diogo Rudge; MADURO, Flávio Mirza. **Crise no processo penal contemporâneo:** escritos em homenagem aos 30 anos da constituição de 1988. Rio de Janeiro: Editora D'Plácido, 2018.

SANGUINÉ, Odone. **Prisão cautelar, medidas alternativas e direitos fundamentais.** Rio de Janeiro: Forense, 2014.

SANTOS, Bartira Macedo de Miranda. **As ideias de defesa social no sistema penal brasileiro:** entre o garantismo e a repressão (de 1890 a 1940). 2010. 166 f. Tese (Doutorado em História da Ciência) - Pontifícia Universidade Católica de São Paulo, São Paulo, 2010.

SEMER, Marcelo. **Os paradoxos da justiça:** judiciário e política no Brasil. 1. ed. São Paulo; Editora Contracorrente, 2021. *E-book.*

SILVA, Adrian Barbosa e. **Garantismo e sistema penal:** crítica criminológica às prisões preventivas na era do grande encarceramento. Rio de Janeiro: Lumen Juris, 2019.

STRECK, Lenio Luiz; LOPES JR, Aury. Medidas "diversas" do artigo 319-CPP exigem requisitos de prisão. **Revista Consultor Jurídico,** São Paulo, 29 jul. 2020. Disponível em: https://www.conjur.com.br/2020-set-15/streck-aury-medida-diversa-exige-requisitos-prisao#:~:text=Medidas%20%22diversas%22%20do%20artigo%20319%2DCPP%20exigem%20requisitos%20de%20pris%C3%A3o&text=Por%20Lenio%20Luiz%20Streck%20e%20Aury%20Lopes%20Jr.&text=Para%20n%C3%B3s%2C%20o%20dispositivo%20trata,caso%20de%20cabimento%20de%20pris%C3%A3o. Acesso em: 15 out. 2021.

SUTHERLAND, Edwin H. **Crime de colarinho branco:** versão sem cortes. Tradução Clécio Lemo. 1. ed. Rio de Janeiro: Revan, 2015.

TOURINHO FILHO, Fernandes da Costa. **Processo penal.** 32. ed. rev. e atual. São Paulo: Saraiva, 2010. v. 3.

APÊNDICE

nº	Processo	Data da decisão	Quantos acusados com prisão deferida?	Ordem pública?	Conveniência da instrução?	Ordem econômica?	Aplicação da lei penal?	Analisou cautelares?
1	5001461-31.2014.404.7000	17/02/2014	4	SIM	-	-	SIM (só p/ uma)	SIM
2	5001438-85.2014.404.7000	17/02/2014	5	SIM	-	-	-	SIM
3	5001446-62.2014.404.7000	24/02/2014	4	SIM	SIM (só p/ um)	-	-	SIM
4	500144310.2014.404.7000	25/02/2014	1	SIM	-	-	-	SIM
5	5001438-85.2014.404.7000	11/03/2014	1	SIM	SIM	-	-	Faz ref. à decisão 3
6	5014901-94.2014.404.7000	24/03/2014	1	-	SIM	-	-	NÃO
7	5031491-49.2014.404.7000	10/07/2014	1	SIM	-	-	-	NÃO
8	5073475-13.2014.404.7000	10/11/2014	6	SIM	SIM	-	SIM	SIM
9	5073475-13.2014.404.7000	18/11/2014	6	SIM (só p/ 5)	SIM (só p/ 5)	-	SIM (todos)	Faz ref. à anterior
10	5078542-56.2014.404.7000	21/11/2014	1	SIM	SIM	-	SIM	Faz ref. às duas anteriores
11	5086273-06.2014.404.7000 (plantão)	01/01/2015	1	SIM	-	-	SIM	SIM
	5086273-06.2014.404.7000 (decisão moro, cerveró)	22/01/2015	1 (ratificação cerveró)	SIM	-	-	SIM	SIM
12	5004259-28.2015.404.7000	03/02/2015	1	SIM	-	-	SIM	NÃO
13	5011708-37.2015.4.04.7000	13/03/2015	1	SIM	SIM	-	-	NÃO
14	5011926-65.2015.4.04.7000	25/03/2015	1	SIM	SIM	-	-	NÃO
15	5009384-74.2015.404.7000	26/03/2015	1	SIM	SIM	-	-	NÃO
16	5014474-63.2015.404.7000	01/04/2015	1	SIM	-	-	-	NÃO
17	5014455-57.2015.404.7000	01/04/2015	1	SIM	SIM	-	-	NÃO
18	5014497-09.2015.404.7000	02/04/2015	1	SIM	-	-	-	NÃO
19	5014497-09.2015.404.7000	14/04/2015	1	SIM	-	-	-	SIM
20	5012323-27.2015.404.7000	13/04/2015	1	SIM	-	-	-	Cautelar específica: afastamento
21	500425758.2015.4.04.7000	19/05/2015	1	SIM	-	-	SIM	NÃO
22	5024251-72.2015.404.7000	15/06/2015	8	SIM	SIM	-	-	Cautelar específica: afastamento
23	5024251-72.2015.404.7000	24/06/2015	1	SIM	SIM	-	-	Cautelar específica: afastamento

nº	Processo	Data da decisão	Quantos acusados com prisão deferida?	Ordem pública?	Conveniência da instrução?	Ordem econômica?	Aplicação da lei penal?	Analisou cautelares?
24	5027771-40.2015.404.7000	23/06/2015	1	SIM	-	-	SIM	NÃO
25	5028308-36.2015.404.7000	23/07/2015	2	SIM	SIM (só p/ um)	-	-	Cautelar específica: afastamento
26	5031859-24.2015.404.7000	27/07/2015	2	SIM	-	-	-	NÃO
27	5035888-20.2015.404.7000	29/07/2015	1	SIM	-	-	-	Cautelar específica: afastamento
28	5040249-80.2015.404.7000	17/08/2015	1	SIM	SIM	-	-	NÃO
29	5031534-49.2015.404.7000	21/08/2015	1	SIM	-	-	SIM	NÃO
30	5044088-16.2015.404.7000	14/09/2015	1	SIM	SIM	-	-	NÃO
31	5044443-26.2015.404.7000	25/09/2015	1	SIM	-	-	SIM	NÃO
32	5056156-95.2015.404.7000	19/11/2015	1	SIM	SIM	-	-	NÃO
33	5003682-16.2016.404.7000	05/02/2016	1	SIM	-	-	SIM	Cautelar específica: proibição deixar o país
34	5003682-16.2016.404.7000	11/02/2016	1	SIM	-	-	SIM	NÃO
35	5003682-16.2016.404.7000	03/03/2016	2	SIM	SIM	-	-	SIM
36	5010479-08.2016.404.7000	15/03/2016	4	SIM	-	-	SIM (só p/ dois)	SIM
37	5012298-77.2016.404.7000	01/04/2016	1	SIM	-	-	-	NÃO
38	5004872-14.2016.404.7000	05/04/2016	1	SIM	SIM	-	-	NÃO
39	5022192-77.2016.404.7000	19/05/2016	2	SIM	SIM	-	-	NÃO
40	5022999-97.2016.404.7000	20/05/2016	1	SIM	-	-	-	NÃO
41	5026980-37.2016.404.7000	07/06/2016	1	SIM	-	-	-	NÃO
42	5035144-88.2016.404.7000	05/07/2016	2 (2ª adir assad)	SIM	SIM	-	SIM	NÃO
43	503059195.2016.404.7000	08/07/2016	2	SIM	SIM	-	-	SIM
44	504355960.2016.4.04.7000	30/09/2016	2	SIM	SIM	-	SIM	SIM
45	505221166.2016.4.04.7000	17/10/2016	1	SIM	SIM	-	SIM	SIM
46	5054168-05.2016.404.7000	26/10/2016	1	-	-	-	SIM	Cautelar específica: passaporte e proibição de deixar o país
47	5056390-43.2016.404.7000	10/11/2016	2	SIM	SIM (só p/ um)	-	SIM	SIM
48	5056390-43.2016.404.7000	21/11/2016	1	SIM	SIM	-	SIM	Faz ref. à anterior

nº	Processo	Data da decisão	Quantos acusados com prisão deferida?	Ordem pública?	Conveniência da instrução?	Ordem econômica?	Aplicação da lei penal?	Analisou cautelares?
49	5004568-78.2017.4.04.7000	15/02/2017	3	SIM	-	-	SIM	SIM
50	5011206-30.2017.4.04.7000	24/03/2017	1	SIM	SIM	-	SIM	SIM
51	501096471.2017.4.04.7000	11/04/2017	2	SIM	SIM	-	-	SIM
52	5010964-71.2017.4.04.7000	08/05/2017	1	SIM	-	-	SIM	SIM
53	5017394-39.2017.4.04.7000	19/05/2017	1	SIM	-	-	SIM	SIM
54	5030176-78.2017.4.04.7000	31/07/2017	3	SIM	SIM	-	SIM (só p/ um)	SIM
55	5042480-12.2017.4.04.7000	03/10/2017	1	-	-	-	SIM	SIM
56	5014170-93.2017.4.04.7000	19/10/2017	1	SIM	SIM	-	SIM	SIM
57	5043865-92.2017.4.04.7000	24/11/2017	1	SIM	-	-	SIM	SIM
	Novas prisões de acusados que já tiveram preventiva anterior							
58	5040280-37.2014.404.7000	11/06/2014	1	SIM	SIM	-	SIM	Cautelar específica: entrega de passaporte
59	5002763-61.2015.4.04.7000	18/02/2015	4	SIM	SIM	-	SIM	Cautelar específica: afastamento
60	501201236.2015.4.04.7000	13/03/2015	1	SIM	-	-	-	NÃO
61	5012300-47.2016.404.7000	02/09/2016	1	SIM	SIM	-	-	SIM
62	5078542-56.2014.404.7000	25/03/2015	1	SIM	SIM	-	-	NÃO
63	5011708-37.2015.4.04.7000 (3ª adir assad)	05/08/2016	1	SIM	-	-	-	SIM
64	5028308-36.2015.404.7000	06/08/2015	2	SIM	SIM (só p/ um)	-	-	Cautelar específica: afastamento
65	5024251-72.2015.4.04.7000	24/07/2015	5	SIM	SIM	-	SIM	Cautelar específica: afastamento